中国古代文献表

（魏晋南北朝卷） 第二册

中国文论读本丛书
主编 党圣元 张云鹏

ZHONGGUO GUDAI WENLUN DUBEN

中国古代文论读本

第二册 （魏晋南北朝卷）

夏静 ◎ 编著

河南大学出版社
·郑州·

图书在版编目(CIP)数据

中国古代文论读本.第二册,魏晋南北朝卷/夏静编著.—郑州:河南大学出版社,2019.7

(中国文论读本丛书/党圣元,张云鹏主编)

ISBN 978-7-5649-2635-9

Ⅰ.①中… Ⅱ.①夏… Ⅲ.①中国文学-古代文论-魏晋南北朝时代 Ⅳ.①I206.2

中国版本图书馆 CIP 数据核字(2016)第 326802 号

责任编辑	王 慧 胡玲霞
责任校对	李 云
封面设计	马 龙

出版发行	河南大学出版社
	地址:郑州市郑东新区商务外环中华大厦 2401 号 邮编:450046
	电话:0371-86059712(高等教育出版分社)
	0371-86059713(营销部) 网址:www.hupress.com
排 版	郑州市今日文教印制有限公司
印 刷	开封智圣印务有限公司
版 次	2019 年 9 月第 1 版 印 次 2019 年 9 月第 1 次印刷
开 本	787mm×1092mm 1/16 印 张 26.5
字 数	460 千字 定 价 80.00 元

(本书如有印装质量问题,请与河南大学出版社营销部联系调换)

说　　明

一、本《读本》之定位

首先是关于中国古代文学理论批评文献中最具精义、最具节点性意义之经典名篇之辑要，及其精神义理之叙要性、疏解性阐释，目的是向读者提供了解、研习中国古代文学理论批评的入门性质的读物。其次，本《读本》也可为大学中文系本科、研究生的中国古代文论教学提供具有原典精读意义与作用的教材，基于这一点，在编撰理念和宗旨方面，我们根据自己的构想作了一些新的尝试。我们根据当下高校中文系本科、研究生中国古代文论教学出现的新特点，结合近年来古代文论研究在学术理念、方法方面出现的新特点，增强创新意识，重新思考、探索中国古代文论选的编撰理念，力求为古代文论教学、研究提供一个具有学术创新性的、超越以往的"文论选"范式的"读本范式"，努力尝试提供一种"读本范式"的别样的批评史言说、书写类型。

二、本《读本》之内容结构与板块设计以及体例

为了充分体现上言之编撰理念，在《读本》的框架结构上，我们设计涵括作者介绍、原文、题解、注释、讲疏、关键词诠解、相关知识链接、延伸阅读、思考题九个方面的内容。我们意欲通过经审慎筛选出的每篇选文，及其诠释、考辨、概说中包含的内容，来联结文论经典名篇、文论家、文论概念范畴系统、文论术语和命题、理论内涵和思想意义、传统文论批评言说方式、古代文论发展演进过程及其特点、文学史和思想文化史及学术史语境、批评史史料学（包括文献、版本、考辨和训诂等）等传统文论的构成因素，以便读者可以更加全面地理解把握每篇所选文论经典名篇的方方面面。

在全书的编排方面，我们以每篇选文为一个小单元，以每一个朝代为一个大单元，同时又根据中国古代文学理论批评发展演进的历史阶段性，将全书厘分为四编四卷，分别为：先秦两汉卷、魏晋南北朝卷、隋唐五代宋

金元卷、明清卷，每卷40余万字左右，总计约180万字。全书的开篇有说明、导论，导论内容包括中国古代文论的一个总概述，以及选本与中国古代文论教学方面的思考。在每编前面，我们加一个系统而又极其简要地介绍这一阶段文论发展演变的概述性文字。这样做的目的是为了有点有面，点面结合，力求在充分的"国学"和"大文论"视野中来了解、认识传统文论，从而实现为读者还原中国传统文论"大文论"特点之生成及其批评言说方式等的理论风貌，以使学生通过学习该《读本》，达到对中国古代文论的深度理解和系统的知识把握。

三、本《读本》的总体要求和撰写风格

通过选篇，以及注释、讲疏、关键词诠解、知识链接等，来极力体现一种在国学视野和文化通识眼光导引下的努力发掘、建构中国古代文论知识体系的"大文论"内涵品格。撰写风格方面的要求是该详则详，该略则略，行文务求省净、典雅、简洁、明快，要有文史味道和行家风范，要有理论穿透力。我们期盼通过对每篇原文的7个方面的介绍、讲述、诠释等，将选、笺注、疏证、评析（可以姑且言为理论批评方面的"正义"）等等置于一炉而共炼之。

四、本《读本》其他方面的一些必要说明

关于选文来源：本《读本》主要选辑中国历代典籍中的经典文论作品并解读阐释之，以总集、别集中的可视为文论文献的篇什以及文论专著之节录为主，兼录经、史、子、笔记等相关典籍中的具有代表性的文论文献。

关于选文标题：总集、别集中的书信序跋等专文直列篇名，经、史、子及文论专著中的选文列书名加篇名。

关于作者介绍：主要介绍作者生卒年、字号、籍贯、家世、师承、仕履、成就、著作等。

关于选文排列顺序：本书按先秦两汉、魏晋南北朝、隋唐五代宋金元、明清四个版块厘分为四卷，入选作品依此朝代顺序并按作者生年编次，生卒年不详者、作者不详者以及朝代更替之际的作者，依作者主要仕宦事迹、文学活动及文学史、批评史、学术史的惯例排列顺序。

关于文献选录：以选取经典文论为主，遇有文章过长或文中与文论无关的文字部分则适当节录。选文末标出具体的文献出处和所据版本。

关于注释：尽量讲求简洁明了，直指要害，并且文字雅驯，不啰嗦，不阐述。必要的释义、书证、典章制度、地名以及其他的诸如典故、疑难字句

等,凡需要注出的,均注出。原文中生僻的、认读和理解起来难度大的古汉语字词,注释之外,个别的在括号内注出了汉语拼音读音,但是一般不出书证。

关于题解:对所选文论典籍之题旨进行解读阐释,包括作品所产生的社会时代背景、主要内容结构、作品真伪考辨、版本源流沿革等。

关于讲疏:主要分析、阐发每篇选文所体现的作者的文学理论批评方面的内涵,此部分与题解、关键词解读、相关知识链接部分的关系既相对独立、自成一个理论板块,又相互组合在一起构成一个不可分割、有机联系的整体。相关理论观点,凡遇到学界存在有不同见解的,一般的、无关痛痒的,忽略不管,而重要的、有学术价值的,作简要介绍。

关键词解读:历代文论中重要概念、范畴、术语、命题等文论关键词,是中国古代文学理论批评思想与知识形态及理论言说方式的核心和基础,对此我们在编写过程中格外予以重视。所选文论关键词前后选篇不重复出现,诠解时则力求文字简洁,理论阐释力度强。书中从每篇选文中选择提炼出来的文论关键词及其解读,分则反映了文论家及时代文论的主要特征,合则体现出以重要概念、范畴、术语、命题等文论关键词为纽带链接而成的中国古代文论理论概念、批评术语的发展状况。

关于相关知识链接:相关知识链接所述,大体上是该篇原文的理论批评所涉及的文论史、文学史、思想史、政治史、社会史、史学史、学术史(包括经学史)等方面的背景知识,以及其他的整体思想文化语境方面的必须予以叙说的相关内容。

关于延伸阅读:属于正选文论的附录文论资料,目的是起到进一步了解领会正选原文的理论观点及其作者文学思想体系的重要作用。在选录延伸阅读文献前,对这些文献加以简要说明,重点介绍这些文论文献的主要意涵,以及与该文论家前面所选的原文的关联性,我们认为,这些作为延伸阅读而辑录的文论文献,对于了解该文论家的文论思想,具有不可或缺的作用。所选延伸阅读文献,原则上是选录该文论作家自己的文论资料;但个别文论家只有一篇经典文论,此时便酌情选录同时代其他学者的相关文论加以对照解读,如李清照只有《论词》一篇,则延伸阅读选录了胡寅《题酒边词序》等,钟嗣成只有《录鬼簿》一篇,则延伸阅读选录了杨维桢《优戏录序》等。

关于思考题:针对该篇的核心要旨及范畴命题,每篇列出1~2个思考题,以引发或引导读者在阅读了该篇文论经典以及我们所作的解释和讲疏等之后,作进一步深入的深入思考,形成问题意识和自己的见解。

五、本《读本》编撰者及分工方面的说明

该《读本》由党圣元、张云鹏共同担任主编,在商定总体规划、主要内容及编辑出版要求的基础上,由党圣元具体主持、组织、实施编撰工作。首先,由党圣元具体设计出全书的编撰宗旨与定位、编写原则和要求、内容框架与结构、选编与撰写体例,以及在选目、辑录、版本、注释、解说、评析等等方面的具体要求。然后,由夏静根据以上所述的要求与体例,撰写了样稿,以供集体讨论之用。其后,党圣元(中国社会科学院大学人文学院)、夏静(首都师范大学文学院)、陈志扬(华南师范大学文学院)、肖锋(中国传媒大学文学院)、任竞泽(陕西师范大学文学院)、李斌(广东外语外贸大学文学院)、杨新平(西北大学文学院)七人多次集体讨论,充分切磋,正式确定了《读本》的编写体例和工作流程,正式开始了编撰工作。成稿之后,党圣元在夏静、任竞泽、陈志扬、肖锋的协助下,对全部书稿进行了审读、统合、修改,而为能发现更多编撰过程中的错讹,几位编写者还对书稿进行了交换阅读。在定稿并交付出版社之前,党圣元又对全部书稿进行了审定,对各卷编撰者提出了一些具体的修改定稿意见。本《读本》的作者,都长期在高校文学院从事古代文论研究与教学工作,均具有较为突出的研究实绩和丰厚的教学实践经验。《读本》具体分工如下:

内容框架和体例设计等:党圣元(中国社会科学院大学人文学院教授)

导论:党圣元(中国社会科学院大学人文学院教授)

先秦两汉卷:肖锋(中国传媒大学副教授)

魏晋南北朝卷:夏静(首都师范大学教授)

隋唐五代宋金元卷:任竞泽(陕西师范大学教授)、杨新平(西北大学副教授)

明清卷:陈志扬(华南师范大学教授)、李斌(广东外语外贸大学教授)

在《读本》的编写和修改定稿过程中,河南大学出版社社长、总编辑张云鹏教授也参与讨论,提供了一些很好的编撰意见与建议,如果说本《读本》的编撰和出版能够顺利进行,与张云鹏教授和河南大学出版社的大力支持是分不开的,这里一并致以诚挚的谢意!在编撰过程中,我们参考和吸收了不少同行专家、学者的研究成果,但是由于该《读本》系编著性质,与学术论文、专著有所不同,因体例所限,难以对其中参借同行专家们的观点、见解一一作出注释,在此特予说明,并致谢意。由于我们学识有限,缺点错误之处,在所难免,敬请专家和读者批评指正。

目 录

魏晋南北朝文学理论批评概述 ……………………………………（1）
曹丕 ……………………………………………………………（12）
 典论·论文 …………………………………………………（12）
  典论·自叙 ……………………………………………（19）
 与吴质书 ……………………………………………………（20）
  典论佚文 ………………………………………………（25）
曹植 ……………………………………………………………（27）
 与杨德祖书 …………………………………………………（27）
  与吴季重书 ……………………………………………（33）
徐幹 ……………………………………………………………（35）
 中论·治学 …………………………………………………（35）
  中论·修本 ……………………………………………（41）
 中论·艺纪 …………………………………………………（43）
  中论·贵言 ……………………………………………（48）
 中论·核辩 …………………………………………………（50）
  中论·智行 ……………………………………………（55）
荀粲 ……………………………………………………………（58）
 言不尽意论 …………………………………………………（58）
  世说新语·识鉴（节选） ………………………………（61）
  世说新语·文学（节选） ………………………………（61）
王弼 ……………………………………………………………（62）
 周易略例·明象 ……………………………………………（62）
  周易略例·明象 ………………………………………（67）
  周易略例·明爻通变 …………………………………（67）
阮籍 ……………………………………………………………（69）

乐论 …………………………………………………………（69）
　　通易论 ………………………………………………（81）
　　达庄论 ………………………………………………（85）
嵇康 ……………………………………………………（89）
　声无哀乐论 ……………………………………………（89）
　　琴赋序 ………………………………………………（104）
　　与山巨源绝交书 ……………………………………（104）
左思 ……………………………………………………（107）
　三都赋序 ………………………………………………（107）
　　咏史 …………………………………………………（111）
皇甫谧 …………………………………………………（113）
　三都赋序 ………………………………………………（113）
　　三都赋略解序 ………………………………………（117）
陆机 ……………………………………………………（118）
　文赋 ……………………………………………………（118）
　　遂志赋序 ……………………………………………（132）
陆云 ……………………………………………………（133）
　与兄平原书（节选）……………………………………（133）
　　逸民箴序 ……………………………………………（140）
挚虞 ……………………………………………………（141）
　文章流别论 ……………………………………………（141）
　　隋书·经籍志（节选）………………………………（148）
葛洪 ……………………………………………………（149）
　抱朴子·钧世 …………………………………………（149）
　　抱朴子·喻蔽 ………………………………………（154）
　抱朴子·尚博 …………………………………………（156）
　　抱朴子·嘉遁 ………………………………………（162）
　抱朴子·辞义 …………………………………………（167）
　　抱朴子·应嘲 ………………………………………（173）
　　抱朴子·勖学 ………………………………………（174）
李充 ……………………………………………………（177）
　翰林论 …………………………………………………（177）
　　吊嵇中散 ……………………………………………（181）
范晔 ……………………………………………………（182）

狱中与诸甥侄书……………………………………（182）
　　　　后汉书·荀悦传……………………………………（186）
刘义庆……………………………………………………（190）
　　世说新语·文学（节选）……………………………（190）
　　　　世说新语·文学（节选）…………………………（196）
沈约………………………………………………………（198）
　　宋书·谢灵运传论…………………………………（198）
　　　　七贤论………………………………………………（205）
刘勰………………………………………………………（207）
　　文心雕龙·原道……………………………………（207）
　　　　文心雕龙·征圣……………………………………（213）
　　文心雕龙·宗经……………………………………（214）
　　　　文心雕龙·正纬……………………………………（219）
　　文心雕龙·辨骚……………………………………（220）
　　　　文心雕龙·丽辞……………………………………（228）
　　文心雕龙·明诗……………………………………（229）
　　　　文心雕龙·隐秀……………………………………（238）
　　文心雕龙·诠赋……………………………………（239）
　　　　文心雕龙·颂赞……………………………………（243）
　　文心雕龙·神思……………………………………（244）
　　　　文心雕龙·风骨……………………………………（250）
　　文心雕龙·体性……………………………………（251）
　　　　文心雕龙·程器……………………………………（257）
　　文心雕龙·通变……………………………………（258）
　　　　文心雕龙·总术……………………………………（266）
　　文心雕龙·情采……………………………………（267）
　　　　文心雕龙·熔裁……………………………………（274）
　　文心雕龙·养气……………………………………（275）
　　　　文心雕龙·才略……………………………………（279）
　　文心雕龙·时序……………………………………（281）
　　　　文心雕龙·章表……………………………………（291）
　　文心雕龙·物色……………………………………（292）
　　　　文心雕龙·比兴……………………………………（297）
　　文心雕龙·知音……………………………………（298）

文心雕龙·声律…………………………………………………（304）
　　　文心雕龙·序志…………………………………………………（305）
　　　　文心雕龙·诸子………………………………………………（315）
钟嵘……………………………………………………………………（317）
　　诗品序………………………………………………………………（317）
　　　诗品（节选）………………………………………………………（329）
陆厥……………………………………………………………………（331）
　　与沈约书……………………………………………………………（331）
　　　答陆厥书…………………………………………………………（336）
裴子野…………………………………………………………………（338）
　　雕虫论（并序）………………………………………………………（338）
　　　宋略·乐志序……………………………………………………（342）
萧统……………………………………………………………………（344）
　　文选序………………………………………………………………（344）
　　　答湘东王求文集及诗苑英华书…………………………………（349）
萧子显…………………………………………………………………（351）
　　南齐书·文学传论…………………………………………………（351）
　　　自序………………………………………………………………（356）
萧纲……………………………………………………………………（358）
　　与湘东王书…………………………………………………………（358）
　　　昭明太子集序……………………………………………………（363）
萧绎……………………………………………………………………（367）
　　金楼子·立言（节选）………………………………………………（367）
　　　内典碑铭集林序…………………………………………………（373）
　　　与刘孝绰书………………………………………………………（374）
徐陵……………………………………………………………………（375）
　　玉台新咏序…………………………………………………………（375）
　　　玉台新咏（节选）…………………………………………………（383）
刘昼……………………………………………………………………（386）
　　刘子新论·审名……………………………………………………（386）
　　　刘子新论·鄙名…………………………………………………（391）
魏收……………………………………………………………………（393）
　　魏书·文苑传序……………………………………………………（393）
　　　赞四君诗四首……………………………………………………（397）

颜之推……………………………………………………………（398）
  颜氏家训·文章……………………………………………………（398）
    颜氏家训·序致……………………………………………（411）
    颜氏家训·音辞……………………………………………（412）

魏晋南北朝文学理论批评概述

魏晋南北朝结束了秦汉大一统的局面，形成了政权割据与南北对立的政治格局，是中国历史上最为动荡的一个时期。公元280年，晋武帝兼并吴国，统一全国，但是"八王之乱"、"永嘉之乱"迅速结束了前后不到三十年的西晋王朝。在随后不断的征战和割据中，北方"五胡乱华"，渐成十六国局势，随之是北魏、东魏、西魏、北齐、北周。南方政权先后经历东晋、宋、齐、梁、陈的更迭。前后三百八十余年的魏晋南北朝，中国思想界经历了儒学式微，道学复兴，玄学勃兴，佛学东渐，以及三教合流的历史过程。思想界的解放和多元格局打破了汉代以来独尊儒术的正统思想束缚，对这一时期的文学创作、文学理论批评都产生了重大的影响。

魏晋南北朝的文学批评，在特殊的政治环境和文化语境催生下获得了长足的进步和发展，代表中国古代文学理论批评走向了成熟。玄学糅合儒道，通融佛学，盛行清谈，玄学众多话题，诸如有无、本末、形神、言意、通变、才性、虚静、自然都被运用到对文学理论问题的辨析之中，其玄辩的思维方式也极大地影响了文论的发展。魏晋南北朝时期，文人地位有了较大的改变，如在曹氏父子周围集结了一班文人，形成了邺下文人集团。南朝历代帝王重视文学，宋文帝立儒、玄、史、文四馆，将文学和儒学并提。梁代各位君主也都是文学爱好者，大力提倡文学。文学逐渐脱离政教的束缚而成为作家抒发个人情感的方式，文学的极大繁荣为文学理论批评的发展提供了坚实的基础。在这样一个政治极度分裂动荡、文学艺术空前繁荣的历史时期，不仅出现了人的自觉，也出现了文学的自觉，批评家首次将"文"作为独立的对象进行全面的审视，覆盖了创作论、文体论、风格论、批评论等众多文学根本问题，中国古代的文学批评由此也开始走向自觉。

一

魏晋南北朝时期是思想观念、价值观念、审美意识乃至生命意识大转型的时期，也是文学观念开新风气的阶段。就总体特征而言，魏晋南北朝

时期的文学创作和文学批评,呈现出几个方面的特征:

其一,文学创作主题和文学思想的变化。在经学思想的禁锢下,汉代文学多成为宣传儒家礼教的工具,文学创作的主题主要以政治教化和美刺讽谏为中心,汉末魏初,残酷的现实促使创作逐渐转变为以书写个人悲欢遭际为主,着重抒发个人喜怒哀乐之情以及对动乱现实的深沉感慨。从表现社会政治到刻画个人的内心世界,这是一个创作主题的重大转变。《古诗十九首》的基调充满了人生短暂、岁月易失的浓厚感伤情怀以及希望及时行乐、珍惜光阴的强烈愿望。人们的思想从儒家经学的束缚下解放出来,作品不再是封建礼教的传声筒,而变成对个人悲欢离合、兴衰际遇的歌唱。"建安七子"的诗篇"怜风月、狎池苑,述恩荣,叙酣宴"(《文心雕龙·明诗》),典型地体现了这个动乱时期的悲叹与感慨。建安时期以"骨气奇高,辞采华茂"(《诗品》)著称的诗人曹植,无论是前期作品对理想和抱负的歌唱,还是后期作品所呈现的理想与现实的矛盾,包括述志诗、游仙诗、思妇诗等,都是诗人内心的独白,这和宣扬政教美刺为目的的作品极为不同。创作上的这种变化,反映在文学思想上就是从"言志"到"缘情"的转变。"言志"的"志"在汉代虽然也包含"吟咏情性"的因素,但这种"情"只是符合"礼义"之情,这种"志"亦不出儒家政教思想的范围。魏晋之际的"缘情"旨在突破儒家"礼义"的束缚,追求自由地抒发作者的主观感情,不再局限于儒家政教之"志"。文学思想上的这种变化,首先是从文学创作中体现出来的,尔后在陆机的《文赋》中便有"诗缘情而绮靡"的理论总结。

其二,对作家创作个性和作品风格的重视。魏晋南北朝是个性彰显、风格多样的时期,这一时期的文学创作和文学批评,特别重视体现作家独特的创作个性。在曹丕的《典论·论文》中,他以"文以气为主,气之清浊有体"来论述作者的气质禀赋与风格个性,这与儒家传统中的后天教化思想大相径庭。从文学创作状况来看,汉末魏初作家作品中的个性十分鲜明,这是汉赋和汉乐府中少见的。例如曹操的诗歌被钟嵘概括为"曹公古直,甚有悲凉之句"(《诗品》),曹丕的诗歌缠绵悱恻,曹植的诗歌慷慨多气,"三曹"个性各异,风格迥然。文学活动中主体个性的张扬与这一时期儒家思想的衰落有直接关系,同时,也和随之兴起的玄学家重自然、轻名教的思想相吻合。魏晋名士,不受名教束缚,放浪形骸,洒脱自然,率性行事,对于这一时期文人个性的自由发展起到很大的推动作用,也极大地促进了当时文学创作和文学思想的新变化。

其三,文学内容形式和章法技巧的新变。汉儒在对待文艺的内容和形式关系上,强调以内容为主导,以思想代替艺术,对形式本身的独立性重视不够,譬如郑玄以美刺释比兴,就是典型的例子。魏晋之际,这种状况发生了根本的转变,鲁迅先生称述当时是一个"为艺术而艺术"的时代(《魏晋风度及文章与药及酒之关系》),对艺术本身创作规律的重视,确是魏晋时期的一大进步。这一特点,与文学创作主题的转化,重视自由抒发个人情感,强调要有独特创造个性是不可分割的,这在曹丕的《典论·论文》和陆机的《文赋》,都有突出的表现。刘勰的《文心雕龙》,包括"论文叙笔"二十篇,对于写作中的各种修辞技巧、艺术手法进行了深入的研究,刘勰以这么多的篇幅来讨论形式方面的问题,说明他以"通变"的眼光看待文学的发展,敢于肯定文学发展新的趋势。在形式与内容关系上,东晋葛洪在代表作《抱朴子》中,不仅不反对华丽之辞,而且认为文章"莫不雕饰",应该"清富赡丽"、"汪涉博富"。后来萧统在《文选序》中所阐述的"大辂椎轮"之喻,"踵事增华"之说,与之不乏相似之处。

其四,玄学对文学思想的影响。魏晋玄学的形成和老庄思想的影响无法割裂,东晋以后,玄佛交融,玄学也步入新的阶段。玄学是一种思辨的哲学,对于打破汉代繁琐经学的统治起着积极的作用。从两汉经学到魏晋玄学,中国文学思想和文学批评发生了大转向。与文学批评直接相关的玄学命题,较突出的是"言意之辨"。其中"言不尽意"论和"得意忘言"论对文学创作和文学鉴赏产生了重大的影响。以荀粲为代表的"言不尽意"论,认为言可达意,但不能尽意,指出了言意之间的联系和差别,以及言辞在表达意旨时的局限。以王弼为代表的"得意忘言"论,详细阐述了言、象、意三者之间的关系,认为象的功用是存意,言的功用是明象,真正得意必须忘象,真正得象必须忘言。这一时期的玄学思辨深刻影响了文学创作和文学批评。在《文赋》中,陆机注意到文学创作中的言意关系;在《文心雕龙·神思》中,刘勰专门论述了创作构思中的言意问题;在《诗品》中,钟嵘以"滋味"论诗,强调言有尽而意无穷。凡此种种,均受到魏晋以来玄学思想的渗透。

二

魏晋文学包括建安文学、正始文学、太康文学和东晋文学。建安文学包括建安年间和魏朝前期的文学。建安文学的兴盛,既离不开中原地区统一的政治环境与文化交流,更得益于曹操、曹丕、曹植父子的爱好和推崇。以曹氏父子为中心,在他们周围集中了孔融、陈琳、王粲、徐幹、阮瑀、应玚、刘桢等一批文学才士。与两汉的儒生相比,这是在动乱中成长的一代新人。他们既有政治抱负和政治理想,又有务实的精神、通脱的态度和应变的能力;他们不再拘泥于儒家经学的禁锢,表现出鲜明的个性。

曹丕的《典论·论文》是中国古代文学批评史上第一篇独立专门的文学理论论文。曹丕首次提出了"文以气为主"的诗学观念,论述了作家的先天个性、气质与文章风格之间的关系。他研究不同类型文体的特点,提出了"四科八体"说,这是较早的文体分类论和文体风格论,对陆机《文赋》、刘勰《文心雕龙》的文体论都产生了重要的影响。他提出了"诗赋欲丽"的观点,从正面肯定了诗、赋的形式美特点,这是文学审美观念自觉的表现。曹丕还讨论了文学价值问题,提出"盖文章,经国之大业,不朽之盛事",这极大地提升了文学的地位。他还对"文人相轻"的现象进行了分析,提出了文学批评态度的问题。曹丕的理论与实践,使得人们重新审视文学的地位和作用,文人的社会地位也不断得到提高,为"文学自觉时代"的到来创造了良好的条件。

魏国中后期,由于对宗室的压制和对道家的提倡,正始文风兴起。以阮籍、嵇康为代表的正始之音以苦闷与旷达、清俊与高蹈著称。随着曹魏皇权势力的削弱和司马氏家族势力的膨胀,何晏、夏侯淳等先后被杀,嵇康愤慨就义,阮籍装狂忍辱,向秀、山涛投诚自保。正始文学精英的相继陨落,迎来了太康文学。

以陆机、潘岳为代表的太康诗风,追求繁缛文风。陆机的《文赋》继《典论·论文》之后着重探讨文学的内部规律,第一次全面系统地研究了文学创作的基本理论,为后来南北朝的理论批评发展提供了借鉴,刘勰《文心雕龙》的写作就颇受陆机思想的影响。在《文赋》中,陆机详细地论述了文学创作的完整过程,涉及创作准备、艺术构思、语言表达等重要环节。他对文学思维的"收视反听,耽思傍讯","精骛八极,心游万仞"的思维特征进行了充分的阐发。他充分估量了文学创作过程中的"意不称物、文不逮意"的复杂性和微妙性。在曹丕"四科八体"说的基础上,他提出了"十体"说,其中"诗缘情而绮靡"强调了诗歌抒发个人情感的特点,突破了汉代"发乎情,止乎礼义"的抒情观念,是对"诗言志"诗学观念的新发展。

《乐论》和《声无哀乐论》是阮籍和嵇康的代表作,主要探讨音乐理论。阮籍和嵇康生活在正始年间,是"竹林七贤"的重要成员。阮籍的《乐论》继承了儒家乐论的正统观点,开始把道家思想引入儒家乐论中,提出了诸多值得人们思考的问题,在中国古代文学理论发展史上具有一定的价值。全篇围绕"刘子"与"阮先生"讨论"乐"的问题而写成。首先,阮籍论述了乐的本体性问题,提出乐的本质是"天地之体,万物之性",对于人类社会具有重要意义。其次,他肯定音乐具有移风易俗的价值意义,认为"乐"之"八音"、"五声"均出于自然,能够使天地阴阳、群生万物和人类社会都趋于和谐。在《声无哀乐论》中,嵇康认为音乐与人的主观情感无关。他指出:"声音自当以善恶为主,则无关于哀乐;哀乐自当以情感而后发,则无系于声音。名实俱去,则尽然可见矣。"音声只有好听与否,而与人的哀乐情感无关。音乐的移风易俗不在"声",而在于"心",在于人的内心是否平和。

《三都赋》是左思精心所作,赋前置序,阐述了他对"赋"这种文体的看法以及作此赋的指导思想和创作原则。左思援引班固"赋者,古诗之流也"的看法,他指出:"先王采焉,以观土风。"所以不能过于追求言辞的浮华,强调"赋"是对亲身所历、亲目所见的具体事物的描写。左思对司马相如、扬雄、班固等人的名赋提出批评,指出他们的作品"于辞则易为藻饰,于义则虚而无征",这对于矫正东汉以降文学创作中出现的浮妄风气,确有针砭的作用。在观点上,不同于左思的是皇甫谧,在《三都赋序》中,他提出赋既要有讽谏的作用,又不可忽视对它进行极尽华美的描写,这与左思所提出的赋贵在真实去藻饰有所不同。这一时期对文体的研究作出突出贡献的是挚虞。挚虞的《文章流别论》是我国古代最早的文体专著,可惜全书早佚,只留下些许片段,不过从现存的片段看,它对诗、赋、箴、铭、哀辞、哀策、诔、颂、七、对问、碑铭等十一种文体溯其源流,考其正变,将理论研究大大推进了一步。挚虞的文论,强调文章的人伦与王泽的教化作用,主张有现实内容,反对浮夸侈靡的文风,遵循儒家正统的文艺观点。

东晋文学主要表现为以郭璞为代表的玄远富艳的游仙诗,以许询、孙绰为代表的颇具玄理的玄言诗。玄言诗的产生,离不开西晋末年士族清谈玄理的风尚,东晋玄佛交流,更助长了它的发展,致使玄言诗盛极一时,占据东晋诗坛数十年之久。在晋宋易代之际,出现了一位伟大的田园诗人陶渊明。他在日常生活中发掘出诗意,开创了中国田园诗这一新的诗歌园地。陶渊明的诗歌艺术以自然为总体特征,将日常生活诗意化,真正做到情与景、事和理的浑融,给人以平淡中见警策、朴素中见绮丽之感。他那不为五斗米折腰的独立人格和诗酒风流,为古代士人精神家园的坚守树立了榜样。这一时期,儒家思想的沉寂促使了思想的自由和文学的解放,文学观念也开始出现了新的变化。

三

南朝文学思想主要以元嘉和永明时期的为代表。代表元嘉文学思想倾向的作家,包括晋宋之际的谢灵运、颜延之和大明、泰始之际的鲍照、谢庄。此时期主要集中于诗歌创作,文学理论批评方面的著述较为缺乏。刘宋时期,值得关注的文学批评著作有刘义庆的《世说新语》。《世说新语》是中国古代志人笔记的代表作,主要记载了东汉末年至刘宋初年近三百年间的人物故事,内容包罗万象,涉及政治、经济、文学、思想、习俗、民生等诸多方面,保存了大量珍贵的历史资料。《世说新语》主要收录魏晋时期所谓的名士风度,其中涉及文学理论的篇章较少,代表篇章有《文学》篇。

对于中国文学理论、文学批评而言,齐梁是一个必须重点研究的时期。其间有两大值得关注的文学现象:其一,"永明体"创立;其二,萧氏贵族领导的文学集团。"永明体"主要针对诗歌创作中的声律、语言及音乐美等问题。声律之所以在南朝受到重视,与诗歌创作中重视艺术美以及深入探讨文学本身的规律有关。代表人物沈约、谢朓、王融等发现"四声",旨在建立起比较严格的声调和谐的诗歌格律,并且在词藻、用事、对偶等方面做了许多新的探索,从而为古体诗向近体诗过渡做好了准备。文人集团的出现是当时的一大盛况。仅在南齐永明年间就存在活跃一时的四大文人集团,先后有王俭集团、萧子良集团、萧嶷集团和萧子隆集团。梁代萧纲、萧绎的文学集团属于藩王贵族集团,陈朝的文学集团则属于宫廷集团。在南朝不到两百年的时间里出现如此众多的文学集团,可谓史无前例。大量文学集团的出现与延存,对文学创作与文学批评的繁荣和发展产生巨大的影响,出现了一批具有代表性的文学批评论述,如裴子野的《雕虫论》、萧统的《文选序》、萧子显的《南齐书·文学传论》、萧纲的《与湘东王书》、萧绎的《金楼子·立言》等。

就总的趋势而言,南朝是文学由质朴而日趋藻丽的时期。晋宋以来的文学创作,特别是贵族文人的创作中,片面讲求艺术技巧,忽视作品思想内容的倾向比较明显。针对这种文风,裴子野的《雕虫论》展开了猛烈的批判。裴子野肯定《诗经》"劝善惩恶"的重要作用,认为诗歌的发展不应违背儒家诗教。同时,他以身作则,自创质朴文风,否定文学的审美功利性,在理论和创作上,均不同于当时的文学风气。萧统的《文选》是我国现存最早的一部诗文总集,全书按体编排,具有辨析文体的意义。《文选序》提出了"事出于沉思,义归乎翰藻"的选文标准,区分了文学与非文学的界限,在文学批评史上具有一定的理论价值。在《南齐书·文学传论》中,萧子显对古今文学发展的状况进行了叙述,主张"新变",肯定作品的多样性,认为作品乃"情性之风标,神明之律吕",是作家性灵的外现,而作者的审美好尚不同,见识、悟性不同,因而"出言异句","下笔殊形"。加之作家都有意追求新变,因此便形成了"朱蓝共妍,不相祖述"的丰富多彩的局面。不同时代的作品风貌各不相同,即便同一时代不同作者也是"短长互出",其文"永异"。

《与湘东王书》是萧纲写给其弟萧绎的一封书信,因谈话多涉及对文学的看法,故而历来不曾为古代文论家所忽视。在《与湘东王书》中,萧纲首先批评了京师"竞学浮疏,争为阐缓"的不良文风,认为抒写情志和描绘自然风景的诗赋等作品,不应模仿儒家经书典雅雍容、质朴古奥的风格,而当时一些文人一味摹古,完全违背了"风骚"传统,缺少情感力量;其次,他批评当时诗坛片面学习谢灵运、裴子野。对于作文,萧纲强调情感性,崇尚丽靡,称扬文采。《金楼子·立言》代表了萧绎的文学观,主要探讨了文与笔的问题。"文笔"一词,汉代已有,语出《论衡·超奇》:"文笔不足类也。"此"文笔"泛指文章。中国文学发展到六朝,理论观念渐趋精密,于是产生"文笔之辨"。文笔之分,各家说法不一。范晔《狱中与诸甥侄书》:"手笔差易,文不拘韵故也。"以有韵为"文",无韵为"笔"。颜延之则将"笔"与"言"分开:"笔之为体,言之文也。经典则言而非笔,传记则笔而非言。"也即直言(口语)为"言",文饰为"笔",文饰而有韵者为"文"。刘勰反对颜延之的三分,坚持无韵为"笔",有韵为"文"。萧绎则把文笔之分讲得更细,在他看来,"文"的特征,在于强烈的抒情性和感染力,只有"流连哀思"、"情灵摇荡"的抒情性作品,才能称之为"文",而章奏之类的实用文体和缺乏情感特征的诗歌,只能称之为"笔"。

四

南朝时期最引人瞩目的是出现了两部文学批评的专著——刘勰的《文心雕龙》和钟嵘的《诗品》。这两部专著是文学批评史上的重要里程碑,它们不仅具有较为完整的体系,而且魏晋以来所论及的思维论、文体论、风格论、批评论等问题,也得到更为系统深入的阐发。

刘勰的《文心雕龙》是中国文学批评史上一部最为系统的理论著作。全书共五十篇,上篇包括"文之枢纽"五篇、"论文叙笔"二十篇,论述了创作的基本宗旨和原则,并分论了各种文学体裁的历史源流、体制特色和写作要求等。"文之枢纽"包括《原道》、《征圣》、《宗经》、《正纬》、《辨骚》五篇,是全书的总纲。"论文叙笔"属于文体论,从第六篇的《明诗》到第二十五篇的《书记》共二十篇,对诗、乐府、赋、颂等三十二种文体,逐一进行了分析。《原道》篇主要讲述了"文"与"道"的关系,并分析了"文"的起源以及"道"与"圣"的关系。在刘勰的论述中,可以看到儒、玄、释互融的思想特征。他提出文学的本质在于道,"文原于道",文学之道即自然之道。《原道》篇提出"人文"源于自然,过分雕琢,即丧本真;《征圣》篇指出圣人因文明道;《宗经》篇认为经典具有感情深厚、思想纯正、叙事真实、说理切当、文体规范和辞采华美的特点。下篇包括"剖情析采"和"批评鉴赏"两部分,其中"剖情析采"为创作论,包括第二十六篇的《神思》到第四十四篇的《总术》,共十九篇。"批评鉴赏"包括《时序》、《物色》、《才略》、《知音》、《程器》五篇。下篇的文学创作论是《文心雕龙》的核心部分,论述了文学创作的构思、文学形象的艺术特征、文学风格的鉴赏和文学作品的写作章法等问题,是全书最具理论价值的部分。

在文学创作论部分,刘勰提出了一系列的重要观点,包括"神思"、"虚静"、"隐秀"、"体性"和"为情而造文"等,涉及文学构思、文学形象、文学风格和文章技巧等方面的问题。"神思"指的是文学创作活动中作家的思维活动特点,展现了艺术思维过程中生动丰富的艺术想象活动情状。刘勰认为作家的"神思"活动无远不至、无高不至,可以不受形骸的束缚,超越时空的限制,具有无比广阔的范围和幅度。在整个"神思"活动过程中,文学家的思维活动始终都是和客观物象紧密结合的,这就要求"神与物游"。"神与物游"是作为主体的心(神)与作为创作客体的物的融合统一,是艺术构思活动中的基本美学原则。《神思》篇另一重要观点是"虚静"。"虚静"是先秦时期已有的哲学概念,老子提出悟道在于"致虚极,守静笃",《荀子·解蔽》提出"虚壹而静"的命题,《庄子》认为达到"虚静"的境界,在于"心斋"、"坐忘"。陆机《文赋》中提出"伫中区以玄览","馨澄心以凝思",强调创作活动中心神专一的重要性。刘勰提出"陶钧文思,贵在虚静",将哲学范畴转化为文学批评范畴,意指创作时出现的一种凝神运思的特殊心理状态,要达到"虚静",必须"疏瀹五藏,澡雪精神",促使文学思维活动达到最佳的状态。

在对"隐秀"的阐释中,刘勰认为:"隐也者,文外之重旨者也;秀也者,篇中之独拔者也。"据南宋张戒《岁寒堂诗话》所引,刘勰曾说:"情在词外曰隐,状溢目前曰秀。"因《隐秀》篇多有残缺,此句并不见于今本《文心雕龙》。从上述内容看,"秀"是指艺术形象中的象而言的,它是具体的、外露的,是针对客观事物的描绘而言的,讲究"以卓绝为巧";"隐"是指意象的意而言的,它是内在的、隐蔽的,是寄寓于客观事物中作家的心意情志,讲究"以复义为工"。"体性"讲的是文学作品的体裁风格与作家才性的关系,"体"有两层含义,一指体裁,二指风格;"性"是指作家的才能和个性。

在内容和形式的关系上，刘勰强调文学作品的内容是起主导作用的，而形式是为内容服务的。《情采》篇认为："故情者，文之经；辞者，理之纬。经正而后纬成，理定然后辞畅：此立文之本源也。"刘勰反对"为文而造情"，主张"为情而造文"，重视文学作品的真情实感问题。总而言之，《文心雕龙》"体大而虑周"，是一部针对当时文坛弊病有感而发的文论力作，提出了众多的理论问题，对后世文学批评产生了巨大而深远的影响。

钟嵘《诗品》是中国文学批评史上第一部诗论专著。全书收录了自汉迄梁的一百二十三位五言诗人，将他们分别归入到上、中、下三品中进行品第，并将诗人纳入到五言诗演化系统中，溯源至《国风》、《小雅》和《楚辞》三条主线之中进行品鉴。《诗品序》是全书的序言，提出了许多有价值的诗学观点。如钟嵘提出了"诗有三义"说，从审美角度阐释了比、兴、赋的含义。他还以"滋味"论诗，认为好诗是"味之者无极，闻之者动心"的有滋味之作，并提出了"干之以风力，润之以丹彩"的诗学批评标准。他还对齐梁诗坛苛繁声律和滥用典故的风气进行了批评，提出了"即目直寻"与"自然英旨"的美学批评原则。

五

"八王之乱"结束后，中原地区家学深厚的世家大族纷纷南迁。文化与政治中心的南迁给北方的社会文化环境留下了新的空白点和增长点。随着中原文化与游牧文化的碰撞、摩擦，草原文化开始融入中原文化，但其固有的异质文化因子难以改变，在文学理论和批评方面也显现出不同于南方的特征。首先，与南朝不同，北朝缺乏玄学思辨的氛围。玄学气息兴盛于世家大族的日常生活中，豪门的南迁标志着玄学随之南移。其次，北朝政权掌握在北方少数民族的手里，滞留北方的汉族高门，无论在文化上还是在政治上，均不具备与之一比高下的能力，北方高门士族只能努力寻找两种文化的契合点，这就促使北方文学与政治的密切关联，从而使整个北方文化环境笼罩在有利于政权统一的经学氛围之下。同时，北朝为求社会稳定，制定的选官制度带动了经学的发展与繁荣。这种文化环境也自然影响到北方文学和文学批评的发展。

在整体的文化风格上，与南方文化的清绮风格相比，北方文化的质朴风格受到少数民族传统习俗的影响。西晋末年，少数民族逐渐入主中原，他们重视勇武，崇尚军功，崇尚雄浑质朴之美。正是由于北方特有的政治文化语境，北朝的诗文创作从未出现过热潮，其文学批评则呈现出复古、保守的倾向。在形式与内容的关系上，普遍反对过分的形式，倡导质朴的文风，这与同时期的南方截然相反。在文学理论发展的总体水平上，北方文学批评的发展远远落后于南方。代表北方文学批评导向的是宇文泰、苏绰、刘昼和颜之推等人。

北方特殊的社会政治文化环境，难以允许文学批评离开政治的范畴进行独立言说。在西魏、北周时期的历史记载中，依稀可见宇文泰和苏绰改革文风的主张。作为西魏的统治者，宇文泰通过继承周王朝的各种礼仪、道德和文化标准，以确立其政治合法性，以吸纳更多汉族士族的认同。他要求百官必须师法西周的《大诰》体例。《大诰》为其大臣苏绰撰写，文体完全模仿《尚书》，行文古雅典正、去华存朴。这种师法上古的文章风尚，也影响到隋唐以后的文学复古主张。宇文泰和苏绰提倡质朴尚理的文风，虽然胜过南朝浮华空洞的文风，但是生搬硬套上古艰涩的文风，违背了文学的发展规律，难以获得持久的影响。《刘子新论》亦称《刘子》、《新论》，尚有《流子》、《德言》等别称。其作者争论不一。全书论及哲学、政治、经济、军事、文化等各个领域问题，谈论治国修身之要，杂以九流之说，明阴阳，通道德，兼儒墨，合名法，包纵横，纳农植，触类取与，不拘一绪。篇中引物连类，事多见传记，保存的材料和反映的思想都很丰富，体现了这一时期兼取老庄，创造新经学的时代精神，对于研究魏晋南北朝时期的思想文化有重要的参考价值。

在文学批评方面，由南入北的颜之推最具代表性。颜之推生于士族大家，少年居住在南方，成年后大部分时间都生活在北方。他反对南方浮艳文风，其文学批评观点主要集中在《颜氏家训》中。《颜氏家训》共七卷二十篇，以儒家传统伦理道德训诫子女，其中《文章》篇专论文学问题，具有重要的文学理论价值。见于《文章》篇，颜之推的文学思想主要有几个方面。首先，颜之推论文，颇受刘勰影响，认为文章源于"六经"，他说："夫文章者，原出《六经》。"这是对儒家传统宗经思想的继承。颜之推标举"六经"为文章模式，提倡属文应向"六经"学习，这种观点既规定了作文应遵循的思想标准，也肯定了文章的地位和价值。其次，针对当时文章"趋末弃本，率多浮艳"的弊病，颜之推提出了改革要求，强调为文应"以理致为心肾，气调为筋骨，事义为皮肤，华丽为冠冕"。所谓"理致"指文章内容，"气调"在此借指文章的风格，"事义"和"华丽"指的是文章修辞和语言采饰。北朝人物中，少有文人能像颜之推这样既重视文章内容与风格，又不忽视文章形式技巧。较之宇文泰、苏绰的极端，颜之推在中庸平和中有所取舍和侧重，具有南方色彩的尚用质朴的文艺观。再次，颜氏还强调创作才能的重要性，认为文学创作不同于学术研究。在《颜氏家训》的其他篇章中,颜之推还以"典正"为美,强调文学的经世致用功能,反对那种"施之世务,殆无一可"的文士和"趋末弃本,率多浮艳"的文风,主张文学创作必须"有益于物"。颜之推的文学批评思想综合南北所长,体现了南北文化融合的趋势,为北朝整体诗风和隋唐文论的发展提供了理论基础。

  魏晋南北朝是我国古代文学大转变时期,更是文学理论和文学批评十分繁荣的时期。这一时期,思想活跃,学术极盛,成果丰硕,多有创造。儒、道、释三教鼎立纷争,相互激荡,文学与哲学、史学交相辉映。这一时期,文学摆脱政教的束缚走向自觉,文学走向追求艺术审美的道路。这一时期,涌现出了一大批文学理论批评家,他们关于文学的诸多观念和理论构建,形成了尔后中国古代文学批评研究的主体内容和方法范式,确立了中国文学思想发展的基本走向,深深地影响着后世文论家的思想创造与理论革新。总而言之,魏晋南北朝文学批评上承秦汉,下启隋唐,别开生面,卓然独立于学术之林,其意义和价值不可低估。

曹 丕

【作者简介】

曹丕(187—226),即魏文帝。字子桓,沛国谯(今安徽亳州市)人。曹操次子。八岁能属文,知骑射。稍长,博贯经史诸子百家,又善击剑、弹棋。建安二十二年(217),立为魏国太子。延康元年(220)正月,继位为魏王,十月汉献帝禅位于曹丕,改元黄初。在位六年,重视文教,大兴儒学,进一步增强曹魏的国力。诗作以《燕歌行》最为后人所称道;文学理论文章有《典论·论文》、《与吴质书》等。

典论·论文

文人相轻,自古而然。傅毅之于班固,伯仲之间耳。而固小之[1],与弟超[2]书曰:"武仲以能属文,为兰台令史[3],下笔不能自休。"夫人善于自见,而文非一体,鲜能备善,是以各以所长,相轻所短。里语曰:"家有弊帚,享之千金[4]。"斯不自见之患也。

今之文人,鲁国孔融文举,广陵陈琳孔璋,山阳王粲仲宣,北海徐幹伟长,陈留阮瑀元瑜,汝南应玚德琏,东平刘桢公幹。斯七子者[5],于学无所遗[6],于辞无所假[7],咸以自骋骥騄于千里[8],仰齐足而并驰[9],以此相服,亦良难矣。盖君子审己以度人,故能免于斯累而作论文。

王粲长于辞赋,徐幹时有齐气[10],然粲之匹也。如粲之《初征》、《登楼》、《槐赋》、《征思》,幹之《玄猿》、《漏卮》、《圆扇》、《橘赋》,虽张、蔡不过也[11]。然于他文,未能称是。琳、瑀之章表书记,今之隽也[12]。应玚和而不壮,刘桢壮而不密。孔融体气高妙[13]，有过人者，然不能持论，理不胜辞[14]，至于杂以嘲戏[15]，及其所善，杨、班俦也[16]。

常人贵远贱近，向声背实[17]，又患暗于自见，谓己为贤。

夫文本同而末异[18]，盖奏议宜雅，书论宜理，铭诔尚实，诗赋欲丽[19]。此四科不同，故能之者偏也[20]；唯通才能备其体。

文以气为主，气之清浊有体[21]，不可力强而致。譬诸音乐，曲度虽均，节奏同检[22]，至于引气不齐[23]，巧拙有素，虽在父兄，不能以移子弟[24]。

盖文章经国之大业[25]，不朽之盛事[26]。年寿有时而尽，荣乐止乎其身，二者必至之常期，未若文章之无穷。是以古之作者，寄身于翰墨，见意于篇籍，假良史之辞，不托飞驰之势[27]，而声名自传于后。故西伯幽而演《易》[28]，周旦显而制《礼》[29]，不以隐约而弗务[30]，不以康乐而加思[31]。夫然则古人贱尺璧而重寸阴，惧乎时之过已[32]。而人多不强力，贫贱则慑于饥寒，富贵则流于逸乐，遂营目前之务，而遗千载之功，日月游于上，体貌衰于下，忽然与万物迁化[33]，斯志士之大痛也。融等已逝，唯幹著论，成一家言。[34]

——《六臣注文选》卷五十二，《四部丛刊》影宋本

【题解】

《典论》为魏文帝曹丕精心结撰的著作，共五卷，二十篇，原书已佚。《论文》是《典论》中的一篇，在文学批评史上有着极其重要的地位。本文涉及文学的作用和价值、作家个性与作品风格、文体分类及特点、文学批评态度等问题。《典论·论文》是建安时期文学繁荣的产物，同时也与曹丕欲通过文章名垂千古的思想有关。

【注释】

1. 小之：藐视他。小，藐视，轻视。
2. 超：班超，字仲升，班彪的少子，班固的弟弟。班超投笔从戎，明帝时出使西域，因功封定远侯。《后汉书》卷四十七有传。
3. 以能属文，为兰台令史：属文，写文章。属，缀辑，连缀。兰台，本为汉代宫中藏书之处，由御史中丞监管。后复置兰台令史六人，典校图籍，管理劾奏等文书档案。《后汉书》卷四十《班彪列传》注引《汉官仪》："兰台令史六人，秩百石，掌书劾奏。"

4. 家有弊帚,享之千金:语出《东观汉记》卷一《世祖光武帝纪》:"帝闻之,下诏让吴汉副将刘禹曰:'城降,婴儿老母,口以万数,一旦放兵纵火,闻之可为酸鼻。家有敝帚,享之千金。'"杜预《左氏传》注曰:"亨,通也。亨或为享。""享"、"亨",古代为同一字。亨、通,有同、相连比义。

5. 七子:即"建安七子"或称"邺下七子"。《三国志·魏书》卷二十一《王粲传》:"始文帝为五官将,及平原侯植皆好文学。粲与北海徐幹字伟长、广陵陈琳字孔璋、陈留阮瑀字元瑜、汝南应场字德琏、东平刘桢字公幹并见友善……自颍川邯郸淳、繁钦、陈留路粹、沛国丁仪、丁廙、弘农杨修、河内荀纬等,亦有文采。而不在此七子之列。"可知,这里所谓"七子"者,指曹植、王粲、徐幹、陈琳、阮瑀、应场、刘桢七子。

6. 于学无所遗:犹云无所不学,知识广博。遗,余留。

7. 于辞无所假:意谓能自创新辞,自出心裁。假,借。

8. 咸以自骋骐骥于千里:以,通"已"。骐骥,千里马。王充《论衡·书案》:"故马效千里,不必骐骥。"

9. 仰齐足而并驰:仰,《广雅·释诂》:"仰,恃也。"齐,《尔雅·释诂》:"齐,疾也。"齐足,疾足,谓驾车之马匹足力齐同,则车行疾速。《诗经·小雅·车攻》:"我马既同。"毛传:"同,齐也。田猎齐足,尚疾也。"

10. 齐气:一说为齐气,是指徐幹行文舒缓委顿。《文选》李善注"言齐俗文体舒缓,而徐幹亦有斯累"。《论衡·率性》:"楚越之人处庄岳(齐街里名)之间,经历岁月,变为舒缓,风俗移也。故曰齐舒缓。"可知齐俗舒缓,为东汉人普遍看法,且以为其俗之养成,与太公之教有关。由于齐俗舒缓的生活环境,影响到作家的个性和作品风格,所以说"徐幹时有齐气"。一说为逸气。逸气是谓美之词,齐气乃不足之称。

11. 张、蔡:谓张衡、蔡邕,皆东汉著名赋家。

12. 琳、瑀之章表书记,今之隽也:谓陈琳、阮瑀擅长章表书记,其成就无人能比。隽,同"俊",指才华出众。

13. 体气:谓人内在的气质、才性。《论衡·无形》:"体气与形骸相抱。"体气、形骸,内外相对。嵇康《养生论》:"(君子)体气和平。"姚信《士纬》:"陈仲举体气高烈。"(《世说新语·品藻》注引)

14. 理不胜辞:指辞过于理。《后汉书》卷七十《郑孔荀列传》言孔融"既见操雄诈渐著,数不能堪,故发辞偏宕,多致乖忤"。

15. 杂以嘲戏:杂,掺杂。嘲戏,一种以诙谐为特色的文体。如孔融《与曹公书》言"武王伐纣,以妲己赐周公",就是嘲戏的例子。

16. 杨、班:谓扬雄、班固。扬雄的《解嘲》与班固的《答宾戏》是著名的嘲戏之文。

17. 向声背实:追求虚名而不重实际。

18. 夫文本同而末异:谓文章本原虽同,但在发展过程中形成各种体裁。本,根本,这里指一切文章的共同性;末,枝梢,这里指不同文体的特殊性。

19. 奏议宜雅,书论宜理,铭诔尚实,诗赋欲丽:奏议,皆谓古时下臣进奏君主的文书。书论,指文书、论文。铭,文体名,原铭刻于器物或石上,故名。其内容或称述功德,或表示规诫,此指前者。诔,文体名,用于述死者德行。

20. 偏:指各有长。

21. 气之清浊有体:谓人禀气有清浊,故才性有昏明,为文即有高下。这是本文论气的主要方面。《论衡·本性》:"心清而眸子瞭,心浊而眸子眊。人生目辄眊瞭,眊瞭禀之于天,不同气也。"《抱朴子·辞义》:"夫才有清浊,思有修短,虽并属文,参差万品。"清浊,意近刚柔。本文所说的齐气,就属于柔浊的一种。所谓建安风骨,建安风力,则属于清刚的一种。

22. 曲度虽均,节奏同检:曲度,指音乐的曲调旋律。均,相同。节奏同检,音调缓急的度数为节,更端为奏。检,《文选》李善注:"《仓颉》篇曰:检,法度也。"

23. 引气:引,犹言运行其气,指吹奏时的运气。

24. 虽在父兄,不能以移子弟:《文选》李善注引桓谭《新论》:"惟人心之所独晓,父不能以禅子,兄不能以教弟也。"刘良注:"譬如箫管之类者,言用气吹之,各不同也。"素,本也。言其巧妙者,虽父兄亲于子弟,亦不能教而移之也。"

25. 经国:治国。

26. 不朽之盛事:语出《左传·襄公二十四年》:"太上有立德,其次有立功,其次有立言。虽久不废,此之谓不朽。"盛事,不朽的事业。曹丕以写作文章属于立言范围以内,所以说是不朽之盛事。

27. 飞驰之势:比喻显赫的权势。处高位之人,出则高车驷马,声势赫赫。《艺文类聚》卷二十引祢衡《鲁夫子碑》:"鲁以丈夫之位,任以国政之劝,譬若飞鸿鸾于中庭,骋骐骥于闾巷也。"

28. 西伯幽而演《易》:西伯,西方诸侯之长,指周文王姬昌,殷时,周文王为雍州之伯,在殷之西,故曰西伯。幽,拘囚。演,推演。传说周文王曾被纣王幽禁在羑里,文王在这里推演《易》象,作卦辞。《史记》卷一百三十《太史公自序》:"昔西伯拘羑里,演《周易》。"

29. 周旦显而制《礼》:周旦,周公旦,周武王之弟,成王之叔,在摄政国事期间制定礼乐。旧说《周礼》为周公所作,《史记》卷三十三《鲁周公世家》:"成王在丰,天下已安。周之官政未次序,于是周公作《周官》(即《周礼》),官别其宜。"

30. 隐约:穷困,指上文周文王被拘狱中而演《周易》。《文选》李善注引周易曰:"隐约者,观其不慑惧。"吕延济注:"隐约,失志貌。"

31. 不以康乐而加思:谓并非因处境安乐就改变著述的想法。此连上句,谓圣人无论处境穷困抑或康乐,其制作、思虑始终如一。加,《文选》吕延济注:"加,移也。"加思,改变原来的写作心思。

32. 夫然则古人贱尺璧而重寸阴,惧乎时之过已:《淮南子·原道训》:"圣人不贵尺之璧,而重寸之阴,时难得而易失也。"尺璧,直径一尺之大璧,极珍贵的玉石。阴,光阴。已,通"矣"。

33. 迁化:变化,指死去。《汉书》卷九十七《外戚传》:"忽迁化而不反兮,魄放逸以飞扬。"《古诗十九首》:"奄忽随物化。"

34. 唯幹著论,成一家言:指徐幹的《中论》。曹丕《与吴质书》:"伟长独怀文抱质,恬淡寡欲,有箕山之志,可谓彬彬君子者矣。著《中论》二十余篇,成一家之言,辞义典雅,足传于后,此子为不朽矣。"

【讲疏】

《典论·论文》是中国文学批评史上较早的专论,主要探讨了以下几个问题:

第一,"文人相轻"和"贵远贱近,向声背实"是文学批评中存在的两种弊病。曹丕认为,文学批评不仅应客观公允,还应切合实际。因为"文非一体,鲜能备善",所以"审己以度人"才是批评者应采取的正确态度。曹丕的文学批评实践中,也切实做到了这一点,他认为:"王粲长于辞赋,徐幹时有齐气,然粲之匹也。"对七子更是做了全面而准确的评价,言:"应玚和而不壮,刘桢壮而不密。"又:"孔融体气高妙,有过人者,然不能持论,理不胜辞,以至乎杂以嘲戏。"可见,曹丕的评论不仅没有"暗于自见,谓己为贤",更是避免了厚古薄今的错误做法。文学批评理应客观,曹丕引其端绪,对后世影响很大。

第二,对于文体的研究,是我国古代文论中的重要内容之一。汉代班固、蔡邕曾有零散论述,曹丕在《典论·论文》里也就文学作品的体裁进行了区分,且更为系统明晰,提出了"四科八体"的说法:"夫文本同而末异,盖奏议宜雅,书论宜理,铭诔尚实,诗赋欲丽。此四科不同,故能之者偏也;唯通才能备其体。""四科八体"即奏议、书论、铭诔、诗赋,此为"本",而"雅"、"理"、"实"、"丽"为其特点,也即"末"。曹丕的文体论思想影响深远,桓范的《四要论》、陆机的《文赋》、挚虞的《文章流别论》、李充的《翰林论》、刘勰的《文心雕龙》等,均受其影响。

第三,曹丕首次在文学评论中,提出"文以气为主"的思想。《典论·论文》:"文以气为主,气之清浊有体,不可力强而致。譬诸音乐,曲度虽均,节奏同检,至于引气不齐,巧拙有素。"曹丕指出了创作主体之"气"(气质、个性)对作品之"气"(气象、风格)的决定性作用,主体之气的"清浊"与作品之气的"巧拙"相互对应,深刻地揭示了创作主体的个性气质与文艺作品风格的密切关系,使人们可以以简括的语言揭示出作家、作品的总体感受与独特风貌,如曹丕评孔融"体气高妙",评徐幹"时有齐气"。

第四,曹丕拔高了文学、文章的地位。《左传》"三不朽"说,司马迁《报任少卿书》、蔡邕《戍边上章》都曾言生命短暂,只有精神财富才能与时间抗衡,彰显出无限的生命力和价值。曹丕在《论文》中承前启后,明确断言:"盖文章,经国之大业,不朽之盛事。年寿有时而尽,荣乐止乎其身,二者必至之常期,未若文章之无穷。是以古之作者,寄身于翰墨,见意于篇籍,假良史之辞,不托飞驰之势,而声名自传于后。"由于文学创作本身就具有不朽的价值,所以从事文学创作的作家,不必依赖于历史学家的记载,也不必依附于政治,便可以名传后世,这不仅否定了历来轻视文学的观点,而且对文学进行了独到而又深刻的评价。曹丕的理论与实践,使得人们重新审视文学的地位和作用,文人的社会地位也不断得到提高,给"文学的自觉时代"的到来创造了良好的必要的前提条件。

【关键词解读】

诗赋欲丽

魏晋时期,儒家经学有日趋式微之势,文学的独立地位与特殊价值逐渐凸显,《典论·论文》应运而生。曹丕突破了儒家"诗言志"说的传统理论框架,提出了"诗赋欲丽"的理论主张,开始将纯文学作品从非文学作品中区分出来,其意义远远超越了一般的文体论,反映了时代艺术审美意识的觉醒。古代的诗赋,是纯文学的代表文体。曹丕认为诗赋的辞藻华丽,讲究文采,追求艺术形式之美,这是符合文学的艺术特征的。"诗赋欲丽"的提出,表面上并不涉及思想内容,实际却与内容题材及思想情感的表达有关,这对于汉儒视文学为经学附庸的传统观念,无疑是一次有力的冲击。对形式的重视与追求,在当时不仅是文学获得大发展不可或缺的一个因素,而且也是一种文学观念的更新,是文学自觉的一个鲜明标志。

文以气为主

所谓"文气",指文章的辞气,而文章的辞气又与作者的个性有关,即与"体"有关,因此,文章的"气"就是呈现于文辞间的作者个性。《典论·论文》:"文以气为主,气之清浊有体,不可力强而致。"此"体",谓本性、性质。"气之清浊有体",言人所禀之气,具有清与浊两种不同的性质,这是禀承了汉代以来的气化宇宙观思想。曹丕认为,文章的优劣,取决于作家主体之气的清浊,表现于文章,形成文章之气的清浊,决定了文章的好坏,即审美价值、艺术水平的高低,决定了文章的艺术生命。曹丕"文以气为主"的思想,较侧重于作家先天的禀赋,着重讨论作家先天禀赋的精神、气质同文艺作品的艺术风格、审美特征的关系,这在中国文学批评史上影响深远。

【相关知识链接】

魏晋之前,并无所谓"纯文学"的观念,"文学"一词,指的是包括学术在内的古典知识。《论语·先进》:"文学:子游,子夏。"子游、子夏的特点是读书识礼。汉代以后,仍以"文学"标示学术,如司马迁《史记》所用"文学",涵盖学术、儒术、掌故、律令、军法、章程、礼仪等。所谓文学性的作品,被归在"文章"名下。"文章"在古代汉语里主要指学术、文物、典章制度,在汉代"文章"一词,又增加了一种含义:辞章文学(带有文学性的作品)。也就是说魏晋之前中国并无独立之文学观念,既然无独立之文学观念,自然也就无独立之文学家,这也就决定了文学和文学家在社会生活中的地位。司马迁在《报任安书》中这样慨叹:"文史星历,近乎卜祝之间,固主上所戏弄,倡优畜之,流俗之所轻也。"扬雄认为辞赋是"童子雕虫篆刻,壮夫不为也"(《法言·吾子》)。曹植也持这样的观点,他认为经史百家有价值,建功立业最重要,而文学乃"辞赋小道,固未足以揄扬大义,彰示来世也"。(《报杨德祖书》)连诗赋冠于建安文学的曹植尚且有如此之说,可以想象文学和文学家之流在当时社会的境况,而转变这种传统观念、给予文学全新地位的,当属曹丕。

曹丕十分看重文学,赋予了文学崇高的地位和价值:"盖文章经国之大业,不朽之盛事。"(《典论·论文》)把文学与个人的"不朽"之事联系起来,强调文学的价值如同治国一样重要。曹丕称孔融、陈琳、王粲、徐幹、阮瑀、应瑒、刘桢为"建安七子",并对其进行客观细致的研究,认为"王粲长于辞赋,徐幹时有齐气,然粲之匹也。如粲之《初征》、《登楼》、《槐赋》、《征思》,幹之《玄猿》、《漏卮》、《圆扇》、《橘赋》,虽张、蔡不过也。然于他文,未能称是。琳、瑀之章表书记,今之隽也。应瑒和而不壮,刘桢壮而不密。孔融体气高妙,有过人者,然不能持论,理不胜辞,至于杂以嘲戏。及其所善,杨、班俦也"。曹丕用文学理论家的视野,凝练准确地概括了"建安七子"相互迥异的风格特点,把文学作为一个独立的对象加以考察,讨论文学的一般性原则,开启一代文学批评的新风气。

【延伸阅读】

《典论》是一部有关政治、文化的论著,全书大概在宋代亡佚,今仅存《自叙》、《论文》两篇较为完整的文章。《自叙》是曹丕自叙身世,是带有自传性质的散文,写于其登基之前。写他自少年始,在曹操教导下学习骑射、游猎,以及从军出征的军旅生活。一些重大的历史事件,曹丕寥寥几句带过,亲切自然,淡雅如风,这种流畅不加雕饰的笔墨,充分展示了建安文学"风清骨峻"的特点。

典论·自叙

初平之元,董卓杀主鸩后,荡覆王室。是时四海既困中平之政,兼恶卓之凶逆,家家思乱,人人自危。山东牧守,咸以《春秋》之义"卫人讨州吁于濮",言人人皆得讨贼,于是大兴义兵。名豪大侠,富室强族,飘扬云会,万里相赴。兖豫之师,战于荥阳,河内之甲,军于孟津。卓遂迁大驾,西都长安。而山东大者连郡国,中者婴城邑,小者聚阡陌,以还相吞并。会黄巾盛于海岳,山寇暴于并冀。乘胜转攻,席卷而南。乡邑望烟而奔,城郭睹尘而溃。百姓死亡,暴骨如莽。

余时年五岁。上以四方扰乱,教余学射,六岁而知射。又教余骑马,八岁而知骑射矣。以时之多难,故每征,余常从。

建安初,上南征荆州,至宛,张绣降,旬日而反。亡兄孝廉子修、从兄安民遇害。时余年十岁,乘马得脱。夫文武之道,各随时而用。生于中平之季,长于戎旅之间,是以少好弓马,于今不衰,逐禽辄十里,驰射常百步,日多体健,心每不厌。

建安十年,始定冀州,涉貊贡良弓,燕代献名马。时岁之暮春,勾芒司节,和风扇物,弓燥手柔,草浅兽肥,与族兄子丹猎于邺西终日,手获獐鹿九,雉兔三十。

后军南征,次曲蠡,尚书令荀彧奉使犒军,见余,谈论之末,或言:"闻君善左右射,此实难能。"余言执事未睹夫项发口纵,俯马蹄而仰月支也。或喜笑曰:"乃尔。"余曰:"埒有常径,的有常所,虽每发辄中,非至妙也。若夫驰平原,赴丰草,要狡兽,截轻禽,使弓不虚弯,所中必洞,斯则妙矣。"时军祭酒张京在坐,顾彧拊手曰:"善。"

余又学击剑,阅师多矣。四方之法各异,唯京师为善。桓灵之间,有虎贲王越,善斯术,称于京师。河南史阿,言昔与越游,具得其法。余从阿学之,精熟。

尝与平虏将军刘勋、奋威将军邓展等共饮，宿闻展善有手臂，晓五兵，又称其能空手入白刃。余与论剑良久，谓言："将军法非也，余顾尝好之，又得善术。"因求与余对。时酒酣耳热，方食芊蔗，便以为杖，下殿数交，三中其臂。左右大笑。展意不平，求更为之。余言："吾法急属，难相中面，故齐臂耳。"展言："愿复一交。"余知其欲突以取交中也，因伪深进，展果寻前，余却脚鄞，正截其颡。坐中惊视。余还坐，笑曰："昔阳庆使淳于意去其故方，更授以秘术。今余亦愿邓将军捐弃故伎，更受要道也。"一坐尽欢。

夫事不可自谓己长。余少晓持复，自谓无对，俗名双戟为坐铁室，镶楯为蔽木户。后从陈国袁敏学，以单攻复，每为若神，对家不知所出。先日若逢敏于狭路，直决耳。

余于他戏弄之事少所喜，唯弹棋略尽其巧，少为之赋。昔京师先工有马合乡侯、东方安世、张公子，常恨不得与彼数子者对。

上雅好诗书文籍，虽在军旅，手不释卷。每定省从容，常言："人少好学则思专，长则善忘。长大而能勤学者，唯吾与袁伯业耳。"余是以少诵诗、论，及长而备历五经、四部《史》《汉》、诸子百家之言，靡不毕览。

——严可均：《全三国文》卷八，中华书局影印本

【思考题】

1. 谈谈对曹丕"文气"说的看法。
2. 鲁迅评价曹丕："曹丕的一个时代可以说是'文学的自觉时代'，或如近代所说是为艺术而艺术的一派。"你是如何理解这一评价的？

与 吴 质 书

二月三日，丕白：

岁月易得，别来行复四年[1]。三年不见，东山犹叹其远[2]，况及过之，思何可支[3]？虽书疏往返[4]，未足解其劳结[5]。

昔年疾疫[6]，亲故多离其灾[7]。徐、陈、应、刘[8]，一时俱逝，痛

可言邪⁹?昔日游处¹⁰,行则连舆¹¹,止则接席¹²,何曾须臾相失¹³?每至觞酌流行¹⁴,丝竹并奏¹⁵,酒酣耳热,仰而赋诗,当此之时,忽然不自知乐也¹⁶。谓百年己分¹⁷,可长共相保¹⁸,何图数年之间¹⁹,零落略尽²⁰,言之伤心!顷撰其遗文²¹,都为一集,观其姓名,已为鬼录²²,追思昔游,犹在心目,而此诸子化为粪壤²³,可复道哉!

观古今文人,类不护细行²⁴,鲜皆能以名节自立²⁵。而伟长独怀文抱质²⁶,恬淡寡欲,有箕山之志²⁷,可谓彬彬君子者矣。著《中论》二十余篇,成一家之言,辞义典雅,足传于后,此子为不朽矣。德琏常斐然有述作之意²⁸,其才学足以著书,美志不遂,良可痛惜。间者历览诸子之文²⁹,对之抆泪,既痛逝者,行自念也³⁰。孔璋章表殊健³¹,微为繁富³²。公幹有逸气³³,但未遒耳³⁴。其五言诗之善者,妙绝时人³⁵。元瑜书记翩翩³⁶,致足乐也。仲宣独自善于辞赋,惜其体弱³⁷,不足起其文,至于所善,古人无以远过。昔伯牙绝弦于钟期,仲尼覆醢于子路³⁸,痛知音之难遇,伤门人之莫逮³⁹。诸子但为未及古人,亦一时之俊也。今之存者,已不逮矣。后生可畏,来者难诬⁴⁰,恐吾与足下不及见也。

年行已长大⁴¹,所怀万端,时有所虑,至乃通夜不瞑,志意何时复类昔日,已成老翁,但未白头耳。光武有言:"年已三十余,在兵中十岁,所更非一⁴²。"吾德不及之,年与之齐矣。以犬羊之质,服虎豹之文;无众星之明,假日月之光⁴³,动见瞻观⁴⁴,何时易乎⁴⁵?恐永不复得为昔日游也。少壮真当努力,年一过往⁴⁶,何可攀援⁴⁷?古人思秉烛夜游⁴⁸,良有以也⁴⁹。

顷何以自娱?颇复有所述造否⁵⁰?东望于邑⁵¹,裁书叙心⁵²。丕白。

——《六臣注文选》卷四十二,《四部丛刊》影宋本

【题解】

吴质,字季重,济阴(今山东定陶)人,官至振威将军,封列侯,与曹丕友善。建安十三年(208),孔融被杀。建安十七年,阮瑀病死。接着,陈

琳、王粲、徐幹、应场、刘桢于"丁酉大疫"同染疾疫而亡。至此,"建安七子"先后逝世。本文作于建安二十三年,曹丕有感于亲故多离、时光易逝,在写给吴质的这封信中回顾了邺下文人之间的情谊,其中对诗文辞赋的评价具有较高的理论价值。

【注释】

1. 易得:容易过去。言运行之速。行:将要,快要。复:又。
2. 东山犹叹其远:语出《诗经·豳风·东山》:"我徂东山,慆慆不归;我来自东,零雨其濛。鹳鸣于垤,妇叹于室。洒扫穹窒,我征聿至。有敦瓜苦,烝在栗薪。自我不见,于今三年!"
3. 支:支持,受得住。
4. 书疏:书信。
5. 劳结:怀念的郁结之情。劳:忧思之劳。结:郁结。
6. 昔年:建安二十二年。疾疫:瘟疫,即"丁酉大疫"。曹植《说疫气》:"建安二十二年,疠气流行,家家有僵尸之痛,室室有号泣之哀。或阖门而殪,或覆族而丧。"
7. 亲故:亲戚故友。离:同"罹",遭受。
8. 徐、陈、应、刘:"建安七子"中的徐幹、陈琳、应场、刘桢。
9. 痛可言邪:痛苦不是语言所能表达的。
10. 昔日游处:西园、南皮之游。
11. 连舆:车子前后相接。
12. 接席:坐席相接,席地而坐。意为坐在一起。指亲密友爱。
13. 相失:相分离。
14. 觞酌流行:轮流饮酒。觞:酒杯。流行:巡回行酒。
15. 丝:琴类乐器。竹:管乐。并奏:一起吹奏。
16. 不自知乐:不自觉地忘形欢乐状。
17. 己分:自己的当然之事。
18. 长共相保:保持不散。
19. 何图:哪里想到。
20. 零落:死亡。略尽:将完。
21. 撰:编定。
22. 鬼录:死亡。
23. 化为粪壤:死后与土壤化为一体,指死亡。
24. 类不护细行:指大都不拘小节。类:大都。护:拘泥。细行:小节。
25. 鲜:少。
26. 文:文采。质:品德。
27. 箕山:许由隐居地。此处是说徐幹不重名利。
28. 斐然:富有文采。述作:著书立说。

29. 间者历览：近来普遍阅读。
30. 既痛逝者，行自念也：哀痛死者，也就想到自己。行：而且。
31. 殊健：非常雄健。
32. 微为繁富：稍有些繁冗。
33. 逸气：文气奔放洒脱。
34. 遒：劲健。
35. 妙绝时人：超过同时代人。
36. 书记：章、表、书、疏等文体。翩翩：富有文采，自然流畅。
37. 体弱：文章风格纤弱。《典论·论文》："文以气为主，气之清浊有体，不可力强而致。"《文心雕龙·定势》引刘祯云："文之体实指强弱。"
38. 仲尼覆醢于子路：见《礼记·檀弓》，孔子闻子路被卫人剁成肉酱，命家人将食用的肉酱倒掉。
39. 门人：学生。莫逮：赶不上。
40. 难诬：不可轻视。
41. 年行：年龄。
42. "光武言"句：语出《东观汉记》："光武赐隗嚣书曰：吾年已三十余，在兵中十岁，所更非一。"所更非一：经历的事不止一件。
43. "以犬羊之质"句：语出扬雄《法言》："羊质而虎皮，见草而悦，见豺而战。"《文子·上德》："百星之明，不如一月之光。"此为曹丕自谦之词。
44. 动见瞻观：一举一动都为人瞩目，拘束得很。
45. 易：改变。
46. 年一过往：时间一经过去。
47. 攀援：挽回。
48. 古人思秉烛夜游：见《古诗十九首》："生年不满百，常怀千岁忧，昼短苦夜长，何不秉烛游。"
49. 良有以也：实在是有道理的。良：诚然，确实。以：因由，缘故。
50. 述造：著作。
51. 于邑：忧郁的样子。
52. 裁书：写信。叙心：叙表心意。

【讲疏】

　　在《典论·论文》中，曹丕提出"文以气为主"。在本篇中，他结合着人格之"气"来评议作品之"气"，品评的对象是"建安七子"。评陈琳："孔璋章表殊健，微为繁富。""健"既言说的是文章的技术层面，又隐含文章的风格层面。"健"是一种刚健、老辣的气质。这类作品的风格，承袭了战国纵横家说辞、西汉辞赋家散文的特色；评王粲："惜其体弱，不足起其文。"又钟嵘《诗品》评王粲"文秀而质羸"。这里的"体"、"质"，都指作品的基本格调。胡应麟《诗薮》说王粲"肉胜骨",也正是说他的作品文辞富丽,但质朴有力则不足;评徐幹:"恬淡寡欲,有箕山之志。""恬淡寡欲"是一种"气",是在经历了嘈杂社会纷扰之后所产生的一种厌弃的心理,进而形成一种独特的气质;评阮瑀:"书记翩翩。""翩翩"就是轻快、洒脱之意。这也是人的性格与气质方面的问题,文体风格是由人的性格与气质所决定的;评应玚:"斐然有述作之意,其才学足以著书。"应玚具有比较丰厚的知识修养,他曾经产生过强烈的著述欲望,只可惜这种"气"还没有来得及转化成文字,人就仙逝了;评刘桢:"公幹有逸气。""逸气",可以理解为一种桀骜不驯的飘逸之气。这也是与刘桢的性格密切关联的。在建安作家中,钟嵘《诗品》认为"陈思已下,(刘)桢称独步",但觉得他在文采方面有所不足。

曹丕进一步阐发了"文气说"的内涵,文气涉及作家的身体、经历、心理等内容。由此看来,曹丕的"文气"说所提出的"清浊"理论是对作者性格的分类,也是对文学风格的认识。"清"就是刚健、爽朗、豪迈的风格特点,"浊"就是阴柔、凝重、沉郁的风格特点。

【关键词解读】

气之清浊有体

清,指俊爽豪迈的阳刚之气;浊,指凝重沉郁的阴柔之气。"清浊",意近于《文心雕龙·体性》所说的气有刚柔:"刚近于清,柔近于浊。"对"清浊"的态度,曹丕本人并没有在文中言明。但自汉代以来,以"气"论人已成为一种时尚,而人所禀之气的清浊,尤为当时学者所关注,并进而形成了以"清"、"浊"论人的风气。

《黄帝内经》谓"阳化气,阴成形",又"故清阳为天,浊阴为地",人秉气而生,由于各人所得气之清浊不同,从而形成人气质倾向的差异。在才性论盛行的魏晋时期,这种自然禀赋的清浊被赋予价值色彩,袁准说:"凡万物生于天地之间,有美有恶。物何故美?清气之所生也。物何故恶?浊气之所施也。"曹丕说的"清"是指创作主体的生理禀赋,陆机《文赋》将"清"作为文学理论概念来运用:文中共七次出现"清"字,六次作为文章的审美概念来使用。论文体则曰"箴顿挫而清壮",论辞意之美则曰"藻思绮合,清丽千眠","或沿浊而更清",论文词之简洁则曰"或清虚以婉约",而"含清唱而靡应"、"同朱弦之清汜",则用音乐来比喻文章。

【相关知识链接】

　　一般书信多偏重于言事、言理,言情者较少。曹丕的书信直抒胸臆,辞意斐笃,曾被推为"书牍正裁"。《与吴质书》是曹丕书信的代表作,称得上是"文情交至"的作品。这封书信与曹植的《与吴质书》在取材和语言表现上有所不同。子建笔风雄奇豪迈,而子桓将清丽婉约的诗风反映在散文中。沈德潜《古诗源》评:"子桓诗有文士气,一变乃父悲壮之习。要其便娟婉约,能移人情。"

　　曹丕在《典论·论文》论各体文章的不同风格时说:"奏议宜雅,书论宜理,铭诔尚实,诗赋欲丽。"这看法大约是总结过去的大量创作现象而得出来的。自司马迁《报任少卿书》,逮至魏晋,文论家多用书信体来言说文论,曹丕的《与吴质书》就是这一时期的经典之作。魏晋时期,笺、书一类散文写得也像诗赋那样美丽,这说明诗赋的特征,移植到这类散文中来了,或者说这类散文诗歌化了。正如司马迁"发愤著书说"带来的心灵震撼,本篇情真切意悲远,读来更像是一篇散文,或者说是一篇最能体现曹丕"清绮"风格的优秀骈体短文。

【延伸阅读】

　　严可均《全三国文》辑录《典论》佚文,保留了一些《典论》的零篇单句。"屈原相如之赋孰愈"与"李尤字伯宗"二则,录在《北堂书钞》艺文部"论文"类,与《典论·论文》内容最为相近,严氏直接补在文末。其余条目分别出自《太平御览》文部"论"类、《北堂书钞》设官部"兰台令史"类、《艺文类聚》灾异部"蝗"类,严氏予以加注说明,怀疑它们是被《文选》删落的部分。

典 论 佚 文

　　或问:"屈原相如之赋孰愈?"曰:"优游案衍,屈原之尚也;浮沉漂淫,穷侈极妙,相如之长也。然原据托譬喻,其意周旋,绰有余度矣。长卿子云,意未能及也。"

　　——《北堂书钞》卷一百

　　李尤字伯宗,年少有文章。贾逵荐尤有相如、扬雄之风,拜兰台令史,与刘珍等共撰《汉记》。

——《北堂书钞》卷六十二

余观贾谊《过秦论》,发周秦之得失,通古今之制义,洽以三代之风,润以圣人之化,斯可谓作者也。

——《太平御览》卷五百九十五,中华书局影宋本

议郎马融,以永兴中帝猎广成,融从。是时北州遭水潦蝗虫,融撰《上林颂》以讽。

——《艺文类聚》卷一百,中华书局汪绍楹校本

【思考题】

1. 比较阅读曹丕和曹植书信的风格。
2. 《文心雕龙·时序》说:"观其时文,雅好慷慨,良由世积乱离,风衰俗怨,并志深而笔长,故梗概而多气也。"怎样理解刘勰对"建安七子"的评价?

曹　植

【作者简介】

曹植（192—232），字子建，曹操第三子，曹丕同母弟。青年时期曾随曹操南征北伐，文才勃发，兼有武略，曹操曾欲立其为太子，终因放纵任性，失宠落败。曹丕称帝后，曹植备受猜忌，屡次被贬，终抑郁而亡。历任平原侯、临淄侯、东阿王、陈王等。谥"思"，因终封陈地（今河南淮阳一带），世称陈思王。《三国志·魏书》有传。其文学成就博大精深，是建安文学的代表。前期作品多描写建功立业的政治抱负及贵族公子的安逸生活，后期作品往往通过比兴寄托手法抒写怀才不遇的不平之感及对自由的渴望，钟嵘《诗品》列其诗为上品，称其诗"骨气奇高，辞采华茂"，代表作有《野田黄雀行》、《赠白马王彪》、《七哀诗》、《怨歌行》、《杂诗》等；赋代表作有《洛神赋》；散文名篇有《与杨德祖书》、《与吴季重书》等。现存《曹子建集》十卷。

与杨德祖书

植白：

数日不见，思子为劳[1]，想同之也。

仆少小好为文章，迄至于今二十有五年矣。然今世作者，可略而言也。昔仲宣独步于汉南[2]，孔璋鹰扬于河朔[3]，伟长擅名于青土[4]，公幹振藻于海隅[5]，德琏发迹于此魏[6]，足下高视于上京[7]。当此之时，人人自谓握灵蛇之珠[8]，家家自谓抱荆山之玉[9]。吾王于是设天网以该之[10]，顿八纮以掩之[11]，今悉集兹国矣。然此数子，犹复不能飞轩绝迹[12]，一举千里也。以孔璋之才，不闲于辞赋[13]，而多自谓能与司马长卿同风，譬画虎不成反为狗者也。前有书嘲之,反作论盛道仆赞其文。夫钟期不失听[14],于今称之;吾亦不能妄叹者,畏后世之嗤余也。

世人著述,不能无病。仆常好人讥弹其文[15],有不善,应时改定。昔丁敬礼尝作小文[16],使仆润饰之[17],仆自以才不过若人,辞不为也。敬礼谓仆:"卿何所疑难,文之佳恶,吾自得之,后世谁相知定吾文者邪[18]?"吾常叹此达言,以为美谈。昔尼父之文辞,与人通流[19];至于制《春秋》,游、夏之徒乃不能措一辞。过此而言不病者,吾未之见也。

盖有南威之容[20],乃可以论于淑媛;有龙渊之利[21],乃可以议于断割。刘季绪才不能逮于作者[22],而好诋诃文章[23],掎摭利病[24]。昔田巴毁五帝、罪三王、訾五霸于稷下[25],一旦而服千人,鲁连一说,使终身杜口。刘生之辩,未若田氏;今之仲连,求之不难,可无叹息乎?人各有好尚:兰茝荪蕙之芳[26],众人所好,而海畔有逐臭之夫[27],《咸池》、《六茎》之发[28],众人所共乐,而墨翟有非之之论[29],岂可同哉?

今往仆少小所著辞赋一通相与[30]。

夫街谈巷说[31],必有可采;击辕之歌[32],有应风雅。匹夫之思,未易轻弃也。辞赋小道,固未足以揄扬大义[33],彰示来世也。

昔扬子云先朝执戟之臣耳[34],犹称壮夫不为也[35];吾虽薄德,位为蕃侯,犹庶几戮力上国[36],流惠下民,建永世之业,流金石之功,岂徒以翰墨为勋绩,辞赋为君子哉?若吾志未果,吾道不行,则将采庶官之实录[37],辩时俗之得失,定仁义之衷[38],成一家之言[39]。虽未能藏之于名山,将以传之于同好。非要之皓首[40],岂今日之论乎!其言之不惭,恃惠子之知我也[41]。

明早相迎,书不尽怀。曹植白。

——《六臣注文选》卷四十二,《四部丛刊》影宋本

【题解】

《与杨德祖书》作于建安二十一年(216),曹植把之前所写的辞赋赠与杨修,同时附此书信,直抒胸臆,谈论文学创作和文学批评的相关问题,《文选》李善注引《典略》曰:"临淄侯以才捷爱幸,秉意投修,数与修书,论

诸才人优劣。"在信中,曹植分析了当时的文坛形式和弊病;探讨文学批评和文学创作的关系;将"辞赋小道"置于"立德"、"立功"甚至"立言"之后,表明了自己在政治上的远大抱负;此外,曹植对民间文学给予了充分的重视,肯定了民间文学的地位和价值。文章行文流畅,文采斐然,其意义超越了书信本身,成为一篇著名的文论。

【注释】

1. 劳:病。
2. 昔仲宣独步于汉南:仲宣,王粲字。东汉末年,长安动乱,王粲南下依荆州刺史刘表,在汉水以南的襄阳有宅。
3. 孔璋鹰扬于河朔:孔璋,陈琳字。汉末陈琳曾在位于河北的冀州避难。鹰扬,如鹰飞高空,有超越侪辈之意。《诗经·大雅·大明》:"时维鹰扬。"毛传:"如鹰之飞扬也。"
4. 伟长擅名于青土:伟长,徐幹字。徐幹居北海郡,属青州,故谓青土。
5. 公幹振藻于海隅:公幹,刘桢字。藻,文采。海隅,李善注:"公幹,东平宁人也,宁阳边齐,故云海隅。"《尔雅·释地》:"齐有海隅。"
6. 德琏发迹于此魏:德琏,应玚字。李善注:"德琏,南顿人也,近许都,故曰此魏。"
7. 足下高视于上京:足下,指称杨修。高视,含蔑视之意。上京,指许都(今河南许昌东),时汉献帝居此。
8. 灵蛇之珠:《淮南子·览冥》:"譬如隋侯之珠,和氏之璧,得之者富,失之者贫。"高诱注:"隋侯,汉东之国,姬姓诸侯也。隋侯见大蛇伤断,以药傅之,后蛇于江中衔大珠以报之,因曰隋侯之珠,盖明月珠也。"
9. 荆山之玉:指和氏璧。《文选》李善注:"韩子曰:楚人和氏得璞玉于楚山之中也。"
10. 吾王于是设天网以该之:吾王,指曹操。天网,弥天之网。该之,该为"赅"字之借。《广雅·释言》:"赅,包也。"
11. 顿八纮:顿,犹整也。纮,谓绳,地有八方,故用八纮,极言其网之广大。
12. 飞骞绝迹:骞,飞也;飞骞,含高飞之意。此处指高飞之鸟。
13. 闲:习也,熟练。
14. 夫钟期不失听:钟期,即钟子期,姜伯牙的知音。《吕氏春秋·本味》:"伯牙鼓琴,钟子期听之。方鼓琴而志在太山,钟子期曰:'善哉乎鼓琴,巍巍乎若太山。'少选之间而志在流水,钟子期又曰:'善哉乎鼓琴,汤汤乎若流水。'钟子期死,伯牙破琴绝弦,终身不复鼓琴,以为世无足复为鼓琴者。"失听:错误领会音乐的涵义。
15. 讥弹:讥讽抨击。
16. 丁敬礼:丁廙字。丁廙沛国(治相县,今江苏濉溪西北)人,建安中为黄门侍郎,与曹植亲善。曹丕即魏王位,与其兄仪并被杀。

17. 润饰:《论语·宪问》:"行人子羽修饰之,东里子产润色之。"使文章更华美流畅之意。

18. 定:通"正",订正,改定。

19. 通流:流行。

20. 南威之容:李善注:"《战国策》曰:晋文公得南威,三日不听朝。遂推而远之,曰:'后必有以色亡其国者。'"

21. 龙渊:古代宝剑名。李善注引《战国策》苏秦说韩王曰:"韩之剑戟,龙渊、大阿,陆断牛马,水击鸿雁。"

22. 刘季绪才不能逮于作者:刘季绪,刘修,刘表之子。李善注:"挚虞《文章志》曰:刘表子,官至乐安太守,著诗、赋、颂六篇。"指他缺乏文学才能。

23. 诋诃:诋,评也,《论语·阳货》皇疏:"评,谓面发人之隐私也。"诃,《说文》曰:"大言也。"即大声呵斥。

24. 掎摭利病:掎摭,即今语之指摘。李善注:"《说文》曰:掎,偏引也。"利病,即优劣。

25. 昔田巴毁五帝:《史记》卷八十三《鲁仲连邹阳列传》之《正义》引《鲁仲连子》云:"齐辩士田巴,服狙丘,议稷下,毁五帝,罪三王,服五伯,离坚白,合同异,一日服千人。有徐劫者,其弟子曰鲁仲连,年十二,号'千里驹',往请田巴曰:'臣闻堂上不奋,郊草不芸,白刃交前,不救流矢,急不暇缓也。今楚军南阳,赵伐高唐,燕人十万,聊城不去,国亡在旦夕,先生奈之何?若不能者,先生之言有似枭鸣,出城而人恶之。愿先生勿复言。'田巴曰:'谨闻命矣。'巴谓徐劫曰:'先生乃飞兔也,岂直千里驹!'巴终身不谈。"

26. 兰茝荪蕙:四种香草名。

27. 逐臭之夫:语出《吕氏春秋·遇合》:"人有大臭者,其亲戚、兄弟、妻妾、知识无能与居者,自苦而居海上。海上人有说其臭者,昼夜随之而弗能去。"

28.《咸池》、《六茎》:《咸池》,相传为黄帝乐名。《六茎》,颛顼乐名。

29. 墨翟有非之之论:指墨子著《非乐篇》。墨翟从反对骄奢淫侈出发,主张"非乐"。

30. 往:犹云送去。

31. 街谈巷说:《汉书》卷三十《艺文志》:"小说家者流,盖出于稗官,街谈巷语,道听途说者之所造也。"李善注:"《汉书》曰:小说家者,街谈巷语,道听途说之所造也。"

32. 击辕之歌:普通人敲打车辕,中乐成声。指野人之歌。

33. 揄扬:阐发。

34. 昔扬子云先朝执戟之臣耳:扬子云,扬雄。先朝,指西汉。执戟之臣,李善注:"《汉书》曰:扬雄奏《羽猎赋》,为郎,然郎皆执戟而侍也。"此谓官职卑下。

35. 壮夫不为:扬雄《法言》曰:"雕虫篆刻,壮夫不为也。"

36. 犹庶几戮力上国:庶几,犹言希望。戮力,即努力。上国,指汉朝。

37. 采庶官之实录:指将效仿司马迁作《史记》。

38. 定仁义之衷:谓仁义之标准。衷,同"中",指标准。

39. 成一家之言：司马迁《报任安书》曰："凡百三十篇，亦欲以究天人之际，通古今之变，成一家之言。"
40. 非要之皓首：要，求。皓首，白头。
41. 其言之不惭，恃惠子之知我也：《文选》李善注："张平子书曰：其言之不惭，恃鲍子之知我。"惠子，惠施，战国时学者，常与庄周辩论。曹植以庄周自况，以杨修为惠施，可见两人相知之深。

【讲疏】

《与杨德祖书》是我国古代文学批评史上一篇重要的理论批评文章，曹植在信中谈论的众多问题，对后世都产生了巨大的影响。

曹植认为，作家创作要善于扬长避短。他以"建安七子"中的陈琳为例："以孔璋之才，不闲于辞赋，而多自谓能与司马长卿同风，譬画虎不成反为狗者也。前有书嘲之，反作论盛道仆赞其文。"陈琳过于自负，影响了他整体的创作水平。曹植深知"世人著述，不能无病"，所以"仆常好人讥弹其文，有不善，应时改定"。

曹植重视民间创作，认为："夫街谈巷说，必有可采。击辕之歌，有应风雅。匹夫之思，未易轻弃也。"并且如果他的政治抱负不能实现，他将"采庶官之实录，辩时俗之得失，定仁义之衷，成一家之言"。

曹植长于辞赋，但他认为辞赋是"小道"，"未足以揄扬大义，彰示来世"，一方面缘于曹植辞赋造诣极高，有资格出此言论；另一方面，作为藩侯，他的最高理想是"戮力上国，流惠下民，建永世之业，流金石之功"，不仅仅"以翰墨为勋绩，辞赋为君子"，表现出远大的政治抱负。

【关键词解读】

辞赋小道

语出曹植《与杨德祖书》："辞赋小道，固未足以揄扬大义，彰示来世也。昔扬子云先朝执戟之臣耳，犹称壮夫不为也。"文中将辞赋与功名利禄做对比，意在表明其理想不在于辞赋，写辞赋只不过是他能力中的"小道"，他所追求的是在政治上立功扬名。人们对曹植的这种观点一直持批评的态度，认为他轻视辞赋。如梁简文帝萧纲《答张缵谢示集书》："不为壮夫，扬雄实小言破道；非为君子，曹亦小辩破言，论之科刑，罪在不赦。"朱东润《中国文学批评史大纲》说："此论薄视文辞，谓不足为，其见与子桓异。"有的学者认为，曹植本身文学成就很高，所以"辞赋小道"的说法是违心之论,或一时的激愤之辞。如鲁迅《魏晋风度及文章与药及酒之关系》:"曹丕说文章事可以留名声于千载,但子建却说文章小道,不足论的。据我的意见,子建大概是违心之论。这里有两个原因,第一,子建的文章做得好,一个人大概总是不满意自己所做而羡慕他人所为的,他的文章已经做得好,于是便敢说文章是小道;第二,子建活动的目标在于政治方面,政治方面不甚得志,遂说文章是无用了。"总的来看,"辞赋小道"道出了曹植在特殊情况下的真实想法,对文学的轻视是相对于其政治理想而言的,并不能说明他否定贬低文学本身的价值,只能证明他实用主义的文学观念以及远大的政治理想。

【相关知识链接】

在文学观上,曹丕和曹植两兄弟有同有异。相同之处在于:他们都将文学从政治教化中解放出来,不再强调文章的政教功用,而是强调文章本身所具有的重要作用。但由于两人的个性特点和人生遭遇的不同,其文学观又存在一些差异。

其一,曹植把文学作为"立言"置于"立德"、"立功"之下。曹丕视文章为"经国之大业",使文学的地位上升到了"立功"的层面。曹植依然坚持文学的地位应在"立功"之下。他称辞赋为"小道",主张功业不就,方退而著文。这在《与杨德祖书》与《薤露行》中都有反映。曹丕较曹植更具有文学的独立性精神,曹植表现得有些矛盾复杂。其二,对待文学批评的主张不同。曹丕以批评家的眼光,强调"审己以度人"的客观批评,看到每个作家的长处与短处,更加理性化;曹植则更加感性化,认为批评家也要有一定的修养底蕴,懂创作,有创作实践,才有资格进行文学批评,他尤为推崇天才的批评,"盖有南威之容,乃可以论于淑媛;有龙渊之利,乃可以议于断割",要求批评家的水平要高于创作者,像"刘季绪才不能逮于作者"而"诋诃文章,掎摭利病"是不可取的,不会有益于文学批评。第三,曹植贬低辞赋为"小道",不赞同辞赋家"以翰墨为勋绩,辞赋为君子"的做法,但他重视民间小说和歌赋,并愿意"采庶官之实录"。曹丕对文体的认识则没有曹植这样敏锐,仍然受传统的局限。

【延伸阅读】

这是吴质任朝歌县长时,曹植写给他的书信。吴质,字季重,济阴(治今山东定陶西北)人,以文才为曹丕所喜,交游无间。建安中出为朝歌长,又迁元城令。从文中"所得来讯"诸语推断,吴质在此信前,曾给曹植来过信,并赠"诸贤所著文章"。在信里,曹植首先对昔日宴饮之景做了回顾,真实地反映了邺下文人集团的生活情景。接着,他赞颂吴质的来信"文采委曲,晔若春荣,浏若清风",谈文论道,交流看法。最后,勉励吴质积极进取,有所作为。研读此篇有助于进一步系统全面地了解曹植的文学思想。

与吴季重书

植白:

季重足下。前日虽因常调,得为密坐,虽燕饮弥日,其于别远会稀,犹不尽其劳积也。若夫觞酌陵波于前,箫笳发音于后,足下鹰扬其体,凤观虎视,谓萧曹不足俦,卫霍不足侔也。左顾右盼,谓若无人,岂非君子壮志哉!过屠门而大嚼,虽不得肉,贵且快意。当斯之时,愿举泰山以为肉,倾东海以为酒,伐云梦之竹以为笛,斩泗滨之梓以为筝,食若填巨壑,饮若灌漏卮,其乐固难量,岂非大丈夫之乐哉!然日不我与,曜灵急节。面有逸景之速,别有参商之阔。思欲抑六龙之首,顿羲和之辔,折若木之华,闭濛氾之谷,天路高邈,良无由缘,怀恋反侧,如何如何!

得所来讯,文采委曲,晔若春荣,浏若清风,申咏反复,旷若复面。其诸贤所著文章,想还所治,复申咏之也。可令憙事小史,讽而诵之。

夫文章之难,非独今也。古之君子,犹亦病诸。家有千里骥而不珍焉;人怀盈尺,和氏而无贵矣。夫君子而不知音乐,古之达论谓之通而蔽。墨翟不好妓,何为过朝歌而回车乎?足下好妓,而正值墨氏回车之县,想足下助我张目也。

又闻足下在彼,自有佳政。

夫求而不得者日有之矣,未有不求而自得者也。且改辙易行,非良乐之御;易民而治,非楚郑之政,愿足下勉之而已矣。

适对嘉宾,口授不悉。往来数相闻。

曹植白。

——《六臣注文选》卷四十二,《四部丛刊》影宋本

【思考题】

1. 你如何理解"立言"与"立功"的关系？
2. 谈谈曹丕、曹植文学观念的不同之处。

徐　幹

【作者简介】

徐幹(170—217)字伟长,北海(今山东昌乐)人,"建安七子"之一。幼时能诵文数十万言,年将弱冠,出口成章,执笔成文。献帝建安十年(205),入曹操幕,为司空军谋祭酒,后称病辞官。幹轻官忽禄,淡泊名利,生活清苦,约建安十八年,避居陋巷,作《中论》二十余篇。擅长诗赋,有《齐都赋》、《圆扇赋》、《玄猿赋》、《漏卮赋》、《橘赋》、《圆扇赋》等。他的诗以《室思》最为有名,写女子思夫之情,哀婉动人,对后世颇有影响。

中论·治学

昔之君子成德立行[1],身没而名不朽[2],其故何哉？学也。学也者,所以疏神达思[3],怡情理性,圣人之上务也。民之初载[4],其矇未知[5]。譬如宝在于玄室[6],有所求而不见。白日照焉,则群物斯辩矣[7]。学者,心之白日也。故先王立教官[8],掌教国子[9],教以六德,曰智仁圣义忠和；教以六行,曰孝友睦姻任恤；教以六艺,曰礼乐射御书数；三教备而人道毕矣[10]。学犹饰也,器不饰则无以为美观,人不学则无以有懿德[11]。有懿德,故可以经人伦[12];为美观,故可以供神明。故《书》曰:"若作梓材,既勤朴斫,惟其涂丹雘。"

夫听黄钟之声然后知击缶之细[13],视衮龙之文然后知被褐之陋[14],涉庠序之教然后知不学之困[15]。故学者如登山焉,动而益高;如寤寐焉,久而愈足。顾所由来,则杳然其远,以其难而懈之,误且非矣。《诗》云"高山仰止,景行行止",好学之谓也。倚立而思远,不如速行之必至也;矫首而徇飞,不如修翼之必获也;孤居而愿智,不如务学之必达也。故君子心不苟愿[16],必以求学;身不苟动,必以从师;言不苟出,必以博闻。是以情性合人,而德音相继也[17]。孔子曰:"弗学何以行?弗思何以得?小子勉之!"斯可谓师人矣[18]。

马虽有逸足,而不闲舆则不为良骏[19];人虽有美质,而不习道则不为君子。故学者,求习道也。若有似乎画采,玄黄之色既著,而纯皓之体斯亡,敝而不渝[20],孰知其素欤?子夏曰:"日习则学不忘,自勉则身不堕,亟闻天下之大言则志益广。"故君子之于学也,其不懈犹上天之动,犹日月之行,终身亹亹[21],没而后已。故虽有其才,而无其志,亦不能兴其功也。志者,学之师也;才者,学之徒也。学者不患才之不赡[22],而患志之不立。是以为之者亿兆[23],而成之者无几。故君子必立其志。《易》曰:"君子以自强不息。"大乐之成非取乎一音,嘉膳之和非取乎一味[24],圣人之德非取乎一道。故曰:学者,所以总群道也。群道统乎已心,群言一乎已口,唯所用之。故出则元亨[25],处则利贞[26],默则立象,语则成文。述千载之上若共一时,论殊俗之类若与同室,度幽明之故若见其情,原治乱之渐若指已效[27]。故《诗》曰"学有缉熙于光明",其此之谓也。

夫独思则滞而不通,独为则困而不就[28]。人心必有明焉,必有悟焉,如火得风而炎炽,如水赴下而流速。故太昊观天地而画八卦[29],燧人察时令而钻火[30],帝轩闻凤鸣而调律[31],仓颉视鸟迹而作书[32],斯大圣之学乎神明而发乎物类也。贤者不能学于远,乃学于近,故以圣人为师。昔颜渊之学圣人也[33],闻一以知十,子贡闻一以知二,斯皆触类而长之、笃思而闻之者也[34]。非唯贤者学于圣人,圣人亦相因而学也[35]。孔子因于文武,文武因于成汤,成汤因于夏后,夏后因于尧舜。故六籍者[36],群圣相因之书也。其人虽亡,其道犹存。今之学者勤心以取之,亦足以到昭明而成博达矣。凡学者,大义为先,物名为后,大义举而物名从之。然鄙儒之博学也[37],务于物名,详于器械,矜于诂训,摘其章句,而不能统其大义之所极,以获先王之心。此无异乎女史诵诗[38]、内竖传令也[39]。故使学者劳思虑而不知道，费日月而无成功。故君子必择师焉。

——孙启治：《中论解诂》，中华书局2014年版

【题解】

《治学》为《中论》的首篇，言学习有益于世，君子当以学为务。《中论》大体分为两类，一类讲修身养性，一类讲治国为政，《治学》当属修身养性之类。在本篇里，徐幹对治学的目的、作用、方法、态度等都给出了自己独到的见解，并进行了较为系统的阐述。总的来说，文章论述有力，结构严谨，层次分明，逻辑性强。

【注释】

1. 成德立行：《周礼·地官·师氏》："二曰敏德，以为行本。"郑玄注："在心为德，施之为行。"
2. 没：同"殁"，死去。
3. 疏：疏通。
4. 初载：初始。
5. 矇：蒙昧无知。
6. 玄：黑色。玄室：暗室。
7. 辩：同"辨"，分辨。
8. 教官：掌管教育的官员。《礼记·学记》："是故古之王者建国，君民教学为先。"郑玄注："为内则设师、保以教，使国子为学焉。"
9. 国子：《周礼·地官·师氏》："以三德教国子。"郑玄注："国子，公卿大夫之子弟，师氏教之。"
10. 人道：为人之道。毕：《尔雅·释诂》："毕，尽也。"
11. 懿德：美德。
12. 经：《淮南子·原道》："而有经天下之气。"高诱注："经，理也。"
13. 黄钟：古代的一种乐器。《说文解字·金部》："钟，乐钟也。"
14. 衮：《周礼·春官·司服》："享先王则衮、冕。"郑玄注引郑司农曰："衮，卷龙衣也。"被：通"披"，穿着。褐：粗布衣服。
15. 庠序：指学校。《孟子·滕文公上》："夏曰校，殷曰序，周曰庠，学则三代共之。"
16. 苟：苟且。
17. 德音：美好的名声。《诗经·豳风·狼跋》："公孙硕肤，德音不瑕。"
18. 师人：即为人师。
19. 闲：通"娴"，娴熟。良骏：好马。《文选·舞赋》："良骏逸足。"李善注："骏，马

20. 渝:改变。
21. 亹亹:勤勉。《诗经·大雅》:"亹亹文王。"毛传:"亹亹,勉也。"
22. 赡:丰富。《孟子·公孙丑上》:"力不赡也。"赵岐注:"赡,足也。"
23. 亿兆:谓数量极多。
24. 嘉膳:美食。
25. 元亨:大吉大利。
26. 利贞:和谐中正。
27. 原:推本溯源。《汉书·薛宣传》:"原心定罪。"颜师古注:"原,谓寻其本也。"
28. 就:成功。
29. 太昊:指传说中的古代帝王伏羲。
30. 燧人:《韩非子·五蠹》:"有圣人作,钻燧取火以化腥臊,而民说之,使王天下,号之曰燧人氏。"
31. 帝轩:指传说中的古代帝王黄帝轩辕氏。
32. 仓颉:古代传说中文字的创始者。《荀子·解蔽》:"故好书者众矣,而仓颉独传者,一也。"
33. 颜渊:孔子的学生,鲁国人。《论语·公冶长》:"回也闻一以知十,赐也闻一以知二。"
34. 笃思:深入思考。
35. 因:因袭。《吕氏春秋·尽数》:"因智而明之。"高诱注:"因,依也。"
36. 六籍:即《易》、《诗》、《书》、《春秋》、《礼》、《乐》六经。
37. 鄙儒:鄙陋浅薄的儒者。
38. 女史:女官名,掌管王后礼仪之事。
39. 内竖:即宦官,宫内小臣,掌管传宫内外命令之事。

【讲疏】

徐幹开篇明义,首先指出了学习的重要性。他指出古之君子能够"身没而名不朽",关键就是因为孜孜不倦地学习。具体来说,学习的作用主要体现在能够提升人的内在修养,形成一种由内而外的气质。有"懿德",方可"经人伦","供神明"。通过学习,还可以加强自我认识,提高自我意识。"涉庠序之教然后知不学之困",认识到自我不足,才有进步的可能。

对于学习的内容,徐幹认为当推儒家传统"三教",即以智、仁、圣、义、中、和为内容的"六德",以孝、友、睦、姻、任、恤为内容的"六行",以礼、乐、射、御、书、数为内容的"六艺"。对于学习的态度,徐幹认为应该有持之以恒的精神。他说:"故君子之于学也,其不懈犹上天之动,犹日月之行,终身亹亹,没而后已。"君子学习就要像天体运行一样,日夜不断,周而复始。

学习又如登山,"动而益高",如瘳痾,"久而愈足",总之学习是一件长时间积累的过程,不是一蹴而就的事情。

对于学习的方法,徐幹认为应该重视实践,徒思无益。他说:"倚立而思远,不如速行之必至也;矫首而翕飞,不如修翼之必获也;孤居而愿智,不如务学之必达也。"千里之行始于足下,站着不动是不能到达远方的;高昂头颅却不舒展羽翼,是不能飞向蓝天的;独处一室空想自己会有智慧,也是不可能的。所以,只有实际行动,才有可能学有所成。学习还应树立远大的目标,即要"立志","学者不患才之不赡,而患志之不立"。学习还要触类旁通,有"总群道"的广阔视野。老师的选择,也是能否学有所成的关键,"贤者不能学于远,乃学于近,故以圣人为师",孔子承袭文、武二王,文、武承袭商汤,汤又继承夏后,夏后继承尧舜,选择贤德的师长也是这些古人成为圣贤的重要原因。

对当时的不良学术风气,徐幹给予了严肃的批评。当时的一些儒士舍本逐末,"务于物名,详于器械",将精力放在了章句、训诂这些细枝末节上,其后果是不能"统其大义之所极",就更别提"获先王之心"了,犹如"女史诵读,内竖传令",徒"劳思虑而不知道",空"费日月而无功"。徐幹将这些人称为"鄙儒",并指出了正确的学习之道,主张"大义为先,物名为后",以明白大义要旨为先,考辨物名为后。

【关键词解读】

鄙儒

鄙儒亦称陋儒,指囿于经义而不知通达时变的儒生,语出叔孙通。汉高祖初定天下之时,伦理纲常遭到破坏,社会秩序混乱,为了维护统治,他命令叔孙通重新制定朝廷礼法,于是叔孙通来到鲁地,召集儒生共同拟定。《汉书·叔孙通传》:"于是通使征鲁诸生三十余人。鲁有两生不肯行,曰:'公所事者且十主,皆面谀亲贵。今天下初定,死者未葬,伤者未起,又欲起礼乐。礼乐所由起,百年积德而后可兴也。吾不忍为公所为。公所为不合古,吾不行。公往矣,毋污我!'通笑曰:'若真鄙儒,不知时变。'"有二儒生以其不合礼而拒不应召,叔孙通讥笑他们为鄙儒。李白在《嘲鲁儒》诗中所嘲讽的那种"白发死章句","问以经济策,茫然坠烟雾"的鲁儒就是"鄙儒"。后用来泛指识见浅陋的儒生。

【相关知识链接】

《劝学》为荀子所作,意在勉励世人努力学习。这篇文章主要论说了学习的重要性、学习目的、学习的方法等问题,是关于治学育人的代表作。

荀子认为"学不可以已",学习是君子一生的事业,而且"青取之于蓝,而青于蓝";学习促进整个人类的进步,是社会向前发展的动力。"木受绳则直,金就砺则利,君子博学而日参省乎己,则知明而行无过矣",学习可以给人指出一条正确的道路,避免世人误入歧途。荀子谈治学,与其道德观和人性论密切相关,他认为人性本恶,但"人之性恶,其善者伪也"(《性恶》),人的善性都是后天教育培养的结果。因此,他认为人通过学校的教育和个人的学习,可以转恶为善,改变禀性,最终变得道德高尚。

对于学习的方法,荀子认为主要有三点,一是要逐步积累,二是要持之以恒,三是要专心致志。"积土成山,风雨兴焉;积水成渊,蛟龙生焉;积善成德,而神明自得,圣心备焉。故不积跬步,无以致千里;不积小流,无以成江海"。荀子用"积土成山"、"积水成渊"两个比喻,说明学习是由少到多、逐步积累的过程,强调"积"的重要。"骐骥一跃,不能十步;驽马十驾,功在不舍。锲而舍之,朽木不折;锲而不舍,金石可镂",又用四个比喻从正反两面说明了持之以恒对积累德行、积累学问的重要性。最后用蚯蚓在泥土中穿行自如和螃蟹的无可寄托为喻,说明一个人即使先天条件不是很好,但只要一心一意,刻苦钻研,也可达到"神明自得,圣心备焉"的境界,强调了用心专一的学习态度的重要。

荀子认为学习要以儒家经典为内容,学习其中的礼仪道德,在《诗》、《书》、《礼》、《春秋》中,要以《礼》为统制,他说:"礼者,法之大分,类之纲纪也。故学至乎礼而止矣。夫是之谓道德之极。"人的道德修养的习得,不能单靠书本知识,还要在闻、见、知、行的实践活动中获取。

《劝学》集中反映了荀子的教育思想,不仅对古代教育理论的发展具有重要意义和深远影响,其中许多观点直到今天还有借鉴的意义。

【延伸阅读】

《中论》是写成于后汉末期的儒学子书,全书内容可分两部分:一是谈修身处世之道,二是谈治国为政之方。徐幹在书中基本上都在阐发儒家的义理,同时也表达了自己的个人见解。主张君子应该重视爵禄,积极进取,从而为世建立功德。他根据儒家先修身后治国的道理,以治学修道为君子首务。先从正己做起,提出"凡学者,大义为先",同时抨击了当时交游谋私的风气。

中论·修本

　　人心莫不有理道,至乎用之则异矣。或用乎己,或用乎人。用乎己者谓之务本,用乎人者谓之近末。君子之理也,先务其本,故德建而怨寡;小人之理也,先近其末,故功废而雠多。孔子之制《春秋》也,详内而略外,急己而宽人,故于鲁也小恶必书,于众国也大恶始笔。夫见人而不自见者谓之矇,闻人而不自闻者谓之聩,虑人而不自虑者谓之瞀。故明莫大乎自见,聪莫大乎自闻,睿莫大乎自虑。此三者举之甚轻,行之甚迩,而人莫之知也。故知者举甚轻之事以任天下之重,行甚迩之路以穷天下之远。故德弥高而基弥固,胜弥众而爱弥广。《易》曰:"复亨,出入无疾,朋来无咎。"其斯之谓欤?君子之于己也,无事而不惧焉。我之有善,惧人之未吾好也;我之有不善,惧人之未吾恶也。见人之善,惧我之不能修也;见人之不善,惧我之必若彼也。故其向道,止则隅坐,行则骖乘,上悬乎冠缕,下系乎带珮,昼也与之游,夜也与之息,此盘铭之谓"日新"。《易》曰:"日新之谓盛德。"孔子曰:"弟子勉之!汝毋自舍,人犹舍汝,况自舍乎?人违汝其远矣!"故君子不恤年之将衰,而忧志之有倦。

　　不寝道焉,不宿义矣。言而不行,斯寝道矣;行而不时,斯宿义矣。夫行异乎言,言之错也?无周于智。言异乎行,行之错也?有伤于仁。是故君子务以行前言也。人之过,在于哀死而不爱生,悔往而不慎来,喜语乎已然,好争乎遂事,堕于今日而懈于后旬,如斯以及于老。故野人之事不胜其悔,君子之悔不胜其事。孔子谓子张曰:"师,吾欲闻彼,将以改此也。"闻彼而不改此,虽闻何益?故《书》举穆公之誓,善变也;《春秋》书卫北宫括伐秦,善摄也。夫珠之含砾,瑾之挟瑕,斯其性与?良工为之,以纯其性,若夫素然。故观二物之既纯,而知仁德之可粹也。优者取多焉,劣者取少焉,在人而已,孰禁我哉。乘扁舟而济者,其身也安;粹大道而动者,其业也美。故《诗》曰:"追琢其章,金玉其相。勉勉我王,纲纪四方。"

先民有言,明出乎幽,著生乎微。故宋井之霜以基升正之寒,黄芦之萌以兆大中之暑,事亦如之。故君子修德,始乎笄卯,终乎鲐背,创乎夷原,成乎乔岳。《易》曰:"升,元亨。用见大人,勿恤。南征吉。"积小致大之谓也。小人朝为而夕求其成,坐施而立望其反,行一日之善而求终身之誉,誉不至,则曰"善无益矣",遂疑圣人之言,背先王之教,存其旧术,顺其常好,是以身辱名贱,而不免为人役也。孔子曰:"小人何以寿为?一日之不能善矣。久恶,恶之甚也。"盖人有大惑而不能自知者,舍有而思无也,舍易而求难也。身之与家,我之有也,治之诚易,而不肯为也;人之与国,我所无也,治之诚难,而愿之也。虽曰:"吾有术,吾有术。"谁信之欤?故怀疾者,人不使为医;行秽者,人不使画法,以无验也。子思曰:"能胜其心,于胜人乎何有?不能胜其心,如胜人何?"故一尺之锦足以见其巧,一仞之身足以见其治,是以君子慎其寡也。道之于人也,甚简且易耳。其修之也,非若采金攻玉之涉历艰难也,非若求盈司利之竞逐嚣烦也。不要而遘,不征而盛,四时嘿而成,不言而信,德配乎天地,功侔乎四时,名参乎日月,此虞舜、大禹之所以由匹夫登帝位,解布衣被文采者也。故古语曰:"至德之贵,何往不遂;至德之荣,何往不成。"后之君子虽不及,行亦将至之云耳。

琴瑟鸣,不为无听而失其调;仁义行,不为无人而灭其道。故弦绝而宫商亡,身死而仁义废。曾子曰:"士任重而道远,仁以为己任,不亦重乎?死而后已,不亦远乎?"夫路不险则无以知马之良,任不重则无以知人之德。君子日强其所重以取福,小人日安其所轻以取祸。或曰:"斯道岂信哉?"曰:"何为其不信也?世之治也,行善者获福,为恶者得祸。及其乱也,行善者不获福,为恶者不得祸,变数也。知者不以变数疑常道,故循福之所自来,防祸之所由至也。遇不遇,非我也,其时也。夫施吉报凶谓之命,施凶报吉谓之幸,守其所志而已矣。《易》曰:'君子以致命遂志。'然行善而不获福犹多,为恶而不得祸犹少,总夫二者,岂可舍多而从少也?曾子曰:'人而好善,福虽未至,祸其远矣;人而不好善,祸虽未至,福其远矣。'故《诗》曰:'习习谷风,惟山崔巍,何木不死?何草不萎?'言盛阳布德之月,草木犹有枯落而与时谬者,况人事之应报乎?故以岁之有凶穰而荒其稼穑者,非良农也;以利之有盈缩而弃其资货者,非良贾也;以行之有祸福而改其善道者,非良士也。《诗》云:'颙颙卬卬,如珪如璋,令闻令望,恺悌君子,四方为纲。'举珪璋以喻其德,贵不变也。"

——孙启治:《中论解诂》,中华书局2014年版

【思考题】

1. 徐幹是如何看待当时的学术风气的?
2. 徐幹的治学之术都有哪些?

中论·艺纪

艺之兴也,其由民心之有智乎?造艺者,将以有理乎民[1]。生而心知物,知物而欲作,欲作而事繁,事繁而莫之能理也[2]。故圣人因智以造艺,因艺以立事,二者近在乎身,而远在乎物。艺者,所以旌智饰能[3],统事御群也,圣人之所不能已也。艺者,所以事成德者也[4];德者,以道率身者也[5]。艺者,德之枝叶也;德者,人之根干也。斯二物者,不偏行,不独立。木无枝叶则不能丰其根干,故谓之瘣[6];人无艺则不能成其德,故谓之野[7]。若欲为夫君子,必兼之乎。

先王之欲人之为君子也,故立保氏[8],掌教六艺:一曰五礼,二曰六乐,三曰五射,四曰五御,五曰六书,六曰九数。教六仪:一曰祭祀之容,二曰宾客之容,三曰朝廷之容,四曰丧纪之容,五曰军旅之容,六曰车马之容。大胥掌学士之版,春入学,舍采,合万舞,秋班学,合声,讽诵讲习,不解于时[9]。故《诗》曰:"菁菁者莪,在彼中阿。既见君子,乐且有仪[10]。"美育人材,其犹人之于艺乎?既修其质,且加其文,文质著然后体全,体全然后可登乎清庙,而可羞乎王公[11]。故君子非仁不立,非义不行,非艺不治,

非容不庄,四者无怨[12],而圣贤之器就矣。《易》曰:"富有之谓大业[13]。"其斯之谓欤?君子者,表里称而本末度者也。故言貌称乎心志,艺能度乎德行,美在其中,而畅于四支,纯粹内实,光辉外著。孔子曰:"君子耻有其服而无其容,耻有其容而无其辞,耻有其辞而无其行。"故宝玉之山土木必润[14],盛德之士文艺必众。昔在周公,尝犹豫于斯矣[15]。

孔子称安上治民莫善于礼,移风易俗莫善于乐[16]。存乎六艺者,著其末节也,谓夫陈笾豆、置尊俎、执羽籥、击钟磬、升降趋翔、屈伸俯仰之数也,非礼乐之本也。礼乐之本也者,其德音乎?《诗》云:"我有嘉宾,德音孔昭。视民不恌,君子是则是效。我有旨酒,嘉宾式宴以敖。"此礼乐之所贵也。故恭恪廉让,艺之情也;中和平直,艺之实也;齐敏不匮[17],艺之华也;威仪孔时[18],艺之饰也。通乎群艺之情实者,可与论道;识乎群艺之华饰者,可与讲事。事者,有司之职也;道者,君子之业也。先王之贱艺者,盖贱有司也;君子兼之,则贵也。故孔子曰:"志于道,据于德,依于仁,游于艺。"艺者,心之使也,仁之声也,义之象也。故礼以考敬[19],乐以敦爱,射以平志,御以和心,书以缀事,数以理烦[20]。敬考则民不慢,爱敦则群生悦,志平则怨尤亡,心和则离德睦,事缀则法戒明,烦理则物不悖。六者虽殊,其致一也。其道则君子专之,其事则有司共之,此艺之大体也。

——孙启治:《中论解诂》,中华书局2014年版

【题解】

《中论》现存二卷,凡二十篇,存诗四篇九首,文十篇。《中论》为论说文体,文气雍容,曹丕谓其"成一家之言,辞义典雅,足传于后"(《与吴质书》)。《四库全书总目》称其"大都阐发义理,原本经训,而归之于圣贤之道"。《艺纪》一篇,论"艺"与"德"的关系,发展了先秦儒家有关文质的看法,是儒家文论在汉末魏初的代表之一。

【注释】

1. 理:道理,事理。《易·坤》:"君子黄中通理。"
2. 理:治理。《淮南子·原道训》:"夫能理三苗、朝羽民……其唯心行者乎。"高

诱注:"理,治也。"

3. 旌:表明。《左传·庄公二十八年》:"若使太子主曲沃,而重耳、夷吾主蒲与屈,则可以威民而惧戎,且旌君伐。"杜预注:"旌,章也。"饰:显示。

4. 成德:成就品德。《易·乾》:"君子以成德为行。"王充《论衡·量知》:"故夫学者所以反情治性,尽材成德也。"

5. 率身:自律。《广雅·释言》:"律,率也。"

6. 瘣:树木有瘿瘤,枝叶不繁。《诗经·小雅·小牟》:"譬彼坏木,疾用无枝。"毛传:"坏,瘣也。谓伤病也。"郑玄笺:"犹内伤之木,内有疾,故无枝也。"

7. 野:粗野,不合礼仪。《礼记·仲尼燕居》:"敬而不中礼谓之野。"

8. 保氏:《周礼·地官·保氏》:"保氏掌谏王恶,而养国子以道,乃教之六艺。"

9. "大胥掌学士之版"八句:语出《周礼·春官·宗伯》:"大胥掌学士之版,以待致诸子。春,入学。舍采合舞。秋,颁学合声。"颁",同"班",分等列序。

10. "菁菁者莪"四句:语出《诗经·小雅·菁菁者莪》。

11. 羞:进献。

12. 愆:过失。《左传·昭公二十六年》:"王昏不若,用愆厥位。"杜预注:"愆,失也。"

13. 富有之谓大业:语出《易·系辞上》。

14. 宝玉之山,土木必润:语出《荀子·劝学》:"玉在山而草木润。"

15. 尝:曾经。犹豫:迟疑不决。于斯:在这方面。

16. "孔子称安上治民"二句:语出《孝经·广要道》:"子曰:'教民亲爱,莫善于孝。教民礼顺,莫善于悌。移风易俗,莫善于乐。安上治民,莫善于礼。'"邢昺疏:"欲移风易俗之弊败者,莫善于听乐而正之;欲身安于上、民治于下者,莫善于行礼以帅之。"

17. 齐敏不匮:齐敏,聪智敏捷。不匮,不竭。

18. 威仪孔时:语出《诗经·大雅·既醉》:"威仪孔时,君子有孝子。"郑玄注:"孔,甚也。言成王之臣,威仪甚得其宜,皆君子之人有孝子之行。"

19. 考敬:成敬。考,成就。《礼记·礼运》:"礼义以为器,故事行有考也。"郑玄注:"考,成也。器利则事成。"

20. 烦:通"繁",繁杂。

【讲疏】

徐幹论述了"艺"与"德"的统一关系。所谓"艺",是指包括诗歌、音乐、舞蹈、书法、绘画等艺术在内的各种技艺。儒、道两家对"艺"的态度截然相反,儒家重"艺",道家斥"艺",徐幹继承并发展了儒家重"艺"的思想。他受孔子文质统一思想的影响,认为"艺"相当于"文",属于人的外在文采;"德"类似于"质",属于人的内在素质。徐幹进一步指出,人不能无"艺","艺"不能离"德","艺"、"德"统一,"德"是本"艺"是末,"艺者,德之枝叶也;德者,人之根干也","人无艺则不能成其德,故谓之野"。

徐幹将理论与实际相联系,指出可以通过"艺"来实施"美育","美育人材,其犹人之于艺乎? 既修其质,且加其文,文质著然后体全",即通过培养人们外在的艺术之美,来树立人们内在的道德之美,"艺者所以事成德者也","美在其中,而畅于四支","盛德之士文艺必众"。另一方面,文辞之美又能够明别是非曲直之理,"欲以明大道之中",所以他反对"美其生气,繁其辞令",认为巧辩失实,不过是徒有其表的"美说"。

【关键词解读】

德艺

德艺是中国古典美学关于道德与文章、德性与技艺关系的概念。"道艺"在先秦时期是选贤任能时的一项考察内容,《周礼·地官司徒·乡大夫》:"乡大夫之职,各掌其乡之政教禁令。正月之吉,受教法于司徒,退而颁之于其乡吏,使各以教其所治,以考其德行,察其道艺。"而那些"贤者能者",人们将会"以礼礼宾之"。对此,《魏书·郑羲传》评云:"(郑)道昭又表曰'臣闻唐、虞启运,以文德为本;殷、周致治,以道艺为先'。""文德"、"道艺"均为上古贤王政治的核心内容。

春秋末世的孔子提出了一条由道而艺的人生之路,《论语·述而》:"志于道,据于德,依于仁,游于艺。"孔子所谓的"游于艺",以"志于道,据于德,依于仁"为基础,"道"与"艺"二者具有本质的内在关联,"道"以"艺"显,"艺"以"道"成,最终"艺"将臻于大道之境。在讨论"道艺"问题时,庄子认为,"道"是"保身"、"全生"的方法,"艺"即技,"能有所艺者,技也",且"道进乎技矣"。庄子对"道"的领悟,既得益于逻辑思辨,同时还受到了具体技艺活动的启发。《庄子》里有"庖丁解牛"、"佝偻者承蜩"、"大马捶钩者"、"梓庆削木"等故事,都体现了道家艺中有道、道中有艺,最终以艺成道、"达万物之理"的思想。

"建安七子"的徐幹,进一步阐发了"艺"与"德"的关系。《中论·艺纪》:"艺者,所以事成德者也;德者,以道率身者也。艺者,德之枝叶也;德者,人之根干也。斯二物者,不偏行,不独立。"徐幹所说的"艺",主要是指"六艺"。在他看来,"盛德之士,文艺必众","君子"的修养是"德"与"艺"兼备的,"艺"与"德"虽有本末根叶之分,但两者"不偏行,不独立",且"必兼之","艺"的修养也是君子修养不可或缺的组成部分,同时,"艺者所以事成德者也","人无艺则不能成其德","德"的修养必须通过"艺"的教育来实现，"艺"是"成德"的基本途径。"德"与"艺"在"君子"的修养中相互融合，最终"言貌称乎心志，艺能度乎德行，美在其中，而畅于四支，纯粹内实，光辉外著"。

唐代韩愈因"道"求"艺"。在《答李秀才书》中，韩愈说："学所以为道。"在《进学解》里，自称"口不绝吟于六艺之文，手不停披于百家之编"。他将"艺"作为自己达"道"的桥梁，即以"艺"以明"道"。北宋苏轼提出"有道有艺"的美学思想，认为"道"与"艺"两者是统一的。《书李伯时山庄图后》："有道而不艺，则物虽形于心，不形于手。"南宋陆九渊把"道"与"艺"视为一事，"艺即是道，道即是艺，岂惟二物"（《象山先生全集·语录下》）。明清之际的方以智认为"道"与"艺"是相互依存的，没有"艺"外之"道"，《东西均·道艺》："道寓于艺者，艺外之无道，犹道外之无艺也。称言道者之艺，则谓之耻之。亦知齐古今以游者，耻以道名而托于艺乎？"清代姚鼐有"道艺合一"的文法理论，《敦拙堂诗集序》："夫文者，艺也。道与艺合，天与人一，则为文之至。"指出文章是一种独特的艺术，"义理"之"道"与"文章"之"艺"的结合，才能产生优秀的诗文作品。

【相关知识链接】

"六艺"有两种含义：一是指礼、乐、射、御、书、数六个科目，是周代培养贵族子弟基础教养必须掌握的科目。《周礼·地官·保氏》载："保氏掌谏王恶，而养国子以道，乃教之六艺。一曰五礼，二曰六乐，三曰五射，四曰五驭，五曰六书，六曰九数。"据郑玄注，"五礼"乃"吉、凶"等五种仪礼，"六乐"为"云门、大咸"等六种乐调；"五射"为"白矢、参连"等五种射猎方法；"五驭"为"鸣和鸾、逐水曲"等五种驾车技术；"六书"为"象形，会意"等字形构造；"九数"为九种有关算术的问题。

"六艺"的另一种含义指"六经"，即《诗》、《书》、《礼》、《乐》、《易》、《春秋》六种经典。《史记》卷一百二十六《滑稽列传》载："孔子曰：'六艺于治一也。《礼》以节人，《乐》以发和，《书》以道事，《诗》以达意，《易》以神化，《春秋》以义。'"《礼》即"三礼"，指《仪礼》、《周礼》、《礼记》三部古籍。"三礼"乃有关上古典章制度的文献，但其中也包括很丰富的美学和文艺思想，表现了儒家的文艺美学观。《乐》即《乐经》。《书》即《尚书》，中国上古历史文献和部分追述古代事迹著作的汇编。《诗》即《诗经》，古称《诗三百》，这是我国古代第一部诗歌总集。《易》即《易经》，也称《周易》。《春秋》是一部史书，相传为孔子所撰。《春秋》简洁的记事中寓有微言大义。后代把在叙事中暗含褒贬的手法称为"春秋笔法"。总之，"六艺"被后世儒家奉为经典,其中的美学、文艺思想得到广泛流传和推崇,对中国古代美学和文艺思想的发展起到了巨大的影响作用。

【延伸阅读】

《贵言》是《中论》的第六篇,徐幹特别重视"言"与"行"的关系,注重君子的道德教化,探讨修身与立言的关系,是儒学一贯的传统。徐幹重视人的性情,注重因势利导。文中有关辩论等语言方面的技巧,也值得我们借鉴。

中论·贵言

君子必贵其言,贵其言则尊其身,尊其身则重其道,重其道所以立其教。言费则身贱,身贱则道轻,道轻则教废。故君子非其人则弗与之言,若与之言,必以其方。农夫则以稼穑,百工则以技巧,商贾则以贵贱,府、史则以官守,大夫及士则以法制,儒生则以学业。故《易》曰:"艮其辅,言有序。"不失事中之谓也。若夫父慈子孝,姑爱妇顺,兄友弟恭,夫敬妻听,朋友必信,师长必教,有司日月虑知乎州闾矣,虽庸人,则亦循循然与之言此可也,过此而往则不可也。故君子之与人言也,使辞足以达其知虑之所至,事足以合其性情之所安,弗过其任而强牵制也。苟过其任而强牵制,则将昏瞀委滞,而遂疑君子以为欺我也。不则曰:"无闻知矣。"非故也,明偏而示之以幽,弗能照也;听寡而告之以微,弗能察也。斯所资于造化者也,虽曰无讼,其如之何?故孔子曰:"可与言而不与之言,失人;不可与言而与之言,失言。知者不失人,亦不失言。"

夫君子之于言也,所致贵也,虽有夏后之璜,商汤之驷,弗与易也。今以施诸俗士,以为志诬而弗贵听也,不亦辱己而伤道乎?是以君子将与人语大本之源,而谈性义之极者,必先度其心志,本其器量,视其锐气,察其堕衰,然后唱焉以观其和,导焉以观其随。随和之微发乎音声,形乎视听,著乎颜色,动乎身体,然后可以发迹而步远,功察而治微。于是乎闿张以致之,因来以进之,审谕以明之,杂称以广之,立准以正之,疏烦以理之;疾而勿迫,徐而勿失,杂而勿结,放而勿逸;欲其自得之也。故大禹善治水,而君子善导人。导人必因其性,治水必因其势,是以功无败而言无弃也。荀卿曰:"礼恭,然后可与言道之方;辞顺,然后可与言道之理;色从,然后可与言道之致。有争气者,勿与辨也。"孔子曰:"惟君子然后能贵其言、贵其色,小人能乎哉?"仲尼、荀卿先后知之。

问者曰:"或有周乎上哲之至论,通乎大圣之洪业,而好与俗士辨者,何也?"曰:"以俗士为必能识之故也。""何以验之?""使彼有金石丝竹之乐,则不奏乎聋者之侧;有山龙华虫之文,则不陈乎瞽者之前。知聋者之不闻也,知瞽者之不见也。于己之心,分数明白。至与俗士而独不然者,知分数者不明也。""不明之故何也?""夫俗士之牵达人也,犹鹑鸟之欺孺子也。鹑鸟之性善近人,飞不峻也,不速也,蹲蹲然似若将可获也,卒至乎不可获,是孺子之所以[足困]膝踠足而不以为弊也。俗士之与达人言也,受之虽不肯,拒之则无说,然而有赞焉,有和焉,若将可寤,卒至乎不可寤,是达人之所以干唇竭声而不舍也。斯人也,固达之蔽者也,非达之达者也,虽能言之,犹夫俗士而已矣。"

非惟言也,行亦如之。得其所则尊荣,失其所则贱辱。昔仓梧丙娶妻美,而以与其兄,欲以为让也,则不如无让焉。尾生与妇人期于水边,水暴至,不去而死,欲以为信也,则不如无信焉。叶公之党,其父攘羊而子证之,欲以为直也,则不如无直焉。陈仲子不食母兄之食,出居于陵,欲以为洁也,则不如无洁焉。宗鲁受齐豹之谋,死孟絷之难,欲以为义也,则不如无义焉。故凡道,蹈之既难,错之益不易,是以君子慎诸己,以为往鉴焉。

——孙启治:《中论解诂》,中华书局2014年版

【思考题】

1. 在儒家思想传统中,"德"与"艺"二者的关系如何?
2. 谈谈徐幹文艺思想中的道德原则。

中论·核辩

俗士之所谓辩者,非辩也。非辩而谓之辩者,盖闻辩之名而不知辩之实,故目之[1],妄也[2]。俗之所谓辩者,利口者也[3]。彼利口者,苟美其声气[4],繁其辞令,如激风之至,如暴雨之集[5],不论是非之性,不识曲直之理,期于不穷[6],务于必胜[7],以故浅识而好奇者见其如此也,固以为辩。不知木讷而达道者,虽口屈而心不服也[8]。夫辩者,求服人心也,非屈人口也。故辩之为言别也[9],为其善分别事类而明处之也,非谓言辞切给而以陵盖人也[10]。故《传》称《春秋》微而显、婉而辩者。然则辩之言必约以至[11],不烦而谕[12],疾徐应节[13],不犯礼教,足以相称;乐尽人之辞,善致人之志,使论者各尽得其愿,而与之得解;其称也无其名[14],其理也不独显,若此则可谓辩。故言有拙而辩者焉,有巧而不辩者焉。君子之辩也,欲以明大道之中也,是岂取一坐之胜哉[15]。

人心之于是非也,如口于味也。口者,非以己之调膳则独美[16],而与人调之则不美也。故君子之于道也,在彼犹在己也。苟得其中,则我心悦焉,何择于彼[17]?苟失其中,则我心不悦焉,何取于此?故其论也,遇人之是则止矣。遇人之是而犹不止,苟言苟辩,则小人也。虽美说,何异乎鸭之好鸣[18]、铎之喧哗哉[19]。故孔子曰:"小人毁訾以为辩[20],绞急以为智[21],不逊以为勇[22]。"斯乃圣人所恶,而小人以为美,岂不哀哉。夫利口之所以得行乎世也,盖有由也。夫利口者,心足以见小数[23],言足以尽巧辞,给足以应切问[24],难足以断俗疑,然而好说而不倦,谍谍如也[25]。夫类族辩物之士者寡[26],而愚暗不达之人者多[27],孰知其非乎?此其所以无用而不见废也,至贱而不见遗也。先王之法,析言破律、乱名改作者杀之,行僻而坚[28]、言伪而辩、记丑而博、顺非而泽者亦杀之[29]。为其疑众惑民,而溃乱至道也[30]。孔子曰:"巧言乱德。""恶似而非者也。"

——孙启治:《中论解诂》,中华书局 2014 年版

【题解】

徐幹在《核辩》篇主要讨论了三个问题,即什么是真正的辩论,辩论的目的是什么,以及君子该如何去辩论。"核"为翔实准确之意,对于"辩",徐幹认为:"辩之为言别也,为其善分别事类而明处之。""辩"为区别、分别之意。辩的最终目的是帮人看清事理,而不是为了口头上的快感,名誉上的输赢,所以真正的辩论,要以理服人,以德服人,使人心服口服,心悦诚服。

【注释】

1. 目:称为,当做。
2. 妄:虚妄。《礼记·曲礼上》:"不妄指。"孔颖达疏:"妄,虚也。"
3. 利口:口齿伶俐,能言善辩。《论语·阳货》:"恶利口之覆邦家者。"黄侃疏:"利口,辩佞之口也。"
4. 苟:仅仅,只是。
5. 集:下。《淮南子·说山训》:"雨之集无能沾。"高诱注:"集,下也。"
6. 期:必定。《左传·哀公十六年》:"期死,非勇也。"杜预注:"期,必也。"
7. 务:必须。《公羊传·定公十二年》:"不可不务求此人也。"何休注:"务,勉也。"
8. 口屈:谓口服。
9. 别:区别,分别。
10. 切:犀利。给:敏捷。《汉书·东方朔传》:"上以朔口谐辞给。"颜师古注:"给,捷也。"陵盖:压倒、压制。
11. 以:并且。
12. 谕:明白。《吕氏春秋·不侵》:"欲客之必谨谕寡人之意也。"高诱注:"谕,明也。"
13. 疾徐应节:谓当缓则缓,当急则急。
14. 称:说。《吕氏春秋·当染》:"举天下之星,荣者必称此二士也。"高诱注:"称,说也。"
15. 一坐:谓一席,所有在座的人。
16. 调:调和。膳:膳食。
17. 择:区别。《吕氏春秋·情欲》:"耳不乐声,目不乐色,口不甘味,与死无择。"高诱注:"择,别也。"
18. 鹝:一种鸟。《诗经·豳风·七月》:"七月鸣鹝。"
19. 铎:大铃。
20. 毁訾:诋毁。

21. 绞急：急切。
22. 逊：谦让。
23. 小数：小技艺。《孟子·告子上》："今夫弈之为数，小数也。"赵岐注："数，技也。"
24. 切问：逼问。
25. 谍：同"喋"。谍谍：谓话多，喋喋不休。
26. 类族辩物：谓分辨事物。《周易·同人》："君子以类族辨物。"孔颖达疏："族，聚也。"
27. 愚暗：谓愚昧。
28. 僻：邪僻。《淮南子·精神训》："教志胜而行不之僻矣。"高诱注："僻，邪也。"
29. 泽：通"择"，选择。
30. 溃：乱也。

【讲疏】

在《核辩》开篇，徐幹对"俗士之辩"进行了批判。他说："俗士之所谓辩者，非辩也。"这是为什么呢？"非辩而谓之辩者，盖闻辩之名而不知辩之实，故目之，妄也。"因为"俗士"只知"辩"之名，却不知"辩"之实，首先名实就不符。其次，"俗之所谓辩者，利口者也"，俗士只求口角上的快感，为此"美其声气，繁其辞令，如激风之至，如暴雨之集，不论是非之性，不识曲直之理，期于不穷，务于必胜"。从徐幹的描述中，我们可以看到，"俗士之辩"看重的只是外在的排场，追求声调的优美，言辞的繁杂，气如疾风，如骤雨。更为严重的是，他们不论是非曲直，只知用如簧之舌争胜较量，只有那些见识浅薄、好奇心强的人看到这种情况才"固以为辩"。

可见，"俗士之辩"离"核辩"相去甚远，那么什么才是真正的辩呢？"夫辩者，求服人心也"，"真正之辩"追求的是让人心服口服。另外，"辩之言必约以至，不烦而谕"，辩论语言朴实、准确、简洁、凝练，这与俗士之辩的"美其声气"、"繁其辞令"是截然相反的。其次论辩还讲求优雅的礼仪和谦逊的态度，辩时"疾徐应节，不犯礼教，足以相称"，论辩之时，当急则急，当缓则缓，收放自如。论辩是一个表达个人意见和听取他人意见相结合的过程，最高的境界是"乐尽人之辞，善致人之志，使论者各尽得其愿，而与之得解"，在辩的过程中我们应该虚心听取他人观点，并认真分析，努力理解，使论辩各方都能够顺利地表达自己的意见。

君子之辩可堪称核辩，徐幹说："君子之辩也，欲以明大道之中也，是岂取一坐之胜哉！"君子辩论的目的在于阐明宏大的道理，而不在于论辩的输赢。所以君子之辩不以能言善辩为标准，既有"言有拙而辩者"，又有

"有巧而不辩者"。徐幹认为君子之辩还有一个特点,即"遇人之是则止",如果觉得他人的观点正确就不再刚愎自用、一意孤行,而是及时停止辩论,以示赞同。作为一代大儒,徐幹常常能够针砭时弊,指出当时社会上"类族辩物之士者寡,而愚暗不达之人者多",能够准确地对事物进行分类的人少,愚昧无知"巧言乱德"的人却很多。

徐幹认为"辩"的功用是对事物加以区分进而认清是非曲直。徐幹说:"故辩之为言别也,为其善分别事类而明处之也。""别"就是对事物类别进行区分,"明处"则言在分清事物后所获得的正确的是非观,这也是辩的目的和功能之所在。传统辩论以分胜负、定高下为最终目的,徐幹将"辩"和"别"联系在一起,突破了传统辩论的思维模式,以分辨事物之间的区别,区分是非曲直为最高原则、最终目的。一方面,只有分清事物之间的区别才能定夺是非,也就是说,区分事物是辩的前提和基础;另一方面,辩的最终目的也是为了公正而有效地区分事物,在这样的逻辑思维下,才有可能使辩更加科学合理。

【关键词解读】

辩学

又称辨学。指先秦时期以论辩的形式、方法、法则等为对象的研究辩论之术的学问。"辩"即运用概念和判断对一个命题或论点进行推理论说,如同之"逻辑"。由于辩学对名实关系问题多有涉及,所以也有学者将其称之为"名辩学"。一般将研究辩学的人称为"辩者"或"辩士",《汉书·艺文志》将辩者列为名家。从事辩学研究的重要学派是墨家,此外儒、道、法、阴阳诸家也讨论了"辩"或"辩说"的作用和规律。墨家涉及"辩"的逻辑理论和逻辑体系主要反映在《墨经》中。在墨辩逻辑中含有推理、论证的性质。后期墨家认为"辩"的目的和作用是明是非、审治乱、别同异、察名实、决嫌疑。"辩"具有名、辞、说三种基本思维形式,这三种思维形式大致相当于西方传统逻辑中的概念、判断、推理。后期墨家提出立辞要有故、理、类三物,讨论了"辩"的基本规律,并对推理论证中的逻辑谬误作了仔细研究。

【相关知识链接】

徐幹所处时代,人们对辩的认识的一个最大误区,是辩之名和辩之实不相符,这就涉及中国古代名辩思想史上的一对重要范畴——名实。名,指名称概念;实,指名所对应的事物。名实关系主要探讨两个问题,即名与实是否相符、如何相符的问题,对此,先秦时期诸子百家众说纷纭。儒家创始人孔子有"正名"说,《论语·子路》:"名不正,则言不顺;言不顺,则事不成;事不成,则礼乐不兴;礼乐不兴,则刑罚不中;刑罚不中,则民无措手足。"主张为政先要"正名",要求人们的行为要符合君臣父子之间应有的等级名分,孔子企图以这种方式整顿社会风尚,恢复礼乐文明。墨子有"取实予名"说,将矛头指向了孔子所提出的"正名"思想,认为表面上的口头称谓不足以证明什么,而以客观事实为依据才是正确的做法,《墨子·贵义》:"非以其名也,以其取也。"老子的名实观则较为抽象,思维也较为开阔,其所言之名主要指没有任何规定性的"无名",所言之实主要指囊括世间一切的宇宙本体"道"。《老子》:"名可名,非常名;道可道,非常道。"老子指出任何名都不能完全概其所指事物,而且往往名所概括的只是具体的事物,而对作为宇宙本体和总规律的"道"却无能为力,永恒的"道"和"名"通常是无法名说的。庄子认为一个事物的名称是从属于事物实体的,《庄子·逍遥游》:"名者,实之宾也。"成玄英疏:"实以生名,名从实起,实则是内是主,名便是外是宾。"认为"实"是占主体地位,"名"为"实"的附庸,从属于"实",二者如主仆关系。《管子·心术上》提出:"物固有形,形固有名,此言不得过实,实不得延名。"认为先有实,后有名,事物先于名称存在,不得没有根据地妄自命名,欺世惑众,认为"循名而督实,按名而定实"(《管子·九守》)才是正确的做法。《尹文子·大道上》提出:"名以检形,形以定名。名以定事,事以检名。"主张"名"与"形"、"事"相互吻合。公孙龙学派提出命题"白马非马"(《公孙龙子·白马论》),意在辨析"马"之名与"白马"之名的关系,纠结于名词概念之间的不同点,只见树木不见森林,割裂了个别和一般的关系,以"名"乱"实"。后期墨家提出"以名举实"(《墨子·小取》)的观点,运用语词或概念来指称、反映、表达客观实在的事物。荀子著有《正名》篇对名实关系进行了较为系统的研究,提出了很多独特新颖的观点。关于名称制定的原则,他认为是约定俗成的。《荀子·正名》:"名无固实,约之以命实,约定俗成谓之实名。"认为名称对于事物,原没有一一对应,主要是根据人们在长期共同生活、相互交往的过程中逐渐形成的经验习俗和历史传统确定下来的。荀子还用发展的眼光看待问题,强调名要不断更新,以适应事物的不断变化。《荀子·正名》:"有循于旧名,有作于新名。"文化传承固然重要,但不能一味因循守旧,要在动态中保持名实相符。韩非把名实关系放在治国理政中探讨,从名实相符的角度考察大臣是否有所作为,提出"循名而责实"(《韩非子·定法》),"循名实而定是非"(《韩非子·奸劫弑臣》)等观点。先秦时期对名实关系的探讨在中国哲学史上留下了浓墨重彩的一笔,促进了中国古代逻辑学的形成。

【延伸阅读】

《核辩》为《中论》的第八篇,《智行》为《中论》的第九篇。《核辩》从各个角度对"辩"进行了富有深度和新意的分析。徐幹不赞同当时的俗人之辩,提出辩要以"明大道之中"为最终目的,只有这样才能"服人心"。"明大道之中"就需要智慧,徐幹继而在《智行》篇表达了他的"尚智"思想,徐幹尚智又不废德,为曹操推行"惟才是举"的用人方针做了理论方面的支持,在历史的发展中起到了积极的作用。

中论·智行

或问曰:"士或明哲穷理,或志行纯笃,二者不可兼,圣人将何取?"对曰:"其明哲乎。夫明哲之为用也,乃能殿民阜利,使万物无不尽其极者也。圣人之可及,非徒空行也,智也。伏羲作八卦,文王增其辞,斯皆穷神知化,岂徒特行善而已乎!《易·离》象称:'大人以继明照于四方。'且大人,圣人也。其余象皆称'君子',盖君子通于贤者也。聪明惟圣人能尽之,大才通人有而不能尽也。《书》美唐尧,'钦明'为先,驩兜之举共工,四岳之荐鲧,尧知其行,众尚未知信也。若非尧,则裔土多凶族,兆民长愁苦矣。明哲之功也如是,子将何从?"

或曰:"俱谓贤者耳,何乃以圣人论之?"对曰:"贤者亦然。人之行莫大于孝,莫显于清。曾参之孝,有虞不能易;原宪之清,伯夷不能间。然不得与游、夏列在四行之科,以其才不如也。仲尼问子贡曰:'汝与回也孰愈?'对曰:'赐也何敢望回?回也闻一以知十,赐也闻一以知二。'子贡之行不若颜渊远矣,然而不服其行,服其闻一知十,由此观之,盛才所以服人也。仲尼亦奇颜渊之有盛才也,故曰:'回也非助我者也,于吾言无所不说。'颜渊达于圣人之情,故无穷难之辞,是以能独获亹亹之誉,为七十子之冠。曾参虽质孝,原宪虽体清,仲尼未甚叹也。"

或曰:"苟有才智,而行不善,则可取乎?"对曰:"何子之难喻也? 水能胜火,岂一升之水灌一林之火哉。柴也愚,何尝自投于井? 夫君子仁以博爱,义以除恶,信以立情,礼以自节,聪以自察,明以观色,谋以行权,智以辨物,岂可无一哉,谓夫多少之间耳。且管仲背君事雠,奢而失礼,使桓公有九合诸侯、一匡天下之功。仲尼称之曰:'微管仲,吾其被发左衽矣。'召忽伏节死难,人臣之美义也,仲尼比为匹夫匹妇之为谅矣。是故圣人贵才智之特能立功立事,益于世矣。如您过多,才智少,作乱有余,而立功不足,仲尼所以避阳货而诛少正卯也。何谓可取乎? 汉高祖数赖张子房权谋,以建帝业。四皓虽美行,而何益夫倒悬? 此固不可同日而论矣。"

或曰:"然则仲尼曰:'未知,焉得仁?'乃高仁耶? 何谓也?"对曰:"仁固大也。然则仲尼此亦有所激然,非专小智之谓也。若有人相语曰:'彼尚无有一智也,安得乃知为仁乎?'昔武王崩,成王达,周公居摄。管、蔡启殷畔乱,周公诛之;成王不达,周公恐之。天乃雷电风雨,以彰周公之德,然后成王寤。成王非不仁厚于骨肉也,徒以不聪睿之故,助畔乱之人,几丧周公之功,而坠文、武之业。召公见周公之既反政,而犹不知,疑其贪位。周公为之作《君奭》,然后悦。夫以召公怀圣之资,而犹若此乎? 末业之士,苟失一行,而智略褊短,亦可惧矣。仲尼曰:'可与立,未可与权。'孟轲曰:'子莫执中,执中无权,犹执一也。'仲尼、孟轲可谓达于权智之实者也。

殷有三仁,微子介于石,不终日,箕子内难而能正其志,比干谏而剖心。君子以微子为上,箕子次之,比干为下。故《春秋》大夫见杀,皆讥其不能以智自免也。且徐偃王知修仁义而不知用武,终以亡国;鲁隐公怀让心而不知佞伪,终以致杀;宋襄公守节而不知权,终以见执;晋伯宗好直而不知时变,终以陨身;叔孙豹好善而不知择人,终以凶饿,此皆蹈善而少智之谓也。故《大雅》贵'既明且哲,以保其身'。夫明哲之士者,威而不慑,困而能通;决嫌定疑,辨物居方;禳祸于忽秒,求福于未萌;见变事则达其机,得经事则循其常;巧言不能推,令色不能移;动作可观则,出辞为师表。比诸志行之士,不亦谬乎!"

——孙启治:《中论解诂》,中华书局2014年版

【思考题】

1. 在徐幹看来,何为"君子之辩"与"小人之辩"？两者的区别是什么？
2. 徐幹是如何看待当时章句训诂之学的？

荀 粲

【作者简介】

荀粲(约209—约238),字奉倩,豫州颍川颍阴县人(今河南许昌)。三国魏玄学家,东汉名臣荀彧的幼子。其诸兄皆尊儒术,粲独好论道。性简贵,通玄学,极善辞辩。不与常人交往,所交皆当时俊杰名士,如傅嘏、夏侯玄等。曹洪女貌美,粲娶之,后病亡。粲痛悼不已,岁余亦亡,时年二十九岁。荀粲主张"言不尽意",在学术史上影响很大。

言不尽意论

盖理之微者[1],非物象之所举也。今称立象以尽意[2],此非通于意外者也[3],系辞焉以尽言[4],此非言乎系表者也。斯则象外之意,系表之言,固蕴而不出矣。

——《三国志·魏书》卷十《荀彧传》裴松之注引何劭《荀粲传》

【题解】

"言不尽意"是中国古代哲学认识论命题。《周易·系辞》"书不尽言,言不尽意",认为语言、概念不能绝对表达思想。《庄子·外物》:"言者所以在意,得意而忘言。"认为思想可以脱离语言而存在。到魏晋时期,言意之辨成为哲学争论的中心议题之一。荀粲等玄学家继承《庄子》思想,主张语言不能反映事物的本质。王弼《周易略例·明象》:"言生于象,故可寻言以观象;象生于意,故可寻象以观意。"他说的"言",指卦辞,代表语言;"象",指卦象,代表物象;"意",指义理,代表抽象的精神本体。王弼认为认识的对象和认识的目的在于"得意",即追求精神本体,追求神秘的直觉。

【注释】

1. 微:精深,精妙。
2. 立象以尽意:圣人用确立《易》象的办法来充分表达自己的意念。《易·系辞上》"圣人立象以尽意",说明"象"与"意"的联系。"象"指具体可感的形象;"意"指思想、情感。
3. 意外:思想感情之外。
4. 系辞:系,古字作毄。辞,本作辤,即词,有说义。系辞本义是系辞于卦爻之下。《系辞》:"系辞焉以断吉凶。""系辞焉以尽其言。"以"系辞"为名,指系在《周易》古经后面的文辞,是《周易》的通论。

【讲疏】

荀粲是魏晋时期"言不尽意"论的代表人物。他反对"圣人立象以尽意"的方法,认为儒家典籍都是"圣人之秕糠","如象外之意,系表之言,固蕴而不出",因此提出"言不尽意"论。荀粲认为,"理之微者"是不能用语言表达的。《老子》"为学日益,为道日损",《庄子·胠箧》"绝圣弃知,大盗乃止"。荀粲继承了庄子的观点。他认为人只能感知物象,而物象只是事物的"粗迹",不能显现事物的精微本质或规律。而"理"妙在言象之外,只能静观默察、妙悟直契。

荀粲不讲"言"如何来尽"意",而是说"意"本身。荀粲说"意"是"固蕴而不出"的,这与老子言"惚兮恍兮"、庄周言"不期精粗"相承。这就是说"意"作为认识客体超出了主体的认识能力之外,因而无法认知。荀粲说"固蕴而不出",是在客体对象身上解释"言不尽意"的原因。而从本体论的角度来看,"意"为"体","言"为"用"。"言"作为"用",本应该体现着"意"、展示着"体",可事实似乎又不是这样。;荀粲说六经典籍为"秕糠";嵇康《答难养生论》也讲:"世之所患,祸之所由,常在于智用。"均就不同层面而言,"言"不但不能体现"意",反而有害于"意"。

【关键词解读】

言不尽意

中国哲学和美学的重要命题,出自《易传·系辞》:"子曰:'书不尽言,言不尽意。'然则,圣人之意,其不可见乎?""言不尽意"谓语言不能充分地表达思想,故高深微妙的见解只有"忘言"之后才能体会。《庄子·外物》:"筌者所以在鱼,得鱼而忘筌;蹄者所以在兔,得兔而忘蹄;言者所以在意,得意而忘言。"《庄子·天道》篇又以轮扁斫轮为喻,说明"得之于手而应于心,口不能言,有数存焉于其间"的道理。荀粲认为:"理之微者,非物象之所举也。今称立象以尽意,此非通于意外者也,系辞焉以尽言,此非言乎系表者也。斯则象外之意,系表之言,固蕴而不出矣"。(《言不尽意论》)其后王弼《周易略例·明象》发挥:"意以象尽,象以言著。故言者所以明象,得象而忘言;象者所以存意,得意而忘象。"即"得意忘言"。庄子、王弼的这一观点对后世文学思想产生了深远的影响。阮籍《清思赋》云:"是以微妙无形,寂寞无听,然后乃可以睹窈窕而淑清。"陶渊明《饮酒》诗云:"此中有真意,欲辨已忘言。"刘勰《神思》篇云:"伊挚不能言鼎,轮扁不能语斤,其微矣乎。"以上诸论是"得意忘言"说的进一步发挥。

此外,将这种观点引入艺术审美论中便产生了"象外之象"、"文外之旨"、"言外之意"、"韵外之致"、"言有尽而意无穷"等说法。如唐司空图《与极浦书》:"戴容州云:'诗家之景如兰田日暖,良玉生烟,可望而不可置于眉睫之前也。'"宋严羽《沧浪诗话·诗辨》论诗家妙法云:"透彻玲珑,不可凑泊,如空中之音,相中之色,水中之月,镜中之象,言有尽而意无穷。"他们强调文艺要冥思玄想,深入地探求并体会象外之象、言外之意;同样在创作上当追求其内在的神韵,做到"不著一字,尽得风流"。

【相关知识链接】

言意之辨是魏晋玄学的一个重要论题,其思想的源头在先秦的《庄子》和《周易》。言意之辨既涉及认识论的问题,也涉及方法论的问题,因而具有深刻的哲学价值。

王弼与荀粲是魏晋玄学中言不尽意论的著名代表。王弼调和儒、道两家,力图把庄子的言不尽意论与《易·系辞》的言尽意论统一起来,其论述的重点在意本言末,"得意忘言"。荀粲则鲜明地以庄批儒,他认为精微的妙理玄道不是具体的物象所能包举殆尽的,"盖理之微者,非物象之所举也"(《言不尽意论》),所以"象外之意"才是道的精微所在。

魏晋时期,言意之辨的主要观点有荀粲的言不尽意说、欧阳建的言尽意说和王弼的得意忘象说。"言不尽意论"成为言意之辨的主导思想,为许多诗人和思想家所接受。嵇康《赠秀才入军》:"俯仰自得,游心太玄,嘉彼钓叟,得鱼忘筌。"从"言不尽意论"到强调追求言外之意与象外之意,从哲学到艺术,这一思想渗透到中国古代文艺理论与文艺创作之中,从而成为中国古典美学传统中"意境"论与"韵味"说的源头。

【阅读延伸】

刘义庆《世说新语》记载了荀粲的逸闻轶事和玄言清谈，肯定了他的博学多才。《识鉴》篇讲到荀粲对时人的品评，即通过审察人物的相貌和言谈举止而下断语，评价人物的品德才能，并由此预见这一人物未来的变化和优劣得失。《文学》篇记述了文章博学的故事，表现了荀粲的辞章修养。结合《世说新语》阅读魏晋时期的文学作品，能更全面地体会作者的文艺思想。

世说新语·识鉴（节选）

（南朝宋）刘义庆

何晏、邓飏、夏侯玄并求傅嘏交，而嘏终不许。诸人乃因荀粲说合之，谓嘏曰："夏侯太初一时之杰士，虚心于子，而卿意怀不可；交合则好成，不合则致隙。二贤若穆，则国之休，此蔺相如所以下廉颇也。"傅曰："夏侯太初，志大心劳，能合虚誉，诚所谓利口覆国之人。何晏、邓飏有为而躁，博而寡要，外好利而内无关籥，贵同恶异，多言而妒前。多言多衅，妒前无亲。以吾观之：此三贤者，皆败德之人耳，远之犹恐罹祸，况可亲之邪？"后皆如其言。

世说新语·文学（节选）

傅嘏善言虚胜，荀粲谈尚玄远。每至共语，有争而不相喻。裴冀州释二家之义，通彼我之怀，常使两情皆得，彼此俱畅。

——余嘉锡：《世说新语笺疏》，中华书局2007年版

【思考题】

1. 怎样理解"象外之意"、"境生象外"中"象外"的含义？
2. 谈谈王国维先生"意境说"的思想渊源。

王 弼

【作者简介】

　　王弼(226—249),字辅嗣,三国魏山阳郡(今山东巨野)人。出身贵族世家,自幼聪慧察理,十余岁便好老庄,通辩能言。少年即有盛名,与何晏、夏侯玄等同开玄学清谈风气,世称"正始之音"。后因曹爽、何晏在政治上的失败而受牵连,"以公事免",旋病死,年仅二十四岁。王弼短暂的一生,著述甚丰,主要有《周易注》《周易略例》《老子指略》《老子道德经注》等。近人楼宇烈有《王弼集校释》。

周易略例·明象

　　夫象者[1],出意者也[2]。言者[3],明象者也。尽意莫若象,尽象莫若言[4]。言生于象,故可寻言以观象;象生于意,故可寻象以观意。意以象尽,象以言著[5]。故言者所以明象,得象而忘言;象者所以存意,得意而忘象。犹蹄者所以在兔,得兔而忘蹄;筌者所以在鱼,得鱼而忘筌也[6]。然则,言者,象之蹄也;象者,意之筌也[7]。是故,存言者,非得象者也;存象者,非得意者也[8]。象生于意而存象焉,则所存者乃非其象也[9];言生于象而存言焉,则所存者乃非其言也[10]。然则,忘象者,乃得意者也;忘言者,乃得象者也。得意在忘象,得象在忘言。故立象以尽意,而象可忘也;重画以尽情[11],而画可忘也。

　　是故触类可为其象,合义可为其征[12]。义苟在健,何必马乎?类苟在顺,何必牛乎?爻苟合顺,何必坤乃为牛?义苟应健,何必乾乃为马?[14]而或者定马于乾[15],案文责卦,有马无乾,则伪说滋漫,难可纪矣[16]。互体不足[17],遂及卦变[18];变又不足,推致五行[19]。一失其原,巧愈弥甚,从复或值[20],而义无所取。盖存象忘意之由也。忘象以求其意,义斯见矣。

——楼宇烈《王弼集校释》,中华书局 1980 年版

【题解】

《周易略例》是魏晋玄学"言意之辨"的经典文本之一,阐述了王弼注《周易》的思想方法,有《明彖》、《明爻通变》、《明卦适变通爻》、《明象》、《辩位》、《略例下》、《卦略》七篇。《周易略例·明象》篇以《庄》释《易》,主要探讨"言"、"象"、"意"之间的关系。《周易》是古代的卦书,其中所说的"意",是指圣人在《易》中蕴含的深意,"象"指八卦变化的图像,"言"指解释卦象的卦辞、爻辞、象辞和彖辞。《易·系辞上》:"圣人立象以尽意,设卦以尽情伪,系辞焉以尽其言。"圣人能够通过卦象和释辞通晓上天的意志。《庄子》也多次论及言意关系,认为精奥之理难以言传,只可意会。对此,王弼进一步发挥,提出"言不尽意"、"得意忘象"的观点,特别强调"得意"的重要性。这些观点对文学创作和文学批评规律的揭示以有益的启示,在文学史和艺术史上影响很大。

【注释】

1. 象:指卦象。《易·系辞上》:"圣人有以见天下之赜,而拟诸其形容,象其物宜,是故谓之象。"

2. 意:意义,指卦象或事物所包含的意义。

3. 言:语言、文字,如卦辞、爻辞。

4. 尽意莫若象,尽象莫若言:谓能充分达意的莫过于象,能充分拟象的莫过于言。

5. 意以象尽,象以言著:《易·系辞上》:"子曰:圣人立象以尽意,设卦以尽情伪,系辞焉以尽其言,变而通之以尽利,鼓之舞之以尽神。"邢注:"'圣人立象以尽意'者,虽言不尽意,立象可以尽之也。'设卦以尽情伪'者,非惟立象以尽圣人之意,又设卦以尽百姓之情伪也。'系辞焉以尽其言'者,虽书不尽言,系辞可以尽其言也。"

6. "犹蹄者所以在兔"四句:语出《庄子·外物》:"筌者所以在鱼,得鱼而忘筌;蹄者所以在兔,得兔而忘蹄;言者所以在得意,得意而忘言。"蹄,捕兔子时用的器具。筌,取鱼时用的竹器,或说为一种饵鱼用的香草。此句意为,言与象只是得意的一种工具,旨在得意,所以得意后就可以把言、象忘掉。

7. 言者,象之蹄也;象者,意之筌也:邢注:"蹄以喻言,筌以比象。"

8. 是故,存言者,非得象者也;存象者,非得意者也:邢注:"未得象者'存言',言则非象;未得意者'存象',象则非意。"

9. 象生于意而存象焉,则所存者乃非其象也:象由意而生,象为表达意的工具,所以不应当停留于象本身。邢注:"所存者在意也。"

10. 言生于象而存言焉,则所存者乃非其言也:言由象而生,言为表达象的工具,所以不应当停留于言本身。邢注:"所存者在象也。"

11. 重画以尽情:重,叠。重画,指画六十四卦。情,真实。《易·系辞上》:"圣人立象以尽意,设卦以尽情伪。"邢注:"'尽情'可遗画。"

12. 是故触类可为其象,合义可为其征:触类,合类。征,验证。此句意为,综合各类事物,则成各种象;集合各种意义,可以互相验证。邢注:"征,验也。触逢事类则为象,鱼、龙、牛、马、鹿、狐、鼠之类。大人、君子、义同为验也。"

13. "义苟在健"四句:谓只要合于刚健含义,不必拘泥于马这一象征。只要合于柔顺含义的,也不必拘泥于牛这一象征。

14. "爻苟合顺"四句:谓只要合于柔顺含义,不是坤卦的,仍可以用牛来象征。义理只要合于刚健,不是乾卦的,仍可以用马来象征。邢注:"《遁》无坤,六二亦称牛。《明夷》无乾,六二亦称焉。"

15. 或:通"惑"。

16. 有马无乾,则伪说滋漫,难可纪矣:滋蔓,蔓延滋长。纪:纲纪。此句谓,牵强附会之说极其烦琐,无法抓住其要领,此为对汉易家的批评。

17. 互体:汉易家解卦之法,王弼反对讲互体。王应麟《郑氏周易序》:"郑康成学费氏《易》,为注九卷,多论互体。以互体求易,《左氏》以来有之。"

18. 卦变:用卦中上下位置的变化,或某一爻的变化,而使卦变为另一卦,从而解释卦、爻之意义。

19. 推致五行:用卦象分别代表五行,然后又用五行相生相克等理论来解释卦的意义,带有神秘主义色彩。

20. 从复或值:意即偶然有说对之处。

【讲疏】

在本文中,王弼对"言"、"象"、"意"的关系进行了思辨性的论证。他说:"夫象者,出意者也。言者,明象者也。尽意莫若象,尽象莫若言。"意即"言"可以描述出"象"来,"象"可以传达出"意"来,"言"可立"象","象"可尽"意"。换言之,"言"是"明象"的工具,"象"是"存意"的工具,"意"是最终目的,应该"得象而忘言"、"得意而忘象"。如果关注于"言"和"象",即所谓"存言""存象",就会舍本逐末,因工具而忘了目的。同时,王弼认为,一定的"意"也并非用固定的"言"来表达,"义苟在健,何必马乎?类苟在顺,何必牛乎"?乾卦的刚健之义,不一定用马来代表;坤卦的顺从之义,也不一定用牛来代表,而可以一"意"多"言"。

在以庄释易的同时,王弼还把《周易》中"象"的概念引入"言"、"意"关系之中,把庄子的"得意忘言"发展为"得象忘言"、"得意忘象",使"象"成为"言"与"意"沟通的中间环节。王弼所论述的"言"、"象"、"意"三者关系,与文艺创作中语言、形象和思想的关系是相通的。文艺作品中的思想不能如学术著作那样由语言直接说出来,而必须以优美的文学语言、鲜明的文学形象,来传达人们对于生活的独特感受与评价、理解与体验。因此语言的目的是构成形象,形象的目的是寄托思想。对于文艺创作而言,这就是"言者所以明象","象者所以存意";对读者而言,这就是"得象而忘言"、"得意而忘象",不要纠结于具体物象或只言片语,而应从精神上去契合它、领悟它。王弼的有关论述,道出了文学创作和欣赏的基本规律,告诉人们应该如何去"立象"、去写作,也教会人们如何去阅读,去欣赏,影响深远。

【关键词解读】

得意忘言

古代文论的重要命题。语出《庄子·外物》篇:"筌者所以在鱼,得鱼而忘筌;蹄者所以在兔,得兔而忘蹄;言者所以在意,得意而忘言。"王弼继承庄子的观点,并有所发展,认为"言"与"象"是"得意"的工具,不是"意"本身,因此认识便不能仅仅及于"言"与"象",而必须于"言"与"象"外继续推求;同时又因为"言"与"象"仅是工具,故得到"意"之后即可抛弃"言"与"象",如同捕到兔子后可以丢掉蹄,抓到鱼便可以丢掉筌。如果拘泥于"言"、"象",就是舍本逐末,所以"忘象者,乃得意者也;忘言者,乃得象者也。得意在忘象,得象在忘言",简言之,即"得意忘言"。在文艺理论上,"得意忘言"的观点得到了充分的阐发,对后世的文学思想产生了深远的影响。陆机《文赋序》云:"恒患意不称物,文不逮意,盖非知之难,能之难也。"阮籍《清思赋》云:"余以为形之可见,非色之美;音之可闻,非声之善。"又云:"是以微妙无形,寂寞无听,然后乃可以睹窈窕而淑清。"钟嵘《诗品》强调"文已尽而意有余"。皎然《诗式》:"真于性情,尚于作用,不顾词彩,而自然风流。"司空图的"韵外之致"、"味外之旨"。欧阳修《六一诗话》引梅尧臣语:"含不尽之意见于言外。"严羽《沧浪诗话》"言有尽而意无穷"等,这些都强调欣赏文学作品时,不能只关注语言文字的表面意义,而要深入地体会"象外之象"、言外之意。同样创作文学作品时,也不应局限于文字上的斟酌推敲,而应追求其内在的神韵,做到"不著一字,尽得风流"。

【相关知识链接】

有关言意的讨论,在先秦时期就已经开始了。老子认为"有物混成,先天地生。寂兮寥兮,独立而不改,周行而不殆,可以为天下母。吾不知其名,强字之曰道,强为之名曰大","道"没有具体形象,没有名字,"道可道,非常道。名可名,非常名",语言无法表述出"道",真正的"道"不可言说。庄子有进一步的阐发,提出"夫道,有情有信,无为无形","道"不可感知,不能用言语表达,而且"可以言论者,物之粗也;可以意致者,物之精也;言之所不能论,意之所不能察致者,不期精粗焉"(《庄子·秋水》),"精粗"之外,"言"、"意"失去了作用。

魏晋时期,士人从儒学中渐渐解脱出来,思想更趋活跃,"言意之辨"应运而生。大体上,有两种不同的见解:一种为言不尽意论,代表人物为三国时荀粲,认为人的认识在宇宙面前是无能为力的,思维难以认识,语言文字无法表达;一种为言尽意论,源于《易·系辞上》:"圣人立象以尽意,设卦以尽情伪,系辞焉以尽其言。"代表人物是西晋的欧阳建,有《言尽意论》来批判言不尽意论。认为言可尽象、象可尽意,世界是可以认识的,通过"言"、"象"完全可以传播思想。

对此,王弼进行了理论上的整合,提出"得意忘言",较之上述两派,更为中庸圆融。《周易略例·明象》云:"意以象尽,象以言著。故言者所以明象,得象而忘言;象者所以存意,得意而忘象。犹蹄者所以在兔,得兔而忘蹄;筌者所以在鱼,得鱼而忘筌也。"他辩证地论述了"言"、"意"、"象"三者的关系,并且提出语言是表"意"的工具,与"言"相比,更应该关注"意",而且得"意"就应忘"言"。王弼克服了"言不尽意"论和"言可尽意"论的片面性,对"言"、"意"、"象"三者的关系创造性地加以发展,对后世启发很大。

【延伸阅读】

《周易略例》的写作,是王弼《易》学条理义理化最直接的标志。现存《周易略例》篇章题目依次为《明象》、《明爻通变》、《明卦适变通爻》、《明象》、《辨位》、《略例下》、《卦略》等,其中《略例下》是篇题,其余都是章名。原书应有《略例上》之篇题,今不存,当由残佚所致。《周易略例》是王弼为《周易》发凡起例而撰,其中《明象》阐论"卦"之大义,《明爻通变》、《明卦适变通爻》阐论"爻"之大义,《辩位》阐论"位"之大义,《明象》阐论"象"之大义,《略例下》兼论以上诸义,《卦略》则举出若干实例,讲明诸义的具体运用。以《明象》为例,可以大致得见《周易略例》条例义理之学的特点。《明象》"统论一卦之体",提出"物无妄然,必由其理","品制万变,宗主存焉",旨在纷然杂陈的万事万物背后寻找简约规律和法则。

周易略例·明象

夫《彖》者,何也? 统论一卦之体,明其所由之主者也。

夫众不能治众,治众者,至寡者也。夫动不能制动,制天下之动者,贞夫一者也。故众之所以得咸存者,主必致一也;动之所以得咸运者,原必无二也。

物无妄然,必由其理。统之有宗,会之有元,故繁而不乱,众而不惑。故六爻相错,可举一以明也;刚柔相乘,可立主以定也。是故杂物撰德,辩是与非,则非其中爻,莫之备矣! 故自统而寻之,物虽众,则知可以执一御也;由本以观之,义虽博,则知可以一名举也。故处璇玑以观大运,则天地之动未足怪也;据会要以观方来,则六合辐辏未足多也。故举卦之名,义有主矣;观其《彖辞》,则思过半矣! 夫古今虽殊,军国异容,中之为用,故未可远也。品制万变,宗主存焉;《彖》之所尚,斯为盛矣。

夫少者,多之所贵也;寡者,众之所宗也。一卦五阳而一阴,则一阴为之主矣;五阴而一阳,则一阳为之主矣! 夫阴之所求者阳也,阳之所求者阴也。阳苟一焉,五阴何得不同而归之? 阴苟只焉,五阳何得不同而从之? 故阴爻虽贱,而为一卦之主者,处其至少之地也。或有遗爻而举二体者,卦体不由乎爻也。繁而不忧乱,变而不忧惑,约以存博,简以济众,其唯《彖》乎! 乱而不能惑,变而不能渝,非天下之至赜,其孰能与于此乎! 故观《彖》以斯,义可见矣。

周易略例·明爻通变

夫爻者,何也? 言乎变者也。变者何也? 情伪之所为也。夫情伪之动,非数之所求也;故合散屈伸,与体相乖。形躁好静,质柔爱刚,体与情反,质与愿违。巧历不能定其算数,圣明不能为之典要;法制所不能齐,度量所不能均也。为之乎岂在夫大哉! 陵三军者,或惧于朝廷之仪;暴威武者,或困于酒色之娱。

近不必比,远不必乖。同声相应,高下不必均也;同气相求,体质不必齐也。召云者龙,命吕者律。故二女相违,而刚柔合体。隆墀永叹,远壑必盈。投戈散地,则六亲不能相保;同舟而济,则吴越何患乎异心。故苟识其情,不忧乖远;苟明其趣,不烦强武。能说诸心,能研诸虑,暌而知其类,异而知其通,其唯明爻者乎?故有善迩而远至,命宫而商应;修下而高者降,与彼而取此者服矣!

是故,情伪相感,远近相追;爱恶相攻,屈伸相推;见情者获,直往则违。故拟议以成其变化,语成器而后有格。不知其所以为主,鼓舞而天下从,见乎其情者也。

是故,范围天地之化而不过,曲成万物而不遗,通乎昼夜之道而无体,一阴一阳而无穷。非天下之至变,其孰能与于此哉! 是故,卦以存时,爻以示变。

——楼宇烈:《王弼集校释》,中华书局1980年版

【思考题】

1. 谈谈如何理解言、象、意三者的关系。
2. 谈谈玄学的"言意之辨"中王弼的理论贡献。

阮　籍

【作者简介】

阮籍(210—263),字嗣宗,陈留尉氏(今河南尉氏县)人,阮瑀之子,"竹林七贤"之一。曾任步兵校尉,故称阮步兵。喜好老庄,任性不羁,蔑视礼法。擅长诗文,今存诗统名《咏怀》,计五言八十二首,四言十三首,抒发忧生之嗟,讽刺黑暗现实,词语隐约,对后世影响很大。通音乐,善弹琴。主要著作有《通易论》、《通老论》、《达庄论》、《乐论》、《大人先生传》等,明人辑有《阮步兵集》。

乐　论

刘子问曰:"孔子云:'安上治民,莫善于礼;移风易俗,莫善于乐[1]。'夫礼者,男女之所以别,父子之所以成,君臣之所以立,百姓之所以平也;为政之具靡先于此,故安上治民莫善于礼也。夫金、石、丝、竹,钟鼓管弦之音[2],干、戚、羽、旄,进退俯仰之容[3],有之无益于政,无之何损于化,而曰移风易俗莫善于乐乎?"阮先生曰:"善哉!子之问也。昔者孔子著其都乎,且未举其略也。今将为子论其凡,而子自备详焉[4]。

"夫乐者,天地之体,万物之性也。合其体,得其性,则和;离其体,失其性,则乖[5]。昔者圣人之作乐也,将以顺天地之体,成万物之性也,故定天地八方之音,以迎阴阳八风之声[6],均黄钟中和之律,开群生万物之情,故律吕协则阴阳和,音声适而万物类,男女不易其所,君臣不犯其位,四海同其观,九州一其节,奏之圜丘而天神下,奏之方丘而地祇上[7];天地合其德则万物合其生;刑赏不用而民自安矣。

"乾坤易简,故雅乐不烦;道德平淡,故五声无味[8]。不烦则阴阳自通,无味则百物自乐。日迁善成化而不自知,风俗移易而同于是乐,此自然之道,乐之所始也。

"其后圣人不作,道德荒坏,政法不立,化废欲行,各有风俗,故造始之教谓之风,习而行之谓之俗[9]。楚越之风好勇,故其俗轻死[10];郑卫之风好淫,故其俗轻荡[11]。轻死,故有蹈火赴水之歌;轻荡,故有桑间、濮上之典。各歌其所好,各咏其所为。歌之者流涕,闻之者叹息,背而去之,无不慷慨。怀永日之娱,抱长夜之叹。相聚而合之,群而习之,靡靡无已[12],弃父子之亲,弛君臣之制[13],匮室家之礼[14],废耕农之业,忘终身之乐,崇淫纵之俗[15];故江淮之南其民好残[16],漳、汝之间其民好奔[17],吴有双剑之节,赵有扶琴之客。气发于中,声入于耳,手足飞扬,不觉其骇。

"好勇则犯上,淫放则弃亲。犯上则君臣逆,弃亲则父子乖;乖逆交争,则患生祸起。祸起而意愈异,患生而虑不同。故八方殊风,九州异俗,乖离分背,莫能相通,音异气别,曲节不齐。故圣人立调适之音,建平和之声,制便事之节,定顺从之容,使天下之为乐者莫不仪焉。自上以下,降杀有等,至于庶人,咸皆闻之[18]。歌谣者咏先王之德[19],俯仰者习先王之容,器具者象先王之式,度数者应先王之制;入于心,沦于气,心气和洽,则风俗齐一。

"圣人之为进退俯仰之容也,将以屈形体,服心意,便所修,安所事也。歌咏诗曲,将以宣平和,著不逮也[20]。钟鼓所以节耳,羽旄所以制目,听之者不倾[21],视之者不衰;耳目不倾不衰则风俗移易,故移风易俗莫善于乐也[22]。故八音有本体[23],五声有自然,其同物者以大小相君。有自然,故不可乱;大小相君,故可得而平也。若夫空桑之琴,云和之瑟,孤竹之管[24],泗滨之磬[25],其物皆调和淳均者,声相宜也,故必有常处。以大小相君,应黄钟之气,故必有常数。有常处,故其器贵重;有常数,故其制不妄。贵重,故可得以事神;不妄,故可得以化人。其物系天地之象,故不可妄造;其凡似远物之音,故不可妄易。雅颂有分[26],故人神不杂;节会有数,故曲折不乱;周旋有度,故俯仰不惑[27];歌咏有主[28],故言语不悖[29]。导之以善,绥之以和,守之以衷,持之以久;散其群,比其文,扶其夭,助其寿[30],使去风俗之偏习,归圣王之大化。

"先王之为乐也,将以定万物之情,一天下之意也,故使其声平,其容和。下不思上之声,君不欲臣之色,上下不争而忠义成[31]。夫正乐者,所以屏淫声也[32];故乐废则淫声作。汉哀帝不好音,罢省乐府,而不知制礼乐;正法不修,淫声遂起。张放、淳于长骄纵过度,丙强、景武富溢于世。罢乐之后,下移逾肆,身不是好而淫乱愈甚者,礼不设也。

"刑、教一体,礼、乐,外、内也。刑弛则教不独行,礼废则乐无所立[33]。尊卑有分,上下有等,谓之礼;人安其生,情意无哀,谓之乐。车服、旌旗、宫室、饮食,礼之具也;钟磬、鞞鼓、琴瑟、歌舞,乐之器也[34]。礼逾其制则尊卑乖,乐失其序则亲疏乱。礼定其象,乐平其心;礼治其外,乐化其内;礼乐正而天下平[35]。

"昔卫人求繁缨、曲县而孔子叹息,盖惜礼坏而乐崩也[36]。夫钟者声之主也,县者钟之制也。钟失其制则声失其主;主制无常则怪声并出。盛衰之代相及,古今之变若一,故圣教废毁则聪慧之人并造奇音。景王喜大钟之律,平王好师延之曲[37],公卿大夫拊手嗟叹,庶人群生踊跃思闻,正乐遂废,郑声大兴,雅颂之诗不讲,而妖淫之曲是寻。延年造倾城之歌,而孝武思孊嫚之色[38];雍门作松柏之音,愍王念未寒之服。故猗靡哀思之音发,愁怨偷薄之辞兴,则人后有纵欲奢侈之意,人后有内顾自奉之;是以君子恶大陵之歌,憎北里之舞也。

"昔先王制乐,非以纵耳目之观,崇曲房之嬿也。必通天地之气,静万物之神也;固上下之位,定性命之真也。故清庙之歌咏成功之绩[39];宾飨之诗称礼让之则,百姓化其善,异俗服其德。此淫声之所以薄,正乐之所以贵也。

"然礼与变俱,乐与时化,故五帝不同制,三王各异造,非其相反,应时变也[40]。夫百姓安服淫乱之声,残坏先王之正,故后王必更作乐,各宣其功德于天下,通其变使民不倦。然但改其名目,变造歌咏,至于乐声,平和自若;故黄帝咏云门之神,少昊歌凤鸟之迹,《咸池》《六英》之名既变,而黄钟之宫不改易。故达道之化者可与审乐,好音之声者不足与论律也[41]。

"舜命夔龙典乐,教胄子以中和之德也[42]:'诗言志,歌咏言,声依咏,律和声。八音克谐,无相夺伦,神人以和。'又曰:'予欲闻六律、五声、八音,在治忽以出纳五言。女听[43]!'夫烦奏淫声,汩湮心耳,乃忘平和,君子弗听。言正乐通平易简,心澄气清,以闻音律,出纳五言也。夔曰:'戛击鸣球,搏拊琴瑟以咏,祖考来格[44],虞宾在位,群后德让[45],下管鼗鼓,合止祝敔[46],笙镛以闲,鸟兽跄跄[47];箫韶九成,凤凰来仪[48]。'夔曰:'于予击石拊石,百兽率舞[49]。庶尹允谐。'诗言志,歌咏言,操磬鸣琴,以声依律,述先王之德,故祖考之神来格也;笙镛以闲,正乐声希,治修无害,故繁毓跄跄然也;乐有节适,九成而已,阴阳调达,和气均通,故远鸟来仪也;质而不文,四海合同,故击石拊石,百兽率舞也。言天下治平,万物得所,音声不哗[50],漠然未兆,故众官皆和也。故孔子在齐闻韶,三月不知肉好[51],言至乐使人无欲,心平气定,不以肉为滋味也。以此观之,知圣人之乐和而已矣[52]。

"自西陵、青阳之乐[53]皆取之竹,听凤凰之鸣,尊长风之象,采大林之□,当时之所不见,百姓之所希闻,故天下怀其德而化其神也。夫雅乐周通则万物和,质静则听不淫,易简则节制全,静重则服人心:此先王造乐之意也。自后衰末之为乐也,其物不真,其器不固,其制不信,取于近物,同于人间,各求其好,恣意所存,间里之声竞高,永巷之音争先[54],童儿相聚以咏富贵,刍牧负戴[55]以歌贱贫,君臣之职未废,而一人怀万心也。

"当夏后之末,舆女万人,衣以文绣,食以粱肉,端噪晨歌[56],闻之者忧戚,天下苦其殃,百姓伤其毒。殷之季君[57],亦奏斯乐,酒池肉林,夜以继日;然咨嗟之音未绝,而敌国已收其琴瑟矣。满堂而饮酒,乐奏而流涕,此非皆有忧者也,则此乐非乐也[58]。当王莽居臣之时,奏新乐于庙中,闻之者皆为之悲咽[59]。桓帝闻楚琴,凄怆伤心,倚房而悲[60],慷慨长息曰:'善哉呼!为琴若此,一而已足矣!'顺帝上恭陵,过樊衢,闻鸟鸣而悲[61],泣下横流,曰:'善哉鸟声!'使左右吟之,曰:'使丝声若是,岂不乐哉!'夫是谓以悲为乐者也。诚以悲为乐[62]，则天下何乐之有？天下无乐，而有阴阳调和，灾害不生，亦已难矣。乐者，使人精神平和，衰气不入，天地交泰[63]，远物来集，故谓之乐也。今则流涕感动，嘘唏伤气，寒暑不适，庶物不遂，虽出丝竹，宜谓之哀，奈何俛仰叹息以此称乐乎！昔季流子向风而鼓琴，听之者泣下沾襟，弟子曰：'善哉鼓琴！亦已妙矣！'季流子曰：'乐谓之善，哀谓之伤；吾为哀伤，非为善乐也。'以此言之，丝竹不必为乐，歌咏不必为善也；故墨子之非乐也。悲夫！以哀为乐者，胡亥耽哀不变，故愿为黔首[64]；李斯随哀不返，故思逐狡兔；呜呼！君子可不鉴之哉[65]！"

——陈伯君：《阮籍集校注》卷上，中华书局1987年版

【题解】

学界一般认为，阮籍的《乐论》是他早年的作品，大概作于正始初年或更早一些。在文中，阮籍强调乐的和谐性与功利作用，认为乐乃是"天地之体，万物之性"，是宇宙和谐的体现；认为"礼治其外，乐化其内"，乐应与礼交相配合；论述了民情风俗对音乐格调的决定作用；反对"以悲为乐"的审美观。阮籍的《乐论》继承了儒家乐论的部分观点，开始把道家思想引入儒家乐论中，提出了诸多值得人们思考的问题，在中国古代文学理论发展史上具有一定的理论价值。

【注释】

1. "安上治民"四句：语出《孝经·广要道章》："子曰：'教民亲爱，莫善于孝。教民礼烦，莫善于悌。移风易俗，莫善于乐。安上治民，莫善于礼。'"
2. 金、石、丝、竹，钟鼓管弦之音：语出《周礼·春官·大师》："皆播之以八音，金、石、土、革、丝、木、匏、竹。"郑玄注："金，钟镈也。石，磬也。土，埙也。革，鼓鼗也。丝，琴瑟也。木，柷敔也。匏，笙也。竹，管箫也。"
3. 干、戚、羽、旄，进退俯仰之容：语出《礼记·乐记》："然后发以声音，而文以琴瑟，动以干戚，饰以羽旄，从以箫管。"《诗经·大雅·公刘》："弓矢斯张，干戈戚扬，爰方启行。"郑笺："戚，斧也。"《尚书·大禹谟》："舞干羽于两阶，七旬，有苗格。"孔传："干，楯。羽，翳也。皆舞者所执。"
4. "昔者孔子著其都乎"四句：都，总也。略，《淮南子·本经训》："其言略而循理，其行倪而顺情。"高诱注："略，越要也。"扬雄《长杨赋》："请略举凡，而客自览其切焉。"此文以孔子之说为"都"，自身之说为"略"（凡），而待问者自备其"详"。
5. "夫乐者"九句：语出《礼记·乐记》："地气上齐，天气下降，阴阳相摩，天地相

荡,鼓之以雷霆,奋之以风雨,动之以四时,暖之以日月,而百化兴焉。如此,则乐者,天地之和也。"又:"乐着大始,而礼居成物。着不息者,天也。着不动者,地也。一动一静者,天地之间也。"

6. 故定天地八方之音,以迎阴阳八风之声:《周礼·春官·典同》:"掌六律、六同之和,以辨天地、四方、阴阳之声,以为乐器。"郑玄注:"阳声属天,阴声属地,天地之声,布于四方。"《国语·周语下》、《左传·隐公五年》、《吕氏春秋·有始览》、《淮南子·天文训》、《淮南子·地形训》、《易纬·通卦验》等均有八风之名,而相互间又略有不同。

7. "奏之圜丘"二句:语出《周礼·春官·大司乐》:"乃奏黄钟,歌大吕,舞《云门》,以祀天神。乃奏大簇,歌应钟,舞《咸池》,以祭地示。"又:"冬日至,于地上之圜丘奏之,若乐六变,则天神皆降,可得而礼矣。"郑玄注:"天神,谓五帝及日月星辰也。"又"地示,谓神州之神及社稷。"

8. "乾坤易简"四句:语出《易·系辞上》:"乾以易知,坤以简单能。易则易知,简则易从。"《礼记·乐记》:"大乐必易,大礼必简。"五声不当作无声。五声与上文"雅乐"并举,系句中主词;若作无声,则是以上句中之"道德"为主词,非言乐矣。证以下文单举"舞味",不言无声,可知此处作无声不误。《周礼·春官·大师》:"皆文之以五声,宫、商、角、徵、羽。"五声无味,亦即平淡之意。

9. "其后圣人不作"七句:荒,废也。欲,与俗通,情所好也。《毛诗序》:"风,风也,教也。风以动之,教以化之。""各有风俗"与上文"四海同其观,九州一其节"相反。"造始之教"即上文言"乐之所始也"。《汉书》卷二十八《地理志》:"民函五常之性,而其刚柔缓急,音声不同,系水土之风气,故谓之风;好恶取舍,动静亡常,随君上之情欲,故谓之俗。"

10. 楚越之风好勇,故其俗轻死:语出《管子·水地篇》:"楚之水淖弱而清,故其民轻果而贼;越之水浊重而洎,故其民愚疾而垢。"《韩非子·二柄篇》:"故越王好勇,而民多轻死。"《汉书》卷二十八《地理志》:"至子夫差,诛子胥,用宰嚭,为粤王句践所灭。吴、粤之君皆好勇,故其民至今好用剑,轻死易发。"轻,不重视之意。

11. 郑卫之风好淫,故其俗轻荡:语出《诗·郑风·溱洧》:"溱洧,刺乱也。兵革不息,男女相弃,淫风大行,莫之能救焉。"轻,不庄重之意。

12. 靡靡:语出《尚书·毕命》:"商俗靡靡,利口惟贤,余风未殄,公其念哉!"孔安国注:"靡靡,相随顺之意。纣之为人,拒谏饰非,恶闻其短,惟以靡靡相随顺、利口捷给、能随从上意者以之为贤。"

13. 弛:坏也。

14. 匮:乏也。

15. 纵:乱也。

16. 江,长江。淮,淮河。《释名》:"淮,围也。围绕扬州分界东至于海也。"江淮之南谓楚越。残,残杀。

17. 漳、汝,二水名。漳有浊漳、清漳。

18. "自上以下"四句：降，减消也。《礼记·乐记》："然后圣人作为鼗、鼓、椌、楬、埙、箎。此六者，德音之音也。然后钟、磬、竽、瑟以和之，干、戚、旄、狄以舞之。此所以祭先王之庙也，所以献、酬、酢也，所以官序贵贱各得其宜也，所以示后世有尊卑长幼之序也。"

19. 歌谣者咏先王之德：《尔雅·释乐》："徒歌谓之谣。"《诗·魏风·园有桃》："心之忧矣，我歌且谣。"毛亨注："曲合乐曰歌，徒歌曰谣。"《韩诗外传》："有章曲曰歌，无章曲曰谣。"

20. 著不逮：谓使不及于平和者额露出来而道正之。逮，及也。

21. 倾：侧也。《礼记·曲礼下》："倾则奸。"郑玄注："倾，欹侧也。若视尊者而欹侧旁视，流目东西，则似有奸恶之意也。"

22. 故移风易俗莫善于乐也：语出《礼记·乐记》："乐也者，圣人之所乐也，而可以善民心，其感人深，其移风易俗，故先王著其教焉。"

23. 本体：谓金、石、土、革、丝、木、匏、竹诸乐器。

24. 孤竹之管：语出《周礼·春官·大司乐》："孤竹之管，云和之琴瑟，《云门》之舞。冬日至，于地上之圜丘奏之……孤竹之管，空桑之琴瑟，《咸池》之舞，夏日至，于泽中之方丘奏之，若乐八变，则地示皆出，可得而礼矣。"

25. 泗滨之磬：语出《尚书·禹贡》："泗滨浮磬。"

26. 雅颂有分：《诗·小雅·鼓钟》："以雅以南，以籥不僭。"郑玄注："雅，万舞也。万也、南也、籥也，三舞不僭，言进退之旅也。周乐尚武，故谓万舞为雅。雅，正也。"

27. "节会有数"四句：《尔雅·释乐》："和乐谓之节。"邢昺注："八音克谐，无相夺伦，谓之和乐。乐和则应节。"会，合也。度，法制也。皆言乐舞。

28. 歌咏有主：如今合唱之领唱者。

29. 故言语不悖：言语，歌辞也。悖，乱也。

30. "导之以善"八句：绥，安也。衷，中也。散，疏散。比，排比。夭，谓不及，寿，谓太过。以上皆就乐而言。

31. "下不思上之声"三句：色，即前所谓"其容和"之容。声、色两句互举，下不思上之声，上亦不思下之声；君不欲臣之色，臣亦不欲君之色。由乐之教化养成其上下不争之情意而忠义以成。

32. 屏：放逐。《礼记·王制》："不变，屏之远方，终身不齿。"又："屏之远方，西方曰棘，东方曰寄，终身不齿。"

33. "刑、教一体"五句：语出《礼记·乐记》："故礼以道其志，乐以和其声，政以一其行，刑以防其奸。礼、乐、刑、政，其极一也，所以同民心而出治道也。"又："礼节民心，乐和民声，政以行之，刑以防之。礼、乐、刑、政，四达而不悖，则王道备矣。"又："乐由中出，礼自外作。乐由中出故静，礼自外作故文。"《乐记》言刑"政"，此文言刑"教"。《释名》："政，正也，下所取正也。""教，效也，下所法效也。"其义同。弛，放也，缓也，释也。

34. "钟磬、鞞鼓"二句：语出《礼记·乐记》："故钟鼓管磬、羽籥干戚，乐之器也。

屈伸俯仰,缀兆舒疾,乐之文也。簠簋俎豆,制度文章,礼之器也。升降上下,周还裼袭,礼之文也。""歌舞"二字非衍文。

35. "礼治其外"三句:语出《礼记·乐记》:"故乐也者,动于是内者也。礼也者,动于外者也。乐极和,礼极顺。内和而外顺,则民瞻其颜色而弗与争也,望其容貌而民不生易慢焉。"

36. "昔卫求求繁缨、曲县"二句:语出《左传·成公二年》:"新筑人仲舒于奚救孙桓子,桓子是以免。既,卫人赏之以邑,辞。请曲县、繁缨以朝,许之。仲尼闻之曰:'惜也!不如多与之邑。唯器与名,不可以假人,君之所司也。名以出信,信以守器,器以藏礼,礼以行义,义以生利,利以平民,政之大节也。若以假人,与人政也。政亡,则国家从之,弗可止也已。'"繁缨,马饰,皆诸侯之服。崩,毁也。

37. 平王好师延之曲:《韩非子·十过》记载卫灵公到晋国去,夜半在濮水上听到鼓琴声,召师涓记录下来。到了晋国,晋平公设宴请灵公,灵公请奏新声助兴。"乃召师涓,令坐师旷之旁,援琴鼓之。未终,师旷抚止之,曰:'此亡国之声,不可遂也。'平公曰:'此道奚出?'师旷曰:'此师延之所作,与纣为靡靡之乐也。及武王伐纣,师延东走,至濮水而自投,故闻此声者必于濮水之上。先闻此声者其国必削,不可遂。'平公曰:'寡人所好音也,子其使遂之。'师涓鼓究之。"

38. 延年造倾城之歌,而孝武思嫙嫚之色:《汉书》卷九十七《外戚传》:"孝武李夫人,本以倡进。初,夫人兄延年性知音,善歌舞,武帝爱之。每位新声变曲,闻者莫不感动。延年侍上起舞,歌曰:'北方有佳人,绝世而独立,一顾倾人城,再顾倾人国。宁不知倾城与倾国,佳人难再得!'上叹息曰:'善!世岂有次人乎?'平阳主因言延年有女弟,上乃召见之,实妙丽善舞。"嫙、嫚二字意皆不协,常作"靡曼"。

39. 清庙:《诗·周颂·清庙》:"《清庙》,祀文王也。周公既成洛邑,朝诸侯,率以祀文王焉。"郑玄注:"清庙者,祭有清明之德音之宫也,谓祭文王也。"

40. "然礼与变俱"六句:《周礼·春官·大司乐》:"以乐舞教国子:舞《云门》、《大卷》、《大咸》、《大韶》、《大夏》、《大濩》、《大武》。"郑玄注:"此周所存六代之乐。黄帝曰《云门》、《大卷》,黄帝能成名,万物以明,民共财,言其德如云之所出,民得以有族类。《大咸》、《咸池》,尧乐也。尧能殚均刑法以仪民,言其德无所不施。《大韶》,舜乐也。言其德能绍尧之道也。《大夏》,舜乐也。禹治水傅土,言其德能大中国也,《大濩》,汤王乐也。汤以宽治民,而除其邪,言其德能使天下得其所也。《大武》,武王乐也。武王发走以除其害,言其德能成武功。"

41. "故达道之化者"二句:语出《礼记·乐记》:"凡音者,生于人心者也。乐者,通伦理者也。是故知声而不知音者,禽兽是也。知音而不知乐者,众庶是也。唯君子为能知乐。是故审声以知音,审音以知乐,审乐以知政,而治道备矣。是故不知声者,不可与言音。不知音者,不可与言乐。知乐则几于礼矣。"

42. 舜命夔龙典乐,教胄子以中和之德也:语出《尚书·舜典》:"帝曰:'夔,命汝典乐,教胄子,直而温,宽而栗,刚而无虐,简而无傲。'"其前有"让于夔龙"句。孔安国注:"夔、龙,二臣名。"又:"胄,长也,谓元子以下至卿大夫子弟。以歌诗蹈之舞之,教长国子中、和、祇、庸、孝、友。"

43. "予欲闻六律、五声、八音"三句：语出《尚书·益稷》："予欲闻六律、五声、八音，在治忽，以出纳五言，汝听。"孔安国注："言欲以六律和声者，在察天下治理及忽怠者，又以出纳仁义礼智信五德之言，施于民以成化，汝当听审之。"

44. "戛击鸣球"三句：语出《尚书·益稷》："夔曰：戛击鸣球，搏拊琴瑟以咏。祖考来格。"孔安国注："戛击，柷敔，所以作止乐。搏拊以韦为之，实之以糠，所以节乐。球，玉磬。此舜庙堂之乐，民悦其化，神歆其祀，礼备乐和，故以祖考来至明之。"

45. 虞宾在位，群后德让：语出《尚书·益稷》："虞宾在位，群后德让。"孔安国注："丹朱为王者后，故称宾。言与诸侯助祭，班爵同，推先有德。"

46. 下管鼗鼓，合止柷敔：语出《尚书·益稷》："下管鼗鼓，合止柷敔。"孔安国注："堂下乐也。上下合止乐，各有柷敔，明球、弦、钟、籥，各自互见。"

47. 笙镛以闲，鸟兽跄跄：语出《尚书·益稷》："笙镛以闲，鸟兽跄跄。"孔安国注："镛，大钟。闲，迭也。吹笙击钟，鸟兽化德，相率而舞，跄跄然。"

48. 箫韶九成，凤凰来仪：语出《尚书·益稷》："箫韶九成，凤皇来仪。"孔安国注："韶，舜乐名。言箫，见细器之备。雄曰凤，雌曰凰，灵鸟也。仪，有容仪。"

49. "夔曰"三句：语出《尚书·益稷》："夔曰：'於！予击石拊石，百兽率舞，庶尹允谐。'"孔安国注："尹，正也，众正官之长。信皆和谐，言神人治。始于任贤，立政以礼，治成以乐，所以太平。"《尚书·舜典》："夔曰：'於！予击石拊石，百兽率舞。'"孔安国注："石，磬也。磬，音之清者。拊亦击也。举清者和则其余音皆从矣。乐感百兽，便相率而舞，则神人和可知。"

50. 音声不哗：语出《淮南子·精神训》："五声哗耳，使耳不聪。"

51. 故孔子在齐闻韶，三月不知肉好：语出《论语·述而》："子在齐闻《韶》乐，三月不知肉味，曰：'不图为乐之至于斯也。'"

52. 知圣人之乐和而已矣：《周礼·地官·大司徒》："以乐理教和，则民不乖。"《庄子·天下》："诗以道志，书以道事，礼以道行，乐以道和。"《周礼·春官·典同》："凡为乐器，以十有二律为之数度，以十有二声为之齐量。凡和乐亦如之。"郑玄注："和谓调其故器也。"

53. 西陵：《史记》卷一《五帝本纪》："黄帝居轩辕之丘，而娶于西陵之女，是为嫘祖。"张守节注："西陵，国名也。"

54. 闾里之声竞高，永巷之音争先：《周礼·地官·大司徒》："令五家为比，使之相保；五比为闾，使之相受。"在城为比、闾，在乡为邻、里。永，远也。永巷，犹言长巷。闾里之声，永巷之音，皆指民间之歌唱。

55. 刍：刈草也。负：担也。

56. 端噪晨歌：语出《管子·轻重甲》："昔者桀之时，女乐三万人，端噪晨歌，闻于三衢，是无不服文绣衣裳者。"《孟子·公孙丑章句上》："恻隐之心，仁之端也；羞恶之心，义之端也；辞让之心，礼之端也；是非之心，智之端也。人之有是四端也，犹其有四体也。有是四端而自谓不能者，自贼者也。"赵岐注："端者，首也。"

57. 殷之季君：谓纣也。

58. 此乐非乐也：上乐字是音乐之乐，下乐字是快乐之乐。《吕氏春秋·仲夏纪·侈乐》："凡古圣王之所为贵乐者，为其乐也。"

59. "当王莽居臣之时"三句：《旧唐书》卷一百二十《郭子仪传》："肃宗在凤翔闻捷，群臣称贺，帝以宗庙被焚，悲咽不自胜，臣僚无不感泣。"咽，声塞也。

60. "桓帝闻楚琴"三句：《后汉书》卷七《孝桓帝本纪》："论曰：前史称桓帝好音乐，善琴笙。"《后汉书》志第十八《五行志》："（桓帝）元嘉二年七月二日庚辰，日有蚀之，在翼四度。史官不见，广陵以闻。翼主倡乐。时上好乐过。"

61. "顺帝上恭陵"三句：恭陵，《后汉书》卷五《安帝纪》："己酉，葬孝安皇帝于恭陵。"李贤注："在今洛阳东北二十七里。"《后汉书》志第九《祭祀志》："顺帝即位，追尊其母曰恭愍后，陵曰恭北陵。"

62. 以悲为乐：《管子·内业》："凡人之生也，必以平正。所以失之，必以喜怒忧患。是故止怒莫若诗，去忧莫若乐，节乐莫若礼，守礼莫若敬，守敬莫若静。"

63. 天地交泰：《易·泰》："《象》曰：泰，小往大来，吉，亨。则是天地交而万物通也，上下交而其志同也。"又："《象》曰：天地交，泰。后以财成天地之道，辅相天地之宜，以左右民。"泰即通之意。

64. 胡亥耽哀不变，故愿为黔首：《史记》卷五《秦本纪》："始皇帝五十一年而崩，子胡亥立，是为二世皇帝。"又卷六《秦始皇本纪》："阎乐前即二世数曰：'足下骄恣，诛杀无道，天下共畔足下，足下其自为计。'二世曰：'丞相可得见否？'乐曰：'不可。'二世曰：'吾愿得一郡为王。'弗许。又曰：'愿为万户侯。'弗许。曰：'愿与妻子为黔首，比诸公子。'阎乐曰：'臣受命于丞相，为天下诛足下，足下虽多言，臣不敢报。'麾其兵进。二世自杀。"

65. "李斯随哀不返"四句：《史记》卷八十七《李斯列传》："三川守李由告归咸阳，李斯置酒于家，百官长皆前为寿，门廷车骑以千数。李斯喟然而欢曰：'嗟乎！吾闻之荀卿曰"物忌太盛"。夫斯乃上蔡布衣，闾巷之黔首，上不知其驽下，遂擢至此。当今人臣之位无居臣上者，可谓富贵极矣。物极则衰，吾未知所税驾也！'"又："二世二年七月，具斯五刑，论腰斩咸阳市。斯出狱，与其中子俱执，顾谓其中子曰：'吾欲与若复牵黄犬俱出上蔡东逐狡兔，岂可得乎！'遂父子相哭，而夷三族。"

【讲疏】

阮籍的《乐论》，是继《荀子·乐论》和《礼记·乐记》之后，又一篇重要的论述音乐的文章。全篇围绕刘子与阮先生讨论乐的问题而写成，主要谈论了以下几个问题。

首先，阮籍论述了音乐的本体性问题。他提出乐的本体、本质是"天地之体，万物之性"，这对人类社会有重要意义，"合其体，得其性，则和；离其体，失其性，则乖"。"自然一体"、"万物一体"是阮籍乐论的哲学基础，阮籍欲以"乐"去实现一个"四海同其欢,九州一其节"的世界,让人类社会也具有这种统一性,此说和儒家的"大乐与天地同和"相通,更与道家"道法自然",音乐艺术"原天地之美而达万物之理"的美学观相合,反映了魏晋时期儒、道美学观日益融合的发展趋势。

其次,对先秦儒家"移风易俗,莫善于乐"思想,阮籍有进一步的阐发。阮籍认为,圣人作乐"必通天地之气,静万物之神","固上下之位,定性命之真","乐"的"八音"、"五声"均出于"自然"的本体,使万物各得其所,使君臣、男女各安其位,人民"日迁善成化,而不自知",所以音乐能够使天地阴阳、群生万物和人类社会都趋于和谐,产生"移风易俗"的重大作用。阮籍论及"乐"与"礼"的关系,提出"礼治其外,乐化其内"的观点,认为"礼"与"乐"的关系应是"礼乐外内"、"礼废则乐无所立"。"礼"与"乐"具有各自不同的社会功能,只有"礼"、"乐"并治,交相为用,才可以"礼乐正而天下平"。在"乐"之变与不变的问题,阮籍主张"应时变也"。他认为"礼与变俱,乐与时化",不同的时代有不同的音乐和艺术,只有"通其变",才能"使民不倦"。但无论怎么变,乐的基本精神却必须"和",保持"平和自若"。他认为"八方殊风,九州异俗",地域不同,风俗不同,音乐也各不相同,"各歌其所好,各咏其所为"才是应采取的态度,即既要"应先王之制",又要顺其自然、审时度势,"定万物之情,一天下之意"。阮籍对"雅乐"与淫声进行区别,总结"雅乐"具有"周通"、"质静"、"易简"、"静重"的特点。他认为,时代变化,礼乐不可避免地要发生变化,作为"和"与"雅乐"的审美标准却不能变,因而主张"使人无欲"、"心气和洽"的平和淡雅的音乐风格,反对"欲之者流涕,闻之者叹"的情感强烈的音乐,指斥"好勇"、"淫放"的靡靡之音。

再次,阮籍认为,"乐"的本质不是"哀",而是"乐",反对"以悲为乐",主张平和、欢愉之声。他认为音乐艺术不仅有保持社会"平和"的功用,更重要的是使审美者个人"心气和洽"、"精神平和",只有这样才能"衰气不入"、"移风易俗"。需要指出的是,阮籍所说的"乐",指的并不是一般的欢乐情感的表现,而是"万物一体"的和乐的精神境界。阮籍反对以悲为乐,主张平和、欢乐之声,这种审美理想与他的八十余首《咏怀》诗多嗟生忧时相呼应。在阮籍所处时代,兵灾四起,社会动荡,悲观主义盛行,而他却有着积极乐观的生活态度、艺术追求,是十分难能可贵的。

阮籍长期受儒学影响,本篇文章中,阮籍在论述乐的基本精神"和","乐"与"礼"的关系,乐的"通变"问题,"雅乐"与"淫声"的区别等问题时,都继承和发扬了儒家思想。魏晋时期,道家盛行,他的思想观念又不可避免地受时代影响,提出了许多不同于儒家的创新性见解。

【关键词解读】

移风易俗

移风易俗,是指音乐具有转移风气、改变习俗的社会功能,是古代政教文学观的核心概念之一。语出《荀子·乐论》:"乐者,圣人之所乐也,而可以善民心,其感人深,其移风易俗,故先王导之以礼乐而民和睦。"《礼记·乐记》称引《荀子》之言,并进一步阐述了礼乐移风易俗的社会功能:"乐也者,圣人之所乐也,而可以善民心,其感人深,其移风易俗,故先王著其教焉。"《荀子·乐论》和《礼记·乐记》强调诗乐的教化作用,主张统治者应当积极地利用诗乐来教化人民,维护和巩固社会秩序。汉初的《诗大序》直接受到《荀子·乐论》和《礼记·乐记》的影响,论诗曰:"故正得失,动天地,感鬼神,莫近于诗。先王以是经夫妇,成孝敬,厚人伦,美教化,移风俗。"特别强调诗歌自上而下的教化作用,希望统治者运用诗歌潜移默化地教育百姓,揭示了文学为政治服务的社会作用。魏晋时阮籍的《乐论》以及嵇康的《声无哀乐论》对文学艺术移风易俗的作用都有深入的探讨。

【相关知识链接】

阮籍在政治上不满司马氏集团,反对虚伪的"名教",崇尚"自然",《达庄论》:"天地生于自然,万物生于天地。自然者无外,故天地名焉;天地者有内,故万物生焉。"一切事物都在天地之内,而"万物一体"也就是天地自然。阮籍认为,人的形体和精神也都是自然的产物,《达庄论》:"人生天地之中,体自然之形。身者,阴阳之积气也。性者,五行之正性也;情者,游魂之变欲也;神者,天地之所以驭者也。"阮籍以"道"为世界宇宙之本原,《通老论》:"道者,法自然而为化,侯王能守之,万物将自化。《易》谓之'太极',《春秋》谓之'元',老子谓之'道'。"他否定在自然之外有精神性的主宰,主张"循自然,性天地",认为只有"混一不分,同为一体"的"至道之极",才能使"善恶莫之分,是非无所争",这体现了阮籍对儒家"名教"的反叛。

崇尚自然,是阮籍反对司马氏"礼教"的策略,他并非是真要否定封建礼教。正如鲁迅先生在《魏晋风度及文章与药及酒的关系》中所分析的:"表面上毁坏礼教者,实则是承认礼教,太相信礼教。"尽管如此,阮籍批判了当时虚伪的礼法制度,寄托了自己的政治思想,反映出其对政治理想的追求,在当时的历史条件下有一定的进步意义,给后人以有益的启迪。

【延伸阅读】

阮籍的《达庄论》、《通易论》不单是解释《庄子》、《周易》,而且更重要的是通过解释《庄子》、《周易》而理解老庄学说,追求玄学式的"达"的精神境界。魏晋时期,一些玄学家喜欢标榜一种混沌的无差别的精神境界,时人称之为"玄远"。某个人有了这种玄远的精神境界,也就有了"达",能够超越名教而任自然。庄子以"天地与我并生,万物与我为一"为至境,这种精神境界同样也就是玄学家所追求的。

通　易　论

阮子曰:易者何也?乃昔之玄真,往古之变经也。庖牺氏当天地一终,值人物憔悴,利用不存,法制夷昧,神明之德不通,万古之情不类,于是始作八卦。引而伸之,触类而长之,分阴阳,序刚柔,积山泽,连水火,杂而一之,变而通之,终于未济,六十四卦尽而不穷。是以天地象而万物形,吉凶著而悔吝生,事用有取,变化有成。南面听断,向明而治;结绳而为网罟,致日中之货,修耒耜之利以教,天下皆得其所。

黄帝、尧、舜应时当务,各有攸取,穷神知化,述则天序。庖牺氏布演六十四卦之变,后世圣人观而因之,象而用之。禹、汤之经皆在,而上古之文不存;至乎文王,故系其辞,于是归藏氏逝而周典经兴。上下无常,刚柔相易,不可为典要,惟变所适,故谓之"易"。

易之为书也,本天地,因阴阳,推盛衰,出自幽微以致明著。故乾元初"潜龙勿用",言大人之德隐而未彰,潜而未达,待时而兴,循变而发。天地既设,屯蒙始生,需以待时,讼以立义,师以聚众,比以安民,是以"先王以建万国,亲诸侯",收其心也。原而积之,畜而制之,是以上下和洽,"裁成天地之道,辅相天地之宜以左右氏",顺其理也。先王既殁,德法乖易,上陵下替,君臣不制,刚柔不和,天地不交,是以君子一类求同,遏恶扬善,以致其大。谦而光之,哀多益寡,崇圣善以命,雷出于地,于是大人得位,明圣又兴,故先王作乐荐上帝,昭明其道以答天贶。于是万物服从,随而事之,子遵其父,臣承其君,临驭统一,大观天下,是以先王以省方观民、设教,仪之以度也。包而有之,合而含之,故先王用之以明罚勅法。自上乃下,贵复其贱,美成亨尽,时极日至,先王闭关,商旅不行,后不省方,以静民也。季叶既衰,非谋之获,应运顺天,不妄其作,故先王茂对时育万物,施仁布泽以树其德也。万物归随,如法流承,养善反恶,利积生害,刚过失柄,习坎以位,上失其道,下丧其群,于是大人继明,照于四方,显其德也。自乾元以来,施平而明,盛衰有时,刚柔无常,或得或失,一阴一阳,出入吉凶,由暗察彰;文明以止,有翼不飞,随之乃存,取之者归,施之以若,用之在微,贵变慎小,与物相追;非知来藏往者莫之能审也。

  易之为书也,覆焘天地之道,囊括万物之情,道至而反,事极而改。"反"用应时,"改"用当务。应时,故天下仰其泽;当务,故万物恃其利。泽施而天下服,此天下之所以顺自然,惠生类也。富贵侔天地,功名充六合,莫之能倾,莫之能害者,道不逆也。天地,易之主也,万物,易之心也;故虚以受之,感以和之。男上女下,通其气也;柔以承刚,久其类也;顺而持之,遁而退之。上隆下积,刚动大壮。正大必用,力盛则望;明升惟进,光大则伤;聚以处身,异以成类。乖离既解,缓以为失。损益有时,察以主使。扬于王庭,乘五马败。刚既决柔,上索下合,令臣遭明君,以柔遇刚,品物咸亨。刚据中正,天下大行,是以后用施命诰四国,贵离教也。于是天地萃聚,百姓合同,升而不已,届极及下,井养不穷,卑不能通,不可弗革。改以成器。尊卑有分,长幼有序。主之以震,守之以威。动不可终,敌应而行。渐以进之,为人求位,君子之欲进者也。臣之求君,阴之从阳,委之归诚,乃得其所。归而应之,专而一之,阳德受归,道丰位大也。贤人君子,有众以成其大也。穷侈丧大夫之位,群而靡容,容而无所。卑身下意,利见大人。巽以申命,柔顺乎刚。入而说之,说而教之,顺天应人。焕然成章,风行水上,有文有光,男行不穷,女位乎外,众阴承五，上同在中，从初更始，乘木有功，故先王以享于帝，立庙，奉天建国也。刚柔分适得中，节之以制，其道不穷。信爱结内，刚得中位，诚发于心，庶物唯类。大德则亏，甚往则过，既应于远，默则不利，故君子是行行重乎恭，丧重乎哀，笃伪薄也。小过下泰，不宜于上，下止上动，有飞鸟之象焉。初六坎下，上六离体，飞鸟以凶，是以灾眚也。柔处中，刚失位，利与时行，过而欲遂。小亨正象，阴皆乘阳，阳刚陵替，君臣易位，乱而不已，非中之谓，故君子思患而豫防之，虑其败也。通变无穷，周则又始，刚未出，阴在中，柔济不遗，遂度不穷，则象河洛，神物设教而天下服。慎辨居方，阴阳相求，初兴之道，远作之由也。

卦体开阖，乾以一为开，坤以二为阖，乾坤成体而刚柔有位，故木老于未，水生于申，而坤在西南；火老于戌，木生于亥，而乾在西北；刚柔之际也，故谓之父母。阳承震动，发而相承，专制遂行，万物以兴，故谓之长男；水老于辰，金生于巳，一气存之，终而复起，故巽为长女；震发于风，阴德有纪，火中鹍鸣，母道将始，故离为中女；又在西北，健战将升，季阴幼昧，衰而不胜，故兑为少女。仓中拔留，肇幽为阳，在中未达，含而未章，故坎为中男；周流接合，万物既终，造微更始，明而未融，故艮为少男。乾圆坤方，女柔男刚，健柔时推，而祸福是将，循化知生，从变见亡；故吉凶成败，不可乱也。

大过何也？栋桡莫辅，大者过也。先王之驭世也，刑设而不犯，罚著而不施，习坎刚中，惟以心亨，王正其德，公守厥职，上下不疑，臣主无惑。纳约自牖，非户何咎？车骑中门，剑戟在闼，虽置丛棘，凶已三岁，上六失道，刑决也。故高宗伐鬼方，柔道中也；三年有赏，德乃丰也。同人先号，思其终也；旅上之美，乐其穷也。是以失刑者严而不检，丧德者高而不尊，故君子正义以守位，固法以威民，何衢则亨，灭耳而凶也。小过何也？逾位凌上，害正危身，小者过也。既济初六，终乱何也？水加日上，三阴乘阳，以力求济，不止必亡，故初吉终乱也。未济上六，饮酒无咎，何也？过而莫改，危而弗间，谁咎之也！无妄何也？无望而至，非会合阴阳之违行也。六三，无妄之灾，或系之牛，行人得之，邑人灾,何也?有国而不收其民,有众而不修其器,行人得之,不亦灾乎?九五之疾勿药,何也?非常之厚,离以为同,无妄之疾,灾以除凶,天时成败,何疾之功?勿药有喜,不成何试也。

龙者何也?阳健之类,盛德尊贵之喻也。配天之厚,盛德莫高之谓尊贵。大人受命,处中当阳,德之至也。亢龙有悔何也?继守承贵,有因而德不充者也。欲大而不顾其小,甘侈而不思其匮,居正上位而无卑,有贵劳而无据,丧志危身,是以悔也。先王何也?大人之功也。故建万国,亲诸侯,树其义也;作乐荐上帝,正其命也;省方观民,施其令也;明罚敕法,督其政也;闭关不行,静乱民也;茂时育德,应显其福也;享帝立庙,昭其禄也。称圣王所造,非承平之谓也。后者何也?成君定位,据业修制,保教守法,畜履治安者也。故自安者也。故自然成功济用,已至大通,后成天地之道以左右民也。成化理决,施令诰方,因统绍衰,中处将正之务,非应初受命之事也。上者何也?日月相易,盛衰相及,致饰则利之未捷受,故王后不称,君子不错,上以厚下,道自然也。君子者何也?佐圣扶命,翼教明法,观时而行,有道而臣人者也。因正德以理其义,察危废以守其身,故经纶以正盈,果行以遂义,饮食以须时,辩义以作事,皆所以章先王之建国,辅圣人之神志也。见险虑难,思患预防,别物居方,慎初敬始,皆人臣之行,非大君之道也。大人者何也?龙德潜达,贵贱通明,有位无称,大以行之,故大过灭示天下幽明,大人发辉重光,继明照于四方,万物仰生,合德天地,不为而成,故大人虎变,天德兴也。

君子曰:易,顺天地,序万物,方圆有正体,四时有常位,事业有所丽,鸟兽有所萃,故万物莫不一也。阴阳性生,性故有刚柔;刚柔情生,情故有爱恶。爱恶生得失,得失生悔吝,悔吝著而吉凶见。八卦居方以正性,蓍龟圆通以索情。情性交而利害出,故立仁义以定性,取蓍龟以制情。仁义有偶而祸福分,是故圣人以建天下之位,守尊卑之制,序阴阳之适,别刚柔之节。顺之者存,逆之者亡,得之者身安,失之者身危。故犯之以别求者,虽吉必凶;知之以守笃者,虽穷必通。故寂寞者德之主,恣睢者贼之原,进往者反之初,终尽者始之根也。是以未至不可坼也,已用不可越也。纣有天下之号,而比匹夫之类邻周处小侯之细,而享于西山之宾。外内之德已施,而贵贱之名未分,何也?天道未究,善恶未淳也。是以明乎天之道者不欲,审乎人之德者不忧。在上而不凌乎下,处卑而不犯乎贵,故道不可逆,德不可拂也。是以圣人独立无闷,大群不益,释之而道存,用之而不可既。

由此观之,易以通矣。

达 庄 论

伊单阏之辰,执徐之岁,万物权舆之时,季秋遥夜之月,先生徘徊翱翔,迎风而游,往遵乎赤水之上,来登乎隐坌之丘,临乎曲辕之道,顾乎泱漭之洲。恍然而止,忽然而休,不识曩之所以行,今之所以留;怅然而无乐,愀然而归白素焉。平昼闲居,隐几而弹琴。

于是缙绅好事之徒相舆闻之,共议撰辞合句,启所常疑。乃窥鉴整饬,嚼齿先引,推年蹑踵,相随俱进。奕奕然步,蹢蹢然视,投迹蹈阶,趋而翔至。差肩而坐,恭袖而检,犹豫相临,莫肯先占。

有一人,是其中雄桀也,乃怒目击势而大言曰:"吾生乎唐虞之后,长乎文武之裔,游乎成康之隆,盛乎今者之世,诵乎六经之教,习乎吾儒之迹,被衰衣,冠飞鹏,垂曲裾,扬双鶋有日矣;而未闻至道之要,有以异之于斯乎!且大人称之,细人承之;愿闻至教,以发其疑。"先生曰:"何哉,子之所疑者?"客曰:"天道贵生,地道贵贞,圣人修之,以建其名,吉凶有分,是非有经,务利高势,恶死重生,故天下安而大功成也。今庄周乃齐祸福而一死生,以天地为一地,以万类为一指,无乃激惑以失真,而自以为诚是也?"

于是先生乃抚琴容与,慨然而叹,俯而微笑,仰而流盼,嘘噏精神,言其所见曰:"昔人有欲观于阆峰之上者,资端冕,服骅骝,至乎昆仑之下,没而不反。"端冕者,常服之饰;骅骝者,凡乘之马;非所以矫腾增城之上,游玄圃之中也。且烛龙之光,不照一堂之上,钟山之口,不谈曲室之内。今吾将堕崔巍之高,杜衍漫之流,言子之所由,几其寤而获及乎!

天地生于自然,万物生于天地。自然者无外,故天地名焉;天地者有内,故万物生焉。当其无外,谁谓异乎?当其有内,谁谓殊乎?地流其燥,天抗其湿。月东出,日西入,随以相从,解而后合,升谓之阳,降谓之阴。在地谓之理,在天谓之文。蒸谓之雨,散谓之风;炎谓之火,凝谓之冰;形谓之石,象谓之星;朔谓之朝,晦谓之冥;通谓之川,回谓之渊;平谓之土,积谓之山。男女同位,山泽通气,雷风不相射,水火不相薄。天地合其德,日月顺其光。自然一体,则万物经其常,入谓之幽,出谓之章。一气盛衰,变化而不伤。是以重阴雷电,非异出也;天地日月,非殊物也。故曰:自其异者视之,则肝胆楚越也;自其同者视之,则万物一体也。

人生天地之中,体自然之形。身者,阴阳之积气也。性者,五行之正性也;情者,游魂之变欲也;神者,天地之所以驭者也。以生言之,则物无不寿;推之以死,则物无不夭。自小视之,则万物莫不小;由大观之,则万物莫不大。殇子为寿,彭祖为夭;秋毫为大,泰山为小;故以死生为一贯,是非为一条也。

别而言之,则须眉异名;合而说之,则体之一毛也。彼六经之言,分处之教也;庄周之云,致意之辞也。大而临之,则至极无外;小而理之,则物有其制。夫守什五之数,审左右之名,一曲之说也;循自然,小天地者,寥廓之谈也。凡耳目之任,名分之施,处官不易司,举奉其身,非以绝手足,裂肢体也。然后世之好异者不顾其本,各言我而已矣,何待旌彼。残生害性,还为仇敌,断割肢体,不以为痛;目视色而不顾耳之所闻,耳所听而不待心之所思,心奔欲而不适性之所安,故疾疢萌则生意尽,祸乱作则万物残矣。

至人者,恬于生而静于死。生恬则情不惑,死静则神不离,故能与阴阳化而不易,从天地变而不移。生究其寿,死循其宜,心气平治,消息不亏。是以广成子处崆峒之山以入无穷之门,轩辕登昆仑之阜而遗玄珠之根,此则潜身者易以为活,而离本者难以永存也。

　　冯夷不遇海若,则不以己为小,云将不失问。于鸿濛,则无以知其少。由斯言之,自是者不章,自建者不立,守其有者有据,持其无者无执。月弦则满,日朝则袭,咸池不留阳谷之上,而悬车之后将入也。故求得者丧,争明者失,无欲者自足,空虚者受实。夫山静而谷深者,自然之道也;得之道而正者,君子之实也。是以作智巧者害于物,明著是非者危其身,修饰以显洁者惑于生,畏死而荣生者失其真。故自然之理不得作,天地不泰而日月争随,朝夕失期而昼夜无分;竞逐趋利,舛倚横驰,父子不合,君臣乖离。故复言以求信者,梁下之诚也;克己以为仁者,郭外之仁也;窃其雉经者,亡家之子也;刳腹割肌者,乱国之臣也;曜菁华,被沉潜者,昏世之士也;履霜露,蒙尘埃者,贪冒之民也;洁己以尤世,修身以明洿者诽谤之属也;繁称是非,背质追文者,迷罔之伦也;成非媚悦,以容求孚,故被珠玉以赴水火者,桀纣之终也;含菽采薇,交饿而死,颜夷之穷也。是以名利之途开,则忠信之诚薄;是非之辞著,则醇厚之情烁也。

　　故至道之极,混一不分,同为一体,得失无闻。伏羲氏结绳,神农教耕,逆之者死,顺之者生。又安知贪洿之为罚,而贞白之为名乎! 使至德之要,无外而已。大均淳固,不贰其纪,清净寂寞,空豁以俟,善恶莫之分,是非无所争,故万物反其所而得其情也。

　　儒墨之后,坚白并起,吉凶连物,得失在心,结徒聚党,辩说相侵。昔大齐之雄,三晋之士,尝相与瞋目张胆,分别此矣,咸以为百年之生难致,而日月之蹉无常,皆盛仆马,修衣裳,美珠玉,饰帷墙,出媚君上,入欺父兄,矫厉才智,竞逐纵横,家以慧子残,国以才臣亡,故不终其天年而夭,自割系其于世俗也。是以山中之木,本大而莫相伤。吹万数窍相和,忽焉自已。夫雁之不存,无其质而浊其文;死生无变,而龟之见宝,知吉凶也。故至人清其质而浊其文,死而无变而未始有云。

　　夫别言者,坏道之谈也;折辩者,毁德之端也;气分者,一身之疾也;二心者,一身之患也。故夫装束冯轼者,行以离支;虑在成则者,坐而求敌;逾阻攻险者,赵氏之人也;举山填海者,燕楚之人也。庄周见其若此,故述道德之妙,叙无为之本,寓言以广之,假物以延之,聊以娱无为之心而逍遥于一世;岂将以希咸阳之门而与稷下争辩也哉?

夫善接人者,导焉而已,无所逆之。故公孟季子衣绣而见,墨子弗攻;中山子牟心在魏阙,而詹子不距。因其所以来,用其所以至,循而泰之,使自居之,发而开之,使自舒之。且庄周之书何足道哉!犹未闻夫太始之论,玄古之微言乎!直能不害于物而形以生,物无所毁而神以清,形神在我而道德成,忠信不离而上下平。兹客今谈而同古,齐说而意殊,是心能守其本,而口发不相须也。

于是二三子者,风摇波荡,相视腼脉。乱次而退,蹭跌失迹。随而望之,耳后颇亦以是,知其无实丧气而惭愧于衰僻也。

——陈伯君:《阮籍集校注》卷上,中华书局1987年版

【思考题】

1. 谈谈阮籍《乐论》与儒家传统乐教观的异同。
2. 在阮籍亦儒亦道的思想中,是如何发挥道家音乐思想的?

嵇　康

【作者简介】

嵇康(224—263),字叔夜,谯国铚(今安徽省濉溪县)人。"竹林七贤"之一。与曹魏宗室为婚,曾为中散大夫。早年孤贫,博览该通,学识渊博,崇尚老庄,主张"越名教而任自然"(《释私论》)。擅弹琴,所奏《广陵散》声调绝伦。工诗赋文论,有《养生论》、《释私论》、《难自然好学论》、《声无哀乐论》、《与山巨源绝交书》等,其《琴赋》被誉为音乐诸赋之冠。因反对司马氏篡夺魏室权力,遭钟会构陷,被司马昭杀害。有《嵇中散集》。

声无哀乐论

有秦客问于东野主人曰:"闻之前论曰:治世之音安以乐,亡国之音哀以思[1]。夫治乱在政,而音声应之。故哀思之情,表于金石。安乐之象,形于管弦也。又仲尼闻韶,识虞舜之德[2];季札听弦,知众国之风[3]。斯已然之事,先贤所不疑也。今子独以为声无哀乐,其理何居[4]？若有嘉讯,今请闻其说。"主人应之曰:"斯义久滞,莫肯拯救,故念历世,滥于名实[5]。今蒙启导,将言其一隅焉。夫天地合德,万物贵生。寒暑代往,五行以成。故章为五色,发为五音。音声之作,其犹臭味在于天地之间[6]。其善与不善,虽遭遇浊乱,其体自若,而不变也。岂以爱憎易操[7],哀乐改度哉？及宫商集化,声音克谐[8],此人心至愿,情欲之所钟。古人知情不可恣,欲不可极,因其所用,每为之节。使哀不至伤,乐不至淫。因事与名,物有其号。哭谓之哀,歌谓之乐。斯其大较也[9]。然乐云乐云,钟鼓云乎哉[10]？哀云哀云,哭泣云乎哉？因兹而言,玉帛非礼敬之实,歌舞非悲哀之主也。何以明之？夫殊方异俗,歌哭不同;使错而用之,或闻哭而欢,或听歌而感。然而哀乐之情均也。今用均之情,而发万殊之声,斯非音声之无常哉?然声音和比,感人之最深者也。劳者歌其事,乐者舞其功。夫内有悲痛之心,则激切哀言。言比成诗,声比成音。杂而咏之,聚而听之。心动于和声,情感于苦言。嗟叹未绝,而泣涕流涟矣。夫哀心藏于苦心内,遇和声而后发;和声无象,而哀心有主。夫以有主之哀心,因乎无象之和声,其所觉悟,唯哀而已。岂复知吹万不同,而使其自已哉[11]。风俗之流,遂成其政。是故国史明政教之得失,审国风之盛衰,吟咏情性以讽其上[12]。故曰:亡国之音哀以思也。夫喜怒哀乐,爱憎惭惧,凡此八者,生民所以接物传情,区别有属,而不可溢者也。夫味以甘苦为称,今以甲贤而心爱,以乙愚而情憎。则爱憎宜属我,而贤愚宜属彼也。可以我爱而谓之爱人,我憎而谓之憎人?所喜则谓之喜味,所怒则谓之怒味哉?由此言之,则外内殊用,彼我异名。声音自当以善恶为主,则无关于哀乐。哀乐自当以情感,则无系于声音。名实俱去,则尽然可见矣。且季子在鲁,采诗观礼,以别风雅。岂徒任声以决臧否哉?又仲尼闻韶,叹其一致,是以咨嗟,何必因声以知虞舜之德,然后叹美耶?今粗明其一端,亦可思过半矣[13]。"

秦客难曰:"八方异俗,歌哭万殊,然其哀乐之情,不得不见也。夫心动于中,而声出于心[14]。虽托之于他音,寄之于余声,善听察者,要自觉之不使得过也。昔伯牙理琴而钟子知其所志;隶人击磬,而子产识其心哀[15];鲁人晨哭,而颜渊审其生离[16];夫数子者,岂复假智于常音,借验于曲度哉?心戚者则形为之动,情悲者则声为之哀。此自然相应,不可得逃。唯神明者能精之耳。夫能者不以声众为难,不能者不以声寡为易。今不可以未遇善听,而谓之声无可察之理;见方俗之多变,而谓声音无哀乐也。又云:贤不宜言爱,愚不宜言憎。然则有贤然后爱生,有愚然后憎成,但不当共其名耳。哀乐之作,亦有由而然。此为声使我哀,音使我乐也。苟哀乐由声,更为有实,何得名实俱去耶?又云:季子采诗观礼,以别风雅;仲尼叹韶音之一致,是以咨嗟。

是何言欤？且师襄奉操，而仲尼睹文王之容[17]；师涓进曲，而子野识亡国之音[18]。宁复讲诗而后下言，习礼然后立评哉？斯皆神妙独见，不待留闻积日，而已综其吉凶矣[19]。是以前史以为美谈。今子以区区之近知，齐所见而为限；无乃诬前贤之识微，负夫子之妙察耶？"

主人答曰："难云：虽歌哭万殊，善听察者要自觉之，不假智于常音，不借验于曲度。钟子之徒云云是也。此为心悲者，虽谈笑鼓舞，情欢者，虽拊膺咨嗟，犹不能御外形以自匿，诳察者于疑似也。以为就令声音之无常，犹谓当有哀乐耳。又曰：季子听声，以知众国之风；师襄奉操，而仲尼睹文王之容。案如所云，此为文王之功德，与风俗之盛衰，皆可象之于声音。声之轻重，可移于后世，襄涓之巧，能得之于将来。若然者，三皇五帝，可不绝于今日，何独数事哉？若此果然也，则文王之操有常度，韶武之音有定数，不可杂以他变，操以余声也。则向所谓声音之无常，钟子之触类，于是乎踬矣。若音声无，钟子触类，其果然耶？则仲尼之识微，季札之善听，固亦诬矣。此皆俗儒妄记，欲神其事而追为耳。欲令天下惑声音之道，不言理自。尽此而推，使神妙难知，恨不遇奇听于当时，慕古人而自叹。斯所以大罔后生也[20]。夫推类辨物，当先求之自然之理。理已定，然后借古义以明之耳。今未得之于心，而多恃前言以为谈证，自此以往，恐巧历不能纪[21]。又难云：哀乐之作，犹爱憎之由贤愚，此为声使我哀，而音使我乐。苟哀乐由声，更为有实矣。夫五色有好丑，五声有善恶，此物之自然也。至于爱与不爱，人情之变，统物之理，唯止于此。然皆无豫于内，待物而成耳。至夫哀乐自以事会，先遘于心，但因和声，以自显发；故前论已明其无常，今复假此谈以正名号耳。不谓哀乐发于声音，如爱憎之生于贤愚也。然和声之感人心，亦犹酒醴之发人情也。酒以甘苦为主，而醉者以喜怒为用。其见欢戚为声发，而谓声有哀乐，不可见喜怒为酒使，而谓酒有喜怒之理也。"

秦客难曰："夫观气采色，天下之通用也。心变于内，而色应于外，较然可见[22]。故吾子不疑。夫声音，气之激者也，心应感而动,声从变而发;心有盛衰,声亦降杀。同见役于一身,何独于声便当疑耶?夫喜怒章于色诊[23],哀乐亦宜形于声音。声音自当有哀乐,但暗者不能识之。至钟子之徒,虽遭无常之声,则颖然独见矣。今矇瞽面墙而不悟[24],离娄照秋毫于百寻[25],以此言之,则明暗殊能矣。不可守咫尺之度,而疑离娄之察;执中庸之听[26],而猜钟子之聪[27]。皆谓古人为妄记也。"

主人答曰:"难云:心应感而动,声从变而发,心有盛衰,声亦降杀。哀乐之情,必形于声音。钟子之徒,虽遭无常之声,则颖然独见矣。必若所言,则浊质之饱[28],首阳之饥[29],卞和之冤[30],伯奇之悲[31],相如之含怒[32],不占之怖祗[33],千变百态。使各发一咏之歌,同启数弹之微,则钟子之徒,各审其情矣。尔为听声者,不以寡众易思?察情者不以大小为异?同出一身者,期于识之也。设使从下[34],则子野之徒,亦当复操律鸣管,以考其音,知南风之盛衰[35],别雅郑之淫正也。夫食辛之与甚嚬[36],薰目之与哀泣,同用出泪,使狄牙尝之[37],必不言乐泪甜而哀泪苦。斯可知矣。何者?肌液肉汗,踧笮便出[38],无主于哀乐,犹蒩酒之囊漉[39],虽笮具不同,而酒味不变也。声俱一体之所出,何独当含哀乐之理也?且夫《咸池》、《六茎》、《大章》、《韶》、《夏》,此先王之至乐,所以动天地感鬼神。今必云声音,莫不象其体,而传其心;此必为至乐,不可托之于瞽史[40],必须圣人理其弦管,尔乃雅音得全也。舜命夔击石拊石[41],八音克谐,神人以和。以此言之,至乐虽待圣人而作,不必圣人自执也。何者?音声有自然之和,而无系于人情。克谐之音,成于金石;至和之声,得于管弦也。夫纤毫自有形可察,故离瞽以明暗异功耳。若以水济水,孰异之哉!"

秦客难曰:"虽众喻有隐,足招攻难,然其大理,当有所就。若葛卢闻牛鸣,知其三子为牺[42];师旷吹律,知南风不竞,楚师必败;羊舌母听闻儿啼,而审其丧家[43]。凡此数事,皆效于上世,是以咸见录载。推此而言,则盛衰吉凶,莫不存乎声音矣。今若复谓之诬罔,则前言往记,皆为弃物,无用之也。以言通论,未之或安。若能明斯所以,显其所由,设二论俱济,愿重闻之。"

主人答曰:"吾谓能反三隅者,得意而言。是以前论略而未详。今复烦循环之难,敢不自一竭耶。夫鲁牛能知牺历之丧生,哀三子之不存;含悲经年,诉怨葛卢。此为心与人同,异于兽形耳。此又吾之所疑也。且牛非人类,无道相通。若谓鸣兽皆能有,□葛卢受性,独晓之;此为称其语而论其事,犹译传异言耳。不为考声音而知其情,则非所以为难也。若谓知者,为当触物而达,无所不知。今且先议其所易者。请问圣人卒入胡域,当知其所言否乎?难者必曰:知之。知之之理,何以明之?愿借子之难以立鉴识之域。或当与关,接识其言耶?将吹律鸣管,校其音耶?观气采色,知其心耶?此为知心,自由气色;虽自不言,犹将知之。知之之道,可不待言也。若吹律校音,以知其心。假令心志于马,而误言鹿。察者故当由鹿以弘马也。此为心不系于所言,言或不足以证心也。若当关接而知言,此为孺子学言于所师,然后知之。则何贵于聪明哉。夫言非自然一定之物,五方殊俗,同事异号。举一名,以为标识耳。夫圣人穷理,谓自然可寻,无微不照。理蔽则虽近不见,故异域之言,不得强通。推此以往,葛卢之不知牛鸣,得不全乎?又难云:师旷吹律,知南风不竞,楚多死声,此又吾之所疑也。请问师旷吹律之时,楚国之风耶?则相去千里,声不足达;若正识楚国,来入律中耶?则楚南有吴越,北有梁宋,苟不见其原,奚以识之哉?凡阴阳愤激,然后成风;气之相感,触地而发;何得发楚庭,来入晋乎?且又律吕分四时之气耳,时至而气动,律应而灰移[44]。皆自然相待,不假人以为用也。上生下生[45],所以均五声之和,叙刚柔之分也[46]。然律有一定之声,虽冬吹中吕[47],其音自满而无损也。今以晋人之气,吹无韵之律,楚风安得来入其中,与为盈缩耶?风无形,声与律不通,则校理之地,无取于风律,不其然乎?岂独旷多识博物,自有以知胜败之形,欲固众心,而托以神微,若伯常骞之许景公寿哉[48]。又难云:羊舌母听闻儿啼,而审其丧家。复请问何由知之?为神心独悟,暗语而当耶?尝闻儿啼,若此其大而恶,今之啼声,似昔之啼声。故知其丧家耶?若神心独悟,暗语之当,非理之所得也。虽曰听啼,无取验于儿声矣。若以尝闻之声为恶,故知今啼当恶,此为以甲声为度,以校乙之啼也。夫声之于音,犹形之于心也。有形同而情乖,貌殊而心均者;何以明之?圣人齐心等德,而形状不同也。苟心同而形异,则何言乎观形而知心哉?且口之激气为声,何异于籁籥纳气而鸣耶?啼声之善恶,不由儿口吉凶,犹琴瑟之清浊,不在操者之工拙也。心能辨理善谈,而不能令内籥调利,犹瞽者能善其曲度,而不能令器必清和也。器不假妙瞽而良,籥不因惠心而调。然则心之与声,明为二物。二物之诚然,则求情者不留观于形貌,揆心者不借听于声音也。察者欲因声以知心,不亦外乎?今晋母未得之于老成,而专信昨日之声,以证今日之啼;岂不误中于前世好奇者,从而称之哉?"

秦客难曰:"吾闻败者不羞走,所以全也。吾心未厌,而言难,复更从其余。今平和之人,听筝笛琵琶,则形躁而志越。闻琴瑟之音,则听静而心闲。同一器之中,曲用每殊,则情随之变。奏秦声则叹羡而慷慨[49],理齐楚则情一而思专[50],肆姣弄则欢放而欲惬[51]。心为声变,若此其众。苟躁静由声,则何为限其哀乐?而但云至和之声,无所不感;托大同于声音,归众变于人情。得无知彼不明此哉?"

主人答曰:"难云:琵琶筝笛,令人躁越。又云:曲用每殊,而情随之变。此诚所以使人常感也。琵琶筝笛,间促而声高,变众而节数。以高声御数节,故更形躁而志越。犹铃铎警耳,钟鼓骇心。故闻鼓鞞之音,则思将帅之臣[52];盖以声音有大小,故动人有猛静也。琴瑟之体,闻辽而音埤[53],变希而声清,以埤音御希变,不虚心静听,则不尽清和之极。是以听静而心闲也。夫曲用不同,亦犹殊器之音耳。齐楚之曲多重,故情一;变妙,故思专。姣弄之音,挹众声之美,会五音之和。其体赡而用博,故心侈于众理。五音会,故欢放而欲惬。然皆以单、复、高、埤、善、恶为体,而人情以躁静专散为应。譬犹游观于都肆,则目滥而情放;留察于曲度,则思静而容端。此为声音之体,尽于舒疾;情之应声,亦止于躁静耳。夫曲用每殊,而情之处变,犹滋味异美,而口辄识之也。五味万殊,而大同于美;曲变虽众,亦大同于和。美有甘,和有乐;然随曲之情,近于和域;应美之口,绝于甘境。安得哀乐于其间哉?然人情不同,自师所解,则发其所怀。若言平和哀乐正等,则无所先发,故终得躁静。若有所发,则是有主于内,不为平和也。以此言之,躁静者,声之功也;哀乐者,情之主也;不可见声有躁静之应,因谓哀乐皆由声音也。且声音虽有猛静,猛静各有一和,和之所感,莫不自发。何以明之?夫会宾盈堂,酒酣奏琴,或忻然而欢,或惨尔而泣;非进哀于彼,导乐于此也。其音无变于昔,而欢戚并用,斯非吹万不同耶?夫唯无主于喜怒,亦应无主于哀乐,故欢戚俱见。若资偏固之音,含一致之声,其所发明,各当其分,则焉能兼御群理,总发众情耶?由是言之:声音以平和为体,而感物无常;心志以所俟为主,应感而发。然则声之与心,殊涂异轨,不相经纬;焉得染太和于欢戚,缀虚名于哀乐哉?"

秦客难曰:"论云:猛静之音,各有一和。和之所感,莫不自发。是以酒酣奏琴,而欢戚并用。此言偏并之情,先积于内,故怀欢者值哀音而发,内戚者遇乐声而感也。夫音声自当有一定之哀乐,但声化迟缓,不可仓卒,不能对易。偏重之情,触物而作。故令哀乐同时而应耳。虽二情俱见,则何损于声音有定理耶?"

主人答曰:"难云:哀乐自有定声,但偏重之情,不可卒移。故怀戚者遇乐声而哀耳。即如所言,声有定分;假使《鹿鸣》重奏[54],是乐声也;而令戚者遇之,虽声化迟缓,但当不能使变令欢耳。何得更以哀耶?犹一爝之火[55],虽未能温一室,不宜复增其寒矣。夫火非隆寒之物,乐非增哀之具也。理弦高堂,而欢戚并用者,真主和之发滞导情,故令外物所感,得自尽耳。难云:偏重之情,触物而作,故令哀乐同时而应耳。夫言哀者,或见机杖而泣[56],或睹舆服而悲。徒以感人亡而物存,痛事显而形潜。其所以会之,皆自有由,不为触地而生哀,当席而泪出也。今见机杖以致感,听和声而流涕者,斯非和之所感,莫不自发也。"

秦客难曰:"论云:酒酣奏琴,而欢戚并用。欲通此言,故答以偏情,感物而发耳。今且隐心而言,明之以成效。夫人心不欢则戚,不戚则欢,此情志之大域也。然泣是戚之伤,笑是欢之用。盖闻齐楚之曲者,唯睹其哀涕之容,而未曾见笑噱之貌。此必齐楚之曲,以哀为体;故其所感,皆应其度量。岂徒以多重而少变,则致情一而思专耶?若诚能致泣,则声音之有哀乐,断可知矣!"

主人答曰:"虽人情戚于哀乐[57],哀乐各有多少。又哀乐之极,不必同致也。夫小哀容坏,甚悲而泣,哀之方也。小欢颜悦,至乐心愉,乐之理也。何以明之?夫至亲安豫,则恬若自然,所自得也。及在危急,仅然后济[58],则抃不及儛。由此言之,儛之不若向之自得,岂不然哉?至夫笑噱,虽出于欢情,然自然应声之具也。此为乐之应声,以自得为主;哀之应感,以垂涕为故。垂涕则形动而可觉,自得则神合而无忧。是以观其异,而不识其同;别其外,而未察其内耳。然笑噱之不显于声音,岂独齐楚之曲邪?今不求乐于自得之域,而以无笑噱谓齐楚体哀,岂不知哀而不识乐乎?"

秦客问曰:"仲尼有言:移风易俗,莫善于乐。即如所论,凡百哀乐,皆不在声,即移风易俗,果以何物耶?又古人慎靡靡之风,抑慆耳之声[59]。故曰:放郑声,远佞人。然则郑卫之音[60],击鸣球以协神人[61],敢问郑雅之体,隆弊所极,风俗移易,奚由而济?幸重闻之,以悟所疑。"

主人应之曰:"夫言移风易俗者,必承衰弊之后也。古之王者,承天理物,必崇简易之教,御无为之治。君静于上,臣顺于下,玄化潜通,天人交泰。枯槁之类,浸育灵液,六合之内,沐浴鸿流,荡涤尘垢;群生安逸,自求多福;默然从道,怀忠抱义,而不觉其所以然也。和心足于内,和气见于外;故歌以叙志,儛以宣情。然后文之以采章,照之以风雅,播之以八音,感之以太和;导其神气,养而就之;迎其情性,致而明之;使心与理相顺,和与声相应。[62]合乎会通,以济其美。故凯乐之情,见于金石;含弘光大,显于音声也。若以往则万国同风,芳荣济茂,馥如秋兰;不期而信,不谋而诚,穆然相爱;犹舒锦彩,而粲炳可观也。大道之隆,莫盛于兹,太平之业,莫显于此。故曰:移风易俗,莫善于乐。乐之为体,以心为主。故无声之乐,民之父母也。至八音会谐,人之所悦,亦总谓之乐。然风俗移易,不在此也。夫音声和比,人情所不能已者也。是以古人知情之不可放,故抑其所遁;知欲之不可绝,故因其所自。为可奉之礼,制可导之乐。口不尽味,乐不极音;揆终始之宜,度贤愚之中,为之检[63],则使远近同风,用而不竭,亦所以结忠信,著不迁也。故乡校庠塾亦随之变[64]。丝竹与俎豆并存[65],羽毛与揖让俱用[66],正言与和声同发[67]。使将听是声也,必闻此言;将观是容也,必崇此礼。礼犹宾主升降,然后酬酢行焉。于是言语之节,声音之度,揖让之仪,动止之数,进退相须,共为一体。君臣用之于朝,庶士用之于家。少而习之,长而不怠,心安志固,从善日迁,然后临之以敬,持之以久而不变,然后化成。此又先王用乐之意也。故朝宴聘享,嘉乐必存;是以国史采风俗之盛衰,寄之乐工,宣之管弦,使言之者无罪,闻之者足以自诫。此又先王用乐之意也。若夫郑声,是音声之至妙。妙音感人,犹美色惑志,耽槃荒酒[68],易以丧业。自非至人,孰能御之?先王恐天下流而不反[69],故具其八音,不渎其声,绝其大和,不穷其变。损窈窕之声,使乐而不淫。犹太羹不和[70],不极勺药之味也。若流俗浅近,则声不足悦,又非所欢也。若上失其道,国丧其纪,男女奔随,淫荒无度;则风以此变,俗以好成。尚其所志,则群能肆之;乐其所习,则何以诛之?托于和声,配而长之,诚动于言,心感于和,风俗一成,因而名之。然所名之声,无□于淫邪也。淫之与正同乎心,雅郑之体,亦足以观矣。"

——戴明扬:《嵇康集校注》,人民文学出版社1962年版

【题解】

在《声无哀乐论》中,嵇康以论辩的形式,系统地阐述了"声无哀乐"的音乐思想。他认为"心之与声,明为二物",两者无必然的联系,音乐独立于人的主观情感而存在。文章重点阐述了音乐中审美主体和客体的关系,音乐的创作、表演和欣赏的关系,感情表达的多样性和音乐表现的多样性之间的关系,音乐创作和即兴演奏的关系等重要问题。《声无哀乐论》否定儒家"声有哀乐"论,发前人所未发,引起巨大反响,王僧虔称其书在南朝为"言家口实"(《南齐书·王僧虔传》)之作,刘勰称之为"师心独

见,锋颖精密"(《文心雕龙·论说》)。

【注释】

1. 治世之音安以乐,亡国之音哀以思:语出《礼记·乐记》:"治世之音,安以乐,其政和;乱世之音,怨以怒,其政乖;亡国之音,哀以思,其民困。"
2. 仲尼闻韶,识虞舜之德:语出《论语·述而》:"子在齐闻《韶》,三月不知肉味,曰:'不图为乐之至于斯也。'"《论语·八佾》:"子谓《韶》尽美矣,又尽善也。"
3. 季札听弦,知众之风:事见《左传·襄公二十九年》,吴国季札出使鲁国,赏鉴各国音乐。
4. 何居:何故。《礼记·檀弓上》:"檀弓曰:'何居?我未之前闻也。'"
5. 念:或作"令"。吴抄本作"令",是也。滥:失也。
6. 臭:气味。
7. 操:琴曲的一种。应劭《风俗通义·声音》:"其遇闭塞,忧愁而作者,命其曲曰操;操者,言遇灾遭害,困厄穷迫,虽怨恨失意,犹守礼义,不惧不慑,乐道而不失其操者也。"
8. 谐:《尔雅·释诂下》:"谐,和也。"
9. 大较:大概,大略。
10. 乐云乐云,钟鼓云乎哉:谓玉帛和钟鼓只是礼乐制度的表象而非实质。《论语·阳货》:"子曰:'礼云礼云,玉帛云乎哉?乐云乐云,钟鼓云乎哉?'"何注:"乐之所贵者,贵其移风易俗,非谓贵此钟鼓铿锵而已,故孔子叹之。重言之者,深明礼乐之本不在玉帛钟鼓也。"
11. 岂复知吹万不同,而使其自已哉:语见《庄子·齐物论》:"夫吹万不同,而使其自已也。"郭注:"自已而然,则谓之天然。天然耳,非为也。"
12. "是故国史明政教之得失"四句:语见《毛诗序》:"国史明乎得失之迹,伤人伦之废,哀刑政之苛,吟咏情性,以风其上。"
13. 思过半矣:《易·系辞下》:"知者观其彖辞,则思过半矣。"
14. 夫心动于中,而声出于心:语见《礼记·乐记》:"凡音者,生人心者也。情动于中,故形于声;声成文,谓之音。"
15. 隶人击磬,而子产识其心哀:事见《吕氏春秋·精通》:"钟子期夜闻击磬者而悲,使人召而问之曰:'子何击磬之悲也?'答曰:'臣之父不幸而杀人,不得生;臣之母得生,而为公家为酒;臣之身得生,而为公家击磬。臣不睹臣之母三年矣。昔为舍氏睹臣之母,量所以赎之则无有,而身固公家之财也,是故悲也。'钟子期叹嗟曰:'悲夫,悲夫!心非臂也,臂非椎非石也。悲存乎心,而木石应之,故君子诚乎此而谕乎彼,感乎己而发乎人,岂必强说乎哉!'"隶人,罪人。
16. 鲁人晨哭,而颜渊审其生离:事见《孔子家语·颜回》:"孔子在卫,昧旦晨兴,颜回侍侧,闻哭者之声甚哀。子曰:'回,汝知此何所哭乎?'对曰:'回以此哭声非但为死者而已,又有生离别者也。'子曰:'何以知之?'对曰:'回闻桓山之鸟,生四子焉,羽翼既成,将分于四海,其母悲鸣而送之,哀声有似于此,谓其往而不返也。回窃以音类知之。'孔子使人问哭者,果曰:'父死家贫,卖子以葬,与之长决。'子曰:'回也,善于识音矣!'"

17. 且师襄奉操,而仲尼睹文王之容:事见《韩诗外传》卷五记载孔子学鼓琴于师襄子,"持文王之声,知文王之为人",云:"洋洋乎,翼翼乎,必作此乐也。黯然而黑,几然而长,以王天下,以朝诸侯者,其惟文王乎?"

18. 师涓进曲,而子野识亡国之音:师涓,春秋时卫灵公的乐官。子野,晋平乐师师旷的字号。《韩非子·十过》记载卫灵公到晋国去,夜半在濮水上听到鼓琴声,召师涓记录下来。到了晋国,晋平公设宴请灵公,灵公请奏新声助兴。"乃召师涓,令坐师旷之旁,援琴鼓之。未终,师旷抚止之,曰:'此亡国之声,不可遂也。'平公曰:'此道奚出?'师旷曰:'此师延之所作,与纣为靡靡之乐也。及武王伐纣,师延东走,至于濮水而自投。故闻此声者,必于濮水之上。先闻此声者,其国必削,不可遂。'"

19. 综:《易·系辞上》:"错综其数。"

20. 罔:李善注:"罔,诬也。"

21. 恐巧历不能纪:《淮南子·览冥训》:"天地之间,巧历不能举其数。"高诱注:"巧,工也。天地之间,物类相感者众多,虽工为历术者,不能悉举其数也。"

22. 较:明也。《史记》卷八十六《刺客列传》:"其立意较然。"

23. 诊:《说文·言部》:"诊,视也。"

24. 矇瞽:《周礼·春官·宗伯》:"大师,下大夫二人;小师,上士四人;瞽矇,上瞽四十人,中瞽百人,下瞽百有六十人。"郑玄注:"郑司农云:无目眹谓之瞽,有目眹而无见谓之矇。"

25. 离娄:《淮南子·原道训》:"离朱之明,察箴末于百步之外。"高诱注:"离朱者,黄帝臣明目人也。"

26. 庸:《礼记·中庸》:"子曰:'君子中庸。'"郑玄注:"庸,常也。"

27. 猜:疑也。聪,《庄子·外物》:"耳彻为聪。"

28. 浊质之饱:《史记》卷一百二十九《货殖列传》云:"洒削薄技也,而郅氏鼎食;胃脯简微耳,而浊氏连骑。"

29. 首阳之饥:《论语·季氏》:"伯夷、叔齐饿于首阳之下。"首阳:山名。

30. 卞和之冤:《韩非子·和氏》记载楚国卞和得到玉璞,献给厉王、武王,反而以欺诳之罪被砍去双脚。"文王即位。和乃抱其璞而哭于楚山之下,三日三夜,泪尽而继之以血。王闻之,使人问其故,曰:'天下之刖者多矣,子奚哭之悲也?'和曰:'吾非悲刖也,悲夫宝玉而题之以石,贞士而名之以诳,此吾所以悲也。'王乃使玉人理其璞而得宝焉,遂命曰'和氏之璧'。"

31. 伯奇之悲:《水经·江水》注引扬雄《琴清英》:"伯奇至孝,后母谮之,自投江中。衣苔带藻,忽梦见水仙,赐其美药。思惟养亲,扬声悲歌。船人闻而学之。吉甫闻船人之声,疑似伯奇,援作《子安之操》。"

32. 相如之含怒:指"完璧归赵"之事,事见《史记》卷八十一《廉颇蔺相如列传》。

33. 不占之怖袛：事见《韩诗外传》："不占，陈不占也，齐人。崔杼弑庄公，陈不占闻君有难，将往赴之。食则失哺，上车失轼。其仆曰：'敌在数百里外，而惧怖如是，虽往，其益乎？'占曰：'死君之难，义也；无勇，私也。'乃驱车而奔之，至公门之外，闻战鼓之声，遂骇而死。"怖袛，惊怖恐惧。

34. 设使：假使。

35. 知南风之盛衰：语出《左传·襄公十八年》："晋人闻有楚师，师旷曰：'不害。吾骤歌北风，又歌南风。南风不竞，多死声。楚必无功。'"杜预注："歌者吹律以咏八风。南风音微，故曰'不竞'也。师旷唯歌南北风者，听晋、楚之强弱。"

36. 噱：大笑。

37. 狄牙：又叫易牙，春秋时齐桓公的幸臣，善烹调。

38. 跛：通"蹙"，迫也。笮：压榨。

39. 筵：竹器，可以除粗取细。

40. 瞽史：古乐官。

41. 击：敲击。拊：拍击。

42. 葛卢闻牛鸣，知其三子为牺：事见《左传·僖公二十九年》："介葛卢闻牛鸣，曰：'是生三牺，皆用之矣，其音云。'问之而信。"牺，牺牲，古代用于祭祀的整头牲口。

43. 羊舌母听闻儿啼，而审其丧家：事见《国语·晋语》："杨食我生，叔向之母闻之，往，及堂，闻其号也，乃还，曰：'其声，豺狼之声，终灭羊舌氏之宗者，必是子也。'"杨食我，叔向之子。

44. 律应而灰移：语见《后汉书·律历志》："候气之法，为室三重，户闭，涂衅必周，密布缇缦。室中以木为案，每律各一，内庳外高，从其方位，加律其上，以葭莩灰抑其内端，案历而候之。气至者灰动。其为气所动者其灰散，人及风所动者其灰聚。"

45. 上生下生：此音律相生之理。《吕氏春秋·音律》："三分所生，益之一分以上生。三分所生，去其一分一以下生。"

46. 刚柔：吉联抗云："可以看作音律的高低，亦可以看作是全音的稳定性和半音的不稳定性的代名词。"

47. 中吕：古人以十二律配合十二月，据《礼记·月令》，仲吕（即中吕）为孟夏四月之律。

48. 伯常骞之许景公寿：事见《晏子春秋·杂下》载，伯常骞预知地将动，欺骗景公说能为他请寿，地动就是益寿的征兆。

49. 秦声：指秦地（今陕西一带）的音乐，以慷慨著称。《史记》卷八十七《李斯列传》："击瓮叩缶弹筝搏髀，而歌呼呜呜快耳（目）者，真秦之声也。"

50. 齐楚：指齐（今山东、河南一带）。

51. 肆：演奏。弄：小曲。

52. 故闻鼓鼙之音，则思将帅之臣：《礼记·乐记》："君子听鼓鼙之声，则思将帅之臣。"

53. 闻辽而音坤：嵇康《琴赋》："闻辽故音痺。"坤，通"卑"，低下。

54. 《鹿鸣》:《诗经·小雅》篇名,古代宴群臣嘉宾时演奏。
55. 燋:火把。
56. 机杖:《礼记·曲礼》:"谋于长者,必操几杖以从之。"此处"机"同"几",小桌子。杖,手杖。机杖与下文舆(车舆)服(服饰)对文,指亡故亲人生前所用之物。
57. 戚:或作"感"。《汉书·艺文志》:"代赵之讴,秦楚之风,皆感于哀乐,缘事而发。"
58. 仅:勉强。《战国策·秦策》云:"仅以救亡者。"高诱注:"仅,犹裁(才)也。"
59. 慆:悦也。
60. 郑卫之音:《荀子·乐论》:"郑卫之音,使人之心淫。"
61. 击鸣球以协神人:语见《尚书·益稷》:"戛击鸣球、搏拊琴瑟以咏,祖考来格。"
62. 和:此处当为"气",与上文"和心"、"和气"对应而言。
63. 检:法度。
64. 乡校庠塾:古代地方学校。《礼记·学记》:"古之教者,家有塾,党有庠,术有序,国有学。"
65. 丝竹:指乐器。俎豆:指礼器。
66. 羽毛:指舞容。揖让:指礼容。
67. 正言:指礼言。和声:指乐言。
68. 耽槃:耽,嗜好,沉溺。槃,《诗经·卫风·考槃》:"考槃在涧,硕人之宽。"《毛传》:"槃,乐也。"
69. 流:《礼记·乐记》:"乐胜则流。"郑玄注:"流,犹淫放也。"
70. 太羹不和:《礼记·乐记》:"大飨之礼,尚玄酒而俎腥鱼,大羹不和。"郑玄注:"大羹,肉湆,不调以盐菜。"

【讲疏】

嵇康的《声无哀乐论》,大致围绕以下几个方面展开论证。

嵇康开宗明义认为:"声音自当以善恶为主,则无关于哀乐。哀乐自当以情感,则无系于声音。名实俱去,则尽然可见矣。"音声只有好听与否,而与人的哀乐情感无关。所谓"哀乐",是人内心之情先有所感,只不过因为音乐的触发而表现出来,至于情因何而感产生哀乐,与音声无关。他强调音声中既无哀乐之"实",也没有哀乐之"名"。

由于感情的表达方式和音乐的表现形式都具有多样性,所以嵇康提出"音声之无常"的观点。他认为:"夫殊方异俗,歌哭不同;使错而用之,或闻哭而欢,或听歌而感,然而哀乐之情均也。今用均之情,而发万殊之声,斯非音声之无常哉。"不同的民族、地域由于审美习惯、文化心理方面的差异,导致人们对同一声音的感受也不尽相同,说明音声与情感表现之间没有必然的对应关系。"五音"产生于天地自然,并且有一种不变的自然属性,即音声有"自然之和"。嵇康认为"音声有自然之和,而无系于人情",音乐只有大小、单复、高埤、猛静、舒疾的变化,只有形式美,而不能"象其体"、"传其心",不能表现哀乐之情。音乐和美与否,取决于能否将诸种声音恰当组合,并借助乐器加以表现,反映了嵇康对音乐审美性质的客观认识。在审美主客体关系问题上,嵇康提出:"求情者不留观于形貌,揆心者不借听于声音也。察者欲因声以知心,不亦外乎?"认为音声是感官感觉到的东西,并不能替代和说明人的内心情感。

对音乐"移风易俗"的社会功能,嵇康认为,风俗移易之本,不在"声",而在于"心",在于人的内心是否平和。他说:"诚动于言,心感于和,风俗一成,因而名之。"人的内心情感被歌词所打动,心绪接受和谐音声的感染,从而对人的生活产生影响,这就是"移风易俗"。所谓"声音以平和为体",音乐具有与人的本性相应的平和精神,平和的音乐能调节情绪,改善风俗,不平和的音乐则会使人"惑志"、"丧业",不能移风易俗,故而"别雅郑之淫正",需要对音乐加以节制,使之不穷其变,不极其音,"乐而不淫"。

嵇康力图摆脱儒家传统礼乐思想的束缚,使音乐按照其自身的特点发展,但否认音乐是人的精神产物,也否认音乐对人感情的影响,具有一定的片面性。

【关键词解读】

声无哀乐

"声无哀乐"是嵇康提出的音乐美学观点。在《声无哀乐论》中,他认为:"声音自当以善恶为主,则无关于哀乐。哀乐自当以情感,则无系于声音。"音乐是自然产生的声音,它并不包含哀乐的情感;声音是外在于人的感情的客观存在,而哀乐属内心感受,二者没有必然联系。这一命题揭示出音乐的客观性,说明了艺术的本质不是表现情感,而是对超越性的自由境界的表现。这与传统的儒家音乐美学思想相对立,打破了两汉经学的沉闷空气,在中国文艺思想史上具有重要意义,但他将这一观点推向极端,割裂了音乐与情感之间的联系,具有一定的片面性。

【相关知识链接】

儒家传统音乐美学思想认为,音乐是人们思想情感、社会风尚乃至政治兴衰的反映和表现,并由此把音乐视为政教工具,形成了根深蒂固的乐教传统。经典的表述,如《毛诗序》:"治世之音安以乐,其政和;乱世之音怨以怒,其政乖;亡国之音哀以思,其民困。"其思想的根源,在于先秦儒学。孔子赞赏《关雎》"乐而不淫,哀而不伤",虽是对诗而言,也可以通与乐。荀子的《乐论》认为"乐者乐也,人情之所不免也"。尔后《礼记·乐记》明确表示音乐是人的情感的表现:"凡音者,在人心者也,情动于中,故形于声,声成之,谓之音。"魏晋以后,音乐越来越倾向于表现哀,而不是表现乐,曹丕认为:"盖闻琴瑟高张,则哀弹发;节七抗行,则荣名至。"这种感伤风格与当时的社会环境、时代氛围密切相关。阮籍《乐论》,将音乐提升到"天地之体"、"万物之性"的高度,并认为"乐者,使人精神平和,衰气不入,天地交泰,远物来集,故谓之乐也",反对"以悲为乐","以哀为乐"。他所谓的"乐",不是儒家伦理教化意义中的情感之乐,而是达到与自然一体的至乐境界,故云:"乾坤易简,故雅乐不烦。道德平淡,故无声无味。"

唐太宗李世民与魏徵的音乐思想深受嵇康"声无哀乐"的影响,并加以升华称为"声有哀乐"。贞观二年,唐太宗李世民与大臣杜淹、魏徵等人论乐,谈及音乐能否"感人心"、音乐能否决定国家的兴亡、如何才能使人心和乐等问题。否定了西汉以来的谶纬神学的音乐美学观点,批判了"淫乐亡国"的谬论,认为人心的和乐与否取决于政治而非音乐,但承认音乐能够对社会风气产生一定影响。唐太宗的音乐思想对唐、宋两代的音乐思想产生了非常深刻的影响。

明代学者黄道周作《声有哀乐辩》,认为声有哀乐。他说"声犹臭矣,声之有哀乐,犹臭之有甘苦,臭不无甘苦,何云声遂无哀乐也?"认为声音与臭味一样,臭味有甘苦之别,声音有哀乐之分。嵇康虽然没有明确指出甘苦也有臭味的属性,但也提到过"狄牙尝甘苦",所以黄道周用"臭有甘苦"来反驳嵇康的"声无哀乐"论。他认为:"如声不能使人哀乐,则味均不能使人甘苦也。"客观的哀乐之声作用于人的听觉,可以让人的情感发生变化,正如臭味本身的甘苦可以使人产生甘苦的味觉一样,客观的声音可以使人产生主观的哀乐情感。总之,黄道周认为人的哀乐之情是由声音引发的,所以离开声音无法有人的哀乐之情。但声音引起人的哀乐情感,并不是因为乐器本身具有哀乐,而是因为声音本身具有哀乐的性质。

【延伸阅读】

嵇康《琴赋》是一篇颇有价值的音乐美学论文。与一般论文不同,它是采用"赋"这种特殊的文学形式表现出来的。作者在《琴赋》中从琴的质材的采伐写到琴的制作,从琴的演奏技巧写到琴德,从鼓琴者的音容笑貌写到听琴人的感叹喝彩，写得洋洋洒洒，详尽细致。同时，此赋中所宣传之乐理，亦突破传统观念，不斤斤于以悲为美，而与其"声无哀乐"思想相呼应，具有惊世骇俗之效用。

作为一篇文学作品，《与山巨源绝交书》更应该引起我们注意的是它那独特的文字风格。本来，这封书信是为辞谢荐引而作，但作者没有粘滞在这一具体事情上，而是从处世原则、交友之道大处着眼，引古喻今，挥洒自如。所谓"清远"者，正在于此。而从行文之法来看，首论处世原则，标出"循性而动，各附所安"的大义，次述自己生活习惯、精神状态，继而推论，自己必不堪为官，只宜退居。接下来转向对方，也是先标出"识其天性，因而济之"的交友之道，继而责备对方对不起朋友的做法。表面上挥洒自在，但辅以"七不堪，二不可"这样透彻、斩截的言词，言词中贯注着极强的逻辑力量。

琴　赋　序

余少好音声，长而玩之，以为物有盛衰，而此无变，滋味有厌，而此不倦，可以导养神气，宣和情志，处穷独而不闷者，莫近于音声也。是故复之而不足，则吟咏以肆志，吟咏之不足，则寄言以广意。然八音之器，歌舞之象，历世才士，并为之赋颂，其体制风流，莫不相袭，称其材干，则以危苦为上，赋其声音，则以悲哀为主，美其感化，则以垂涕为贵，丽则丽矣，然未尽其理也。推其所由，似元不解音声，览其旨趣，亦未达礼乐之情也。众器之中，琴德最优，故缀叙所怀，以为之赋。

与山巨源绝交书

康白：足下昔称吾于颍川，吾常谓之知言。然经怪此意，尚未熟悉于足下，何从便得之也。前年从河东还，显宗阿都，说足下议以吾自代，事虽不行，知足下故不知之。足下傍通，多可而少怪。吾直性狭中，多所不堪，偶与足下相知耳，间闻足下迁，惕然不喜，恐足下羞庖人之独割，引尸祝以自助，手荐鸾刀，漫之膻腥，故具为足下陈其可否。

吾昔读书，得并介之人，或谓无之，今乃信其真有耳。性有所不堪，真不可强；今空语同知有达人，无所不堪，外不殊俗，而内不失正，与一世同其波流，而悔吝不生耳。老子庄周，吾之师也，亲居贱职，柳下惠东方朔达人也，安乎卑位，吾岂敢短之哉。又仲尼兼爱，不羞执鞭，子文无欲卿相，而三登令尹，是乃君子思济物之意也。所谓达能兼善而不渝，穷则自得而无闷，以此观之，故尧舜之君世，许由之岩栖，子房之佐汉，接舆之行歌，其揆一也。仰瞻数君，可谓能遂其志者也。故君子百行，殊途而同致，循性而动，各附所安，故有处朝廷而不出，入山林而不反之论。且延陵高子臧之风，长卿慕相如之节，志气所托，不可夺也。

吾每读尚子平台孝威传，慨然慕之，想其为人。少加孤露，母兄见骄，不涉经学，性复疏懒，筋驽肉缓，头面常一月十五日不洗，不大闷痒，不能沐也。每常小便而忍不起，令胞中略转乃起耳。又纵逸来久，情意傲散，简与礼相背，懒与慢相成，而为侪类见宽，不攻其过，又读庄、老，重增其放，故使荣进之心日颓，任实之情转笃。此由禽鹿少见训育，则服从教制，长而见羁，则狂顾顿缨，赴蹈汤火，虽饰以金镳，飨以嘉肴，逾思长林而志在丰草也。

阮嗣宗口不论人过，吾每师之，而未能及，至性过人，与物无伤，唯饮酒过差耳；至为礼法之士所绳，疾之如雠，幸赖大将军保持之耳。吾不如嗣宗之贤，而有慢弛之阙，又不识人情，暗于机宜；无万石之慎，而有好尽之累，久与事接，疵衅日兴，虽欲无患，其可得乎？又人伦有礼，朝廷有法，自惟至熟，有必不堪者七，甚不可者二：卧喜晚起，而当关呼之不置，一不堪也；抱琴行吟，弋钓草野，而吏卒守之，不得妄动，二不堪也；危坐一时，痹不得摇，性复多虱，把搔无已，而当裹以章服，揖拜上官，三不堪也；素不便书，又不喜作书，而人间多事，堆案盈机，不相酬答，则犯教伤义，欲自勉强，则不能久，四不堪也；不喜吊丧，而人道以此为重，已为未见恕者所怨，至欲见中伤者，虽瞿然自责，然性不可化，欲降心顺俗，则诡故不情，亦终不能获无咎无誉，如此，五不堪也；不喜俗人，而当与之共事，或宾客盈坐，鸣声聒耳，嚣尘臭处，千变百伎，在人目前，六不堪也；心不耐烦，而官事鞅掌，机务缠其心，世故繁其虑，七不堪也。又每非汤、武而薄周、孔，在人间不止，此事会显，世教所不容，此甚不可一也；刚肠疾恶，轻肆直言，遇事便发，此甚不可二也。以促中小心之性，统此九患，不有外难，当有内病，宁可久处人间邪？又闻道士遗言：饵术黄精，令人久寿。意甚信之；游山泽，观鱼鸟，心甚乐之；一行作吏，此事便废，安能舍其所乐，而从其所惧哉？

夫人之相知，贵识其天性，因而济之。禹不逼伯成子高，全其节也。仲尼不假盖于子夏，护其短也。近诸葛孔明不逼元直以入蜀，华子鱼不强幼安以卿相，此可谓能相终始，真相知者也。足下见直木，必不可以为轮，曲者，不可以为桷，盖不欲以枉其天才，令得其所也。故四民有业，各以得志为乐，唯达者为能通之，此足下度内耳。不可自见好章甫，强越人以文冕也；已嗜臭腐，养鸳雏以死鼠也。吾顷学养生之术，方外荣华，去滋味，游心于寂寞，以无为为贵。纵无九患，尚不顾足下所好者；又有心闷疾，顷转增笃，私意自试，不能堪其所不乐，自卜已审，若道尽涂穷则已耳，足下无事冤之，令转于沟壑也。

吾新失母兄之欢，意常凄切，女年十三，男年八岁，未及成人，况复多病，顾此恨恨，如何可言！今但愿守陋巷，教养子孙，时与亲旧叙阔，陈说平生，浊酒一杯，弹琴一曲，志愿毕矣。足下若嬲之不置，不过欲为官得人，以益时用耳；足下旧知吾潦倒粗疏，不切事情，自惟亦皆不如今日之贤能也。若以俗人皆喜荣华，独能离之，以此为快，此最近之可得言耳。然使长才广度，无所不淹，而能不营，乃可贵耳。若吾多病困，欲离事自全，以保余年，此真所乏耳，岂可见黄门而称贞哉？若趣欲共登王涂，期于相致，时为欢益，一但迫之，必发其狂疾，自非重怨，不至于此也。野人有快炙背而美芹子者，欲献之至尊，虽有区区之意，亦已疏矣。愿足下勿似之，其意如此，既以解足下，并以为别。嵇康白。

——戴明扬：《嵇康集校注》，人民文学出版社1962年版

【思考题】

1. 结合魏晋时期的社会风气，谈谈"声无哀乐"思想产生的原因。
2. 谈谈古人如何理解音乐与政治教化之间的关系。

左 思

【作者简介】

左思(约 250—305),字太冲,齐国临淄(今山东临淄)人。出身寒微,发愤勤学,博览名文,遍阅百家,兼擅阴阳之术。因妹入选晋武帝后宫,移家京师,任秘书郎。曾追随贾谧,与潘岳、陆机、陆云、欧阳建等号为"二十四友"。惠帝永康元年(300),贾谧被诛,左思退隐闾里,专事著述,《三都赋》屡经修改,于此时定稿。另有《齐都赋》、《白发赋》等。诗作有《咏史》八首、《娇女诗》、《招隐诗》等,情辞慷慨,笔力劲健。今存辑本《左太冲集》。

三 都 赋 序

盖《诗》有六义焉[1],其二曰赋。扬雄曰:"诗人之赋丽以则[2]。"班固曰:"赋者,古诗之流也。"先王采焉,以观土风。见"绿竹猗猗[3]",则知卫地淇澳之产[4];见"在其版屋[5]",则知秦野西戎之宅[6]。故能居然而辨八方。然相如赋《上林》,而引"卢橘夏熟[7]",扬雄赋《甘泉》,而陈"玉树青葱[8]";班固赋《西都》,而叹以"出比目[9]";张衡赋《西京》,而述以"游海若[10]"。假称珍怪,以为润色。若斯之类,匪啻于兹[11]。考之果木,则生非其壤;校之神物,则出非其所;于辞则易为藻饰,于义则虚而无征。且夫玉卮无当[12],虽宝非用;侈言无验,虽丽非经。而论者莫不诋讦其研精[13],作者大氐举为宪章[14]。积习生常,有自来矣。

余既思摹《二京》而赋《三都》,其山川城邑,则稽之地图[15];鸟兽草木,则验之方志;风谣歌舞,各附其俗;魁梧长者[16],莫非其旧。何则？发言为诗者,咏其所志也[17];升高能赋者,颂其所见也[18]。美物者贵依其本,赞事者宜本其实;匪本匪实[19],览者奚信？且夫任土作贡[20],《虞书》所著;辨物居方,《周易》所慎。聊举其一隅,摄其体统,归诸诂训焉。

——《六臣注文选》卷四,《四部丛刊》影宋本

【题解】

《三都赋》是左思精心所作,赋前置序,阐述了他对"赋"这种文体的看法,以及作此赋的指导思想和创作原则。左思援引班固对赋的看法"赋者,古诗之流也",他指出:"先王采焉,以观土风。"所以不能过于追求言辞的浮华,不切实际,强调"赋"是对亲身所历、亲目所见的具体事物的描写。由此左思对司马相如、扬雄、班固等人的名赋提出批评,指出他们的作品"于辞则易为藻饰,于义则虚而无征",这对于矫正东汉以降文学创作中出现的浮妄风气,确有针砭的作用。

【注释】

1. 六义:语出《毛诗序》:"故诗有六义焉:一曰风,二曰赋,三曰比,四曰兴,五曰雅,六曰颂。"
2. 诗人之赋丽以则:语出扬雄《法言·吾子》:"诗人之赋丽以则,辞人之赋丽以淫。"
3. 绿竹猗猗:语出《诗经·卫风·淇澳》:"瞻彼淇澳,绿竹猗猗。"
4. 淇澳:谓淇水深曲之处。淇,水名,在河南北部,黄河支流。
5. 在其版屋:语出《诗经·秦风·小戎》:"在其版屋,乱我心曲。"版屋,即板屋。
6. 秦野西戎之宅:秦:春秋时古国名,在今甘肃省东部和陕西地区。西戎:古时我国西北部少数民族的总称。
7. 卢橘夏熟:语出司马相如《上林赋》:"于是乎卢橘夏熟,黄甘橙楱。"
8. 玉树青葱:语出扬雄《甘泉赋》:"翠玉树之青葱兮。"
9. 出比目:语出班固《西都赋》:"招白鹇,下双鹄,揄文竿,出比目。"比目:鱼名。
10. 游海若:语出张衡《西京赋》:"海若游于玄渚,鲸鱼失流而蹉跎。"海若:传说中的海神。《楚辞·远游》:"使湘灵鼓瑟兮,令海若舞冯夷。"王逸注:"海若,海神名也。"
11. 匪啻:不止,不仅。
12. 玉卮无当:语出《韩非子·外储说右上》:"夫瓦器,至贱也,不漏,可以盛酒。虽有乎千金之玉卮,至贵而无当,漏,不可盛水。'"卮:酒杯。无当:没有底。
13. 诋讦:批评指责。

14. 大氐：大概，大都。

15. 稽：考核，核对。

16. 魁梧：身体高大强壮，这里指才智杰出的人。

17. 发言为诗者，咏其所志也：语出《毛诗序》："诗者，志之所之也，在心为志，发言为诗。"

18. 升高能赋者，颂其所见也：是指古代士人应该具备的九种能力。语出《诗·鄘风·定之方中》"卜云其吉"毛传："建邦能命龟，田能施命，作器能铭，使能造命，升高能赋，师旅能誓，山川能说，丧纪能诔，祭祀能语，君子能此九者，可谓有德音，可以为大夫。"

19. 匪：通"非"，不是。

20. 任土作贡：是指禹让被征服的部落根据土地的具体情况，制定贡赋的品种和数量。语出《尚书·禹贡》："禹别九州，随山浚川，任土作贡。"

【讲疏】

按照《晋书·左思传》的记载，《三都赋》写成，"豪贵之家竞相传写，洛阳为之纸贵"，《三都赋序》是赋论中的精品，被人称道。左思认为赋自诗出，赋以诗为则，而诗贵真实，所以赋也应真实详尽。左思进而对司马相如、扬雄等人的赋进行指摘，指出其赋"假称珍怪，以为润色"、"于辞则易为藻饰，于义则虚而无征"，有违诗旨。左思认为自己所作的《三都赋》则"依其本"、"本其实"，字字有来历，句句有依据。

此篇序文旨在强调辞赋创作应贵在真实，言而有据。一方面，这种观点由来已久，如孔子认为学《诗》可以"多识于鸟兽草木之名"（《论语·阳货》）；另一方面，这种观点也是受时人崇尚"多识博物"风气的影响。总的来说，左思主张文学创作应持严肃、认真、求实的态度，有一定的积极意义。但文学创作所特有的虚构、夸张等艺术特点，不应以是否真实论之，一味强调真实性、可验性，企图把文学创作"归诸诂训"，则又反映了左思文学思想的局限性。

【关键词解读】

美物者贵依其本，赞事者宜本其实

语出晋代左思《三都赋序》。美化某一件东西，可贵的是按照其本来面目，不加夸饰和虚构。说明写文章也不应过分美化、刻意文饰，而应当尊重事实，从事物本身出发，反映事物本来的面貌和真实情况。这种观点，早有渊源。孔子认为学《诗》可以"多识于鸟兽草木之名"（《论语·阳货》),汉魏以降,人们对于赋也采用同样的观点。班固评价司马相如的赋文"多识博物,有可观采"(《汉书》卷一百《叙传》)。司马迁批评司马相如的作品多"虚辞滥说","侈靡过其实"(《史记》卷一百一十七《司马相如列传》)。这都反映了一种以"征实"的眼光看待文学作品的倾向。《三都赋》迎合了士大夫重视博物知识的心理,因而获得许多人的赞赏,一时洛阳纸贵,有很多人为之写序作注,称赞其"征实"的观点。皇甫谧在《三都赋序》中,批评司马相如等人的作品叙述物产无中生有、不合事实,而称赞左思之作"其物土所出,可得披图而校。体国经制,可得案记而验"。

【相关知识链接】

《三都赋》为西晋左思所作,分为《蜀都赋》、《吴都赋》和《魏都赋》三篇。唐房玄龄《晋书·左思传》:"造《齐都赋》,一年乃成。复欲赋三都,会妹芬入宫,移家京师,乃诣著作郎张载访岷邛之事。遂构思十年,门庭藩溷皆著笔纸,遇得一句,即便疏之。"左思描述了三国时蜀都益州(今四川成都)、吴都建业(今江苏南京)、魏都邺(今河南安阳)三地的自然风貌、民俗民风等盛况。前两篇分别由假想人物西蜀公子和东吴王孙对蜀都、吴都进行称赞。《蜀都赋》描绘蜀地的山水景物、人情风俗和纺织工艺等,为一篇地方风物志;《吴都赋》铺写吴地地大物博、物产丰富;后一篇《魏都赋》由假想人物魏国先生对魏都进行称赞,着重叙写魏都宫殿建筑的华美、典籍制度的完备和都城内外的繁华等。左思力求避免汉赋夸张失实的状况,注重所赋内容的真实性,材料丰富,叙述详密。在艺术上,模仿班固《两都赋》、张衡《二京赋》,铺张扬厉,敷陈其事,但主张"美物者贵依其本,赞事者宜本其实",对大赋创作中任意夸张、"虚而无征"的手法,多摒而不用。时人对此赋评价甚高,将此赋与东汉张衡"精思傅会,十年而成"(《后汉书》卷五十九《张衡传》)的《二京赋》并称,赞为"五经"之"鼓吹"。西晋刘逵认为:"观中古以来为赋者多矣,相如《子虚》擅名于前,班固《两都》理胜其辞,张衡《二京》文过其意。至若此赋,拟议数家,傅辞会义,抑多精致,非夫研核者不能练其旨,非夫博物者不能统其异。"(《晋书·左思传》)南朝梁刘勰《文心雕龙·才略篇》也认为:"左思奇才,业深覃思,尽锐于《三都》,拔萃于《咏史》,无遗力矣。"

【延伸阅读】

《咏史》是左思创作的一组咏史诗。名为咏史,实为咏怀,借古人古事来浇诗人心中之块垒。组诗以深厚的社会内容,熔铸着左思的平生理想,在创作历史上占有特殊的地位。历代诗评家对这组诗评价很高。

咏　　史

弱冠弄柔翰,卓荦观群书。著论准过秦,作赋拟子虚。边城苦鸣镝,羽檄飞京都。虽非甲胄士,畴昔览穰苴。长啸激清风,志若无东吴。铅刀贵一割,梦想骋良图。左眄澄江湘,右盻定羌胡。功成不受爵,长揖归田庐。

郁郁涧底松,离离山上苗。以彼径寸茎,荫此百尺条。世胄蹑高位,英俊沈下僚。地势使之然,由来非一朝。金张藉旧业,七叶珥汉貂。冯公岂不伟,白首不见招。

吾希段干木,偃息藩魏君。吾慕鲁仲连,谈笑却秦军。当世贵不羁,遭难能解纷。功成耻受赏,高节卓不群。临组不肯绁,对珪宁肯分。连玺曜前庭,比之犹浮云。

济济京城内,赫赫王侯居。冠盖荫四术,朱轮竟长衢。朝集金张馆,暮宿许史庐。南邻击钟磬,北里吹笙竽。寂寂杨子宅,门无卿相舆。寥寥空宇中,所讲在玄虚。言论准宣尼,辞赋拟相如。悠悠百世后,英名擅八区。

皓天舒白日,灵景耀神州。列宅紫宫里,飞宇若云浮。峨峨高门内,蔼蔼皆王侯。自非攀龙客,何为歘来游。被褐出阊阖,高步追许由。振衣千仞冈,濯足万里流。

荆轲饮燕市,酒酣气益震。哀歌和渐离,谓若傍无人。虽无壮士节,与世亦殊伦。高眄邈四海,豪右何足陈。贵者虽自贵,视之若埃尘。贱者虽自贱,重之若千钧。

主父宦不达,骨肉还相薄。买臣困樵采,伉俪不安宅。陈平无产业,归来翳负郭。长卿还成都,壁立何寥廓。四贤岂不伟,遗烈光篇籍。当其未遇时,忧在填沟壑。英雄有迍邅,由来自古昔。何世无奇才,遗之在草泽。

习习笼中鸟,举翮触四隅。落落穷巷士,抱影守空庐。出门无通路,枳棘塞中涂。计策弃不收,块若枯池鱼。外望无寸禄,内顾无斗储。亲戚还相蔑,朋友日夜疏。苏秦北游说,李斯西上书。俯仰生荣华,咄嗟复雕枯。饮河期满腹,贵足不愿余。巢林栖一枝,可为达士模。

——《六臣注文选》卷二十一,《四部丛刊》影宋本

【思考题】

1. 谈谈你对左思文学思想的理解。
2. 谈谈文学创作中真实与虚构之间的关系。

皇甫谧

【作者简介】

皇甫谧(215—282),字士安,自号玄晏先生。定郡朝那县(今甘肃省灵台县)人。三国西晋时期学者、医学家、史学家,东汉名将皇甫嵩曾孙。他一生以著述为业,博览群书,不慕荣利,朝廷虽征不仕。中年患风痹疾,半身不遂,遂潜心钻研医学,著《针灸甲乙经》十二卷,是中国第一部针灸学的专著。皇甫谧一生著述颇丰,著有《玄守论》、《释劝论》、《帝王世纪》、《年历》、《高士传》、《逸士传》、《列女传》、《玄晏春秋》、《三都赋序》等。挚虞、张轨等都为其门生。

三都赋序

玄晏先生曰:古人称不歌而颂谓之赋。然则赋也者,所以因物造端,敷弘体理,欲人不能加也[1]。引而申之,故文必极美。触类而长之,故辞必尽丽[2]。然则美丽之文,赋之作也。

昔之为文者,非苟尚辞而已,将以纽之王教,本乎劝戒也[3]。自夏、殷以前,其文隐没,靡得而详焉。周监二代,文质之体,百世可知[4]。故孔子采万国之风,正雅颂之名,集而谓之《诗》[5]。诗人之作,杂有赋体。子夏序《诗》曰:"一曰风,二曰赋。"故知赋者,古诗之流也。

至于战国,王道陵迟,风雅寝顿。于是贤人失志,辞赋作焉[6]。是以孙卿屈原之属,遗文炳然,辞义可观[7]。存其所感,咸有古诗之意。皆因文以寄其心,托理以全其制,赋之首也。及宋玉之徒,淫文放发,言过于实。夸竞之兴,体失之渐,风雅之则于是乎乖[8]。

逮汉,贾谊颇节之以礼。自时厥后,缀文之士,不率典言,并务恢张[9],其文博诞空类[10]。大者罩天地之表,细者入毫纤之内。虽充车联驷,不足以载。广夏接榱,不容以居也。其中高者,至如相如《上林》、扬雄《甘泉》、班固《两都》、张衡《二京》、马融《广成》、王生《灵光》,初极宏侈之辞,终以约简之制,焕乎有文,蔚尔鳞集,皆近代辞赋之伟也。若夫土有常产,俗有旧风,方以类聚,物以群分[11]。而长卿之俦,过以非方之物,寄以中域,虚张异类,托有于无。祖构之士,雷同景附[12],流宕忘反,非一时也。

曩者汉室内溃[13],四海坼裂[14]。孙、刘二氏,割有交、益[15]。魏武拨乱,拥据函夏[16]。故作者先为吴、蜀二客,盛称其本土险阻环琦,可以偏王。而却为魏主,述其都畿,弘敞丰丽,奄有诸华之意。言吴、蜀以擒灭比亡国,而魏氏以交禅比唐虞[17]。既已著逆顺,且以为鉴戒。盖蜀包梁、岷之资[18],吴割荆南之富,魏跨中区之衍[19]。考分次之多少,计殖物之众寡,比风俗之清浊,课士人之优劣[20],亦不可同年而语矣。二国之士,各沐浴所闻。家自以为我土乐,人自以为我民良,皆非通方之论也。作者又因客主之辞,正之以魏都,折之以王道。其物土所出,可得披图而校[21]。体国经制,可得按记而验。岂诬也哉!

——《六臣注文选》卷四十五,《四部丛刊》影宋本

【题解】

左思的《三都赋》,除了自序之外,皇甫谧、挚虞、刘逵和卫权都为其作过序注,其中,本序是否为皇甫谧所作,学界尚有异议,这里我们仍从旧说,认为本序是皇甫谧应左思之请,为其《三都赋》写的序。《晋书·左思传》:"及赋成,时人未之重。思自以其作不谢班张,恐以人废言,安定皇甫谧有高誉,思造而示之。谧称善,为其赋序。"此篇序文,首先总论赋的体制特点;其次叙述赋的起源及其流变情况;最后对左思的辞赋观给予肯定,认为其赋可"披图而校"、"按记而验"。

【注释】

1. "然则赋也者"四句:语出《汉书》卷三十《艺文志》:"传曰:'不歌而诵谓之赋,登高能赋可以为大夫。'言感物造耑,材知深美,可与图事,故可以为列大夫也。"《释

名》曰:"赋,敷也,敷布其义谓之赋。"

2. "引而申之"四句:语出《易·系辞上》:"引而伸之,触类而长之,天下之能事毕矣。"

3. "昔之为文者"四句:语出扬雄《法言·吾子》:"或曰:赋可以讽乎?曰:讽乎!讽则已;不已,吾恐不免于劝也。"又曰:"或曰:君子尚辞乎?曰:君子事之为尚。"《说文》:"纽,系也。"

4. "周监二代"三句:语出《论语·八佾》:"子曰:'周监于二代,郁郁乎文哉,吾从周。'"又《论语·为政》:"子曰:'其或继周者,虽百世,可知也。'"

5. "故孔子采万国之风"三句:语出《汉书》卷三十《艺文志》:"古有采诗之官,王者所以观风俗,知得失,自考正也。孔子纯取周诗。"

6. "至于战国"五句:语出《汉书》卷三十《艺文志》:"春秋之后,周道寖坏,聘问歌咏不行于列国,学诗之士逸在布衣,而贤人失志之赋作矣。"

7. "是以孙卿屈原之属"三句:语出《汉书》卷三十《艺文志》:"大儒孙卿及楚臣屈原离谗忧国,皆作赋以风,咸有恻隐古诗之义。"《文选》李善注:"《西都赋序》曰:'文章炳焉。'《论语》曰:'必有可观者焉。'"

8. "及宋玉之徒"六句:语出《汉书》卷三十《艺文志》:"其后宋玉、唐勒,汉兴枚乘、司马相如,下及扬子云,竞为侈丽闳衍之词,没其风谕之义。"

9. 恢:大也。

10. 空类:谓言不符实,空大。

11. 方以类聚,物以群分:语出《易·系辞上》:"方以类聚,物以群分,吉凶生矣。"

12. 景附:语出蔡邕《郭有道碑》:"于时缨緌之徒,绅佩之士,望形表而景附。"

13. 曩:昔也。溃:乱也。

14. 圮:桥。

15. 交、益:交,交州,为吴所据。益,益州,为蜀国所据。

16. 函夏:诸夏。

17. 吴、蜀以擒灭比亡国,而魏氏以交禅比唐虞:左思《三都赋》中将吴蜀的灭亡比作亡国,将魏政权的建立比作尧舜政权的禅让。

18. 梁、岷:二山名。

19. 衍:广,大。

20. "考分次之多少"四句:《文选》李善注:"星之分次,物之生殖也。《周礼》曰:'以星土辨九州之地,所封域,皆有分星,以观妖祥。'又曰:'其动物宜毛物,其植物宜皂物。'"

21. 披:开,打开。

【讲疏】

本篇序文可分三个部分。

文章第一部分,论述了赋的文体特点,认为赋"纽之王教,本乎劝戒",

作家创作时要"引而申之"、"触类而长之",达到"欲人不能加"的地步,使"文必极美"、"辞必尽丽"。一方面强调赋的讽谏作用,另一方面强调作赋要竭力引申、铺陈,极尽华美之能事。

　　文章的第二部分,首先论述了赋的起源,依照传统观点,认为"赋者,古诗之流也";其次着重论述了赋的流变情况,认为由荀卿、屈原等人之赋,一变而为宋玉等人之赋,再变而为贾谊之后的汉赋。皇甫谧肯定荀子、屈原之赋,称赞其赋"遗文炳然,辞义可观";对宋玉的赋评价不高,认为其赋"淫文放发,言过于实";认为汉代的辞赋家贾谊、司马相如、扬雄、马融、班固、张衡等人的赋"初极宏侈之辞",也有夸张失实的弊病,但"终以简约之制,焕乎有文,蔚尔鳞集",因而也是"近代辞赋之伟"。

　　文章的第三部分,皇甫谧具体分析了左思的《三都赋》,充分肯定其现实的政治意义以及以"征实"为原则进行创作所取得的成就。

　　本篇序文对赋的主要特点、作赋应遵循的原则及赋的产生发展的历史等,作了较为全面、系统的评述,是中国古代第一篇专门论赋的文章,在中国诗赋理论发展史上占有较为重要的地位,对后人产生了一定的影响,挚虞的《文章流别论》、刘勰的《文心雕龙·诠赋》等,都在不同方面、不同程度上承继了他的赋论观点。

【关键词解读】

文必极美,辞必尽丽

　　皇甫谧的《三都赋序》,在肯定左思关于"征实"的辞赋美学观点时,又指出赋的体制特点与创作目的:"然则赋也者,所以因物造端,敷弘体理,欲人不能加也。引而申之,故文必极美。触类而长之,故辞必尽丽。然则美丽之文,赋之作也。昔之为文者,非苟尚辞而已,将以纽之王教,本乎劝戒也。"他认为赋应有讽谏作用,又认为赋的特点是从事实出发,加以引申、铺陈,因而文辞应该极尽表现美之能事,这就充分肯定了辞赋的社会政治价值和审美价值。

【相关知识链接】

　　此文与左思《三都赋序》相比较,二者有同有异。相同之处在于:均认为"赋者,古诗之流也",强调赋有讽谏的作用。皇甫谧赞同左思"辞必征实"的观点,指出"赋"是"因物造端,敷弘体理"之作。为此,对司马相如、扬雄、班固、张衡之赋也略有批评;另一方面,对左思在"征实"原则指导下的《三都赋》创作实践加以肯定,赞扬他为此所做的努力。

不同之处在于:首先,左思只是强调赋"征实",强调赋的讽谏功能,皇甫谧则在"征实"的基础上要求赋要"极美"、"尽丽",不仅重视内容,还重视形式。其次,左思对扬雄、班固的创作予以否定,认为他们的作品如"玉卮无当,虽宝非用",而且"侈言无验,虽丽非经"。皇甫谧对各时代的重要赋体作家也作出了评价,并且描绘出了汉赋创作的基本倾向和特征。皇甫谧评价"相如《上林》、扬雄《甘泉》、班固《两都》、张衡《二京》、马融《广成》、王生《灵光》,初极宏侈之辞,终以约简之制,焕乎有文,蔚尔鳞集,皆近代辞赋之伟也",对他们的评价较左思褒贬分明,更加公允、恰当。

【延伸阅读】

卫权,字伯舆,陈留襄邑(今河南睢县)人。晋惠帝元康初,汝南王亮辅政,擢为尚书郎。卫权在读张载、刘逵《三都赋》注后萌发作补遗之念,据《晋书·左思传》载,曾为《三都赋》作《略解》。卫权主张赋必"征实",欣赏《三都赋》"言不苟华,必经典要,品物殊类,禀之图籍,辞义瑰玮"。从此篇不仅可以了解卫权的文学思想,也可以窥见当时的文坛风尚。

三都赋略解序

(晋)卫权

余观《三都》之赋,言不苟华,必经典要,品物殊类,禀之图籍;辞义瑰玮,良可贵也。有晋征士故太子中庶子安定皇甫谧,西州之逸士,耽籍乐道,高尚其事,览斯文而慷慨,为之都序。中书著作郎安平张载、中书郎济南刘逵,并以经学洽博,才章美茂,咸皆悦玩,为之训诂;其山川土域,草木鸟兽,奇怪珍异,佥皆研精所由,纷散其义矣。余嘉其文,不能默已,聊藉二子之遗忘,又为之《略解》。

——《晋书》卷九十二《左思传》,中华书局1997年版

【思考题】

1. 谈谈你对皇甫谧赋论的理解。
2. 谈谈汉代以来人们对于辞赋的不同理解。

陆　机

【作者简介】

陆机(261—303),字士衡,吴郡华亭(今上海松江)人。祖陆逊为吴丞相,父陆抗为吴大司马。吴末帝凤凰三年(274),陆机与诸兄弟分领父兵,为牙门将。晋武帝太康元年(280),吴亡,退居旧里,闭门勤学达十年之久。太康末,与弟陆云一起至洛阳,以文才称名于当时,诗、赋、文俱佳,诗有《君子行》、《从军行》、《苦寒行》等,赋有《叹逝赋》、《思归赋》、《文赋》等,骈文有《辨亡论》、《吊魏武帝文》等。

文　赋

余每观才士之所作,窃有以得其用心[1]。夫放言遣辞,良多变矣[2]。妍蚩好恶,可得而言[3]。每自属文,尤见其情[4]。恒患意不称物,文不逮意[5]。盖非知之难,能之难也[6]。故作《文赋》,以述先士之盛藻[7],因论作文之利害所由[8],他日殆可谓曲尽其妙[9]。至于操斧伐柯[10],虽取则不远;若夫随手之变,良难以辞逮。盖所能言者,具于此云。

伫中区以玄览,颐情志于《典》《坟》[11]。遵四时以叹逝,瞻万物而思纷[12]。悲落叶于劲秋,喜柔条于芳春[13]。心懔懔以怀霜,志眇眇而临云[14]。咏世德之骏烈,诵先人之清芬[15]。游文章之林府,嘉丽藻之彬彬[16]。慨投篇而援笔,聊宣之乎斯文[17]。

其始也,皆收视反听,耽思傍讯[18],精骛八极,心游万仞[19]。其致也,情瞳昽而弥鲜,物昭晰而互进[20]。倾群言之沥液,漱六艺之芳润[21]。浮天渊以安流,濯下泉而潜浸[22]。于是沈辞怫悦,若游鱼衔钩而出重渊之深[23];浮藻联翩,若翰鸟缨缴而坠曾云之峻[24]。收百世之阙文,采千载之遗韵[25]。谢朝华于已披,启夕秀于未振[26]。观古今于须臾,抚四海于一瞬[27]。

然后选义按部,考辞就班[28]。抱景者咸叩,怀响者毕弹[29]。或因枝以振叶,或沿波而讨源。或本隐以之显,或求易而得难[30]。或虎变而兽扰,或龙见而鸟澜[31]。或妥帖而易施,或岨峿而不安[32]。罄澄心以凝思,眇众虑而为言[33]。笼天地于形内,挫万物于笔端[34]。始踯躅于燥吻,终流离于濡翰[35]。理扶质以立干,文垂条而结繁[36]。信情貌之不差,故每变而在颜。思涉乐其必笑,方言哀而已叹[37]。或操觚以率尔,或含毫而邈然[38]。

伊兹事之可乐,固圣贤之所钦[39]。课虚无以责有,叩寂寞而求音[40]。函绵邈于尺素,吐滂沛乎寸心[41]。言恢之而弥广,思按之而逾深[42]。播芳蕤之馥馥,发青条之森森[43]。粲风飞而猋竖,郁云起乎翰林[44]。

体有万殊,物无一量,纷纭挥霍,形难为状[45]。辞程才以效伎,意司契而为匠。在有无而僶俛,当浅深而不让[46]。虽离方而遁员,期穷形而尽相[47]。故夫夸目者尚奢,惬心者贵当。言穷者无隘,论达者唯旷[48]。

诗缘情而绮靡,赋体物而浏亮[49]。碑披文以相质,诔缠绵而凄怆[50]。铭博约而温润,箴顿挫而清壮[51]。颂优游以彬蔚,论精微而朗畅[52]。奏平彻以闲雅,说炜晔而谲诳[53]。虽区分之在兹,亦禁邪而制放[54]。要辞达而理举,故无取乎冗长[55]。

其为物也多姿,其为体也屡迁[56]。其会意也尚巧,其遣言也贵妍[57]。暨音声之迭代,若五色之相宣[58]。虽逝止之无常,固崎锜而难便[59]。苟达变而识次,犹开流以纳泉[60]。如失机而后会,恒操末以续颠[61]。谬玄黄之袟叙,故淟涊而不鲜[62]。

或仰逼于先条,或俯侵于后章[63]。或辞害而理比,或言顺而义妨[64]。离之则双美,合之则两伤[65]。考殿最于锱铢,定去留于毫芒[66]。苟铨衡之所裁,固应绳其必当[67]。

或文繁理富,而意不指适[68]。极无两致,尽不可益[69]。立片言而居要,乃一篇之警策[70]。虽众辞之有条,必待兹而效绩[71]。

亮功多而累寡,故取足而不易[72]。

或藻思绮合,清丽千眠[73]。炳若缛绣,凄若繁弦[74]。必所拟之不殊,乃暗合乎曩篇[75]。虽杼轴于予怀,怵他人之我先[76]。苟伤廉而愆义,亦虽爱而必捐[77]。

或苕发颖竖,离众绝致[78]。形不可逐,响难为系[79]。块孤立而特峙,非常音之所纬[80]。心牢落而无偶,意徘徊而不能揣[81]。石韫玉而山辉,水怀珠而川媚[82]。彼榛楛之勿翦,亦蒙荣于集翠[83]。缀《下里》于《白雪》,吾亦济夫所伟[84]。

或托言于短韵,对穷迹而孤兴[85]。俯寂寞而无友,仰寥廓而莫承[86]。譬偏弦之独张,含清唱而靡应[87]。

或寄辞于瘁音,徒靡言而弗华[88]。混妍蚩而成体,累良质而为瑕[89]。象下管之偏疾,故虽应而不和[90]。

或遗理以存异,徒寻虚以逐微[91]。言寡情而鲜爱,辞浮漂而不归[92]。犹弦么而徽急,故虽和而不悲[93]。

或奔放以谐合,务嘈囋而妖冶[94]。徒悦目而偶俗,固声高而曲下[95]。寤《防露》与《桑间》,又虽悲而不雅[96]。

或清虚以婉约,每除烦而去滥[97]。阙大羹之遗味,同朱弦之清氾[98]。虽一唱而三叹,固既雅而不艳[99]。

若夫丰约之裁,俯仰之形,因宜适变,曲有微情[100]。或言拙而喻巧,或理朴而辞轻[101]。或袭故而弥新,或沿浊而更清[102]。或览之而必察,或妍之而后精[103]。譬犹舞者赴节以投袂,歌者应弦而遣声[104]。是盖轮扁所不得言,故亦非华说之所能精[105]。

普辞条与文律,良余膺之所服[106]。练世情之常尤,识前修之所淑[107]。虽濬发于巧心,或授蚘于拙目[108]。彼琼敷与玉藻,若中原之有菽。同橐籥之罔穷,与天地乎并育[109]。虽纷蔼于此世,嗟不盈于予掬[110]。患挈瓶之屡空,病昌言之难属[111]。故踸踔于短垣,放庸音以足曲[112]。恒遗恨以终篇,岂怀盈而自足[113]。惧蒙尘于叩缶,顾取笑乎鸣玉[114]。

若夫应感之会,通塞之纪,来不可遏,去不可止。藏若景灭,行犹响起[115]。方天机之骏利,夫何纷而不理[116]。思风发于胸臆,言泉流于唇齿[117]。纷葳蕤以馺遝,唯毫素之所拟[118]。文徽徽以溢目,音泠泠而盈耳[119]。及其六情底滞,志往神留。兀若枯木,豁若涸流[120]。揽营魂以探赜,顿精爽于自求[121]。理翳翳而愈伏,思乙乙其若抽[122]。是以或竭情而多悔,或率意而寡尤[123]。虽兹物之在我,非余力之所勠[124]。故时抚空怀而自惋,吾未识夫开塞之所由[125]。

伊兹文之为用,固众理之所因[126]。恢万里而无阂,通亿载而为津[127]。俯贻则于来叶,仰观象于古人[128]。济文武于将坠,宣风声于不泯[129]。涂无远而不弥,理无微而弗纶[130]。配沾润于云雨,象变化乎鬼神[131]。被金石而德广,流管弦而日新[132]。

——张少康:《文赋集释》,人民文学出版社 2002 年版

【题解】

在中国文学批评史上,陆机的《文赋》是第一篇系统而完整的文学理论作品。文章以赋体形式写成,对抽象的创作思维进行了极为形象而生动的描述,细致地分析了文学创作的过程,提出了文学理论上很多重要的问题。全文以论述创作构思为核心,兼及文章体制风格、写作技巧、功能作用等问题。《文赋》对六朝文学理论批评发展影响极大,挚虞、李充的文体论,沈约等人的声律论,刘勰《文心雕龙》、萧统《文选》的文学观念等,都是对陆机《文赋》有关文学思想和理论的进一步发展。

【注释】

1. 得其用心:谓对作者用心有所体会。用心,指文士用心于创作。
2. 放言遣辞,良多变矣:放言遣辞,指安排语序,选择语辞。多变,谓文章之变化。
3. 妍蚩好恶,可得而言:谓文章美恶,可析而言之。
4. 情:指文情,即创作的情况。
5. 意不称物,文不逮意:谓构思之意,不能正确地反映事物;写出之文,与构思之意尚有距离。
6. 盖非知之难,能之难也:是指难处并不在理论上的认识,而在实践上的操作。语出《左传·昭公十年》:"子皮尽用其币,归,谓子羽曰:'非知之实难,将在行之。'"
7. 盛藻:华美之文。
8. 利害所由:利害,犹得失。所由,利弊的缘由。
9. 可谓曲尽其妙:"可谓"可解作"可以",指可以曲尽作文之奥妙。
10. 操斧伐柯:语出《诗·豳风·伐柯》:"伐柯伐柯,其则不远。"比喻取鉴古人,

研究作文之法。

11. 伫中区以玄览,颐情志于《典》《坟》:伫,久立也;中区,犹区中,谓宇宙之中;玄览,语出《老子》:"涤除玄览。"谓心居玄冥之处,览知万物。颐,养,犹言陶冶。《典》《坟》,泛指典籍。此二句言立于域中,心境玄冥,可以览知万物,潜心典坟,可以颐养性情。

12. 遵四时以叹逝,瞻万物而思纷:遵,循也。此二句言循四时而叹其往逝之事,揽视万物盛衰而思虑纷纭。

13. 悲落叶于劲秋,喜柔条于芳春:劲秋,此二句言秋之肃杀,见落叶而生悲,春之芬芳,感柔条而欢畅。盖劲秋芳春之万物,皆宜触人心怀,故皆有生文思之机会。

14. 心懔懔以怀霜,志眇眇而临云:懔懔,即凛凛,引申为肃然敬畏之意。怀霜,语出孔融《荐祢衡表》:"志怀霜雪。"怀霜、临云,言高洁也。眇眇,高远貌。此二句言创作之前,作家应内心持正,怀霜雪之操守,心存高远,有临云之情志。

15. 咏世德之骏烈,诵先人之清芬:烈,美也。骏烈,盛世之业。此二句言为文或歌咏世有骏德者之盛业,或称颂先贤之美德。庾信《哀江南赋》:"陆机之辞赋,先陈世德。"

16. 游文章之林府,嘉丽藻之彬彬:林府,谓多如林木,富如府库。彬彬,文质得宜之貌。指作者为文之前,应悠游于前人丰富的典籍之中,嘉赞文质相宜的美文。

17. 慨投篇而援笔,聊宣之乎斯文:聊,且。宣之,表达情志。此二句言故慨叹放下前人之文,援笔作文,聊以表达情感。

18. 收视反听,耽思傍讯:耽思,深思。傍讯,遍求,博采。此二句言思文之始,则视而不见,听而不闻,虚一而静,覃思博采。

19. 精骛八极,心游万仞:精,神。骛,驰。八极,喻极远之处。万仞,喻极高之处。此二句比喻神思运作,无所滞碍。

20. 情瞳昽而弥鲜,物昭晰而互进:瞳昽,朦胧貌。昭晰,清晰貌。言内在朦胧的情思逐渐鲜明,外在的物象也随之不断涌现。

21. 倾群言之沥液,漱六艺之芳润:群言,即群书。沥液,涓滴,喻精华,语出张衡《思玄赋》:"漱飞泉之沥液兮,咀石菌之流英。"六艺,指六经,《易》《诗》《书》《礼》《乐》《春秋》。芳润,芳香润泽,喻文之精粹。此二句言要学习群言六艺中的精华。

22. 浮天渊以安流,濯下泉而潜浸:天渊,一名天泉,星名。下泉,语出《诗经·曹风·下泉》:"冽彼下泉,浸彼苞稂。"毛传:"下泉,泉下流也。"潜浸,流貌。此二句言思虑无所不至。上可至天渊于安流之中,下可至下泉于潜浸之所。

23. "沈辞怫悦"二句:沈辞,指遣词造句艰涩之状。怫悦,难出之貌。此三句描述了寻觅词句的艰难之貌。

24. "浮藻联翩"二句:与"沈辞怫悦"相对,状文思泉涌,出语骏利之象。缨,缠也。缴,射也。语出曹植《求自试表》:"然而高鸟未挂于轻缴,渊鱼未悬于钩饵者,恐钓射之术或未尽也。"

25. 收百世之阙文,采千载之遗韵:阙文,谓古之良史于书,字有疑则阙之,此指古书阙疑之文。语出《论语·卫灵公》:"子曰:吾犹及史之阙文也。"遗韵,古人未用之韵。此二句言通过构思,搜罗前世阙疑未述之文,采集千载遗而未用之韵。

26. 谢朝华于已披,启夕秀于未振:华、秀,喻文也。朝华已披,谓古人已用之意,谢而去之。夕秀未振,谓古人未述之旨,开而用之。上句言勿去陈言,下句言独出心裁。

27. 观古今于须臾,抚四海于一瞬:抚,览也。此二句喻灵感来时,具有跨越时间、空间的巨大概括力和想象力。

28. 然后选义按部,考辞就班:此二句谓作家通过对辞义的选择和文辞的推敲,使之按部就班,组列成文。

29. 抱景者咸叩,怀响者毕弹:景,即影。叩,叩问。语出《论语·子罕》:"有鄙夫问于我,空空如也。我叩其两端而竭焉。"此二句是就上文"选义""考辞"以"称物"而言,影之逐形,响之逐声,为避免泛泛"称物",就须寻求形和声,与下文"期穷形而尽相"对应。

30. "或因枝以振叶"四句:振,扬也。沿,循也。此四句言或因枝而扬其叶,或循波而求其源。或本隐晦者使之显明,或求以易者而释难。意谓为文者先树要领,纲举目张;烛照幽微,以易喻难。

31. 或虎变而兽扰,或龙见而鸟澜:虎变,虎换新毛。语出《周易·革象》:"大人虎变,其文炳也。"扰,驯。鸟澜,鸟之消散也。此二句以虎变而百兽驯服,龙见而群鸟惊散,比喻为文得其大者则小者毕举,立其本者则枝叶纷披。

32. 或妥帖而易施,或岨峿而不安:妥帖,形容易施。岨峿,与"龃龉"意同,形容不安之貌。此言选义考辞时容易和艰难两种情况。

33. 罄澄心以凝思,眇众虑而为言:罄,尽。眇,远。此二句言创作构思时,需澄澈其心,疏远俗虑,达到凝神虚静的境界。

34. 笼天地于形内,挫万物于笔端:笼,牢笼,包罗。形,犹表现。挫,取。此二句言包罗天下之理于文辞表现之中,摄取万物之象于笔端描摹之内。

35. 始踯躅于燥吻,终流离于濡翰:踯躅,即"踟蹰",形容艰涩。燥,干也。吻,唇也。燥吻,喻语言滞涩。流离,水墨染于纸貌,形容顺利。此二句言开始吟哦思索时,去取不定,文思不畅,语言滞涩,俟落笔于纸,却又文思畅达,语言充沛。

36. 理扶质以立干,文垂条而结繁:干,本也。繁,盛业。此二句以树的主干与枝叶的关系来比喻文章的意与辞的关系,谓文以意旨为本,以文辞为末,本强才能末茂。

37. "信情貌之不差"四句:信,诚也。此四句言情感与表现诚为一致,每有变化则显于容颜,故所思涉快乐必言笑,刚已言哀即又叹息。

38. 或操觚以率尔,或含毫而邈然:觚,木之方者,古人用来书写。操觚,指作文。率尔,不加思索之状,言文之易成。邈然,言文思迟钝。此二句言或持笔而书,率尔即成,或含毫徘徊,文思远去。

39. 伊兹事之可乐,固圣贤之所钦:兹事,谓文章。钦,敬也。圣贤以立言为不朽,故曰所钦。此言作文是人生乐事,并为圣贤所敬慕。

40. 课虚无以责有,叩寂寞而求音:课,率也。责,求也。寂寞,无声也。此言文章从无到有的创作过程。而在这个从无形、无象、无声到有形、有象、有声的过程中,艺术创作的构思、想象起了决定性作用。

41. 函绵邈于尺素,吐滂沛乎寸心:绵邈,指远。滂沛,指大。五臣刘良注:"虽远者,含文于尺素之上;虽大者,吐辞于寸心之间。"

42. 言恢之而弥广,思按之而逾深:恢,大也。按,下也。此二句意为以言大之,则弥增其广;以思下之,则愈益其深。

43. 播芳蕤之馥馥,发青条之森森:此二句以树木花草之繁茂喻文章之丰美华丽。

44. 粲风飞而猋竖,郁云起乎翰林:粲,明丽貌。猋,同"飚",疾风。郁,浓盛貌。此二句言粲然如风飞飚立,郁然如云起翰林。盖喻挥毫落纸如云烟时的酣畅之乐。

45. "体有万殊"四句:体,文体。量,准则。纷纭,乱貌。挥霍,疾貌。此四句言文体有种种差异,物象亦无准则,纷纭复杂,变化迅疾,形诸文字,则难以状述。

46. "辞程才以效伎"四句:程,衡量。伎,通"技",技巧。契,《说文》:"大约也。"引申为规则,约定。黾俛,语出《诗·邶风·谷风》:"何有何亡,黾勉求之。"黾俛,即黾勉,意强勉求之。此四句言文辞纷至,须衡量其才能而献其技巧;文意呈现,须掌握其规律而独具匠心。辞之有无当勉力为之,意之浅深应自作主张。

47. 虽离方而遁员,期穷形而尽相:方、员,规矩,法度。遁,离去。相,象也。此二句谓作家应以极尽描绘事物之能事,不受成法的约束。

48. "故夫夸目者尚奢"四句:夸目,指尚辞藻者。奢,谓浮艳。惬心,言切理餍心。当,严密、净省。穷,视野不开阔。论达,思路畅达。此四句言辞藻炫目者崇尚浮艳,义理惬心者贵在切当。文辞穷尽者破促狭隘,论议畅达者放旷无束。

49. 诗缘情而绮靡,赋体物而浏亮:诗以言志,故曰缘情。赋以陈事,故曰体物。绮靡,华丽也。浏亮,爽朗也。体,表现、描摹。此二句谓诗之缘情而生,言辞华美,声音细腻婉转;赋之描摹物象,清新明澈,音节响亮。此二句言诗赋之别,均从意与辞两方面言。

50. 碑披文以相质,诔缠绵而凄怆:碑以叙德,故文质相半。诔以陈哀,故缠绵凄怆。披,《说文》:"从旁持曰披。"相,辅助。此二句谓碑述行迹,用文藻以辅助内容;诔叙哀情,意缠绵而情凄怆。

51. 铭博约而温润,箴顿挫而清壮:铭以题勒示后,故简约温润。箴以讥刺得失,故顿挫清壮。博约,谓事博文约也。温润,语出《诗·秦风·小戎》:"言念君子,温其如玉。"顿挫,犹抑折也。《文心雕龙·铭箴》:"夫箴诵于官,铭题于器,名用虽异,而警戒实同。箴全御过,故文资确切;铭兼褒赞,故体贵弘润。"言铭箴之同异。此二句言铭意深博而辞简约,语言温和细腻;箴意规诫与讥刺,语言抑折清壮。

52. 颂优游以彬蔚,论精微而朗畅:颂以褒述功美,以辞为主,故优游彬蔚。论以评议臧否,以当为宗,故精微朗畅。优游,意远且长。彬蔚,华盛貌。精微,寻微之功,既精且深。朗畅,思路明快,表述通畅。此二句言颂之意深远且长,故以华盛之辞;论之理精审微密,明朗而通畅于情。

53. 奏平彻以闲雅,说炜晔而谲诳:奏以陈情叙事,故平彻闲雅。说以动感为先,故炜晔谲诳。平彻,平易透彻。闲雅,指文气舒缓而典雅。炜晔,弘壮,奇特。此二句言奏陈情叙事,故文辞平易透彻,闲静典雅;说感动人心,故其文辞奇特,诡异虚诳。

54. 虽区分之在兹,亦禁邪而制放:区,划。分,别也。兹,即指上述各种文之体。禁邪,禁止浮艳。制放,放收有度,制抑漫无止归。

55. 要辞达而理举,故无取乎冗长:谓要领是辞达其意,理举其事,故无取冗繁而已。

56. 其为物也多姿,其为体也屡迁:万物万形,故曰多姿。文非一则,故曰屡迁。此二句言其万物形异而多姿,其文体殊别而屡变。

57. 其会意也尚巧,其遣言也贵妍:妍,美也。此二句言言辞达意,穷其物情,贵巧;遣言置辞,曲折尽情,则美。

58. 暨音声之迭代,若五色之相宣:暨,至也。音声,谓宫商合韵也。宣,显示。此二句言声音迭代而成文章,若五色相宣而为绣也。

59. 虽逝止之无常,固崎锜而难便:逝止,犹去留也。崎锜,不安貌。谓会意遣言,要讲究音声。而音声奥妙难尽,有时难免有诘屈不安之处。

60. 苟达变而识次,犹开流以纳泉:达变,掌握变化之规律。识次,知次序也。此二句言若掌握变化之规律,明确次序之安排,则如水之入泉,妙合无垠。

61. 如失机而后会,恒操末以续颠:失机,犹言失次。操,持也。末,尾也。颠,首也。此二句言若音韵失之次序安排,而后补合前失,亦常如以尾续首,本末倒置也。

62. 谬玄黄之秩叙,故淟涊而不鲜:淟涊,垢浊也。李善注:"言音韵失宜,类绣之玄黄谬叙。故淟涊垢浊而不鲜明也。"此二句言若五色之次序错乱,则反入垢浊,故不鲜明也。

63. 或仰逼于先条,或俯侵于后章:先条,前文。逼,《说文》:"近也。"侵,进,犯。此二句言或与前文近重复,或与后章相妨碍。

64. 或辞害而理比,或言顺而义妨:此二句言或理顺而文辞不协调,或言顺而达义不明确。谓辞义不相称。

65. 离之则双美,合之则两伤:此二句言有时辞义分离,二者皆美,然合在一起,则相互妨害。

66. 考殿最于锱铢,定去留于毫芒:下功曰殿,上功曰最。极下为殿,第一为最。殿最,谓上下。锱铢、毫芒,皆喻微小、细小。此二句言考练辞句,在辞、义、理及音声上要反复斟酌,于极细微处也不疏忽。

67. 苟铨衡之所裁,固应绳其必当:铨衡,衡量。所裁,所用的体裁、格式。绳,标准,法度。此二句言假若衡量其为文体裁,应符合法度,则辞义必当。

68. 或文繁理富,而意不指适:意为文与理虽然繁富,但言不尽意。

69. 极无两致,尽不可益:极,表,犹准则、界限。尽,指意义表达完整。此二句言文之准则惟一,不可求其两全,文意既已表达完整,则不可增益其辞。

70. 立片言而居要，乃一篇之警策：此以马喻文也。言马因警策而弥骏，以喻文资片言而益明也。

71. 难众辞之有条，必待兹而效绩：有条，有序。效绩，言致其功。此二句言片言居要，则众辞为其统贯。

72. 亮功多而累寡，故取足而不易：亮，信也。承前句警策之辞，可发挥最佳功效；此言功效之极致，则增一辞为多，删一辞则少。

73. 或藻思绮合，清丽千眠：绮，文缯也。千眠，光色盛貌。此言绮丽文辞与文思妙合无垠，则文章清新华美，光彩照人。

74. 炳若缛绣，凄若繁弦：炳，光耀。缛，繁彩色也。绣，五色彩备也。凄，动人。此二句状辞藻之盛。

75. 必所拟之不殊，乃暗合乎曩篇：此言学习古人的两个阶段，所拟不殊，指拟古几可乱真，如临帖学书。暗合曩篇，指转益多师，神会古人，则其所拟，非仅于点画之间求形似，而是精神暗合。

76. 虽杼轴于予怀，怵他人之我先：杼轴，以织喻。言虽文情交织，出于己怀，亦惧他人先我而表达也。

77. 苟伤廉而愆义，亦虽爱而必捐：愆，失。捐，弃也。此二句言文辞若伤于袭用前人，且于义失之，即使喜爱，亦必捐之。

78. 或苕发颖竖，离众绝致：此二句言思得妙音，辞若苕草华发，颖木秀竖，与众辞绝离，致于精理。

79. 形不可逐，响难为系：响，回声。此言绝妙之辞，譬之如影，非形体可逐；譬之如声，非回音可系。意为欲再寻一语不得。

80. 块孤立而特峙，非常音之所纬：块，孤貌。常音，庸凡之句。此言文之绮丽，若经纬相成。言斯句既佳，块然立而特峙，不是平常之言所能经纬。

81. 心牢落而无偶，意徘徊而不能捴：牢落，犹寥落也。捴，舍弃。此二句言因妙辞未有佳句与之对称者，而内心落寞，心意徘徊不安，又不忍舍弃之。

82. 石韫玉而山辉，水怀珠而川媚：此言虽无佳偶，因而留之，譬若水石之藏珠玉，山川为之辉媚也。

83. 彼榛楛之勿翦，亦蒙荣于集翠：榛、楛，皆不成材之木名，喻庸音也。集，本意为禽栖木上。翠，翠鸟。此二句言那些譬若榛楛之庸辞，并未删去，亦蒙妙辞之光华，譬鸟集于树而使有翠绿之生机。

84. 缀《下里》于《白雪》，吾亦济夫所伟：伟，美也。言以此庸音而偶彼嘉句，譬以《下里》鄙曲，缀于《白雪》之高唱，知其美恶虽殊，亦足济其所美也。

85. 或托言于短韵，对穷迹而孤兴：言文小而事寡，故曰穷迹。穷迹而无偶，故曰孤兴。短韵、穷迹，皆喻文章贫乏、单调。

86. 俯寂寞而无友，仰寥廓而莫承：此言事寡而无偶，俯求之，则寂寞而无友；仰应之，则寥廓而无所承。

87. 譬偏弦之独张，含清唱而靡应：此言体制短小，意象贫乏之文，譬如单弦弹奏,单音独唱,单调而无应和之声。

88. 或寄辞于瘁音,徒靡言而弗华:瘁音,弱音、恶辞。靡,美也。此言寄妙辞于恶音,言辞空美而无光华。

89. 混妍蚩而成体,累良质而为瑕:瑕,玉之病也。妍谓言靡,蚩为瘁音。既混妍蚩,共为一体,翻累良质而为瑕也。

90. 象下管之偏疾,故虽应而不和:象,类也。下管,堂下吹管,管声偏疾。语出《礼记·仲尼燕居》:"升歌《清庙》,示德也。下而管《象》,示事也。"此二句言,堂上歌鹿鸣,堂下吹下管,管声疾,与鹿鸣雅声不相和谐。

91. 或遗理以存异,徒寻虚以逐微:存异,存其异见。寻虚,追求虚饰之辞。逐微,究其细微之事。此指不顾内容,只追求巧新奇。

92. 言寡情而鲜爱,辞浮漂而不归:漂,犹流也。不归,谓不归于实。此二句谓言而寡情,情复少爱,则浮辞漂荡,不切事实矣。

93. 犹弦幺而徽急,故虽和而不悲:幺,细小。徽,调也。此谓浮靡之辞如细弦弹出的急促音乐,虽曲调和谐,但不能悲切感人。

94. 或奔放以谐合,务嘈囋而妖冶:嘈囋,浮艳声。妖冶,美丽也。此言文辞或奔逸放纵,以合时俗,专力音调浮艳,而致美艳逸荡。

95. 徒悦目而偶俗,固声高而曲下:偶俗,迎合凡俗。此二句言纵逸之辞徒悦目而迎合世俗而已,声音虽高,而曲调卑下。

96. 寤《防露》与《桑间》:寤,觉也。李善注:"《防露》未详。一曰谢灵运《山居赋》曰'楚客放而《防露》作',注曰:'楚人放逐,东方朔感江潭而作《七谏》。然灵运以《七谏》有防露之言,遂以《七谏》为《防露》也。'"《桑间》,亡国之音也。语出《礼记·乐记》:"桑间濮上之音,亡国之音也。"

97. 或清虚以婉约,每除烦而去滥:清虚,清简。烦,繁多。此二句言或语言清简婉约,删除繁缛,去其浮滥。

98. 阙大羹之遗味,同朱弦之清汜:大羹之遗味,《礼记·乐记》:"清庙之瑟,朱弦而疏越,壹倡而三叹,有遗音者矣。大飨之礼,尚玄酒而俎腥鱼,大羹不和,有遗味者矣。"汜,散也。此二句言清虚婉约之辞,如大羹缺少余味,朱弦清散而不繁密。

99. 虽一唱而三叹,固既雅而不艳:言古乐为典雅之至。李善注:"言作文之体,必须文质相半,雅艳相资,今文少而质多,故既雅而不艳。比之大羹而阙其余味,方之古乐而同清汜,言质之甚也。"

100. "若夫丰约之裁"四句:丰约,指文辞之繁简。俯仰,指文辞之位置。因宜适变,是即赋序所谓"随手之变"。曲有微情,曲折而有微妙之情,也即赋序所谓"曲尽其妙"。以下论行文之妙。

101. 或言拙而喻巧,或理朴而辞轻:喻,指所喻之义,即"拙辞或孕于巧义"。轻,飘逸、不典重。此二句言或言辞拙直而喻义巧妙;道理朴实而言辞飘逸飞动。

102. 或袭故而弥新,或沿浊而更清:袭,因也。此二句言或袭用旧典而愈见新意,或因其浊音却感到清音。谓点铁成金、化腐朽为神奇。

103. 或览之而必察，或妍之而后精：此言这种微妙的具体情况，有一目了然者，也有细察而后会心者。

104. 譬犹舞者赴节以投袂，歌者应弦而遣声：投，举。袂，袖也。此承上句，言无论是览之必察还是研之后精，都如舞者合拍而起舞，歌者应琴弦节奏而发声。

105. 是盖轮扁所不得言，故亦非华说之所能精：轮扁所不得言，语出《庄子·天道》。"轮扁曰：'臣也以臣之事观之。斫轮，徐则甘而不固，疾则苦而不入，不徐不疾，得之于手而应于心，口不能言，有数存焉于其间。臣不能以喻臣之子，臣之子亦不能受之于臣，是以行年七十而老斫轮。'"华说，美妙的言辞。此二句言文章之妙如轮扁运斤，心悟其妙而不能言传，非巧言令辞所能精详。

106. 普辞条与文律，良余膺之所服：辞条即文律，谓为文之法式也。膺，胸。服，著也，谓著于心而不忘。此二句言广泛考察前人语言的法则和文章的规律，著于心而不忘。

107. 练世情之常尤，识前修之所淑：尤，过也。前修，前贤。淑，美也。此二句言熟悉时俗文章之失，洞识前贤文章之美。

108. 虽濬发于巧心，或授蚘于拙目：濬，深也。蚘，与"嗤"同，笑也。巧心，前修之文。此二句言前贤之文虽深发于巧思，或受拙见者所嗤笑。

109. "彼琼敷与玉藻"四句：琼敷玉藻，谓文章妙句。菽，豆类，语出《诗·小雅·小宛》。"中原有菽，庶人采之。"毛苌曰："中原，原中也。菽，藿也。力采者得之。"橐籥，语出《老子》。"天地之间，其犹橐籥乎？虚而不屈，动而愈出。"河上公曰："橐籥中空虚，故能育声气也。"此二句言如琼敷玉藻般的文章妙句，其为无限，若中原有菽，采之则有，同天地之气无穷，并育于中也。

110. 虽纷蔼于此世，嗟不盈于予掬：纷蔼，繁多。盈掬，语出《诗·小雅·采绿》。"终朝采绿，不盈一匊。"此二句言虽然世间优美的文辞繁多，可惜我所得之不盈一掬。

111. 患挈瓶之屡空，病昌言之难属：挈瓶，小器也。谓小智之人才思屡空。昌言，指先贤的佳作。难属，指难续前贤的事业。

112. 故踸踔于短垣，放庸音以足曲：踸踔，与"踟蹰"意通。此谓因才疏学浅而难以继佳篇，如徘徊于短垣，踟蹰不进，只好以凡庸辞义凑而成篇。

113. 恒遗恨以终篇，岂怀盈而自足：此谓篇终之时，总觉因才力不足，没有达到预期的效果，而无自满之感。

114. 惧蒙尘于叩缶，顾取笑乎鸣玉：缶，瓦器，叩之声浊而不扬。此二句言常担心叩击蒙尘之缶而无声，自视则为鸣玉者所讥笑。

115. "若夫应感之会"六句：此二句言至若应物感兴，心物交会，或文思通畅，来时不可遏制；或文思滞塞，去时又无法阻止。藏匿时如光影之灭，涌现时如回声响起。谓作文灵感之来去，难以自控，稍纵即逝。

116. 方天机之骏利，夫何纷而不理：天机，语出《庄子·大宗师》。"其耆欲深者，其天机浅。"指自然之性。骏利，敏锐。此二句言文思通畅如天性之敏锐，物情纷纭，皆可条理也。

117. 思风发于胸臆,言泉流于唇齿:谓文思畅达,言似泉流。

118. 纷葳蕤以馺遝,唯毫素之所拟:葳蕤,盛貌。馺遝,多貌。此谓文思泉涌,可尽情地挥毫落纸。

119. 文徽徽以溢目,音泠泠而盈耳:徽徽溢目,文章盛也。泠泠盈耳,音韵清也。此谓文思畅达,则为文文采美研满目,音韵清泠盈耳。

120. "及其六情底滞"四句:六情,喜、怒、哀、乐、好、恶。底滞,犹言钝涩。留,亦有滞义。兀,不动之貌。豁,已竭之貌。此四句言及其情感滞涩之时,心之所虑,而神思不入,呆若枯死之树木,空若干涸之流水。

121. 揽营魂以探赜,顿精爽于自求:营,意同"魂"。探赜,探索玄奥,语出《周易·系辞上》曰:"探赜索隐,钩深致远。"顿,住。精爽,即为魂魄,语出《左传·昭公二十五年》:"心之精爽,是谓魂魄。"此二句言观览心腑与魂魄,探赜玄奥,顿蓄精爽而自求之。

122. 理翳翳而愈伏,思乙乙其若抽:翳翳,掩蔽之貌。乙,音轧,难出之貌。此言思愈伏而不发,情若抽而不出。谓文思滞塞之状。

123. 是以或竭情而多悔,或率意而寡尤:此言六情底滞时,尽力苦思,辞意不佳而多悔;而天机骏利时,率尔操觚,反而较少败笔。

124. 虽兹物之在我,非余力之所勠:物,指文机。开,谓天机骏利。塞,谓六情底滞。此二句言文思开塞,非作者所能把握。

125. 故时抚空怀而自惋,吾未识夫开塞之所由:此二句言时时抚空怀而遗憾,未识其文思开塞之原由。

126. 伊兹文之为用,固众理之所因:伊,惟也。此言文章之功用,乃在于众理因之而得以表达。

127. 恢万里而无阂,通亿载而为津:恢,大。阂,限也。津,梁也。此言文章大至万里之远而无界限,沟通亿载而为津梁。

128. 俯贻则于来叶,仰观象于古人:贻则,传递法则。叶,世也。此谓垂范后世,取法前贤。

129. 济文武于将坠,宣风声于不泯:文武,指文武之道,语出《论语·子张》:"子贡曰:'文武之道未坠于地,在人。'"泯,灭。此二句言文章可济文武之道,使不坠于地。宣畅风俗,申于颂声,至于不泯灭也。

130. 涂无远而不弥,理无微而弗纶:弥纶,语出《周易·系辞上》:"《易》与天地准,故能弥纶天地之道。"此谓文章能经纶天地,遥远的空间,微妙的理论,没有不能包括的。

131. 配沾润于云雨,象变化乎鬼神:此二句言文德惠世人,可比之以滋润的云雨;出幽入微,可拟之以变化的鬼神。

132. 被金石而德广,流管弦而日新:被,同"披"。金,钟鼎。石,碑碣。李善注:"言文之善者可被之金石,施之乐章。"《汉书·董仲舒传》:"圣王已没,钟鼓管弦之声未衰。"此二句言文章可刻之金石,播于管弦,广传盛德,历久弥新。

【讲疏】

　　《文赋》的中心是论述以构思为主的创作过程。在《文赋》小序中，陆机认为，写作《文赋》主要是探讨研究"意不称物，文不逮意"的问题。这个问题存在于创作实践之始终，也只有在创作实践中，才能解决它，因此《文赋》侧重于讲文学创作的构思和技巧等问题。

　　文章开篇对如何进行艺术构思进行了探讨，陆机强调作者首先要排除纷扰，进入虚境的状态，还应博览群书，有深厚的学识，这样就完成了构思活动的前期准备。陆机本身是杰出的作家，创作经验丰富，总结出"精骛八极，心游万仞"的构思活动情状，而且伴随着情感和物象，"情曈昽而弥鲜，物昭晰而互进"。当艺术意象在作家的思维过程中形成之后，就需要用语言文字作为物质手段，使它具体地呈现出来。为了寻找最精彩的、最贴切的语言文字，就要"倾群言之沥液，漱六艺之芳润"，然后"选义按部，考辞就班"，但为了更高的艺术效果，就要"抱景者咸叩，怀响者毕弹"，仔细考察心中的物象，只有这样才能"笼天地于形内，挫万物于笔端"。

　　陆机《文赋》对各类文体的特征及其艺术风格也有所探讨，在曹丕"四科八体"说的基础上，他把文体分为十类，并具体概括了其风格特征，这在中国文体风格研究上有着重要的理论意义，并产生了长远的影响。陆机提出"诗缘情而绮靡"的观点，他只讲缘情而不讲言志，使诗歌的抒情不受"止乎礼义"的束缚，这是对先秦两汉以来儒家"诗言志"传统的突破和发展。

　　《文赋》对文章的写作技巧问题也作了深入的分析。在结构和布局方面，陆机强调结构应按照表达内容的需要，采取多种多样的形式。在部署意和辞的过程中，他十分重视意的主导作用，"理扶质以立干，文垂条而结繁"，以内容为主干，以文辞为枝叶。

　　此外，陆机还提出了"定去留"、"立警策"、"戒雷同"、"济庸音"等具体写作方法，也即写作要精心剪裁，使辞意搭配和谐；通过警句来突出主题，给文章添色加彩；避免雷同，力求创新；保留精美的词句，避免文章的平庸。

　　从《文赋》所体现的文艺美学思想来看，虽然它也有若干儒家思想的影响，例如最后关于文学的社会功用的论述，以及内容与形式的关系等，但主要还是受老庄为代表的道家思想的影响，同时也受到当时玄学思想的影响，如他强调玄览虚静的重要作用，把灵感的获得归之于"天机"。同时，也在言意关系上受到"言不尽意"思想的影响，认为文章之妙处，"是盖轮扁所不得言,故亦非华说之所能精"。

【关键词解读】

诗缘情而绮靡

陆机《文赋》以十体论文,首先提出了"诗缘情而绮靡"的观点。他认为,诗歌的特点是以精美的辞采抒发情感,"情"泛指情感,"绮靡"原指精美的织物,这里引申为华美的辞藻,旨在强调诗歌的美文性。魏晋是中国古代文学走向自觉的时代,在文艺创作中,人们的审美意识一是关注人的主观情感,二是追求辞采之美。"诗缘情而绮靡"的提出,就是这种创作思潮、审美意识的理论表现。

后世对"诗缘情而绮靡"的阐释,大体在两个方面:一是将"诗缘情"直接等同于"诗言志"。如李善注:"诗以言志,故曰缘情。"这种诠释混淆了两个命题的不同内涵。陆机所说的"情"属个人因四时风物、亲故荣落而产生的悲喜感叹,"信情貌之不差,故每变而在颜。思涉乐其必笑,方言哀而已叹"(《文赋》),而非因政治治乱、风俗盛衰而产生的怨怒、哀思。二是将"诗缘情"解释为闺房女子之情,将"绮靡"说成是雕藻淫艳的形式。持此说者,多为清人。沈德潜《说诗晬语》:"《文赋》云:'诗缘情而绮靡。'言志章教,惟资涂泽,先失诗人之旨。"纪昀《云林诗钞序》:"知发乎情而不必止乎礼义,自陆平原缘情一语,引入歧途。"他们从儒家正统诗学的立场出发,曲解文义,讨伐异端。而较为准确地阐发"诗缘情"本意的,如明顾起元,清汪师韩、王闿运等。顾起元《锦研斋次草序》:"绮靡者,情之所自溢也;不绮靡不可以言情。"王闿运《湘绮楼论文章体法》:"宋、齐游宴,藻绘山川;梁、陈巧思,寓言闺阁,皆知情不可放,言不可肆,婉而多思,寓情于文。"

【相关知识链接】

"诗言志"是古代文论的重要概念,体现了古人对诗歌本质特征的认识。语出《尚书·舜典》:"诗言志,歌永言,声依永,律和声。"近人朱自清《诗言志辨》认为,先秦流行的"诗言志",是儒家传统诗论的"开山的纲领",产生了深刻的影响。"诗言志"从文艺主体论出发,概括地说明了诗歌文学表现思想感情的特征。在先秦时期,这一理论还不是十分明晰,《左传·襄公二十七年》记赵文子对叔向称"诗以言志",《荀子·儒效》"诗言是其志也",《庄子·天下》"诗以道志",所谓"言志"或"道志",意义并不完全一致,也没有作出进一步的解释。《礼记·乐记》据此发挥,指出诗人所言之志是"感于物而后动",探讨文艺产生的本源,探讨创作主客体间的关系。《诗大序》的阐发更为深入:"诗者,志之所之也,在心为志,发言为诗,情动于中,而形于言。"强调所言之"志"必须"发乎情,止乎礼义","情"不能超越伦理规范。同时,放大了诗歌的政治教化作用,"先王以是经夫妇,成孝敬,厚人伦,美教化,移风俗",虽然所言之"志",与尔后《文赋》"诗缘情"有质的区别,还不是属于纯粹审美的意识,但汉人由"言志"扩大到"道情",开拓了诗人的视野,扩大了"志"的表现范围,提出了探讨"情"与"志"关系的新课题。

【延伸阅读】

此篇为陆机《遂志赋》的序文。在这篇序中,陆机没有提及班固、张衡的《两都赋》、《两京赋》等描写地方风物的大赋,而专论他们以抒发情志为主的赋作,再从他列举的《显志》、《哀系》等赋看,说明从东汉至魏晋,赋已从铺事写物为主向抒情言志转化。陆机细心揣摩了前人题材相近赋作的特征,给予简洁精当的评价,在评析前人的赋作过程中,陆机得出了"穷达异事,而声为情变"的结论,说明陆机意识到作者的身世、遭遇、性格、情感对赋体创作会产生巨大的影响。陆机此《序》在一定程度上反映出他的文学思想,是对《文赋》的有益补充。

遂 志 赋 序

昔崔篆作诗,以明道述志。而冯衍又作《显志赋》,班固作《幽通赋》,皆相依仿焉。张衡《思玄》,蔡邕《玄表》,张叔《哀系》,此前世之可得言者也。崔氏简而有情,《显志》壮而泛滥,《哀系》俗而时靡,《玄表》雅而微素,《思玄》精练而和惠。欲丽前人,而优游清典,漏幽通矣。班生彬彬,切而不绞,哀而不怨矣。崔、蔡冲虚温敏,雅人之属也。衍抑扬顿挫,怨之徒也。岂亦穷达异事,而声为情变乎!余备托作者之末,聊复用心焉。

——刘运好:《陆士衡文集校注》,凤凰出版社2007年版

【思考题】

1. 谈谈"诗言志"与"诗缘情"的区别。
2. 陆机在《文赋》中是如何论述灵感思维的?

陆　云

【作者简介】

陆云(262—303),字士龙。西晋文学家,吴郡吴县华亭(今上海松江县)人。儒雅有才,口敏能谈,博闻强记,善著述。与兄陆机齐名,世称"二陆"。吴亡入洛,曾任浚仪令,有政绩,百姓供其图像而思慕之。历任尚书郎、侍御史、太子中舍人、中书侍郎。成都王司马颖荐为清河内史,世称"陆清河"。后转为大将军右司马。司马颖杀其兄陆机,陆云同时被害。代表作有《为顾彦先赠妇》、《答兄机》、《谷风》等。原有集,已佚,宋人辑有《陆士龙集》,明人辑有《陆清河集》。

与兄平原书(节选)

五

云再拜:《祠堂颂》已得省[1]。兄文不复稍论常佳,然了不见出语[2],意谓非兄文之休者[3]。前后读兄文,一再过[4]便上口,语省。此文虽未大精,然了无所识。然此文甚自难,事同又相似,益不古,皆新绮[5],用此已自为洋洋耳。《答少明诗》[6]亦未为妙,省之如不悲苦,无恻然伤心言,今重复精之[7]。一日见正叔[8],与兄读古五言诗,此生叹息欲得之。谨启。

八

云再拜:往日论文,先辞而后情,尚絜而不取悦泽[9]。尝忆兄道张公父子论文[10]，自得实欲，今日便欲宗其言。兄文章之高远绝异，不可复称言。然犹皆欲微多，但清新相接，不以此为病耳。若复令小省，恐其妙欲不见，可复称极，不审兄由以为尔不？《茂曹碑》皆自是蔡氏碑之上者[11]，比视蔡氏数十碑，殊多不及，言亦自清美，愚以无疑不存。《三祖赞》不可闻[12]。《武帝赞》如欲管管流泽[13]，有以常相称美，如不史，愿更视之，小跛几而悦奕为尽理。云今意视文，乃好清省，欲无以尚意之至此，乃出自然。张公在者必罢，必复以此见调。不知《九愍》不多[14]，不当小减。《九悲》、《九愁》[15]，连日钞除，所去甚多，才本不精，正自极此。愿兄小为之定一字、两字，出之便欲得。迟望不言。谨启。

其一〇

云再拜：尝闻汤仲叹《九歌》[16]，昔读《楚辞》[17]，意不大爱之。顷日视之[18]，实自清绝滔滔[19]。故自是识者，古今来为如此种文，此为宗矣。视《九章》[20]，时有善语，大类是秽文，不难举意。视《九歌》，便自归谢绝思。兄常欲其作诗文，独未作此曹语。若消息小佳，愿兄可试作之。兄复不作者，恐此文独单行千载间。常谓此曹语不好，视《九歌》，正自可叹息。王褒作《九怀》[21]亦极佳，恐犹自继。真玄盛称《九辩》[22]，意甚不爱。

其一二

云再拜：诲二赋佳[23]。久不复作文，又不复视文章，都自无次第。文章既自可羡，且解愁忘忧，但作之不工，烦劳而弃力，故久绝意耳。在此悲思，视书不能解。前作二篇，后为复欲有所作以慰，小思虑便大顿极，不知何以乃尔。前登城门，意有怀，作《登台赋》[24]，极未能成，而崔君苗作之[25]。聊复成前意，不能令佳。而羸瘁累日，犹云愈前二赋，不审兄平之云何。愿小有损益一字两字，不敢望多。音楚，愿兄便定之。兄昔与献彦之属，皆愿仲宣须赋献与服繁。张公语云云：兄文故自楚，须作文为思昔所识文。乃视兄作诔,又令结使说音耳。兄所撰,愿且可付之。此有书者,更校,善书,送信还,望之。谨启。

其一八

云再拜:诲前二赋佳,视之行已复不如初。昔文自无可成,藏之甚密,而为复漏显世,欲为益者,岂有谓之不善而不为怀?此不成意,想兄已得怀之耳。有作文唯尚多,而家多猪羊之徒。作《蝉赋》二千余言[26],《隐士赋》三千余言[27],既无藻伟,体都自不似事。文章实自不当多,古今之能为新声绝曲者,无又过兄。兄往日文虽多瑰铄,至于文体,实不如今日。间在洛有所视,已当报,而比更隆。以今意观文,见此真更以为不尽善。文黑云:故日向人叹兄文,人终来同,殆以此为病。张公文无他异,正自情省无烦长,作文正尔,自复佳。兄文章已显一世,亦不足复多,自困苦。适欲白兄,可因今清静,尽定昔日文。但当钩除差易为功力。诲已定《敬长诔》,意当暗与兄合。云久绝意于文章,由前日见敦之后,而作文解愁,聊复作数篇,为复欲有所为以忘忧。贫家佳物便欲尽,但有钱谷,复羞出之。而体中殊不可,以思虑,腹立满,背便热,亦诚可悲。间视《大荒传》,欲作《大荒赋》,既自难工,又是大赋,恐交自困绝异往。经比干墓,怅然欲吊之,无又即意,又事业。

其一九

云再拜:张公箴诔,自过五言诗耳。但云自不便五言诗,由己而言耳。《玄泰诔》自不及《士祚诔》[28]。兄《丞相箴》小多,不如《女史》清约耳。恐兄无缘思于此,意犹云何?而兄乃有高论,更复无意。云故日不作文,而常少张公文。今所作,兄辄复云过之,得作此公辈,便可斐然有所谢,故自为不及,诸碑箴辈,甚极,不足与校,歌亦平平。作《游仙诗》故自能。《刘氏颂》极佳,但无出言耳。二颂不减,复过所望,如此已欲解此公之半。《岁暮赋》

甚欲成之,而不可自,用得此百数十字,今送。不知于诸赋者不罢少不?想少佳。成,当送到洛。陈琳《大荒》甚极,自云作必过之,想终能自果耳。谨启。

二三

云再拜:省诸赋[29],皆有高言绝典[30],不可复言。顷有事,复不大快,凡得再三视耳。其未精,仓卒未能为之次第。省《述思赋》,深情至言,实为清妙,恐故复未得为兄赋之最。兄文自为雄,非累日精拔,卒不可得言。《文赋》甚有辞,绮语颇多。文适多体,便欲不清[31],不审兄呼尔不?《咏德颂》甚复尽美,省之恻然。《扇赋》腹中愈首尾,发头一而不快,言"乌云龙见",如有不体[32]。《感逝赋》愈前,恐故当小不?然不一至不复减。《漏赋》可谓清工。兄顿作尔多文,而新奇乃尔,真令人怖,不当复道作文。谨启。

——刘运好:《陆士龙文集校注》,凤凰出版社2010年版

【题解】

陆云《与兄平原书》是晋代重要的文论著作,现存三十五篇。"平原"即陆云的兄长陆机,他曾任平原内史,故世称"陆平原"。据逯钦立考证,大约作于陆云被害前的一年多之内。就其内容来说,可分为三类:第一类为陆云告知陆机自己巡行邺宫三台的所见所感;第二类是告知陆机官场人事消息;第三类则是兄弟二人对文学创作的讨论,也是此文最重要的部分。整体来说,陆云以简洁无华的语言,自然流露出其文学思想,且涉及较广,见解颇深,不可小视。

【注释】

1. 《祠堂颂》:陆机作,今失传。省:察看,此引申为阅读研究。
2. 出语:陆云信中说到"出语"、"出言",含义相近,指警策之言、佳句。
3. 休:美也,善也。
4. 前后:表时间先后。一再过:一、二遍。
5. 新绮:谓语言的清新绮丽。
6. 《答少明诗》:指陆机所作《赠武昌太守夏少明》。

7. 精:用心阅读。
8. 正叔:潘尼,字正叔,西晋文学家,与潘岳并称"两潘"。
9. 尚絜而不取悦泽:崇尚简洁而不注重润色。絜,通"洁"。悦泽,犹润色。
10. 张公父子:指张华及其子袆、䄎。张华,字茂先,晋司空。箴有《大司农箴》、《尚书令箴》、《女史箴》、《杖箴》等,诔有《章怀皇后诔》、《烈文先生鲍玄泰诔》、《魏刘骠骑诔》等。
11. 《茂曹碑》:蔡邕作,今不存。
12. 《三祖赞》:陆机作,今不存。三祖,指晋宣帝司马懿、景帝司马师、文帝司马昭。
13. 《武帝赞》:陆机作,今不存。武帝,指晋武帝司马炎。
14. 《九愍》:陆机作,今存《陆清河集》。
15. 《九悲》、《九愁》:今不存。
16. 《九歌》:《楚辞》篇名,战国楚屈原作。
17. 《楚辞》:楚辞体诗歌总集,西汉刘向辑。
18. 顷日:近日。
19. 清绝:清新至极。
20. 《九章》:《楚辞》篇名,战国楚屈原作。
21. 《九怀》:《楚辞》篇名,汉王褒作。
22. 《九辩》:《楚辞》篇名,战国楚宋玉作。
23. 诲:教诲。
24. 《登台赋》:陆机作,今存《陆清河集》。
25. 崔君苗:与陆机、陆云同时人,陆云称其《登台赋》、《愁霖赋》"极佳"、"为佳手笔"。
26. 《蝉赋》:今不存。
27. 《隐士赋》:今不存。
28. 《玄泰诔》:指张华所作《烈文先生鲍玄泰诔》。《士祚诔》:陆机作,今不存。
29. 诸赋:指后列陆机六赋。
30. 高言绝典:指高超绝妙的言辞和用典。
31. 文适多体,便欲不清:陆机《文赋》论文有十体:诗、赋、碑、诔、铭、箴、颂、论、奏、说,陆机认为很难将其中的某一体的写作方法说清楚。
32. 言"乌云龙见",如有不体:谓陆机《扇赋》中有"乌云龙见"之语,此为失体之言,因为"龙见"一词常用于天子。

【讲疏】

在《与兄平原书》中,陆云的文学观多有体现,有几点特别值得我们注意。

陆云主张文贵"清省"。他认为:"云今意视文,乃好清省,欲无以尚意之至此,乃出自然。"刘勰《文心雕龙·镕裁》评云:"士衡才优,而缀辞尤繁;士龙思劣,而雅好清省。"张溥《陆清河集题辞》评云:"士龙与兄书,称论文章,颇贵'清省',妙若《文赋》,尚嫌'绮语'未尽。"陆云所谓"清省",即是清新自然、简洁凝练之意。他在多封信中对陆机繁富矫饰的毛病作了委婉的批评,指出陆机文章"微多"、"多"、"小多"、"绮语颇多"、"尚多",劝陆机"不足复多自困苦"。陆云自作诗赋,创作态度非常严谨,这从他在信中屡次提及的《岁暮赋》可窥一斑。

以"情"论文,是陆云文论的另一个突出特点。他对《述思赋》的评价是"深情至言,实为清妙"。赞扬《咏德颂》"甚复尽美",因为它"省之恻然"。称赞张华"文无他异,情省无烦长",认为"如不悲苦"、"无恻然伤心之言"的作品是"未为妙"之作,表现出他对文学的抒情特质和情感力量的强调。陆机《文赋》虽然也明确提出"诗缘情而绮靡",然而对"缘情"所主倡的力度显然不及陆云。

在《与兄平原书》中,不但有对陆机赋的优劣品评,而且多有对《楚辞》以来诗赋的评价,如云:"昔读《楚辞》,意不大爱之。顷日视之,实自清绝滔滔。故自是识者,古今来为如此种文,此为宗矣。视《九章》,时有善语,大类是秽文,不难举意。"他的眼界颇高,认为王褒的《九怀》"亦极佳,恐犹自继"。

内容与形式的关系是文学文本的基本问题,陆云对此也有自己的认识,表现在情辞关系上,他肯定情的首要地位。陆云认为:"往日论文,先辞而后情,尚絜而不取悦泽。尝忆兄道张公父子论文,自得实欲。今日便欲宗其言。"陆云评论文章曾经先辞而后情,但受到张华父子的影响后,转而重视作品中的情感。张华父子论文之语今不传,然根据陆云所述推断,大意当是以情感表现为先,以文辞为后。

用词不当是文章写作中的常见问题,陆云对此持否定的态度。他认为《扇赋》言"乌云龙见","如有不体"。文章用词不当,一方面会词不达意,另一方面有失雅致。事类是文章藻采的重要构成因素之一,陆云对文章运用事类的做法给予肯定。他认为陆机诸赋"皆有高言绝典,不可复言",赞美其文章的典故运用得恰到好处。

在陆云在与兄陆机的书信中,无意间触及了许多文学理论上的问题,值得我们深入挖掘,认真思考。

【关键词解读】

文贵清省

陆云所谓"清省",包括两方面的含义:一是"清",为清新自然之意;一是"省",主要是讲去繁尚简。他评价作品时,常用此"清省"为标准。他称赞佳作,往往用包含"清"字的词语,如"清约"、"清新"、"清美"、"清妙"等。可见,他认为"清"是一切优秀作品皆须具备的基本因素。无论文意和文辞,都应当精而不芜,约而不繁,透明澄澈,雅洁不俗。就这一点言,陆云与陆机观点有着很大的差别。陆机才华横溢,不但在创作上,而且在理论上,都提倡辞藻的繁富丰赡之美。故陆机《文赋》批评"清虚婉约"、"除烦去滥"的作品为"雅而不艳"。陆云则一再指出陆机的一些作品存在着繁富不精的毛病。这体现了弟兄二人不同的审美趣味。

【相关知识链接】

繁、简是文学创作中的不同倾向,陆机、陆云对此表示出不同的态度,前者评论文章尚富,而后者尚简。《文赋》认为文章应富丽,视清简质朴为文病之一,"或清虚以婉约,每除烦而去滥。阙大羹之遗味,同朱弦之清汜。虽一唱而三叹,固既雅而不艳"。从某种意义上来说,在陆机所处的时代,文辞富盛是文学自觉的充分展现之一,是高水准诗文的重要特征。建安之曹植、太康之陆机、元嘉之谢灵运是其各自时代最为杰出的诗人,《诗品序》指出其诗的主要特点是文辞富盛,赞曹植"词采华茂",称陆机"才高辞赡",誉谢灵运"才高词盛,富艳难踪"。文辞富盛是优点,但过于富盛则是缺点,陆机诗文便存在这种缺点,张华曾遗憾地说陆机为文患于才太多。另一方面,陆机评论文章尚繁富,并不否定简约,对文章之繁简,他有正确的认识,《文赋》云:"若夫丰约之裁,俯仰之形,因宜适变,曲有微情。"认为文章的繁简要善于变化,以适宜为准。

与陆机评论文章尚富不同,陆云评论文章力尚简约。他认为文章简约乃出于自然,《与兄平原书》之八曰:"云今意视文,乃好清省,欲无以尚意之至此,乃出自然。"陆机、陆云评论文章对待繁简的不同态度与他们各自创作实践中不同的爱好有关,陆机创作辞藻宏丽,而陆云创作力求"清省",表现出不同的审美情趣。此外,陆云评论文章尚简约与当时的玄学背景密切相关,玄谈尚简,而陆云的玄谈水平高过陆机。

【延伸阅读】

魏晋时期的赋有不少以"逸民"为题,陆云曾作《逸民赋》,赞隐逸之美,同僚加以驳难,陆云又作《逸民箴》反驳之。

逸 民 箴 序

余昔为《逸民赋》,大将军掾何道彦,大府之俊才也,作《反逸民赋》,盛称官人,以美宠禄之华靡,伟名位之大宝,斐然其可观也。夫名者,实之宾;位者,物之寄。穷高有必颠之吝,溢美有大恶之尤,可不慎哉!故为《逸民箴》以戒反正焉。

——刘运好:《陆士龙文集校注》,凤凰出版社2010年版

【思考题】

1. 简述"二陆"文学观点的异同。
2. 如何理解文学创作中繁与简之间的关系?

挚 虞

【作者简介】

挚虞(250—300),字仲洽,京兆长安(今陕西西安)人。少师事皇甫谧,才学博通,西晋著名谱学家。武帝泰始四年(268)举贤良,授中郎。历任秘书监、卫尉卿等。后因遭乱饿死。著有《文章志》四卷、《三辅决录注》七卷、《文章流别集》六十卷等。明张溥辑有《挚太常集》。

文章流别论

文章者,所以宣上下之象[1],明人伦之叙[2],穷理尽性[3],以究万物之宜者也[4]。王泽流而诗作[5],成功臻而颂兴[6],德勋立而铭著[7],嘉美终而诔集[8]。祝史陈辞[9],官箴王阙[10]。《周礼》太师掌教六诗:曰风,曰赋,曰比,曰兴,曰雅,曰颂。言一国之事,系一人之本,谓之风;言天下之事,形四方之风,谓之雅;颂者,美盛德之形容;赋者,敷陈之称也;比者,喻类之言也;兴者,有感之辞也。后世之为诗者多矣,其功德者谓之颂,其余则总谓之诗。颂,诗之美者也。古者圣帝明王,功成治定而颂声兴。于是史录其篇,工歌其章,以奏于宗庙,告于鬼神。故颂之所美者,圣王之德也。则以为律吕,或以颂形,或以颂声,其细已甚[11],非古颂之意。昔班固为《安丰戴侯颂》,史岑为《出师颂》、《和熹邓后颂》[12],与鲁颂体意相类;而文辞之异,古今之变也。扬雄《赵充国颂》,颂而似雅;傅毅《显宗颂》,文与周颂相似,而杂以《风》、《雅》之意。若马融《广成》、《上林》之属,纯为今赋之体,而谓之颂,失之远矣。

赋者,敷陈之称,古诗之流也。古之作诗者,发乎情,止乎礼义[13]。情之发,因辞以形之,礼义之旨,须事以明之,故有赋焉,所以假象尽辞,敷陈其志[14]。前世为赋者,有孙卿、屈原,尚颇有古诗之义[15]。至宋玉则多淫浮之病矣[16]。《楚辞》之赋,赋之善者也。故扬子称赋莫深于《离骚》。贾谊之作,则屈原俦也。古诗之赋,以情义为主,以事类为佐。今之赋,以事形为本,以义正为助。情义为主,则言省而文有例矣;事形为本,则言当而辞无常矣。文之烦省,辞之险易,盖由于此。夫假象过大,则与类相远;逸辞过壮,则与事相违;辩言过理,则与义相失;丽靡过美,则与情相悖。此四过者,所以背大体而害政教。是以司马迁割相如之浮说[17],扬雄疾辞人之赋丽以淫。

《书》云:"诗言志,歌永言[18]。"言其志谓之诗。古有采诗之官,王者以知得失。古之诗,有三言、四言、五言、六言、七言、九言。古诗率以四言为体,而时有一句二句杂在四言之间,后世演之,遂以为篇。古诗之三言者,"振振鹭,鹭于飞[19]"之属是也,汉郊庙歌多用之。五言者,"谁谓雀无角,何以穿我屋[20]"之属是也,于俳谐倡乐多用之。六言者,"我姑酌彼金罍[21]"之属是也,乐府亦用之。七言者,"交交黄鸟止于桑[22]"之属是也,于俳谐倡乐世用之。古诗之九言者,"泂酌彼行潦挹彼注兹[23]"之属是也,不入歌谣之章,故世希为之。夫诗虽以情志为本,而以成声为节。然则雅音之韵,四言为正,其余虽备曲折之体,而非音之正也[24]。

《七发》造于枚乘,借吴楚以为客主,先言"出舆入辇,蹶痿之损;深宫洞房,寒暑之疾;靡曼美色,晏安之毒;厚味暖服,淫曜之害。宜听世之君子,要言妙道,以疏神导引,蠲淹滞之累"。既设此辞以显明去就之路,而后说以色声逸游之乐。其说不入,乃陈圣人辩士讲论之娱,而霍然疾瘳[25]。此因膏粱之常疾,以为匡劝,虽有甚泰之辞而不没其讽谕之义也。其流遂广,其义遂变,率有辞人淫丽之尤矣。崔骃既作《七依》[26],而假非有先生之言曰:"呜呼!扬雄有言,童子雕虫篆刻,俄而曰壮夫不为也[27]。孔子疾小言破道。斯文之族,岂不谓义不足而辨有余者乎!赋者将以讽,吾恐其不免于劝也。[28]"

扬雄依《虞箴》作《十二州》、《十二官箴》而传于世,不具九官。崔氏累世弥缝其阙[29],胡公又以次其首目而为之解,署曰《百官箴》。

夫古之铭至约,今之铭至繁,亦有由也。质文时异,论既论则之矣。且上古之铭,铭于宗庙之碑。蔡邕为杨公作碑,其文典正,末世之美者也。后世以来之器铭之嘉者,有王莽《鼎铭》、崔瑗《杌铭》、朱公叔《鼎铭》、王粲《砚铭》,咸以表显功德。天子铭嘉量,诸侯大夫铭太常、勒钟鼎之义,所言虽殊,而令德一也。李尤为铭[30],自山河都邑,至于刀笔平契,无不有铭,而文多秽病。讨论润色,言可采录。

诗颂箴铭之篇,皆有往古成文,可放依而作。惟诔无定制,故作者多异焉。见于典籍者,《左传》有鲁哀公为《孔子诔》[31]。

哀辞者,诔之流也。崔瑗、苏顺、马融等为之率[32],以施于童殇夭折不以寿终者[33]。建安中,文帝与临淄侯各失稚子,命徐幹、刘桢等为之哀辞。哀辞之体,以哀痛为主,缘以叹息之辞[34]。

今所□哀策者,古诔之义。

若《解嘲》之弘缓优大,《应宾》之渊懿温雅,《达旨》之壮厉忼慷,《应间》之绸缪契阔,郁郁彬彬,靡有不长焉矣。

古有宗庙之碑,后世立碑于墓,显之衢路,其所载者铭辞也。图谶之属[35],虽非正文之制,然以取其纵横有义,反覆成章。

——严可均:《全晋文》卷七十七,中华书局影印本

【题解】

晋挚虞撰有《文章志》二卷、《文章流别集》四十一卷、《文章流别论》二卷。《文章流别论》原附于《文章流别集》,为其叙论、题解,梁以后别出,与《文章志》并行,《隋书·经籍志》著录为《文章流别志论》二卷,至唐始有《文章流别论》之称。其书亡于宋后。《文章流别论》遗文散见于类书及古注中,经后人辑佚,可见者凡十九则,是一部专论文体的著作,概括了前人研究文体的成果而又有所发挥,把文章体裁区分得更为细致,对各体文章的性质和源流作了探讨。

【注释】

1. 宣上下之象：上下，指天地。象，指物象。
2. 明人伦之叙：人伦，人道。叙，次序。
3. 穷理尽性：语出《易·说卦》："穷理尽性，以至于命。"孔颖达疏："又能穷极万物深妙之理，究尽生灵所禀之性。"
4. 究万物之宜：语出《易·系辞上》："象其物宜。"孔颖达疏："圣人又法象其物之所宜。若象阳物，宜于刚也；若象阴物，宜于柔也，是各象其物之所宜。"
5. 王泽流而诗作：谓君王恩泽流布则诗歌兴旺。
6. 臻：至也。
7. 德勋：道德功勋。
8. 嘉美：指有美善德行的人。终：逝世。集：成。
9. 祝史陈辞：语出《左传·桓公六年》："祝史正辞，信也。"孔颖达疏："祝官、史官正其言辞，不欺诳鬼神，是其信也。"
10. 官箴王阙：谓百官上箴言以劝戒君王的过错。箴，箴言。阙，通"缺"，指过错。
11. 其细已甚：语出《左传·襄公二十九年》季札曰："美哉！其细已甚，民弗堪也，是其先亡乎！"
12. 史岑：字孝山，东汉人。和熹邓后：东汉和帝皇后。和帝死后，子殇帝立，邓后临朝。殇帝死，安帝立，后仍临朝。后死，安帝始亲政。和熹是邓后的谥号。
13. "古之作诗者"三句：语出《毛诗序》："故变风发乎情，止乎礼义。发乎情，民之性也；止乎礼义，先王之泽也。"
14. 所以假象尽辞，敷陈其志：谓赋乃虚构艺术形象，穷尽言辞之妙以铺陈作者心中情志。假象，指借用形象。尽辞，指穷尽言辞之妙。
15. "前世为赋者"三句：语出《汉书》卷三十《艺文志》："大儒孙卿及楚臣屈原离谗忧国，皆作赋以讽，咸有恻隐古诗之义。"
16. 至宋玉则多淫浮之病矣：扬雄《法言·吾子》："或问：景差、唐勒、宋玉、枚乘之赋也益乎？曰：必也淫。"
17. 是以司马迁割相如之浮说：语出《史记》一百一十七《司马相如传》："相如虽多虚辞滥说，要其归引之于节俭。"割，剔除之意。
18. 诗言志，歌永言：语出《尚书·尧典》："诗言志，歌永言，声依永，律和声，八音克谐，无相夺伦，神人以和。"永言：长言。
19. 振振鹭，鹭于飞：语出《诗经·鲁颂·有駜》"振振鹭，鹭于下。鼓咽咽，醉言舞。于胥乐兮。"
20. 谁谓雀无角，何以穿我屋：语出《诗经·召南·行露》："厌浥行露，岂不夙夜？谓行多露！谁谓雀无角，何以穿我屋？谁谓女无家，何以速我狱？虽速我狱，室家不足。谁谓鼠无牙，何以穿我墉？谁谓女无家，何以速我讼？虽速我讼，亦不女从！"

21. 我姑酌彼金罍：语出《诗经·周南·卷耳》："采采卷耳，不盈顷筐，嗟我怀人，置彼周行。陟彼崔嵬，我马虺隤。我姑酌彼金罍，维以不永怀！陟彼高冈，我马玄黄。我姑酌彼兕觥，维以不永伤！陟彼砠矣，我马瘏矣，我仆痡矣，云何吁矣！"

22. 交交黄鸟止于桑：语出《诗经·秦风·黄鸟》章一首句"交交黄鸟，止于棘"，章二首句"交交黄鸟，止于桑"，章三首句"交交黄鸟，止于楚"，挚虞认为是七言句。

23. 泂酌彼行潦挹彼注兹：语出《诗经·大雅·生民之什·泂酌》每章的首句均为"泂酌彼行潦，挹彼注兹"，挚虞以为是九言诗句。

24. "然则雅音之韵"四句：刘勰《文心雕龙·明诗》："若夫四言正体，则雅润为本；五言流调，则清丽居宗。"

25. 霍然：迅速貌。瘳：病愈。

26. 崔骃：字亭伯，东汉经学家、文学家。《七依》：今不传。

27. "扬雄有言"三句：语出扬雄《法言·吾子》："或问：吾子少而好赋？曰：然。童子雕虫篆刻。俄而曰：壮夫不为也。"

28. 赋者将以讽，吾恐其不免于劝也：语出扬雄《法言·吾子》："或问：赋可以讽乎？曰：讽乎！讽则已；不已，吾恐不免于劝也。"

29. 崔氏：指崔氏父子崔骃和崔瑗。

30. 李尤：字伯仁，一字宗伯，广汉洛人，东汉文学家。有集五卷，今不传。

31. 《左传》有鲁哀公为《孔子诔》：语出《左传·哀公十六年》："夏，四月，己丑，孔子卒。公诔之曰：'昊天不吊，不慭遗一老。俾屏余一人在位，茕茕余在疚。呜呼哀哉！尼父，无自律。'"

32. "哀辞者"三句：语出《文心雕龙·哀吊》："降及后汉，汝阳王亡，崔瑗哀辞，始变前式。然履突鬼门，怪而不辞；驾龙乘云，仙而不哀；又卒章五言，颇似歌谣，亦仿佛乎汉武也。"又曰："至于苏顺、张升，并述哀文，虽发其情华，而未极其心实。"

33. 以施于童殇夭折不以寿终者：语出《文心雕龙·哀吊》："赋宪之谥，短折曰哀。哀者，依也。悲实依心，故曰哀也。以辞遣哀，盖下流之悼，故不在黄发，必施夭昏。昔三良殉秦，百夫莫赎，事均夭枉，《黄鸟》赋哀，抑亦诗人之哀辞乎？"

34. "哀辞之体"三句：语出《文心雕龙·哀吊》："原夫哀辞大体，情主于痛伤，而辞穷乎爱惜。幼未成德，故誉止于察惠；弱不胜务，故悼加乎肤色。隐心而结文则事惬，观文而属心则体奢。奢体为辞，则虽丽不哀；必使情往会悲，文来引泣，乃其贵耳。"

35. 图谶：秦汉神权迷信的产物。《说文》："谶，验也，有征验之书，河洛所出之书曰谶。"

【讲疏】

刘师培《搜集文章志材料方法》说："文学史者，所以考历代文学之变迁也。古代之书，莫备于晋之挚虞，虞之所作，一曰《文章志》，一曰《文章流别》。志者，以人为纲者也。流别者，以文体为纲者也。"文章流别论，即关于各种文体性质、源流的论文。

从现存《文章流别论》的十余则佚文来看，挚虞不但在文体分类上较曹丕、陆机细密，而且关于各体的性质、源流以及文章的作用及评价，均提出系统的看法。例如对赋这种文体，论其源流，他继承班固之说，认为"赋者，敷陈之称，古诗之流也"。论其产生原因，他分析认为："情之发，因辞以形之，礼义之旨，须事以明之，故有赋焉，所以假象尽辞，敷陈其志。"论汉赋的分类，他认为："古诗之赋，以情义为主，以事类为佐。今之赋，以事形为本，以义正为助。"他把汉赋分为两类，一类是具有现实意义的"古诗之赋"，一类是过分追求形式、忽视内容的"今之赋"。再如，对哀辞，他指出："哀辞者，诔之流也。"认为这种文体应"以哀痛为主，缘以叹息之辞"。这些观点，被刘勰《文心雕龙·哀吊》所吸收。

在解释诗之"六义"时，《文章流别论》认为："兴者，有感之辞也。"汉儒释兴，认为是"托事于物"，即在草木鸟兽等事物中寄托人事，特别是有关政教的人事。在此基础上，挚虞突出了"感"的因素，认为那种寄托是诗人因草木鸟兽等"物"的触发而兴起感慨、引起联想的结果。尔后刘勰《文心雕龙·比兴》以"起情"释兴，与挚虞的说法不无联系。

《文章流别论》是最早将"颂"单独列为一体加以论述的，之前的《毛诗序》虽然对"风、雅、颂、赋、比、兴"有解释，但其重点不在立文章之体。挚虞认为"颂"为"诗之美者也"，并对班固、扬雄和马融等人的颂作出了恰如其分的评价。

挚虞对《七发》一文的主要内容进行了概括，并总结文章特点为"虽有甚泰之辞，而不没其讽喻之义"，并批判后来继承者有"辞人淫丽之尤"，认为《七发》是"七"体的开山之作，其他均是仿此而作。挚虞以文概体，他总结出《七发》的特点，也即总结了"七"体应有的风格特点，十分高明绝妙。

【关键词解读】

文章

中国古代的"文章"一词有不同的涵义。一是指文物典章制度。如孔子说："大哉，尧之为君也！巍巍乎，唯天为大，唯尧则之。荡荡乎，民无能名焉。巍巍乎，其有成功也。焕乎，其有文章。"（《论语·泰伯》）二是指外在的文采。如《韩非子·解老》："礼者所以貌情也，群义之文章也。"《周礼·考工记》："青与赤谓之文，赤与白谓之章，白与黑谓之黼，黑与青谓之黻，五采备谓之绣。"三是指辞章、文学。

汉人将"文章"与"文学"对举,"文章"是指有文采的辞章,如辞赋、颂赞、乐府歌行之类,"文学"则指文化学术。如《史记》一百二十一《儒林列传》:"文章尔雅,训辞深厚。"《汉书》卷五十八《公孙弘卜式儿宽传》:"刘向、王褒以文章显。"晋人挚虞较早为"文章"这一概念作明确界说,《文章流别论》:"文章者,所以宣上下之象,明人伦之叙,穷理尽性,以究万物之宜者也。"尔后南朝萧子显《南齐书·文学传》,进一步明确"文章"定义:"文章者,盖情性之风标,神明之律吕也。蕴思含毫,游心内运,放言落纸,气韵天成;莫不禀以生灵,迁乎爱嗜。"这显然很接近现今所谓"文学"的涵义了。总体而言,魏晋以后,自觉的文体观念虽然日趋精密,但"文章"依然是作为综括一切文体的范畴而存在,相当于文体层面上广义的"文"。

【相关知识连接】

魏晋南北朝的文学理论和文学批评,受到文学创作的影响,异常的繁荣,曹丕《典论·论文》、陆机《文赋》、刘勰《文心雕龙》、钟嵘《诗品》等论著以及萧统《文选》、徐陵《玉台新咏》等文学总集的出现,形成了文学理论和文学批评的高峰。文学理论与批评的兴盛是与"文学的自觉"联系在一起的。所谓"文学的自觉"有三个标志:第一,文学从广义的学术中分化出来,成为独立的一个门类。第二,对文学的各种体裁有了比较细致的区分,更重要的是对各种体裁的体制和风格特点有了比较明确的认识。第三,对文学的审美特性有了自觉的追求。

"文学的自觉"是一个相当漫长的过程,它贯穿于整个魏晋南北朝,大约三百年的时间。对于文体的辨析,可以上溯至《汉书·艺文志》,至于《东观汉纪》以及蔡邕的《独断》、刘熙的《释名》等反映了早期的文体辨析意识。更为明晰而自觉的文体辨析,则始自曹丕的《典论·论文》,他将文体分为四科,并指出它们各自的特点:"奏议宜雅"、"书论宜理"、"铭诔尚实"、"诗赋欲丽"。《文赋》进一步将文体分为十类,对每一类的特点也有所论述。特别值得注意的是,他将诗和赋分成两类,并指出"诗缘情而绮靡,赋体物而浏亮"的特点。西晋挚虞的《文章流别论》,就现存佚文看来,论及十二种文体,对各种文体追溯其起源,考察其演变,并举出一些作品加以讨论,比曹丕和陆机又进了一步。东晋李充《翰林论》联系风格来辨析文体,是对文体风格的进一步探讨。到了南朝,文体辨析更加深入系统了,梁任昉的《文章缘起》分为八十四题,虽不免琐碎,但由此可见文体辨析的细致程度。《文心雕龙》和《文选》不仅对文体的区分很系统,而且对文体的讨论也很深入。《文心雕龙》上篇主要的篇幅就是讨论文体,共分三十三大类。其《序志》说："原始以表末,释名以章义,选文以定篇,敷理以举统。"对每种文体都追溯其起源,叙述其演变,说明其名称的意义,并举例加以评论。《文选》是按文体编成的一部文学总集,对文体有详细的辨析。如果对文学只有一种混沌的概念而不能加以区分,还不能算是对文学有了自觉的认识,所以文体辨析是文学自觉的重要标志。

【延伸阅读】

魏徵,字玄成,巨鹿(今属河北)人。唐初重臣,政治家、史学家和文学家。魏徵等著《隋书》八十五卷,纪五卷、志三十卷、列传五十卷。《隋书·经籍志》收录了梁、陈、齐、周、隋五代官、私书目所记载的典籍,分为经、史、子、集四部,各部又分若干小类。此段节选文字,为我们了解晋代挚虞《文章流别论》起到提纲挈领、综观全局的作用。

隋书·经籍志(节选)

(唐)魏徵

总集者,以建安之后,辞赋转繁,众家之集,日以滋广,晋代挚虞,苦览者之劳倦,于是采摘孔翠,芟剪繁芜,自诗赋下,各为条贯,合而编之,谓为《流别》。是后文集总钞,作者继轨,属辞之士,以为覃奥,而取则焉。

——《隋书》卷三十五,中华书局1973年版

【思考题】

1. 结合本文,谈谈文体自觉与文学自觉的关系。
2. 谈谈挚虞对于文体学的理论贡献。

葛　洪

【作者简介】

葛洪(283—363),字稚川,丹阳句容(今江苏句容县)人,自号抱朴子。年少贫寒,十分好学,十六岁以儒学知名。好神仙导养之法,对此用力尤勤。晋惠帝太安二年(303),应召,讨伐由张昌、石冰领导的农民起义,立有军功,封为关内侯。后来朝廷选他为散骑常侍,但不愿仕进,固辞不就。晚年一直在广州罗浮山修道,炼丹求仙。葛洪一生博闻深洽,著述繁富,流传至今的著作,主要有《抱朴子》、《神仙传》及医学名著《肘后要急方》等。

抱朴子·钧世

或曰:"古之著书者,才大思深,故其文隐而难晓。今人意浅力近,故露而易见。以此易见,比彼难晓,犹沟浍之方江河[1],蚁垤之并嵩岱矣[2]。故水不发昆山[3],则不能扬洪流以东渐;书不出英俊,则不能备致远之弘韵焉。"

抱朴子答曰:"夫论管穴者[4],不可问以九陔之无外[5];习拘阓者[6],不可督以拔萃之独见。盖往古之士,匪鬼匪神,其形器虽治铄于畴曩[7],然其精神,布在乎方策,情见乎辞,指归可得[8]。且古书之多隐,未必昔人故欲难晓。或世异语变,或方言不同;经荒历乱,埋藏积久,简编朽绝,亡失者多;或杂续残缺,或脱去章句;是以难知,似若至深耳。且夫《尚书》者,政事之集也。然未若近代之优文诏策军书奏议之清富赡丽也。《毛诗》者,华彩之辞也,然不及《上林》、《羽猎》、《二京》、《三都》之汪汻博富也[9]。"

"然则古之子书,能胜今之作者,何也? 然守株之徒[10],喽喽所玩[11],有耳无目,何肯谓尔?其于古人所作为神,今世所著为贱,贵远贱近,有自来矣。故新剑以诈刻加价,弊方以伪题见宝也[12]。是以古书虽质朴,而俗儒谓之堕于天也;今文虽金玉,而常人同之于瓦砾也。然古书者虽多,未必尽美,要当以为学者之山渊,使属笔者得采伐渔猎其中。然而譬如东瓯之木[13],长洲之林[14],梓豫虽多[15],而未可谓之为大厦之壮观,华屋之弘丽也。云梦之泽[16],孟诸之薮[17],鱼肉之虽饶,而未可谓之为煎熬之盛膳,渝狄之嘉味也[18]。"

"今诗与古诗,俱有义理,而盈于差美[19]。方之于士,并有德行,而一人偏长艺文,不可谓一例也;比之于女,俱体国色,而一人独闲百伎[20],不可混为无异也。若夫俱论宫室,而奚斯路寝之颂[21],何如王生之赋灵光乎[22]?同说游猎,而《叔畋》、《卢铃》之诗[23],何如相如之言《上林》乎?并美祭祀,而《清庙》、《云汉》之辞,何如郭氏《南郊》之艳乎[24]?等称征伐,而《出车》、《六月》之作,何如陈琳《武军》之壮乎[25]?则举条可以觉焉。近者夏侯湛、潘安仁并作《补亡诗》:《白华》、《由庚》、《南陔》、《华黍》之属[26]。诸硕儒高才之赏文者,咸以古诗三百,未有足以偶二贤之所作也。"

"且夫古者事事醇素[27],今则莫不雕饰,时移世改,理自然也。至于罽锦丽而且坚[28],未可谓之减于蓑衣;辎軿妍而又牢[29],未可谓之不及椎车也[30]。书犹言也,若人谈语,故为知有。胡、越之接,终不相解,以此教戒,人岂知之哉?若言以易晓为辨,则书何故以难知为好哉!若舟车之代步涉,文墨之改结绳,诸后作而善于前事,其功业相次千万者,不可复缕举也。世人皆知之,快于曩矣,何以独文章不及古邪?"

——《抱朴子内外篇》,《四部丛刊》影印本

【题解】

葛洪《抱朴子》分为《内篇》、《外篇》,《内篇》二十篇,《外篇》五十篇。作者在《外篇·自序》云:"其《内篇》言神仙、方药、鬼怪、变化、养生、延年、禳邪、却祸之事,属道家;其《外篇》言人间得失,世事臧否,属儒家。"《内

篇》多为神仙道教学术方面内容,《外篇》多为讥时济世之作。《钧世》为《抱朴子·外篇》第三十篇,鲜明地体现了葛洪"今胜于古"、"古质今妍"的文学发展观。

【注释】

1. 沟浍:田间水道。《周礼·地官·遂人》:"凡治野,夫间有遂,遂上有径;十夫有沟,沟上有畛;百夫有洫,洫上有涂;千夫有浍,浍上有道。"
2. 蚁垤:亦曰蚁封,喻指小土堆。
3. 昆山:昆仑山。
4. 论管穴者:以管窥天者,谓所见者小。
5. 九陔:九天之外。《淮南子·道应训》:"吾与汗漫期于九垓之外。"
6. 拘阂:即拘隘,视野狭窄。
7. 形:《易·系辞上》:"形乃谓之器。"韩康伯注:"成形曰器。"此指人躯体。冶铄:指人死亡。畴囊:以前。
8. 指归:要旨。汉严遵有《老子指归》。
9. 汪涉:深广。
10. 守株之徒:即守株待兔的故事,见《韩非子·五蠹》。
11. 喽喽所玩:谓经常称赞古人的著述。喽喽,反复说的样子。
12. 弊方以伪题见宝也:将一般的药方,题上古代名医的名字,以抬高身价。
13. 东瓯:今浙江温州西南一带。
14. 长洲:长洲苑,即吴苑,春秋时吴王阖闾游猎之所,在今江苏省苏州地区,《汉书》卷五十一《贾邹枚路传》:"修治上林,杂以离宫,积聚玩好,圈守禽兽,不如长洲之苑。"
15. 梓豫:梓木、豫章木。
16. 云梦:古泽薮名,故址在今湖北省境内,春秋时楚国的游猎区。
17. 孟诸:古泽薮名,故址在今河南省商丘一带。《尔雅·释地》:"宋有孟诸,楚有云梦。"
18. 渝狄:渝,俞儿,《庄子·骈拇》:"属其性于五味,虽通如俞儿,非吾所谓臧也。"狄,狄牙,即易牙。两人皆为古之善知味者。
19. 盈:满溢,引申为突出。
20. 闲:娴熟。
21. 奚斯路寝之颂:奚斯,即春秋时鲁公子鱼,作《鲁颂·闷宫篇》,中有"路寝孔硕"句。
22. 王生之赋灵光:王生,王延寿,东汉辞赋家,代表作《鲁灵光殿赋》。
23. 叔畋:《诗经·郑风》有《叔于田》、《大叔于田》二首,咏太叔段田猎事。卢铃:《齐风》有《卢令》一首,咏田猎事。
24. 郭氏《南郊》:指郭璞《南郊赋》。

25. 陈琳《武军》：指陈琳《武军赋》。

26. "近者夏侯湛、潘安仁并作补亡诗"二句：《诗经·小雅》中《南陔》、《白华》、《华黍》、《由庚》、《崇丘》、《由仪》六篇存目无诗。夏侯湛、潘岳便为它补作。

27. 醇素：醇厚朴素。

28. 罽锦：罽，毛织品。锦，丝织品。

29. 辎軿：辎是有后辕的车子。軿是有帷幕的车子。

30. 椎车：一种最原始的车。

【讲疏】

本篇集中反映了葛洪"今胜于古"的文学观。首先，葛洪批驳了以古书"隐而难晓"为优，以今文"露而易见"为劣的错误观点。他指出古书不易读懂，或因"世异语变"，或因"方言不同"，或因"简编朽绝"，"古书之多隐，未必昔人故欲难晓"，著书犹如言谈，说话"以易晓为辨"，写书本当求人易晓，怎能以艰深晦涩为好？所以"隐而难晓"非但不能成为古文胜于今文的依据，而恰恰是今文胜于古文的一种表现。

葛洪以时代演变和事物改进的道理来阐明其观点。他说："古者事事醇素，今则莫不雕饰，时移世改，理自然也。"如今的罽锦、辎軿、舟车、文墨，远胜于蓑衣、椎车、步涉、结绳，"世人皆知之，快于囊矣，何以独文章不及古邪"？社会生活由质朴简单向美丽丰富发展，文章写作同样也要发生变化，胜于前代，葛洪以作品实例，充分论证自己的这一看法。文章古简约而今博富，古质朴而今丽艳，同是"政事之集"，而《尚书》则不如后世"优文诏策军书奏议之清富赡丽"；同是诗歌，《毛诗》则不及两汉、魏、晋的辞赋。《诗》、《书》乃儒家之圣典，葛洪从"时移世改"的观点出发，大胆地指出其文词不及后代，这种见解与魏晋时期注重文辞藻绘密切相关，具有时代特色。

葛洪一方面极力反对"贵古贱今"，但另一方面，也并不因此全盘否定古人的著作。他认为古人的著作可以作为"学者之山渊，使属笔者得采伐渔猎其中"，意谓作者应尽量汲取精华，使古为我用。这种看法，在当时是难能可贵的，也与魏晋时注重作者学问素养的风气相一致。值得指出的是，葛洪"今胜于古"的观点，虽然着眼于形式技巧的雕饰华艳，但他并没有忽略文章的思想内容，而是在"今诗与古诗，俱有义理"的前提下来衡量其"差美"，认为两者"俱体国色"，只不过今诗则既是"国色"，又"独闲百伎"，艺术成就更高。

【关键词解读】

贵远贱近

有关文学批评的概念,是对复古文风的批评与概括。语出曹丕《典论·论文》:"常人贵远贱近,向声背实,又患暗于自见,谓己为贤。""贵远贱近"是两汉以前早就存在的一种厚古薄今的不良倾向,不符合文学发展的历史实际,所以曹丕认为是错误的,并加以指责。他呼吁人们抛弃这种复古主义的批评标准,要求从文学实际出发,"审己以度人",确立公正而客观的态度来评价古今作家作品,以促进文学的健康发展。其实,对于"贵远贱近"之论的批判,并非曹丕创始。东汉初桓谭曾慨叹时人对于扬雄这一当代文豪的轻视,他批评说:"世咸尊古卑今,人贵所闻贱所见也,故轻易之。"(《新论·闵友》)王充也发挥桓谭之论,云:"述事者好高古而下今,贵所闻而贱所见。辩士则谈其久者,文人则着其远者。近有奇而辩不称,今有异而笔不记。"(《论衡·齐世》)曹丕"贵远贱近"之论,即源自桓谭、王充"贵所闻贱所见"之言。不过比较而言,汉时"文学",兼指学术。而魏晋以后,开始了"文笔自觉"的时代,因而曹丕之论,则由批判复古学风,逐渐转入文学批评,其"贵远贱近",主要针对当时文坛流弊及诗文著作方面的复古文风而言,在理论与实践两方面,均有积极的意义。晋人葛洪在《抱朴子·钧世》篇中,反对"贵古贱今",提出"今胜于古"的文学发展观,对后世文学批评有重要的影响。

【相关知识链接】

汉代文坛弥漫着泥古、复古、崇古的风气,而这种崇古非今的观念,无疑有碍于文学的创新发展,王充在《论衡·超奇》、《齐世》、《须颂》、《案书》、《自纪》、《佚文》等篇里,不止一次地抨击了"珍古"而"不贵今"的俗儒。《超奇》云:"俗好高古而称所闻,前人之业,莱果甘甜,后人新造,蜜酪辛苦。长生家在会稽,生在今世,文章虽奇,论者犹谓稚于前人。天禀元气,人受元精,岂为古今者差杀哉?"王充不以古今之别论文之优劣,认为"古今一也"。在《案书》中,他强调:"盖才有深浅,无有古今;文有真伪,无有故新。"对文学的评论和评价,不能以古今作标准,而应以善恶、伪真、美丑作为标准;作者评论的标准也不能以古今论优劣,而应以思想才华作标准。

葛洪受《论衡》的影响,反对尊古卑今的主张,认为今之文学作品胜于古。比较而言,王充针对俗儒"信久远之伪,忽近今之实"(《论衡·须颂》)

的学术风气出发,葛洪则是从文学本身的特点出发,所以对待文辞的态度也就有所不同,王充认为"养实者不育华,调行者不饰辞"(《论衡·自纪》),所以反对"调墨弄笔为美丽之观"(《论衡·佚文》),葛洪则不但不反对华丽之辞,而且认为文章"莫不雕饰",就应"清富赡丽"、"汪涉博富"。后来萧统在《文选序》中所阐述的"大辂椎轮"之喻,"踵事增华"之说,可能与葛洪的观念不无关系。

【延伸阅读】

《抱朴子》外篇《钧世》、《尚博》、《喻蔽》诸篇,较为集中地表达了葛洪对文学历史发展的看法。葛洪极力推崇王充《论衡》,葛洪关于子书写作的思想,很多地方与王充相合。其中《喻蔽》篇专门评论王充,称王充为"冠伦大才"。全篇从几方面驳斥"同门鲁生"对王充的责难,与《论衡·自纪》反驳时人非难的论点,颇为一致。

抱朴子·喻蔽

抱朴子曰:"余雅谓王仲任作《论衡》八十余篇,为冠伦大才。有同门鲁生难余曰:夫琼瑶以寡为奇,碛砾以多为贱。故庖牺卦不盈十而弥纶二仪,老氏言不满万而道德备举。王充著书,兼箱累袠,而乍出乍入,或儒或墨;属词比义,又不尽美。所谓陂原之蒿莠,未若步武之黍稷也。"

抱朴子答曰:"且夫作者之谓圣,述者之谓贤;徒见述作之品,未闻多少之限也。吾子所谓窜巢穴之沈昧,不知八纮之无外;守灯烛之宵曜,不识三光之晃朗;游潢洿之浅狭,未觉南溟之浩汗;滞丘垤之位埤,不寤嵩岱之峻极也。两仪所以称大者,以其函括八荒,缅邈无表也;山海所以为富者,以其包笼旷阔,含受杂错也。若如雅论,贵少贱多,则穹隆无取乎宏焉,而旁泊不贵于厚载也。夫迹水之中,无吞舟之鳞;寸枝之上,无垂天之翼;蚁垤之巅,无扶桑之林;洪潦之源,无襄陵之流。巨鳌首冠瀛洲,飞波凌乎方丈;洪桃盘于度陵,建木竦于都广;沈鲲横于天池,云鹏戾乎玄象。且夫雷霆之骇,不能细其响;黄河之激,不能局其流;骐骥追风,不能近其迹;鸿鹄奋翅,不能卑其飞。云厚者雨必猛,弓劲者箭必远。王生学博才大，又安省乎。吾子云，玉以少贵，石以多贱。夫玄圃之下，荆华之颠，九员之泽，折方之渊，琳琅积而成山，夜光焕而灼天，顾不善也！又引庖牺氏著作不多。若夫周公既繇大易，加之以礼乐。仲尼作《春秋》，而重之以十篇。过於庖牺，多于老氏，皆当贬也？"

"言少则至理不备，辞寡即庶事不畅，是以必须篇累卷积，而纲领举也。羲和升光以启旦，望舒曜景以灼夜。五材并生而异用，百药杂秀而异治，四时会而岁功成，五色聚而锦绣丽，八音谐而《箫》、《韶》美，群言合而道艺辩。积猗顿之材，而用之甚少，是何异于原宪也？怀无铨之量，而著述约陋，亦何别于琐碌也？音为知者珍，书为识者传，瞽旷之调钟，未必求解于同世；格言高文，岂患莫赏而减之哉？"

"且夫江海之秽物不可胜计，而不损其深也；五岳之曲木不可訾量，而无亏其峻也；夏君之璜，虽有分毫之瑕，晖曜符彩，足相补也；数千万言，虽有不艳之辞，事义高远，足相掩也。故曰：四渎之浊，不方瓮水之清；巨象之瘦，不同羔羊之肥矣。"

"子又讥之：'乍入乍出，或儒或墨。'夫发口为言，著纸为书；书者所以代言，言者所以书事。若用笔不宜杂载，是论议当常守一物。昔诸侯访政，弟子问仁，仲尼答之，人人异辞。盖因事托规，随时所急。譬犹治病之方千百，而针灸之处无常，却寒以温，除热以冷，其于救死存身而已。岂可诣者逐一道如齐楚，而不改路乎？陶朱白圭之财不一物者，丰也；云梦孟诸所生万殊者，旷也。故《淮南鸿烈》，始于《原道》、《淑真》，而亦有《兵略》、《主术》。庄周之书，以死生为一，亦有畏牺慕龟，请粟救饥。若以所言不纯而弃其文，是治珠翳而剜眼，疗湿痹而刖足，患荑莠而刘谷，憎枯枝而伐树也。"

——《抱朴子内外篇》，《四部丛刊》影印本

【思考题】

1. 试述葛洪文学史观的主要内容。
2. 谈谈先秦以来文学思想中古今观念的变迁。

抱朴子·尚博

抱朴子曰:"正经为道义之渊海,子书为增深之川流。仰而比之,则景星之佐三辰也[1];俯而方之,则林薄之裨嵩岳也[2]。虽津途殊辟,而进德同归;虽离于举趾,而合于兴化。故通人总原本以括流末,操纲领而得一致焉。古人叹息于才难,故谓百世为随踵[3],不以璞非昆山而弃耀夜之宝,不以书不出圣而废助教之言。是以闾陌之拙诗,军旅之鞠誓[4],或词鄙喻陋,简不盈十,犹见撰录,亚次典诰,百家之言,与善一揆[5]。譬操水者,器虽异而救火同焉;犹针灸者,术虽殊而攻疾均焉。

"汉魏以来,群言弥繁,虽义深于玄渊,辞赡于波涛,施之可以臻征祥于天上[6],发嘉瑞于后土,召环雉于大荒之外,安圆堵于函夏之内[7],近弭祸乱之阶,远垂长世之祉。然时无圣人目其品藻,故不得骋骅骝之迹于千里之途,编近世之道于《三坟》之末也[8]。拘系之徒,桎梏浅隘之中,挈瓶训诂之间[9],轻奇贱异,谓为不急。或云小道不足观[10],或云广博乱人思,而不识合锱铢可以齐重于山陵,聚百十可以致数于亿兆,群色会而衮藻丽,众音杂而《韶濩》和也!或贵爱诗赋浅近之细文,忽薄深美富博之子书,以磋切之至言为骇拙,以虚华之小辩为妍巧;真伪颠倒,玉石混淆,同《广乐》于《桑间》,钧龙章于卉服[11]。悠悠皆然,可叹可慨者也!"

或曰:"著述虽繁,适可以骋辞耀藻,无补救于得失,未若德行不言之训[12]。故颜闵为上,而游夏乃次。四科之格,学本而行末,然则缀文固为余事[13]。而吾子不褒崇其源,而独贵其流,可乎?"

抱朴子答曰:"德行为有事,优劣易见;文章微妙,其体难识。夫易见者粗也,难识者精也。夫唯粗也,故铨衡有定焉;夫唯精也,故品藻难一焉。吾故舍易见之粗,而论难识之精,不亦可乎?"

或曰:"德行者本也,文章者末也。故四科之序,文不居上。然则著纸者,糟粕之余事[14];可传者,祭毕之刍狗[15]。卑高之格,是可讥矣。文之体略,可得闻乎?"

抱朴子答曰:"荃可以弃而鱼未获[16],则不得无荃;文可以废而道未行,则不得无文。若夫翰迹韵略之宏促,属辞比事之疏密,源流至到之修短,蕴藉汲引之深浅,其悬绝也,虽天外毫内,不足以喻其辽邈;其相倾也,虽三光熠耀[17],不足以方其巨细;龙渊铅铤,未足譬其锐钝;鸿羽积金,未足比其轻重。清浊参差,所禀有主。朗昧不同科,强弱各殊气。而俗士唯见能染毫画纸者,便概之一例。斯伯牙所以永思钟子,郢人所以格斤不运也[18]。盖刻削者比肩,而班、狄擅绝手之称[19];援琴者至众,而夔襄专知音之难;厩马千驷,而骐骥有逸群之价;美人万计,而威、施有超世之容[20]:盖有远过众者也。且文章之与德行,犹十尺之与一丈,谓之余事,未之前闻。"

"夫上天之所以垂象[21],唐虞之所以为称,大人虎炳,君子豹蔚[22],昌、旦定圣谥于一字,仲尼从周之郁,莫非文也[23]。八卦生鹰隼之所被,六甲出灵龟之所负,文之所在,虽贱犹贵;犬羊之鞟[24],未得比焉。且夫本不必皆珍,末不必悉薄。譬若锦绣之因素地,珠玉之居蚌石,云雨生于肤寸[25],江河始于咫尺尔。则文章虽为德行之弟,未可呼为余事也。"

或曰:"今世所为,多不及古。文章著述,又亦如之。岂气运衰杀,自然之理乎?"

抱朴子答曰:"百家之言虽有步起,皆出硕儒之思,成才士之手,方之古人,不必悉减也。或有汪濊玄旷,合契作者[26],内辟不测之深源,外播不匮之远流,其所祖宗也高,其所䌷绎也妙[27];变化不系滞于规矩之方圆,旁通不凝阂于一途之逼促。是以偏嗜酸咸者,莫能识其味,用思有限者,不能得其神也。夫应龙徐举,顾盼凌云;汗血缓步,呼吸千里。而蝼蚁怪其无阶而高致,驽蹇患其过已之不渐也。若夫驰骤于诗论之中,周旋于传记之间,而以常情览巨异,以褊量测无涯,以至粗求至精,以甚浅揣甚深,虽始自髫龀[28],迄于振素[29],犹不得也。夫赏其快者,必誉之以好;

而不得晓者,必毁之以恶:自然之理也。于是,以其所不解者为虚诞,悭诚以为尔[30],未必违情以伤物也。

"又世俗率神贵古昔而黩贱同时,虽有追风之骏,犹谓之不及造父之所御也[31];虽有连城之珍,犹谓之不及楚人之所泣也;虽有疑断之剑,犹谓之不及欧冶之所铸也;虽有起死之药,犹谓之不及和、鹊之所合也[32];虽有超群之人,犹谓之不及竹帛之所载也;虽有益世之书,犹谓之不及前代之遗文也。是以仲尼不见重于当时,大玄见蚩薄于比肩也[33]。俗士多云:'今山不及古山之高,今海不及古海之广,今日不及古日之热,今月不及古月之朗。'何肯许今之才士不减古之枯骨?重所闻,轻所见,非一世之患矣!昔之破琴剿弦者[34],谅有以而然乎!"

——《抱朴子内外篇》,《四部丛刊》影印本

【题解】

本文论述了"文"与"德"的关系,鲜明地反对以"文"为"小道"或"余事"的偏狭之见。葛洪认为,文学作品有不可忽视的社会作用,并进一步提出"德粗文精"的主张:"德行为有事,优劣易见;文章微妙,其体难识。夫易见者粗也,难识者精也。"在论述了"文"与"德"的精粗之别后,又反驳了德"本"文"末"的陋识,主张将二者平等看待,"文章之与德行,犹十尺之与一丈"。最后探讨了"文"的古今优劣问题,对"俗士"贵古贱今的思想进行了辛辣的嘲讽,说在他们眼里"今山不及古山之高,今海不及古海之广,今日不及古日之热,今月不及古月之朗"。这篇文章的内容十分丰富,其中还就文学作品的鉴赏评论问题提出了不少有见地的看法。

【注释】

1. 景星:杂星名,又称瑞星、德星。星占家以之为人君有德之兆。《史记·天官书》:"天精而见景星。景星者,德星也。其状无常,常出于有道之国。"三辰:日、月、星。

2. 林薄:交错丛生的草木。《楚辞·九章·涉江》:"露申辛夷,死林薄兮。"王逸注:"丛木曰林,草木交错曰薄。"露申、辛夷,皆植物名。

3. 随踵:犹紧跟。常形容来者之多或来者之快。《战国策·齐策三》:"子来,寡人闻之。千里而一士,是比肩而立;百世而一圣,若随踵而至也,今子一朝而见七士,则士不亦众乎!"《韩非子·难势》:"且夫尧、舜、桀、纣千世而一出,是比肩随踵而生

4. 鞠誓：古代军旅的誓言。鞠，通"鞫"。
5. 一揆：同一个道理，一样。揆，尺度，准则。《孟子·离娄下》："先圣后圣，其揆一也。"
6. 征祥：征兆。亦特指祥兆。刘向《说苑·善说》："陛下之身逾盛，天瑞并至，征祥毕见。"
7. 函夏：指整个中国。《汉书·扬雄传上》："以函夏之大汉兮，彼曾何足与比功？"颜师古注："服虔曰：'函夏，函诸夏也。'"
8. 三坟：古书名。《左传·昭公十二年》："是能读《三坟》、《五典》、《八索》、《九丘》。"孔安国《尚书序》以《三坟》为伏羲、神农、黄帝之书。今存有《三坟书》，分山坟、气坟、形坟。
9. 挈瓶：汲水瓶，比喻小智小慧。《左传·昭公七年》："虽有挈瓶之知，守不假器，礼也。"训诂：对古书字义作解释。
10. 小道：礼乐政教以外的学说、技艺。何晏《集解》："小道谓异端。"刘宝楠《正义》："《周官·大司乐》注：'道，多才艺。'此小道亦谓才艺。郑注云：'小道，如今诸子书也。'郑举一端，故云'如'以例之。"
11. 卉服：用缔葛做的衣服。《书·禹贡》："岛夷卉服。"孔传："南海岛夷，草服葛越。"孔颖达疏："舍人曰：'凡百草一名卉'，知卉服是草服，葛越也。葛越，南方布名，用葛为之。"《汉书·地理志上》："岛夷卉服。"颜师古注："卉服，缔葛之属。"
12. 不言：不靠语言，以德感化。《老子》："是以圣人居无为之事，行不言之教。"
13. 余事：多余的不重要的事。牟融《理惑论》："夫履道者，当虚无澹泊，归志质朴，何为乃道生死以乱志，说鬼神之余事？"
14. 糟粕：同"糟魄"。酒滓。比喻废弃之物或粗劣的食品。《庄子·天道》："然则君子所读者，古人之糟魄已夫。"陆德明释文："魄，本又作粕。"
15. 刍狗：祭祀用的草扎成的狗。《老子》："天地不仁，以万物为刍狗。"
16. 荃：通"筌"，捕鱼器。《庄子·外物》："荃者所以在鱼，得鱼而忘荃。"
17. 三光熠耀：燐火。《诗·豳风·东山》："町畽鹿场，熠耀宵行。"毛传："熠耀，燐也。燐，萤火也。"三光：日、月、星。
18. 郢人所以格斤不运：《庄子·徐无鬼》："庄子送葬，过惠子之墓，顾谓从者曰：'郢人垩慢其鼻端若蝇翼，使匠人斫之。匠石运斤成风，听而斫之，尽垩而鼻不伤，郢人立不失容。'宋元君闻之，召匠石曰：'尝试为寡人为之。'匠石曰：'臣则尝能斫之。虽然，臣之质死久矣！'自夫子之死也，吾无以为质矣，吾无与言之矣！"
19. 班、狄：公输班，墨狄。
20. 威：春秋晋国美女。《战国策·魏策二》："晋文公得南之威，三日不听朝，遂推南之威而远之，曰：'后世必有以色亡其国者。'"施：西施。
21. 垂象：传说伏羲作八卦事。《易·系辞下》："天地变化，圣人效之。天垂象，见吉凶，圣人象之。河出图，洛出书，圣人则之。易有四象，所以示也。系辞焉，所以告也。定之以吉凶,所以断也。"

22. 大人虎炳,君子豹蔚:《易·革》:"象曰:'大人虎变',其文炳也。"又:"象曰'君子豹变',其文蔚也。"高亨注:"爻辞云'大人虎变',言大人之文章如虎之斑文,炳然显明也。""爻辞云'君子豹变',言君子之文章如豹之斑文,斐然清朗也。"

23. 昌、旦定圣谥于一字:西伯昌、周公旦皆以"文"字为谥。《史记·周本纪》:"西伯盖即位五十年……诗人道西伯,盖受命之年称王而断虞芮之讼。后十年而崩,谥为文王。"《国语·周语上》:"是故周文公之颂曰:'时迈其邦,昊天其子之。'"

24. 鞹:去毛的皮。《论语·颜渊》:"虎豹之鞹,犹犬羊之鞹。"

25. 肤寸:古长度单位。一指宽为寸,四指宽为肤。出《公羊传·僖公三十一年》:"肤寸而后。"何休注:"侧手为肤,案指为寸。"

26. 作者:指圣人。《礼记·乐记》:"作者之谓圣,述者之谓贤。"

27. 紬绎:本谓引出丝的头绪,引申为阐发。

28. 髫龀:幼年。髫:儿童下垂之发。龀:儿童换牙。

29. 振素:指老人白发飘扬。

30. 悇:《玉篇·心部》:"悇,谨敬也。"

31. 造父:中国历史上著名的善御者。其祖先伯益为颛顼裔孙,被舜赐姓嬴,造父为伯益的九世孙。《史记·赵世家》:"穆王使造父御,西巡狩,见西王母,乐之忘归。而徐偃王反,穆王日驰千里马,攻徐偃王,大破之。乃赐造父以赵城,由此为赵氏。"

32. 和、鹊:医和、扁鹊。

33. 大玄:《太玄》,扬雄作。

34. 破琴剿弦:谓伯牙、子期事。

【讲疏】

儒家传统观念以"德"为本,以"文"为末。曹丕《典论·论文》虽把文学提到与"立功"并列的地位,但仍承认低于"德行"一等。葛洪则从根本上打破儒家"德本文末"的观念,列文学与德行同等:"德行、文学者,君子之本也。"他的《尚博》一文,从"文"与"道"的关系上说明"道"有赖于"文",如同捕鱼不可缺少捕鱼的器具一般,所以他认为:"文章之与德行,犹十尺之与一丈,谓之余事,未之前闻。"他甚而认为文章比德行更高妙,因为"德行"易见,所以为"粗";文章难识,所以为"精"。文学因其自身的价值还能增加德行与政治的价值,"文之所在,虽贱犹贵"。

葛洪重视子书,因为子书有益于教化:"正经为道义之渊海,子书为增深之川流。"他重视为文之价值,他把立言放到与立功同等重要的地位上,如《博喻》:"妍姿媚貌,形色不齐,而悦情可均;竹丝金石,五声诡韵,而快耳不异;缴飞钩沉,罾举罝抑,而有获同功。树勋立言,出处殊途,而所贵一致。"他贵立言,因之亦论"文"之重要,谓文与道、文与德行,其重要性不可上下。《文行》篇谓:"筌可弃而鱼未获,则不得无筌;文可以废而道未行,则不得无文。"葛洪所指与德行同样重要的"文章",是指实用文体的广义的"文"。

【关键词解读】

德粗文精

葛洪关于"德"与"文"的见解。重德轻文是儒家的传统观念,孔子把"文"看成"德"的余事,作为本的"德"的地位远在作为末的"文"之上。葛洪则主张德文并重。认为"本不必皆珍,末不必悉薄"(《抱朴子·尚博》),并进而提出"德粗文精"的观点:"德行为有事,优劣易见;文章微妙,其体难识。夫易见者粗也,难识者精也。夫唯粗也,故铨衡有定焉;唯精也,故品藻难一焉。"(《尚博》)葛洪曾从创作和鉴赏两个方面论证这一观点。《仁明》篇指出:"杀身成仁之行可力为而至,鉴玄测幽之明难妄假,精粗之分,居然殊矣。道德范畴的"仁"人人可力为而至,属于"粗";"明"亦即才须有天授而不可强求,属于"精"。文章属于"精"就因为它与才相关,不是像德行那样可以力求的,"违才易务"必然要贻笑大方。对文章的鉴赏批评也离不开才气,创作难而批评也不易,"夫文章之体,尤难详赏"(《辞义》)。"德粗文精"观点的提出,肯定了"文"独立于"德"之外的价值,深刻认识了文学的本质规律。

【相关知识链接】

《抱朴子·外篇》大概在晋惠帝太安元年(302)开始草创,至晋元帝建武元年(317)大体写定。此后又陆续有所订补。《自叙》写定更晚,当在元帝太兴四年或永昌元年(321或322)。关于《外篇》的写作动机,葛洪在《抱朴子》内外篇中多次提及。概括而言,主要有三个方面:

其一,立言以不朽。葛洪生逢乱世,深感人生无常。他说:"百家之言,虽不皆清翰锐藻,弘丽汪涉,然悉才士所寄心,一夫澄思也。正经为道义之渊海,子书为增深之川流。"《抱朴子·百家》这一思想受"立言不朽"的观念影响,也与魏晋之际子部著作与集部著作的走向独立有关。章学诚对葛洪重视子书的思想有所评骘,主要集中于两点:一是认为葛洪"轻文集而重子书";二是认为子书为"专家"之学,葛洪对子书的意见未得立言之质。

其二,立言以助教。根据《晋书·葛洪传》、《抱朴子·外篇》等记载,葛洪的家世师承都保留着汉学的传统，这使他早年也服膺儒术。但是魏晋以来，玄学大盛，士人们大都背弃儒学而崇奉老庄。他不仅憎恨清谈名士的放荡，慨叹"世道多难，儒教沦丧"（《勖学》），而且立志"拥经著述"，"立言助教"（《嘉遁》）。为了真正实现这一志向，葛洪打破了儒家"不在其位，不谋其政"的传统观念，主张隐士也可通过立言助教有益于世，《逸民》："今令大儒为吏，不必切事。肆之山林，则能陶冶童蒙，阐弘礼教。"

其三，立言以资治。葛洪"立言以资治"的动机，不仅体现在总结历史经验教训上，而且还表现为积极为晋室的中兴建言献策。《外篇》中，《君道》、《臣节》、《贵贤》、《任能》、《用刑》、《审举》、《擢才》、《省烦》等篇，大凡帝王的御民之术，臣子的为臣之道，以及选贤任能，仁刑并用，删定《三礼》，严格举试等治国方略，关于"立言以资治"的目的，葛洪在《尚博》篇中也有明确表露："汉魏以来，群言弥繁……施之可以臻征祥于天上，发嘉瑞于后土，召环雉于大荒之外，安圆堵于函夏之内，近弭祸乱之阶，远垂长世之祉。"

【延伸阅读】

葛洪的文艺思想有接受儒家影响的一面，如他以儒家的"正经"为源，以子书为流，强调"立言贵于助教"，推崇"古诗刺过失，故有益而贵"；反对"违情曲笔，错滥真伪"，等等。但他也有突破儒家传统观念束缚的一面，这明显地表现在他关于"文"、"德"并重和今胜于古的论述之中。结合阅读《嘉遁》篇，有助于深入了解葛洪"立言贵于助教"的思想。

抱朴子·嘉遁

抱朴子曰："有怀冰先生者，薄周流之栖遑，悲吐握之良苦。让膏壤于陆海，爱躬耕乎斥卤。秘六奇以括囊，含琳琅而不吐。谧清音则莫之或闻，掩辉藻则世不得睹。背朝华于朱门，保恬寂乎蓬户。绝轨躅于金、张之间，养浩然于幽人之件。谓荣显为不幸，以玉帛为草土。抗灵规于云表，独违今而遂古。庇峻岫之巍峨，藉翠兰之芳茵。潄流霞之澄液，茹八石之精英。思眇眇焉若居乎虹霓之端，意飘飘焉若在乎倒景之邻。万物不能搅其和，四海不足汨其神。"

于是有赴势公子闻之，慨然而叹曰："空谷有项领之骏者，孙阳之耻也；太平遗冠世之才者，赏真之责也。安可令俊民全其独善之分,而使圣朝乏乎元凯之用哉!"

乃造而说曰:"徒闻振翅竦身,不能凌厉九霄,腾跚玄极,攸叙彝伦者,非英伟也。今先生操立断之锋,掩炳蔚之文,玩图籍于绝迹之薮,括藻丽乎鸟兽之群,陈龙章于晦夜,沈琳琅于重渊,蛰伏于盛夏,藏华于当春;虽复下帷覃思,弹毫骋藻,幽赞太极,阐释元本,言欢则木梗怡颜如巧笑,语戚则偶象嚬顣而滂沱,抑轻则鸿羽沈于弱水,抗重则玉石漂于飞波,离同则肝胆为胡越,合异则万殊而一和,切论则秋霜春肃,温辞则冰条吐葩,摧高则峻极颓沦,竦卑则渊池嵯峨,疵清则倚暗夜光,救浊则立澄黄河;然不能沾大惠于庶物,著弘勋于皇家,名与朝露皆晞,体与蜉蝣并化,忽崇高于圣人之宝,忘川逝于大耋之嗟,窃为先生不取焉。

"盖闻:'大者天地,其次君臣。'先圣忧时,思行其道,'三月无君,皇皇如也。'耻今圣主不与尧、舜一致,愍此黎民不可比屋而封,故或负鼎而龙跃,或扣角以凤歌,不须蒲轮而后动,不待文王而后兴。潜初飞五,与时消息,进有攸往之利,退无濡尾之累,明哲以保身,宣化以济俗。使夫承兰风以倾柯,濯清波以遣秽者,若沈景之应朗鉴,方圆之赴规矩。故勋格上下,惠沾八表。夫有唐所以巍巍,重华所以恭己,西伯所以三分,姬发所以革命,桓、文所以一匡,汉高所以应天,未有不致群贤为六翮,托豪杰为舟楫者也。若令各守洗耳之高,人执耦耕之分,则稽古之化不建,英明之盛不彰,明良之歌不作,括天之网不张矣。

"故藏器者珍于变通随时,英逸者贵于吐奇拨乱。若乃耀灵翳景于云表,则丽天之明不著;哮虎韬牙而握爪,则搏噬之捷不扬;太阿潜锋而不击,则立断之劲不显;骥骤踠趾而不驰,则追风之迅不形;并默则子贡与喑者同口,咸暝则离朱与蒙瞽不殊矣。先生洁身而忽大伦之乱,得意而忘安上之义,存有关机之累,没无金石之声,庸人且犹愤色,何有大雅而无心哉!

"夫绳舒则木直,正进则邪涸,有虞举则四凶戮,宣尼任则少卯枭;犹震雷骇则鼙鼓堙,朝日出则萤烛幽也。不拯招魂之病,则无以效越人之绝伎;不奖多难之世,则无以知非常之远量。高拱以观溺,非勿践之仁也,怀道以迷国,非作者之务也。若俟中唐殖占日之草，朝阳繁鸣凤之音，郊跱独角之兽，野攒连理之林，长旌卷而不悬，干戈戢而莫寻，少伯方将告退于成功，孰能相攉乎陆沈哉？深愿先生不远迷复哉！"

于是怀冰先生萧然遐眺，游气天衢，情神辽缅，旁若无物。俯而答曰："呜呼！有是言乎？盖至人无为，栖神冲漠，不役志于禄利，故害辱不能加也；不蹈峙于险途，故倾坠不能为患也。藜藿不供，而意佚于方丈；齐编庸民，而心欢于有土。寝宜僚之舍，闭干木之闾，携庄、莱之友，治陋巷之居。确岳峙而不拔，岂有怀于卷舒乎？以欲广则浊和，故委世务而不纡盻；以位极者忧深，故背势利而无余疑。其贵不以爵也，富不以财也。侣云鹏以高逝，故不萦翻于腐鼠；以蕃、武为厚诫，故不改乐于箪瓢。

"且夫玄黄遐邈，而人生倏忽，以过隙之促，托罔极之间，迅乎犹奔星之蹔见，飘乎似飞矢之电经。聊且优游以自得，安能苦形于外物哉！夫鸢不维网，骥不堕阱，相彼鸟兽，犹知为患，风尘之徒，曾是未吝也？

"若夫要离灭家以效功，纪信赴燔以诳楚，陈贾刎颈以证弟，仲由投命而菹醢，嬴门伏剑以表心，聂政感惠而屠葅，荆卿绝脰以报燕，樊公含悲而授首，皆下愚之狂惑，岂上智之攸取哉！

"盖禄厚者责重，爵尊者神劳。故漆园垂纶，而不顾卿相之贵；柏成操耜，而不屑诸侯之高。羊说安乎屠肆，杨朱吝其一毛。侥求之徒，昧乎可欲，集不择木，仕不料世，贪进不虑负乘之祸，受任不计不堪之败；论荣贵则引伊、周以救溺，言亢悔则讳覆𫗧而不记；伺河龙之睡而拨明珠，居量表之宠而冀无患；耽漏刻之安，蔽必至之危；无朝菌之荣，望大椿之寿；似蹈薄冰以待夏日，登朽枝而须劲风；渊鱼之引芳饵，泽雉之咽毒粒；咀漏脯以充饥，酣鸩酒以止渴也。

"昔箕子睹象箸而流泣，尼父闻偶葬而永叹，盖寻微以知著，原始以见终。然而暗夫蹈机不觉，何前识之至难，而利欲之瘵笃邪！周成贤而信流言，公旦圣而走南楚，托鸱鸮以告悲，赖金縢以仅免。况能寤之主，不世而一有；不悦之谤，无时而蹔乏。德不以激烈风而起毙禾，事不以载珪璧而称多才，嗟泣靡及，宜其然也。

"夫渐渍之久,则胶漆解坚;浸润之至,则骨肉乖析;尘羽之积,则沈舟折轴;三至之言,则市虎以成。故江充疏贱,非亲于元储,后母假继,非密于伯奇;而掘梗之诬,灭父子之恩;袖蜂之诳,破天性之爱。又况其他,安可自必。嗟乎!伍员所以怀忠而漂尸;悲夫!白起所以秉义而刎颈也。盖彻鉴所为寒心,匠人之所眩惑矣。

"又欲推短才以厘雷同,仗独是以弹众非。然不睹金虽克木,而锥钻不可以伐邓林;水虽胜火,而升合不足以救焚山。寸胶不能治黄河之浊,尺水不能却萧丘之热。是以身名并全者甚稀,而先笑后号者多有也。畏亢悔而贪荣之欲不灭,忌毁辱而争肆之情不遣,亦犹恶湿而泳深渊,憎影而不就阴,穿舟而息漏,猛爨而止沸者也。

"夫七尺之骸,禀之以所生,不可受全而归残也;方寸之心,制之在我,不可放之于流遁也。躬耕以食之,穿井以饮之,短褐以蔽之,蓬庐以覆之,弹咏以娱之,呼吸以延之,逍遥竹素,寄情玄毫,守常待终,斯亦足矣。且夫道存则尊,德胜则贵,隋珠弹雀,知者不为。何必须权而显,俟禄而饱哉!

"且夫安贫者以无财为富,甘卑者以不仕为荣。故幼安浮海而澄神,胡子甘心于退耕。逄、比有令德之罪,信、布陷功大之刑。一枝足以戢鸾羽,何烦乎丰林?潢洿足以泛龙鳞,岂事乎沧海?藜藿嘉于八珍,寒泉旨于醽醁;蹑履美于赤舄,缊袍丽于衮服;把檀安于杖钺,鸣条乐乎丝竹;茅茨艳于丹楹,采椽珍于刻桷;登高峰为台榭,疪岩雷为华屋;积篇章为敖庾,宝玄谈为金玉;弃细人之近恋,捐庸隶之所欲;游九皋以含欢,遣智慧以绝俗。同屈尺蠖,藏光守朴;表拙示讷,知止常足。然后咀嚼芝芳,风飞云浮;晞景九阳,附翼高游;仰栖梧桐,俯集玄洲。孰与衔辔而伏枥,同被绣于牺牛哉!"

赴势公子曰:"夫入而不出者,谓之耽宠忘退;往而不反者,谓之不仕无义。故达者以身非我有,任乎所值。隐显默语,无所必固。时止则止,时行则行。束帛之集,庭燎之举,则君子道长,在天利见。若运涉阳九,谗胜之时,则不出户庭,括囊勿用。龙起凤戢,随时之宜。古人所以或避危乱而不肯入,或色斯而不终日者,虑巫山之失火,恐芝艾之并焚耳。

"方今圣皇御运,世夷道泰,仁及苍生,惠风遐迈,威肃鬼方,泽沾九裔;仪坤德以厚载,拟乾穹以高盖;神化则云行雨施,玄泽则烟煴汪涉;四门穆穆以博延,主思英逸以俾乂。此乃千载所希值,剖判之一会。而先生慕嘉遁之偏枯,不觉狷华之患害也;务乎单豹之养内,未睹暴虎之犯外也。是闻涉水之或溺,则谓乘舟者皆败;以商臣之凶逆,则谓继体无类也。"

怀冰先生曰:"圣化之盛,诚如高论。出处之事,人各有怀。故尧、舜在上,而箕、颍有巢栖之客;夏後御世,而穷薮有握耒之贤。岂有虑于此险哉?盖各附于所安也。是以高尚其志,不仕王侯,存夫爻象,匹夫所执,延州守节,圣人许焉。

"仆所以逍遥于丘园,敛迹乎草泽者,诚以才非政事,器乏治民,而多士云起,髦彦鳞萃,文武盈朝,庶事既康,故不欲复举熠耀以厕日月之间,拊瓴瓿于洪钟之侧,贡轻扇于坚冰之节,衔袭炉乎隆暑之月,必见捐于无用,速非时之巨嗤。若拥经著述,可以全真成名,有补末化;若强所不堪,则将颠沛惟谷,同悔小狐。故居其所长,以全其所短耳。虽无立朝之勋,即戎之劳;然切磋後生,弘道养正,殊涂一致,非损之民也。劣者全其一介,何及于许由,圣世恕而容之,同旷于有唐,不亦可乎!"

赴势公子勃然自失,肃尔改容,曰:"先生立言助教,文讨奸违,摽退静以抑躁竞之俗,兴儒教以救微言之绝,非有出者,谁叙彝伦?非有隐者,谁诲童蒙?普天率土,莫匪臣民。亦何必垂缨执笏者为是,而乐饥衡门者可非乎!夫群迷乎云梦者,必须指南以知道;并乎沧海者,必仰辰极以得反。今闻嘉训,乃觉其蔽。请负衣冠,策驽希骥,泛爱与进,不嫌择焉。"

——《抱朴子内外篇》,《四部丛刊》影印本

【思考题】

1. 谈谈葛洪对于经书、子书的态度。

2. 谈谈你对"立言以资治"的理解。

抱朴子·辞义

或曰:"乾坤方圆,非规矩之功[1];三辰摛景,非莹磨之力[2];春华粲焕,非渐染之采;苣蕙芬馥,非容气所假[3]。知夫至真,贵乎天然也。义以罕觏为异,辞以不常为美。而历观古今属文之家,鲜能挺逸丽于毫端,多斟酌于前言,何也?"

抱朴子曰:"清音贵于雅韵克谐[4],著作珍乎判微析理。故八音形器异而钟律同[5],黼黻文物殊而五色均[6]。徒闲涩有主宾,妍蚩有步骤[7]。是则总章无常曲,大庖无定味。夫梓、豫山积,非班、匠不能成机巧[8];众书无限,非英才不能收膏腴[9]。何必寻木千里,乃构大厦;鬼神之言,乃著篇章乎?"

抱朴子曰:"夫才有清浊[10],思有修短,虽并属文,参差万品。或浩瀁而不渊潭[11],或得事情而辞钝,违物理而文工[12]。盖偏长之一致,非兼通之才也。暗于自料,强欲兼之,违才易务,故不免嗤也。"[13]

抱朴子曰:"五味舛而并甘[14],众色乖而皆丽[15]。近人之情,爱同憎异,贵乎合己,贱于殊途[16]。夫文章之体,尤难详赏。苟以入耳为佳,适心为快,鲜知忘味之九成[17],《雅》、《颂》之风流也。所谓考盐梅之咸酸,不知大羹之不致[18];明飘摇之细巧,蔽于沈深之弘邃也。其英异宏逸者,则网罗乎玄黄之表[19];其拘束龌龊者,则羁绁于笼罩之内[20]。振翅有利钝,则翔集有高卑;骋迹有迟迅,则进趋有远近;驽锐不可胶柱调也[21]。文贵丰赡,何必称善如一口乎?不能拯风俗之流遁,世途之凌夷[22],通疑者之路,赈贫者之乏。何异春华不为肴粮之用,苣蕙不救冰寒之急。古诗刺过失[23],故有益而贵;今诗纯虚誉,故有损而贱也。"

抱朴子曰:"属笔之家,亦各有病[24];其深者,则患乎譬烦言冗,申诫广喻,欲弃而惜,不觉成烦也。其浅者,则患乎妍而无据,证援不给,皮肤鲜泽,而骨鲠迥弱也[25]。繁华旰晔,则并七曜以高丽[26];沈微沦妙,则侪玄渊之无测[27]。人事靡细而不浃,王道无微而不备[28]。故能身贱而言贵,千载弥彰焉。"

——《抱朴子内外篇》,《四部丛刊》影印本

【题解】

《晋书》称葛洪"博闻深洽,江左绝伦。著述篇章富于班、马,又精辩玄赜,析理入微"。他思想渊深,著述弘富,著《抱朴子》七十篇,其中涉及文学问题的,有《钧世》、《尚博》、《辞义》、《应嘲》、《百家》、《文行》等篇,论及了作家才性、创作技巧、文学批评与接受等诸多问题。本篇为《抱朴子·外篇》第四十篇,主要从创作和鉴赏两方面谈论审美的差异性问题。

【注释】

1. 乾坤方圆,非规矩之功:《易·说卦》:"乾,天也。"又:"坤,地也。"《淮南子·天文》:"天道曰圆,地道曰方。"《太玄·玄图》:"天道成规,地道成矩。"《孟子·告子章句上》:"大匠诲人,必以规矩。"赵岐注:"规所以为圆也,矩所以为方也。"

2. 三辰摛景,非莹磨之力:三辰,指日、月、星。摛景,发光也。景,光也。莹磨,意同琢磨。

3. 茝蕙芬馥,非容气所假:茝、蕙,均为香草。"容"字误,当作"客",按《史记》第二十七《天官书》:"日月晕适,风云,此天之客气,其发现亦有大运。"句谓芬芳之气乃茝蕙所固有,而非假借外物。

4. 清音贵于雅韵克谐:《尚书·舜典》:"八音克谐,无相夺伦,神人以和。"克谐,和谐也。

5. 八音形器异而钟律同:八音,指金、石、土、革、丝、木、匏、竹。钟律,指以黄钟为首的十二律。

6. 黼黻文物殊而五色均:黼黻,指古代礼服上所绣的华美花纹。按《考工记》:"青与赤谓之文,赤与白谓之章,白与黑谓之黼,黑与青谓之黻。"又《淮南子·说林训》:"黼黻之美,在于杼轴。"高诱注:"白与黑为黼,青与赤为黻,皆文衣也。"

7. 徒闲涩有主宾,妍蚩有步骤:承上两句言,谓音乐之演奏有娴熟与生涩之不同,绘画水平有漂亮与丑陋的差距。闲,通"娴"。主宾,主与宾。步骤,步与趋。二者皆指事物之间的距离。

8. 夫梓、豫山积,非班、匠不能成机巧:梓、豫,即梓树和豫章树,二者皆为有用之材。班、匠,公输班和匠石,并为我国古代名匠。

9. 众书无限,非英才不能收膏腴:《文心雕龙·事类》:"经典沈深,载籍浩瀚,实群言之奥区,而才思之神皋也。扬班以下,莫不取资,任力耕耨,纵意渔猎,操刀能割,必列膏腴,是以将赡才力,务在博见,狐腋非一皮能温,鸡跖必数千而饱矣。"所言与葛洪此文意近,可以互参。

10. 夫才有清浊：语出曹丕《典论·论文》："文以气为主，气之清浊有体，不可力强而致。"

11. 或浩瀁而不渊潭：浩瀁，即浩漾，原指水深广无边际。渊潭，即渊博。浩瀁而不渊潭，即广而不博之意。

12. 或得事情而辞钝，违物理而文工：陆机《文赋》："恒患意不称物，文不逮意，盖非知之难，能之难也。"所言与葛洪此文意近，可以互参。

13. "盖偏长之一致"六句：曹丕《典论·论文》："此四科不同，故能之者偏也；唯通才能备其体。"又："常人贵远贱近，向声背实，又患暗于自见，谓己为贤。"

14. 五味舛而并甘：五味，指酸、苦、辛、咸、甘。《礼记·礼运》："五味六和十二食，还相为质也。"郑玄注："五味：酸、苦、辛、咸、甘也。"《说文·甘部》部首："甘为五味之一，而五味之可口者皆曰甘。"舛：交替。

15. 众色乖而皆丽：《尚书·益稷》："以五采彰施于五色，作服，汝明。"孔注："天子服日月而下，诸侯自龙衮而下至黼黻，士服藻火，大夫加粉米。上得兼下，下不得僭上。以五采明施于五色，作尊卑之服，汝明制之。"又《文心雕龙·情采》："五色杂而成黼黻。"乖：不相同，不协调。

16. "近人之情"四句：《庄子·在宥》："世俗之人，皆喜人之同乎己而恶人之异于己也。同于己而欲之，异于己而不欲者，以出乎众为心也。"《文心雕龙·知音》："会己则嗟讽，异我则沮弃，各执一隅之解，欲拟万端之变。"所论与此同。

17. 忘味之九成：《论语·述而》："子在齐闻《韶》，三月不知肉味，曰：'不图为乐之至于斯也。'"《尚书·益稷》："箫韶九成，凤皇来仪。"孔注："备乐九奏而致凤皇，则余鸟兽不待九而率舞。"郑玄注："成，犹终也。每曲一终，必变更奏，故经言九成，《传》言九奏，《周礼》谓九变，其实一也。"

18. 大羹之不致：《左传·桓公二年》："大羹不致。"杜预注："大羹，肉汁。不致五味。"郑玄注："大羹者，大古初食肉者，煮之而已，未有五味之齐。"不致，即不调五味之意。

19. 玄黄之表：《易·坤》："夫玄黄者天地之杂也，天玄而地黄。"《考工记》："天谓之玄，地谓之黄。"玄黄之表，犹言天地之表。

20. 羁绁于笼罩之内：羁绁，原指马首为绳索所牵系，此引申为羁绊、受制之意。《左传·僖公二十四年》："臣负羁绁从君巡于天下，臣之罪甚多。"杜预注："羁，马羁。绁，马缰。"

21. 弩锐不可胶柱调也：《文选》卷五十四《刘孝标辩命论》："交错纠纷，回还倚伏，非可以一理征，非可以一途验。"李善注引《抱朴子》曰："'弩锐不可以一涂验，筝琴不可以胶柱调也。'"

22. 不能拯风俗之流遁，世途之凌夷：流遁、凌夷，皆衰微之意。

23. 古诗刺过失：《毛诗序》："上以风化下，下以风刺上，主文而谲谏，言之者无罪，闻之者足以戒，故曰风。"又《论语·阳货》："可以怨。"孔注："怨刺上政。"

24. 属笔之家：笔，此指无韵之文。按，六朝文论中出现"文笔"之争，认为有韵之文谓之文,无韵之文谓之笔。

25. 皮肤鲜泽,而骨鲠迥弱也:此以人体比喻文章,皮肤喻指语言形式,骨鲠喻思想内容。《文心雕龙·风骨》:"若瘠义肥辞,繁杂失统,则无骨之征也。"又说:"若能确乎正式,使文明以健,则风清骨峻,篇体光华。""蔚彼风力,严此骨鲠。"

26. 七曜:指日、月、火星、水星、木星、金星、土星七星。"七曜"一说,源自道教,道教有五星七曜星君一说,也就是道教的七位星神。

27. 玄渊:深渊。

28. 人事靡细而不浃,王道无微而不备:浃,周浃,犹周匝也。《春秋繁露·玉杯》:"《春秋》论十二世之事,人道浃而王道备。"又《说苑·至公》:"(夫子)退而修《春秋》,采毫毛之善,贬纤介之恶,人道浃,王道备。"又《论衡·正说》:"说《春秋》者曰:'二百四十二年,人道浃,王道备,善善恶恶,拨乱世,反诸正,莫近于《春秋》。'"

【讲疏】

文章自然天成,不假外物,是魏晋时流行的文学观念。对此,葛洪持反对态度,他认为"清音"以"雅韵克谐"为贵,而著作以"判微析理"为珍,世间万物各不相同,外在形式千变万化,虽然"八音形器异",但人们仍知其"钟律同";尽管"黼黻文物殊",但人们仍识其"五色均"。所以创作主体还是要着力探索各文体之特点,发现写作原理。另一方面,虽然掌握了写作方法,但也需要作者天赋异禀,具有卓越的艺术表现力和深刻的观察力,只有这样才能充分利用"梓豫山积"、"众书无限"的素材,而无须"寻木千里",信"鬼神之言"。葛洪重方法是受到陆机的影响,重天才是受到曹丕的影响,葛洪对其融会贯通,成一家之言。

葛洪继承并发展了曹丕"文以气为主,气之清浊有体"的观点,从创作主体才性的不同论及创作的差异性问题。他认为:"夫才有清浊,思有修短。虽并属文,参差万品。"文学创作,主于才情。作家才能有高低,技巧有工拙,虽并属文,所产生之作品,亦"参差万品",各有优劣。所谓"参差万品"即是指作品风格的多样性。在他看来,每个作家所禀受的才气不同,故其创作出来的作品风格也就各异,"或浩瀁而不渊潭,或得事情而辞钝,违物理而文工"。每个作家必须首先了解自己,根据自己的所长来撰文。"兼通之才",最为难得,如欲强求,将不免受人嗤笑。葛洪揭示出作家才思是决定作品风格的一个重要因素,对刘勰的作家论和风格论有直接的影响。

葛洪还强调评论切忌主观片面,以个人好恶党同伐异,应该用客观的态度开展公允的批评。他反对"爱同憎异,贵乎合己,贱于殊途"的不良风气。用"五味"、"众色"以及其他一些事物来做比喻,说明美是多种多样的,因而就不能与自己的爱好与否来作为判断的标准,尤其是"文章之体,尤难详赏",主张持一种宽容的态度。葛洪反对一些单纯追求形式技巧的做法,认为"古诗刺过失,故有益而贵",而"今诗纯虚誉,故有损而贱也",反对虚美不实之辞,同时也强调了古诗的讽谏作用。葛洪提到"属笔之家",与"属文"相对,虽然作者并未明确就文与笔作出文体上的区分,从他的论述中我们也很难判明何谓"文",何谓"笔",但这种"文"、"笔"相对的意识却十分可贵。刘宋以后,文笔区分开始受重视,并在齐梁时候趋于明确。葛洪的观点可称得上是文、笔之辨的滥觞。

【关键词解读】

爱同憎异

"爱同憎异",是晋代葛洪所指出的一个批评误区。他说:"五味舛而并甘,众色乖而皆丽。近人之情,爱同憎异,贵乎合己,贱于殊途。夫文章之体,尤难详赏。苟以入耳为佳,适心为快,鲜知忘味之九成,雅颂之风流也。""爱同憎异"是一种非常主观的批评态度,表现为"贵乎合己,贱于殊途",从而忽视了文学艺术的多样性。

事实上,文章的风格和作者的才思不同,不能强求一律。美是多元的,文学之美,在于风格多样,文采各别。风格不同而味可臻至,文采有别而色可皆丽。因此在欣赏和品评文章时也应当考虑到文章的风格的多样性,不能用单一的标准或者纯粹根据个人的爱好来下定论。批评者若以一己之憎恶来评判作品的优劣,就不可能进行全面的文学批评。葛洪又指出,批评者识力不足,是导致错误批评的主要原因。这类人缺少超卓的才识,"驰骤于诗论之中,周旋于传记之间,而以常情览巨异,以褊量测无涯,以至粗求至精,以甚浅揣甚深"(《文行》),以这样的态度来批评别人的文章,其误差可想而知。总之,"文贵丰赡,何必称善如一口乎"《辞义》。

【相关知识链接】

《抱朴子》的核心内容是"道"。"道"是葛洪一生的理想追求,是他思想的出发点和归结点。其内涵主要包括以下几个方面。

所谓"玄而又玄"之道,乃天地之源、万物主宰,"道者涵乾括坤,其本无名。论其无,则影响犹为有焉;论其有,则万物尚为无焉"(《道意》),是一种无形无体、扑朔迷离、神秘莫测,但又支配天地万物的力量。学道的目的,在于治世修身,造就上士之才,"夫道者,内以治身,外以为国"(《明本》)。葛洪认为,修道、得道,就可完成一切治世之业,包括理国教化及伦常之功,"夫道者,无为也,善自修以成务;其居也,善取人所不争,其治也,善绝祸于未起;其施也,善济物而不德;其动也,善观民以用心;其静也,善居慎而无闷;此所以为百家之君长,仁义之祖宗也"(《明本》)。葛洪认为,"道"是天下之根本,是治世之纲,万事万物无不受惠于"道",包括儒家在内的诸子百家思想也源出于"道",抓住了"道",也就统领了一切。在此,葛洪不自觉地把儒家教育内容加进了道教教育内容,同时,也不自觉地把神仙道教的宗教思想纳入了维护统治的轨道。

"道"之源是"一"。"道起于一,其贵无偶,各居一处,以象天地人,故曰三一也。天得一以清,地得一以宁,人得一以生,神得一以灵。"(《地真》)葛洪的"道","一"与天地人密切相连,与"三才"共称谓,表现出"道"的多层涵义。尽管葛洪认为道恍兮惚兮,飘缈不定,但仍肯定其可识性,他认为,掌握了"道",认识了"一",人间事一切可达,他强调士应该得"道"知"一",以达到与自然和谐统一,这样的社会与个人才会是至善至美的。葛洪认为,"道"包涵了诸子各家之要,是教化治世之方。他评判比较了儒、墨、道、法各派思想之后,认定唯道家之教,至明至圣,他说:"儒者,博而寡要,劳而少功;墨者,俭而难遵,不可偏修;法者,严而少恩,伤破仁义。唯道家之教,使人精神专一,动合无形,包儒墨之善,总名法之要,与时迁移,应物变化,指约而易明,事少而功多,务在全大宗之朴,守真正之源者也。"(《明本》)

【延伸阅读】

葛洪的文学观点,多散见于《外篇》的《钧世》、《尚博》、《广譬》、《辞义》、《应嘲》等篇中。葛洪以博富为美,同时,注意到形式要制约于内容,《应嘲》篇提出:"夫制器者珍于周急,而不以采饰外形为善;立言者贵于助教,而不以偶俗集誉为高。"尽管形式与内容的关系阐发得还不是很清楚,但仍对后世产生了比较大的影响。《勖学》意在勉励世人学习,是劝学类文章中比较重要的一篇。葛洪在此篇强调学习的重要作用,认为通过学习"进可以为国,退可以保己"。他在肯定先天禀赋的同时,更注重后天的努力。他说:"才性有优劣,思理有修短,或有夙知而早成,或有提耳而后喻。"只要后天勤奋努力,是可以弥补先天不足的。葛洪对当时士人"沉溺于声色之中""驱驰于竞逐之路"的不良学习风气也有所批评,发出了"世道多难,儒教沦丧。文武之轨,将遂凋坠"的慨叹,呼吁世人以史为鉴,以免重蹈秦朝二世即亡的覆辙。

抱朴子·应嘲

抱朴子曰:"客嘲余云:先生载营抱一,韬景灵渊,背俗独往,邈尔萧然。计决而犹豫,不栖于心术;分定而世累无系于胸间。伯阳以《道德》为首,庄周以《逍遥》冠篇,用能标峻格于九霄,宣芳烈于罔极也。今先生高尚勿用,身不服事,而著《君道》、《臣节》之书;不交于世,而作讥俗、救生之论;甚爱骭毛,而缀用兵战守之法;不营进趋,而有《审举》、《穷达》之篇。蒙窃惑焉。"

抱朴子曰:"君臣之大,次于天地;思乐有道,出处一情;隐显任时,言亦何系?大人君子,与事变通。老子,无为者也,鬼谷,终隐者也,而著其书,咸论世务。何必身居其位,然后乃言其事乎?夫器非琼瑶,楚和不泣;质非潜虬,风云不集。余才短德薄,干不适治,出处同归,行止一致。岂必达官,乃可议政事居,否则不可论治乱乎?常恨庄生言行自伐,桎梏世业;身居漆园,而多诞谈;好画鬼魅,憎图狗马;狭细忠贞,贬毁仁义。可谓雕虎画龙,难以征风云;空板亿万,不能救无钱;孺子之竹马,不免于脚剥;土桮之盈案,无益于腹虚也。"

或人又曰:"然吾子所著,弹断风俗,言苦辞直,吾恐适足取憎在位,招摈于时;非所以扬声发誉,见贵之道也。"

抱朴子曰:"夫制器者珍于周急,而不以采饰外形为善;立言者贵于助教,而不以偶俗集誉为高。若徒阿顺谄谀,虚美隐恶,岂所匡失弼违,醒迷补过者乎?虑寡和而废《白雪》之音,嫌难售而贱连城之价,余无取焉。非不能属华艳以取悦,非不知抗直言之多咎,然不忍违情曲笔,错滥真伪。欲令心口相契,顾不愧景,冀知音之在后也。否泰有命,通塞听天,何必书行言用,荣及当年乎?夫君子之开口动笔,必戒悟蔽,式整雷同之倾邪,磋砻流遁之暗秽。而著书者徒饰弄华藻,张磔迂阔,属难验无益之辞,治靡丽虚言之美,有似坚白厉修之书,公孙刑名之论。虽旷笼天地之外,微入无间之内,立解连环,离同合异,鸟影不动,鸡卵有足,犬可为羊,大龟长蛇之言,适足示巧表奇以诳俗,何异乎画敖仓以救饥,仰天汉以解渴?说昆山之多玉,不能赈原宪之贫;观药藏之簿领,不能治危急之疾。墨子刻木鸡以厉天,不如三寸之车辖;管青铸骐骥于金象,不如驽马之周用。言高秋天而不可施者,'丘不与易也'。"

——《抱朴子内外篇》,《四部丛刊》影印本

抱朴子·勖学

抱朴子曰:夫学者所以清澄性理,簸扬埃秽,雕锻矿璞,砻炼屯钝,启导聪明,饰染质素,察往知来,博涉劝成,仰观俯察,于是乎在,人事王道,于是乎备。进可以为国,退可以保己。是以圣贤罔莫孜孜而勤之,夙夜以勉之,命尽日中而不释,饥寒危困而不废。岂以有求于当世哉?诚乐之自然也。

夫斫削刻画之薄伎,射御骑乘之易事,犹须惯习,然后能善。况乎人理之旷,道德之远,阴阳之变,鬼神之情,缅邈玄奥,诚难生知。虽云色白,匪染弗丽;虽云味甘,匪和弗美。故瑶华不琢,则耀夜之景不发;丹青不治,则纯钩之劲不就。火则不钻不生,不扇不炽;水则不决不流,不积不深。故质虽在我,而成之由彼也。登闾风,扣晨极,然后知井谷之暗隘也;披七经,玩百氏,然后觉面墙之至困也。

夫不学而求知,犹愿鱼而无网焉,心虽勤而无获矣;广博以穷理,犹顺风而托焉,体不劳而致远矣。粉黛至则西施以加丽,而宿瘤以藏丑;经术深则高才者洞逸,卤钝者醒悟。文梓干云,而不可以台榭者,未加班输之结构也;天然爽朗,而不可谓之君子者,不识大伦之臧否也。

欲超千里于终朝,必假追影之足;欲凌洪波而遐济,必因艘楫之器;欲见无外而不下堂,必由之乎载籍;欲测渊微而不役神,必得之乎明师。故朱绿所以改素丝,训诲所以移蒙蔽。披玄云而扬大明,则万物无所隐其状矣;舒竹帛而考古今,则天地无所藏其情矣。况于鬼神乎?而况于人事乎?泥涅可令齐坚乎金玉,曲木可攻之以应绳墨,百兽可教之以战陈,畜牲可习之以进

退,沈鳞可动之以声音,机石可感之以精诚,又况乎含五常而禀最灵者哉!

低仰之驷,教之功也;鸷击之禽,习之驯也。与彼凡马野鹰,本实一类,此以饰贵,彼以质贱。运行潦而勿辍,必混流乎沧海矣;崇一篑而弗休,必钧高乎峻极矣。大川滔溰,则虬螭群游;日就月将,则德立道备。乃可以正梦乎丘旦,何徒解桎乎困蒙哉!

昔仲由冠鸡带豚,簠珥鸣蝉,杖剑而见,拔白而舞,盛称南山之劲竹,欲任掘强之自然;尼父善诱,染以德教,遂成升堂之生,而登四科之哲。子张鄙人,而灼聚凶猾,渐渍道训,成化名儒,乃抗礼于王公,岂直免于庸陋!

以是贤人悲寓世之倏忽,疾泯没之无称;感朝闻之弘训,悟通微之无类;惧将落之明戒,觉罔念之作狂。不饱食以终日,不弃功于寸阴。鉴逝川之勉志,悼过隙之电速。割游情之不急,损人间之末务;洗忧贫之心,遣广愿之秽。息畋猎博奕之游戏,矫昼寝坐睡之懈怠。知徒思之无益,遂振策于圣途。学以聚之,问以辩之,进德修业,温故知新。

夫周公上圣,而日读百篇。仲尼天纵,而韦编三绝。墨翟大贤,载文盈车。仲舒命世,不窥园门。倪宽带经以芸锄,路生截蒲以写书,黄霸抱桎梏以受业,宁子勤夙夜以倍功。故能究览道奥,穷测微言,观万古如同日,知八荒若户庭,考七耀之盈虚,步三五之变化,审盛衰之方来,验善否于既往,料玄黄于掌握,甄未兆以如成。故能盛德大业,冠于当世,清芳令问,播于罔极也。

且夫闻商羊而戒浩溰,访鸟砮而洽东肃,谘萍实而言色味,讯土狗而识坟羊,披灵宝而知山隐,因折俎而说专车,瞻离毕而分阴阳之候,由冬蟊而觉闰余之错,何神之有?学而已矣。夫童谣犹助圣人之耳目,岂况坟索之弘博哉!

才性有优劣,思理有修短。或有夙知而早成,或有提耳而后喻。夫速悟时习者,骥骤之脚也;迟解晚觉者,鹑鹊之翼也。彼虽寻飞绝景,止而不行,则步武不过焉;此虽咫尺以进,往而不辍,则山泽可越焉。明暗之学,其犹兹乎?盖少则志一而难忘,长则神放而易失。故修学务早,及其精专,习与性成,不异自然也。若乃绝伦之器，盛年有故，虽失之于旸谷，而收之于虞渊。方知良田之晚播，愈于卒岁之荒芜也。日烛之喻，斯言当矣。

世道多难，儒教沦丧。文武之轨，将遂凋坠。或沉溺于声色之中，或驱驰于竞逐之路。孤贫而精六艺者，以游夏之资，而抑顿乎九泉之下；因风而附凤翼者，以驽庸之质，犹回遑乎霞霄之表。舍本逐末者，谓之勤修庶几；拥经求己者，谓之陆沈迂阔。于是莫不蒙尘触雨，戴霜履冰，怀黄握白，提清挈肥，以赴邪径之近易，规朝种而暮获矣。

若乃下帷高枕，游神九典，精义赜隐，味道居静，确乎建不拔之操，扬青于岁寒之后。不揆世以投迹，不随众以萍漂者，盖亦鲜矣。汲汲于进趋，悒闷于否滞者，岂能舍至易速达之通途，而守甚难必穷之塞路乎？此川上所以无人，子衿之所为作，愍俗者所以痛心而长慨，忧道者所以含悲而颓思也。

夫寒暑代谢，否终则泰，文武迭贵，常然之数也。冀群寇毕涤，中兴在今。七耀遵度，旧邦惟新，振天惠以广扫，鼓九阳之洪炉，运大钧乎皇极，开玄模以轨物。陶冶庶类，匠成翘秀，荡汰积埃，革邪反正。戢干戈，橐弓矢，兴辟雍之庠序，集国子，修文德，发金声，振玉音。降风云于潜初，旅束帛乎丘园，令抱翼之凤，奋翮于清虚；项领之骏，骋迹于千里。使夫含章抑郁，穷览洽闻者，申公伏生之徒，发玄缥，登蒲轮，吐结气，陈立素，显其身，行其道。俾圣世迪唐虞之高轨，驰升平之广途，玄流沾于九垓，惠风被乎无外。五刑厝而颂声作，和气洽而嘉穟生，不亦休哉！

昔秦之二世，不重儒术，舍先圣之道，习刑狱之法。民不见德，唯戮是闻。故惑而不知反迷之路，败而不知自救之方，遂堕坠于云霄之上，而齑粉乎不测之下。惟尊及卑，可无鉴乎！

——《抱朴子内外篇》，《四部丛刊》影印本

【思考题】

1. 如何理解"判微析理"在创作中的意义？
2. 如何理解文学批评中的客观标准与主观态度？

李　充

【作者简介】

李充(约349—约365),字弘度,或作弘范,东晋文学批评家,江夏(今湖北安陆)人。少孤贫。幼好刑名之学,深抑虚浮之士,尝作《学箴》针砭无为学风。初辟丞相王导掾,转记室参军。任大著作郎时,因典籍混乱,遂整理古籍,删除烦重,以类相从,分作经、史、子、集四部,甚有条贯,为后世图书分类所沿用。李充博学多通,著述颇丰。曾撰《尚书注》、《论语注》、《释庄论》等,并集撰文学总集《翰林论》五十四卷,按文体"褒贬古今,斟酌利病",对后世文学批评和总集编撰有重大影响,今仅存佚文十数条,收录于《全晋文》。另有《吊嵇中散文》,载《太平御览》,为东晋祭吊文之佳作。原有集二十二卷,已散佚。

翰　林　论

或问曰:"何如斯可谓之文?"答曰:"孔文举之书[1],陆士衡之议[2],斯可谓成文矣。"

潘安仁之为文也[3],犹翔禽之羽毛[4],衣被指绡縠[5]。

容象图而赞立,宜使辞简而义正[6]。孔融之赞杨公,亦其义也。

表宜以远大为本,不以华藻为先[7]。若曹子建之表,可谓成文矣;诸葛亮之表刘主,裴公之辞侍中,羊公之让开府,可谓德音矣。

驳不以华藻为先。世以傅长虞每奏驳事,为邦之司直矣[8]。

研核名理,而论难生焉,论贵于允理,不求支离[9],若嵇康之论,成文美矣。

在朝辨政而议奏出。宜以远大为本。陆机议晋断,亦名其美矣。

盟檄发于师旅,相如《喻蜀父老》,可谓德音矣。

——严可均:《全晋文》卷五十三,中华书局影印本

【题解】

《翰林论》是李充的一部文体专论,是我国最早对散文文体进行全面分类研究的著作。原书五十四卷,已散佚,后人辑存十则。《文镜秘府论》云:"李充之制《翰林》,褒贬古今,斟酌利病。"它于每种文体之中,例举古今若干代表作品,同时评论其利病得失,并对各种文体的特征和写作要求作出概括。就创作的形式特点而言,李充赞美潘岳之作色彩明丽;在诗歌的内容方面,他赞美应璩"有诗人之旨"。所以他对诗歌的看法,是一种比较折中的传统观点。

【注释】

1. 孔文举:孔融,字文举,"建安七子"之一。
2. 陆士衡:陆机,字士衡,西晋文学家、书法家。
3. 潘安仁:潘岳,字安仁,西晋文学代表人物。
4. 翔禽:飞鸟。谢万《兰亭诗》:"翔禽抚翰游,腾鳞跃清泠。"卢谌《赠刘琨诗》:"相彼反哺,尚在翔禽。"
5. 绡縠:泛指轻纱之类的丝织品。曹植《迷迭香赋》:"去枝叶而特御兮,入绡縠之雾裳。"
6. 义正:犹正义、道义。葛洪《抱朴子·行品》:"义正所在,视死犹归;支解寸断,不易所守。"
7. 远大:高远而广阔。华藻:华美辞藻。
8. 司直:官名。西汉始置。《汉书·百官表》:"武帝元狩五年(前118年)初置司直……位司隶校尉之上。"丞相转为司徒后,司直称为司徒司直。
9. 允理:合情合理。支离:残缺不全,缺乏条理。

【讲疏】

《翰林论》的特点主要体现在三个方面:较之前人文体划分更趋细化;概括文体特征时附以例证;重文的审美倾向。

其一,文体划分更趋细化。《翰林论》的出现,是文体论在东晋发展的重要表现。《毛诗序》注意到诗的起源:"诗者,志之所者,在心为志,发言为诗。"曹丕的《典论·论文》对文体已经有相对清晰的概念:"夫文本同

而末异,盖奏议宜雅,书论宜理,铭诔尚实,诗赋欲丽。"陆机《文赋》涉及的文体有十种。陆机既概括每种文体的风格,又说明风格产生的原因。西晋挚虞的《文章流别论》是文体论在西晋发展的里程碑。从《文章流别论》佚文看,其涉及的文体有颂、赋、诗、铭、碑、箴、诔等。《翰林论》涉及的文体至少有十五种:书、议、文、赞、表、驳、论、难、议、奏、盟、檄、诫、诰、诗。其中赞、表、驳、盟、檄、诫、诰等是曹丕、陆机、挚虞等人未提及的。《翰林论》体现出文体划分更加细化的趋势,为后来总集编撰提供理论依据。

其二,举例概括各种文体特征。《翰林论》对文体的阐述,大概是先说明文体的产生:"容象图而赞立","在朝辨政而议奏出"。以一两句概括文体风格和写作规范,最后举例加以说明,对文体的阐述十分全面。李充的这种论述方式,后见于刘勰文体论中的"敷理以举统"部分,李充还往往举出优秀作品示例,相当于刘勰文体论中的"选文以定篇"部分。李充关于文体风格的论述也值得注意。《翰林论》通过否定句式对文体加以限定。比如曹丕说"诗赋欲丽",这给读者造成了作者主旨在于论文体风格的印象,而李充却说"驳不以华藻为先",偏向辨析驳体与以华藻为先的其他文体间的区别。

其三,重文的审美倾向。与挚虞的《文章流别论》较近于历史的探讨不同,《翰林论》较近于美恶的品评。作者所谓"论贵允当",是上承曹丕"书论宜理"(《典论·论文》)的见解。所谓表与驳"不以华藻为先",是承袭周秦、两汉"尚用"的观点,而提倡"美",提倡"文",就体现了魏晋以来重文的审美倾向。作者对各种文体的产生所作的研究,是带有开创性的,在散文美学史上有一定意义。李充所谓翩翩然如"羽毛"、"绡縠",亦如钟嵘《诗品》评曹植诗称"人伦之有周孔,鳞羽之有龙凤,音乐之有琴笙,女工之有黼黻",推崇备至。至于"犹浅于陆机,故叹陆为深",亦非贬语,乃品评两处上品诗之嘉言。潘、陆相较互配,犹如其引谢混"烂若舒锦,披沙简金"之语,并为两美。钟嵘则从潘、陆之才性不同来考量,折衷为"陆才如海,潘才如江"。从上引材料来看,自两晋至南朝,诸家对潘、陆诗文之评价,导源于《翰林论》"翰林华藻"之说,既有继承,也有创新。

【关键词解读】

《晋元帝四部书目》

书目名。东晋李充编。著录图书三千零十四卷。是我国第一部按经、史、子、集次序排列的四部分类书目。原书今佚。李充根据《晋中经簿》编成《晋元帝四部书目》,更换了乙、丙两部的次第,使甲部纪经书,乙部纪史书,丙部纪子书,丁部纪集部书,由此成为后世四部分类法的永制,受到历代封建王朝的重视,也进一步提高了史部在目录学中的地位。唐代问世的《隋书·经籍志》是史部最后形成的标志。它第一次用经、史、子、集名称代替了李充的甲、乙、丙、丁,正式确立了四部分类法和史部第二的地位。

【相关知识链接】

我国古代第一次大规模的古籍整理,始于公元前26年西汉成帝时,由刘向、刘歆父子先后主持,编成了中国最早的国家图书馆目录《七略》。《七略》将当时搜集整理的典籍分为六艺、诸子、兵书、数术、方技、诗赋六大类,加上概论性质的辑略,总题《七略》。

汉代以后,各种官修、私撰的古籍分类目录不断涌现,分类方法也不断有所改进。西晋荀勖的《晋中经簿》将六略改为四部,即甲部录经书(相当于六艺)、乙部录子书(包括诸子、兵书、数术、方技)、丙部录史书、丁部为诗赋等,这就奠定了四部分类的基础。李充所编《晋元帝四部书目》根据当时古籍的实际情况,将史书改入乙部,子书改入丙部,这样,经、史、子、集四部分类已略具雏形。

四部体制的最终确立体现在《隋书·经籍志》中,这部实际上由唐初名臣魏徵所编的目录,正式标注经、史、子、集四部的名称,并进一步细分为四十个类目。从此,四部分类法为大多数史志、书目所沿用。清代编纂的《四库全书总目》分为四部四十四类,有较大的权威性。史志目录的完善拓宽了古代文学的发展领域:图书分类方法的完善,进一步促进了文学的独立发展;文学独立于目录学著作中,推动了文学创作的进一步繁荣;史部的独立和史学的自觉,促进了文学史类著作的撰写。

【延伸阅读】

李充在《学箴》序言称:"情仁义者寡而利仁义者众。"认为其时出于真心实践仁义的人越来越少,利用仁义谋取名利的人越来越多。嵇康为人高亮任性、远迈不群,正是李充景仰的对象。《吊嵇中散》一文,是李充散文的代表作,也是东晋悼文中的佳品。文章情真意切,悲悯之气感人至深。

吊嵇中散

　　先生挺邈世之风,资高明之质,神萧萧以宏远,志落落以遐逸。忘尊荣于华堂,括卑静于蓬室。宁漆园之逍遥,安柱下之得一。寄欣孤松,取乐竹林。尚想蒙庄,聊与抽簪。味孙觞之浊胶,鸣七弦之清琴。慕义人之元旨,咏千载之徽音。凌晨风而长啸,托归流而咏吟。乃自足乎丘壑,孰有愠乎陆沈?马乐原而翘足,龟悦涂而曳尾。畴庙堂而足荣,岂和铃之足视!久先生之所期,羌元达于遐旨。尚遗大以出生,何殉小而入死?嗟乎先生!逢时命之不丁。冀后凋于岁寒,遭繁霜而夏零。灭皎皎之玉质,绝琅琅之金声。援明珠以弹雀,损所重而为轻。谅鄙心之不爽,非大雅之所营。

　　——严可均:《全晋文》卷五十三,中华书局影印本

【思考题】

1. 简述书、议、表、驳、奏、论、赞、盟、檄的含义。
2. 刘勰说《翰林》"浅而寡要",你同意此观点吗?

范　晔

【作者简介】

范晔(398—445),字蔚宗,顺阳(今河南淅川)人。博涉经史,擅文章,能隶书,晓音律。历任彭城王刘义康冠军参军、尚书吏部郎、宣城太守等官,迁左卫将军太子詹事。后因参与拥立彭成王刘义康事被杀。范晔采集《东观汉记》等多家著作,撰成《后汉书》流传后世。他有关文章写作的观点,主要见于临终写的《狱中与诸甥侄书》。《宋书》卷六十九、《南史》卷三十三有传。

狱中与诸甥侄书

吾狂衅覆灭[1],岂复可言,汝等皆当以罪人弃之[2]。然平生行己任怀,犹应可寻。至于能不[3],意中所解,汝等或不悉知。吾少懒学问,晚成人,年三十许,政始有向耳[4]。自尔以来,转为心化[5],推老将至者,亦当未已也。往往有微解[6],言乃不能自尽。为性不寻注书[7],心气恶[8],小苦思,便愦闷,口机又不调利,以此无谈功。至于所通解处,皆自得之于胸怀耳。文章转进,但才少思难,所以每于操笔,其所成篇,殆无全称者。常耻作文士。文患其事尽于形,情急于藻,义牵其旨,韵移其意。虽时有能者,大较多不免此累,政可类工巧图缋,竟无得也。常谓情志所托,故当以意为主,以文传意。以意为主,则其旨必见;以文传意,则其词不流。然后抽其芬芳,振其金石耳。此中情性旨趣,千条百品,屈曲有成理。自谓颇识其数,尝为人言,多不能赏,意或异故也。

性别宫商,识清浊,斯自然也。观古今文人,多不全了此处,纵有会此者,不必从根本中来[9]。言之皆有实证,非为空谈。年少中,谢庄最有其分,手笔差易,文不拘韵故也。吾思乃无定方,特能济难适轻重,所禀之分,犹当未尽。但多公家之言,少于事外远致,以此为恨,亦由无意于文名故也。

本未关史书,政恒觉其不可解耳。既造《后汉》,转得统绪,详观古今著述及评论,殆少可意者。班氏最有高名[10],既任情无例,不可甲乙辨。后赞于理近无所得,唯志可推耳。博赡不可及之,整理未必愧也。吾杂传论,皆有精意深旨,既有裁味,故约其词句。至于《循吏》以下及《六夷》诸序论[11],笔势纵放,实天下之奇作。其中合者,往往不减《过秦》篇。尝共比方班氏所作,非但不愧之而已。欲遍作诸志,前汉所有者悉令备。虽事不必多,且使见文得尽。又欲因事就卷内发论,以正一代得失,意复未果。赞自是吾文之杰思,殆无一字空设,奇变不穷,同合异体,乃自不知所以称之。此书行,故应有赏音者。纪、传例为举其大略耳,诸细意甚多。自古体大而思精,未有此也。恐世人不能尽之,多贵古贱今,所以称情狂言耳。

吾于音乐,听功不及自挥[12],但所精非雅声[13],为可恨。然至于一绝处,亦复何异邪。其中体趣,言之不尽,弦外之意,虚响之音,不知所从而来。虽少许处,而旨态无极。亦尝以授人,士庶中未有一豪似者。此永不传矣。吾书虽小小有意,笔势不快,余竟不成就,每愧此名。

——《宋书》卷六十九《范晔传》,中华书局1974年版

【题解】

范晔因谋反罪下狱,临终时,写信寄于诸甥侄大谈文章事。本篇涉及范晔有关文章的一些重要论点:言不尽意;"文以意为主"等。他反对"义牵其旨,韵移其意"和重形式辞藻的风气,主张音律自然美。他比较《汉书》与《后汉书》的不同,突出了《后汉书》"体大而思精"的特点。范晔所处的时代是形式主义文风泛滥的时代,他一反华丽绮靡之风,重文章之情、旨、意的观点,对当时文学的写作起着积极的引导作用。

【注释】

1. 狂衅：疏狂放浪，不拘小节。衅，通"兴"，冲动，偏激。《左传·襄公二十六年》："衅于勇。"杜预注："衅，动也。"覆灭：指因参与谋立彭城王刘义康事泄而遭灭身。
2. 弃：嫌弃、遗弃。范晔认为自己疏狂放肆，因而得罪许多人，现在自己成为罪人，应受遗弃。
3. 不：同"否"。
4. 政：通"正"。向，《南史·范晔传》作"尚"。
5. 心化：内心受到感化。《宋书·范晔传》："自尔以来，转为心化。"
6. 微解：深刻精微的见解。
7. 寻：探求。注：专注。寻注书，谓行舟书海之意。
8. 心气恶：谓脑子不灵。按，古人每每将人脑的思维活动视为心的生理功能。如云："心之官则思。"
9. 根本：指本性。
10. 班氏：指班固，其《汉书》于当时已有好声誉。
11. "至于《循吏》"句：《后汉书》之《循吏列传》至《乌桓鲜卑列传》，每一传前皆有序论。《六夷》，指《后汉书》中《东夷》、《南蛮西南夷》、《西羌》、《西域》、《南匈奴》、《乌桓鲜卑》六传。
12. 听功：鉴赏别人的演奏。自挥：自己弹奏。
13. 雅声：庙堂之音乐。

【讲疏】

阅读范晔的这篇书信之作，我们可以从中归结出以下几点思想。

首先，言不尽意。篇中认为："至于所通解处，皆自得之于胸怀耳。文章转进，但才少思难，所以每于操笔，其所成篇，殆无全称者。"此句表明了范晔在文学创作过程中有一个无法避免的问题，即言难达意。"往往有微解，言乃不能自尽"，仅仅通过言辞是表达不尽心中的"微解"的。

其次，"以意为主，以文传意"。六朝时期文风靡丽，文人竞相追求华丽的辞藻，著作多华而不实。范晔的思想与当时重形式之风显得格格不入，他十分厌恶当时文学的形式主义倾向："文患其事尽于形，情急于藻，义牵其旨，韵移其意。"他认为文章如果仅仅片面追求辞藻和音韵，那么文章本意的表达就会受到局限，文章的主题则势必因之而遭到掩盖。因此，他主张："情志所托，故当以意为主，以文传意。以意为主，则其旨必见；以文传意，则其词不流。"做文章不能以文害意。那么，何为文章之"意"，范晔认为文章之"意"也就是作者之"意"，具体来说，指的是作者之情与作者之志，是作者情与志的统一。同时，范晔所论"以意为主"，也并非否定

"文"。"文"是传达和表现作者意旨的有效途径,他认为文辞太重辞藻容易掩盖文章之旨,也就是说,作者的情志,即文章之旨、文章之意是其关注的重心所在。

其次,自然音律美。文中"性别宫商,识清浊,斯自然也",体现了范晔在文章音律上的"自然"要求。范晔的时代,稍早于沈约"四声说"的提出,但在齐梁之前,文人就已经注意到音韵的宫商、清浊等问题,虽不自知其"根本",但已经知其然,在著作中已经自觉意识到文章的韵律问题,文中所举谢庄的例子恰恰说明了这个问题。范晔认为宫商与清浊是自然而然的,至于"吾于音乐,听功不及自挥……其中体趣,言之不尽,弦外之意,虚响之音,不知所从而来"。对此,罗根泽《中国文学批评史》认为:"这是指的演奏的音乐。不是指的文学上的音律,但文学上的音律,实与音乐有关;音乐既是'弦外之意,虚响之音,不知所从而来',音律也不问可知了。"强调音律的自然美感,是范晔不同于时人之处。

本篇还将《后汉书》与班固《汉书》做比较,认为《后汉书》具有精意深旨、笔势纵放、体大精思和辞约意长的特点。借此可看出范晔对史传写作以及史论之序、赞的见解观点。

【关键词解读】

以意为主,以文传意

纵观中国文学史,谈论文章,有如此直白之言,可以说范晔是第一人。后来,杜牧于《答庄充书》中说"凡为文以意为主",这应该是直接继承了范晔的论述。意、文构成了二元对立的两端,其中意主文次,文是用来"传意"的。从太康文学开始,形式主义之风逐渐盛行,后代文人愈来追求辞藻的繁复与华美,忽略了文意的表达。范晔此说,在抵制形式文风的当时独树一帜。

【相关知识链接】

范晔的思想受到时代的深刻影响,他的诸多观点体现出对传统文学理论的一些继承与发展。

例如言不尽意说,是自先秦以来就受到关注的问题,也是一个时谈时新的问题。明确提出言不尽意说的是庄子,他在《庄子·天道》篇有"意之所随者,不可以言传也"。庄子认为语言不能穷尽描述世间万物,语言只能谈及事物表象,难达事物本质;他借筌与鱼、蹄与兔的关系来形容言与意的关系,认为语言只是一种表达的符号,不能因为"言"而忘了"得意"的目的。类似的说法,譬如《周易》的"立象以尽意",陆机《文赋》"恒患意不称物,文不逮意",刘勰《文心雕龙·神思》"意翻空而易奇,言征实而难巧也"。范晔进一步阐发这些观点,他力图用言不尽意的思想,力矫时弊,因而提出"以意为主,以文传意"的观点。

范晔强调文章应以表情达意为目的,不应过分注重文辞的形式。《后汉书·文苑传赞》云:"情志既动,篇辞为贵。抽心呈貌,非雕非蔚……言观丽则,永监淫费。"这恰好说明了范晔的文章论点。在他看来,文章写作应该遵循的普遍规律是去繁饰的辞藻,以情志来著文。陆机《文赋》认为"辞程才以效伎,意司契而为匠","理扶质以立干,文垂条而结繁",对于"意"、"理"和"文"、"辞"的主次关系进行了论说阐释。范晔认为,为文不应"事尽于形,情急于藻,义牵其旨,韵移其意",这样的阐释显得更为具体详细一些。

另外,本篇还谈到了《后汉书》的"论"和"赞"。"论"是指对有关历史人物或事件的议论,"赞"是四言韵语。重视史论"赞",是南朝时的普遍风气。范晔之后,齐梁文人重视史论"赞"的言论更多,例如昭明太子《文选》的史论和史述"赞"两类录范作最多。由此可见,范晔重视"论"、"赞"的思想也有较为广泛的影响。同时,范晔"体大而思精"的学术追求,也体现了他兼容并包的文学观念,很值得后人学习。

【延伸阅读】

本篇选自范晔《后汉书》中的一篇人物传。范晔《后汉书》的特点之一,就是在每一篇"纪"或"传"之后著以评论,这些评论构成范晔的史论。他的史论并非单单的只为评论,其目的如《狱中与诸甥侄书》所谓"就卷内发论,以正一代得失"。《后汉书》中有关范晔抒发政见、品评人物和寄托感慨的部分都可归入其史论内容。阅读此篇可以了解范晔的历史观念,也可以体会其"文约意长"的文学思想。

后汉书·荀悦传

悦字仲豫,俭之子也。俭早卒。悦年十二,能说《春秋》。家贫无书,每之人间,所见篇牍,一览多能诵记。性沉静,美姿容,尤好著述。灵帝时阉官用权,士多退身穷处,悦乃托疾隐居,时人莫之识,唯从弟或特称敬焉。初辟镇东将军曹操府,迁黄门侍郎。献帝颇好文学,悦与或及少府孔融侍讲禁中,旦夕谈论。累迁秘书监、侍中。

时政移曹氏,天子恭己而已。悦志在献替,而谋无所用,乃作《申鉴》五篇。其所论辩,通见政体,既成而奏之。其大略曰:

夫道之本,仁义而已矣。五典以经之,群籍以纬之,咏之歌之,弦之舞之,前监既明,后复申之。故古之圣王,其于仁义也,申重而已。

致政之术,先屏四患,乃崇五政。

一曰伪,二曰私,三曰放,四曰奢。伪乱俗,私坏法,放越轨,奢败制。四者不除,则政末由行矣。夫俗乱则道荒,虽天地不得保其性矣;法坏则世倾,虽人主不得守其度矣;轨越则礼亡,虽圣人不得全其道矣;制败则欲肆,虽四表不得充其求矣。是谓四患。

兴农桑以养其生,审好恶以正其俗,宣文教以章其化,立武备以秉其威,明赏罚以统其法。是谓五政。

人不畏死,不可惧以罪。人不乐生,不可劝以善。虽使契布五教,皋陶作士,政不行焉。故在上者先丰人财以定其志,帝耕籍田,后桑蚕宫,国无游人,野无荒业,财不贾用,力不妄加,以周人事。是谓养生。

君子之所以动天地,应神明,正万物而成王化者,必乎真定而已。故在上者审定好丑焉。善恶要乎功罪,毁誉效于准验。听言责事,举名察实,无惑诈伪,以荡众心。故事无不核,物无不切,善无不显,恶无不章,俗无奸怪,民无淫风。百姓上下睹利害之存乎己也,故肃恭其心,慎修其行,内不回惑,外无异望,则民志平矣。是谓正俗。

君子以情用,小人以刑用。荣辱者,赏罚之精华也。故礼教荣辱,以加君子,化其情也;桎梏鞭扑,以加小人,化其刑也。君子不犯辱,况于刑乎!小人不忌刑,况于辱乎!若教化之废,推中人而坠于小人之域;教化之行,引中人而纳于君子之涂。是谓章化。小人之情,缓则骄,骄则恣,恣则怨,怨则叛,危则谋乱,安则思欲,非威强无以惩之。故在上者,必有武备,以戒不虞,以遏寇虐。安居则寄之内政,有事则用之军旅。是谓秉威。

赏罚,政之柄也。明赏必罚,审信慎令,赏以劝善,罚以惩恶。人主不妄赏,非徒爱其财也,赏妄行则善不劝矣。不妄罚,非矜其人也,罚妄行则恶不惩矣。赏不劝谓之止善,罚不惩谓之纵恶。在上者能不止下为善,不纵下为恶,则国法立矣。是谓统法。

四患既蠲,五政又立,行之以诚,守之以固,简而不怠,疏而不失,无为为之,使自施之,无事事之,使自交之。不肃而成,不严而化,垂拱揖让,而海内平矣。是谓为政之方。

又言:

尚主之制非古。厘降二女,陶唐之典。归妹元吉,帝乙之训。王姬归齐,宗周之礼。以阴乘阳违天,以妇陵夫违人。违天不祥,违人不义。又古者天子诸侯有事,必告于庙。朝有二史,左史记言,右史书事。事为《春秋》,言为《尚书》。君举必记,善恶成败,无不存焉。下及士庶,苟有茂异,咸在载籍。或欲显而不得,或欲隐而名章。得失一朝,而荣辱千载。善人劝焉,淫人惧焉。宜于今者备置史官,掌其典文,纪其行事。每于岁尽,举之尚书。以助赏罚,以弘法教。

帝览而善之。

帝好典籍,常以班固《汉书》文繁难省,乃令悦依《左氏传》体以为《汉纪》三十篇,诏尚书给笔札。辞约事详,论辨多美。其序之曰:

昔在上圣,惟建皇极,经纬天地,观象立法,乃作书契,以通宇宙,扬于王庭,厥用大焉。先王光演大业,肆于时夏。亦惟厥后,永世作典。夫立典有五志焉:一曰达道义,二曰章法式,三曰通古今,四曰著功勋,五曰表贤能。于是天人之际,事物之宜,粲然显著,罔不备矣。世济其轨,不陨其业。损益盈虚,与时消息。臧否不同,其揆一也。汉四百有六载,拨乱反正,统武兴文,永惟祖宗之洪业,思光启乎万嗣。圣上穆然,惟文之恤,瞻前顾后,是绍是继,阐崇大猷,命立国典。于是缀叙旧书,以述《汉纪》。中兴以前,明主贤臣得失之轨,亦足以观矣。

又著《崇德》、《正论》及诸论数十篇。年六十二,建安十四年卒。

——《后汉书》卷六十二《荀悦传》,中华书局1965年版

【思考题】

1. "以意为主,以文传意",突出了范晔的何种文学观?
2. 如何理解《后汉书》"论"、"赞"所体现出的文学史观?

刘 义 庆

【作者简介】

刘义庆(403—444),字季伯,彭城(今江苏徐州)人,南朝宋小说家。永初元年(420),袭封临川王。元嘉六年,兼尚书左仆射,参与朝政。历任平西将军、荆州刺史、江州刺史,有政绩。后因病还京,卒于建康,谥康王。性简素寡嗜欲,崇儒好文,喜招纳文士。撰有《集林》、《小说》、《宣验记》、《幽明录》、《世说新语》等。

世说新语·文学(节选)

十三

诸葛厷年少不肯学问[1],始与王夷甫谈[2],便已超诣。王叹曰:"卿天才卓出,若复小加研寻,一无所愧。"厷后看《庄》、《老》,更与王语,便足相抗衡[3]。

二十七

殷中军云[4]:"康伯未得我牙后慧[5]。"

三十六

王逸少作会稽[6],初至,支道林在焉。孙兴公谓王曰:"支道林拔新领异[7],胸怀所及乃自佳,卿欲见不?"王本自有一往隽气[8]，殊自轻之。后孙与支共载往王许，王都领域[9]，不与交言。须臾支退。后正值王当行，车已在门，支语王曰："君未可去，贫道与君小语。"因论《庄子·逍遥游》。支作数千言，才藻新奇，花烂映发。王遂披襟解带，留连不能已。

五十六

殷中军、孙安国、王、谢能言诸贤[10]，悉在会稽王许[11]，殷与孙共论《易》象，妙于见形，孙语道合，意气干云[12]，一坐咸不安孙理，而辞不能屈。会稽王慨然叹曰："使真长来，故应有以制彼。"即迎真长，孙意已不如。真长既至，先令孙自叙本理，孙粗说己语，亦觉殊不及向。刘便作二百许语，辞难简切，孙理遂屈。一坐同时抚掌而笑，称美良久。

六十六

文帝尝令东阿王七步中作诗，不成者行大法[13]。应声便为诗曰："煮豆持作羹，漉菽以为汁。萁在釜下燃，豆在釜中泣；本自同根生，相煎何太急！"帝深有惭色。

七十

乐令善于清言[14]，而不长于手笔。将让河南尹，请潘岳为表[15]。潘云："可作耳，要当得君意。"乐为述己所以为让，标位二百许语[16]，潘直取错综[17]，便成名笔。时人咸云："若乐不假潘之文，潘不取乐之旨，则无以成斯矣。"

七十七

庾阐始作《扬都赋》[18]，道温、庾云[19]："温挺义之标，庾作民之望。方响则金声，比德则玉亮。"庾公闻赋成，求看，兼赠贶之[20]。阐更改"望"为"俊"，以"亮"为"润"云。

七十九

庾仲初作《扬都赋》成,以呈庾亮,亮以亲族之怀[21],大为其名价[22],云可三《二京》、四《三都》。于此人人竞写,都下纸为之贵。谢太傅云:"不得尔,此是屋下架屋耳[23],事事拟学,而不免俭狭。"

八十六

孙兴公作《天台赋》成[24],以示范荣期[25],云:"卿试掷地,要作金石声。"范曰:"恐子之金石,非宫商中声[26]。"然每至佳句,辄云:"应是我辈语。"

九十二

桓宣武命袁彦伯作《北征赋》[27],既成,公与时贤共看,咸嗟叹之。时王珣在坐,云:"恨少一句。得'写'字足韵当佳[28]。"袁即于坐揽笔益云[29]:"感不绝于余心,泝流风而独写。"公谓王曰:"当今不得不以此事推袁。"

一百三

桓玄初并西夏,领荆、江二州、二府、一国。于时始雪,五处俱贺,五版并入[30]。玄在听事上,版至,即答版后,皆粲然成章,不相揉杂。

——徐震堮:《世说新语校笺》,中华书局 1984 年版

【题解】

《世说新语》原称《世说》,唐时称《世说新书》,宋以后改称《世说新语》。由南朝刘宋时期的刘义庆所作,梁刘孝标为之作注,是魏晋六朝时期志人小说的代表作,标志中国古代志人小说的成熟。《世说新语》今本

三卷,依内容分为《德行》、《言语》、《政事》、《文学》等三十六篇,为后世展现了魏晋时期文人的生活风貌,具有独特的文学价值和较高的艺术成就。《世说新语·文学》篇中涉及诸多文学批评理论观点,从中可以看出魏晋文人的文学思想与审美观念。

【注释】

1. 诸葛宏:字茂远,晋琅琊人,官至司空主簿。
2. 王夷甫:王衍,字夷甫,琅琊临沂人。好老庄之学,尚清谈。
3. 抗衡:谓不相上下。
4. 殷中军:殷浩,少有美名,善清言妙辩,长于《老》、《易》。
5. 康伯:韩康伯,东晋哲学家。牙后慧:谓言辞之外的理趣。
6. 王逸少:王羲之,字逸少。
7. 拔新领异:标新立异,见解高超。拔,提出。领,领会。
8. 隽:通"俊"。
9. 领域:用作动词,谓心存界限。
10. 王:王濛,字仲祖,东晋书法家。谢:谢尚,字仁祖,东晋舞蹈家。
11. 会稽王:简文帝司马昱。
12. 干云:冲上云霄。
13. 大法:大刑,重刑。
14. 乐令:乐广,字彦辅,西晋名士。
15. 潘岳,字安仁,早负才名,曾任著作郎等职,以擅写文章著称,长于抒情,善用辞藻。
16. 标位:列举。
17. 错综:交错综合。
18. 庾阐:字仲初,东晋文学家。
19. 温:温峤,字太真,东晋大臣。庾:庾亮,字元规,东晋大臣。
20. 赠贶:赠与礼品。
21. 亲族:亲近的同族。
22. 大为其名价:谓极力地为他宣扬,以抬高其声名身价。
23. 屋下架屋:比喻结构、内容重复。
24. 孙兴公:孙绰,字兴公,东晋文学家。
25. 范荣期:范启,字荣期,笃经学,尚清谈。
26. 宫商中声:谓切合乐律的声调。
27. 袁彦伯:袁宏,东晋文学家、史学家。
28. 足韵:补足一韵。
29. 揽:取。
30. 版:简牍,这里指贺信。

【讲疏】

《世说新语·文学》篇记叙了许多文人轶事,篇幅短小精悍,蕴含着时人丰富的文学思想。

刘义庆认为,文学修养一方面来源于先天禀赋,另一方面,后天的努力也必不可少。诸葛厷虽然"天才卓出",但年轻时不肯学习钻研,没有深厚的文化底蕴,与人交谈时,终显逊色。于是他接受了王衍的建议,认真读了《老子》、《庄子》等道家著作,再与人谈论时,则与王夷甫不相上下。魏晋谈玄之风盛行,这个故事重在说明老庄思想有益于名士取得思想上的进步,但也强调了后天学习的重要性。

"言意之辩"、"文情之辩"、"形神之辩"是古代文学批评理论中自先秦以来的话题,《文学》篇中也多次提及,如"殷中军云:'康伯未得我牙后慧。'""牙后慧"即指言外之意,说明对语言的解读不能单纯拘泥于表面文字,而要仔细体味文字之外作者隐含的意思,体现出玄学追求理论思辨的特质。

魏晋时期是一个极其崇尚美的时代,这种美包括外在的声色之美、内在的涵养之美。在《文学》中,有很多篇幅记录文人对文章声律音韵的追求。庾阐在《扬都赋》中写道:"温挺义之标,庾作民之望。方响则金声,比德则玉亮。"后来他把"望"改成"俊","亮"改成"润",使得"俊"与"润"的隔句押韵,表明这一时期文人对外在美的追求。刘义庆记载支遁对《逍遥游》的独特看法,"支作数千言,才藻新奇,花烂映发",说明当时众多名士喜欢钻研《庄子》,追求辞藻声律之美的时代特色。

本篇记载了孙盛和殷浩等人在会稽王府关于《易象妙于见形》一文的争论,刘惔用寥寥"二百许语",就使得"意气干云"的孙盛理屈辞穷。从其辩论的激烈程度可见东晋时谈玄清议之风十分炽盛。

刘义庆还记载了今天家喻户晓的曹植七步成诗的典故,有助于我们更深地体会曹植后期落寞哀愁的诗风。君臣、兄弟之间的矛盾,政治上的失意是主导因素。

对于文章来说,文采、结构和主旨这三个要素缺一不可。刘义庆在《文学》篇里也以实例证明了这一点。"长于手笔"的潘岳根据乐广的意旨写成一篇表章,名噪一时,时人评价之:"若乐不假潘之文,潘不取乐之旨,则无以成斯矣。"可见,文章需要明确的中心意旨与合理的结构安排。

《文学》中还有几个故事,说明当时的文人反对文学创作上的因袭模仿,并认为那是鄙陋不堪的。如庾亮出于同族之情,广为宣传庾阐的《扬都赋》,谢安对此持相反的态度,认为"此是屋下架屋耳,事事拟学,而不免俭狭"。

【关键词解读】

文学

中国古代的"文学"一词有不同的涵义。"文学"一词,最早见于《论语》。《论语·先进》:"文学,子游、子夏。"子游、子夏的优点是读书知礼,这里所谓"文学",属于广义,包括文章、博学二义,相当于现今所谓"学术"。到了汉代以至曹魏时期,仍以"文学"标示学术,而另以"文章"标示现今所谓"文学"。如司马迁在《史记》中所用的"文学"一词,均是指广义的学术,包括儒术、掌故、律令、军法、章程、礼仪等在内。

南朝范晔的《后汉书·文苑列传》,开始把"文章"、"文学"混用。他时而说某人"能文章"、"少以文章显",时而又说某人"以文学知名",其所谓"文章"、"文学"已无区别。南朝萧子显作《南齐书》,立《文学传》,而篇中则称为"文章",并说:"文章者,盖情性之风标,神明之律吕也。蕴思含毫,游心内运,放言落纸,气韵天成。"按照这一定义,萧子显所说的"文学"、"文章"的涵义,与现代所谓"文学"的涵义并无区别。此外,宋文帝立四学,以"文学"与"儒学"、"玄学"、"史学"对立。刘义庆《世说新语》有《文学》篇,所述亦止于诗人文士。又《梁书·简文帝纪》:"引纳文学之士,赏接无倦,恒讨论篇籍,继以文章。"《梁书·刘勰传》:"昭明太子爱文学,深爱接之。"其所谓"文学",与现今所谓"文学"的涵义,大致相同。

【相关知识链接】

《世说新语》是中国古代志人笔记的代表作,主要记载了东汉末年至刘宋初年近三百年间的人物故事,内容包罗万象,涉及政治、经济、文学、思想、习俗、民生等诸多方面,保存了大量珍贵的历史资料。

《世说新语》反映最丰富的一部分内容是魏晋时期的名士风度。名士风度,也称"魏晋风度",是魏晋时期名士们言谈举止的一个总括。名士风度有三个主要的外在表现形式:饮酒、服药、清谈。究其原因,大致有四个方面。其一是纵欲享乐。汉末开始的社会动乱使人们毫无安全感,很多人便开始转向及时行乐,用酒精来麻痹自己。其二是惧祸避世,明哲保身。魏晋时期政局不稳,政权的更迭、权力的转移极为频繁,很多士人为能在纷乱的时局中保全自己,便以嗜酒来显示自己在政治上的超脱。其三是表现任性放达的名士风度。魏晋名士追求旷达放任,并以饮酒作为表现形式。如"竹林七贤"就"常集于竹林之下,肆意酣畅",因此为世人所称道。其四是追求物我两忘的境界。魏晋名士好老庄之学,讲求形神相亲,而狂饮烂醉便可达到物我两忘的境界,求得高远之志。

饮酒和服药展现的是魏晋名士任性、放达的性格特征,而清谈则是魏晋名士外在风度和内在气质的综合体现。清谈起于汉末,名士群集,臧否人物,评论时事,称为"清议"。魏晋时期的清谈则侧重于玄学,即所谓内圣外王、天人之际的玄远哲理。除了饮酒、服药和清谈,魏晋名士们也注重内在的修养,《世说新语》把"德行"放在篇首,就很能说明问题。

【延伸阅读】

《世说新语》是我国最具影响力的一部志人笔记小说,记载了汉末、三国至两晋时期士族阶层的言行风尚和轶事,对于认识这一时期的思想文化和生活风貌有着重要意义。其中,《世说新语·文学》保留了大量极有理论参考价值的文献材料,上面已节选部分文人轶事、诗文品评等内容,以下节选何晏、许掾、袁宏等人轶事,以扩展我们对魏晋士人文化活动和思想旨趣的了解。

世说新语·文学(节选)

六

何晏为吏部尚书,有位望,时谈客盈坐。王弼未弱冠,往见之。晏闻弼名,因条向者胜理语弼曰:"此理仆以为极,可得复难不?"弼便作难,一坐人便以为屈。于是弼自为客主数番,皆一坐所不及。

二十二

殷中军为庾公长史,下都,王丞相为之集,桓公、王长史、王蓝田、谢镇西并在。丞相自起解帐带麈尾,语殷曰:"身今日当与君共谈析理。"既共清言,遂达三更。丞相与殷共相往反,其余诸贤略无所关。既彼我相尽,丞相乃叹曰:"向来语乃竟未知理源所归。至于辞喻不相负,正始之音,正当尔耳。"明旦,桓宣武语人曰:"昨夜听殷、王清言,甚佳,仁祖亦不寂寞,我亦时复造心;顾看两王掾,辄翕如生母狗馨。"

三十八

许掾年少时,人以比王苟子,许大不平。时诸人士及于法师并在会稽西寺讲,王亦在焉。许意甚忿,便往西寺与王论理,共决优劣,苦相折挫,王遂大屈。许复执王理,王执许理,更相覆疏,王复屈。许谓支法师曰:"弟子向语何似?"支从容曰:"君语佳则佳矣,何至相苦邪?岂是求理中之谈哉?"

五十一

支道林、殷渊源俱在相王许,相王谓二人:"可试一交言。而才性殆是渊源崤、函之固,君其慎焉!"支初作,改辙远之;数四交,不觉入其玄中。相王抚肩笑曰:"此自是其胜场,安可争锋!"

九十七

袁宏始作《东征赋》,都不道陶公。胡奴诱之狭室中,临以白刃,曰:"先公勋业如是,君作《东征赋》,云何相忽略?"宏窘蹙无计,便答:"我大道公,何以云无?"因诵曰:"精金百炼,在割能断。功则治人,职思靖乱。长沙之勋,为史所赞。"

——徐震堮:《世说新语校笺》,中华书局1984年版

【思考题】

1. 结合《世说新语·文学》篇,谈谈魏晋文人的精神风貌。
2. 谈谈自先秦以来,古人对于"文学"一词的理解。

沈 约

【作者简介】

沈约(441—513),字休文,吴兴武康(今浙江武康县)人。历仕宋、齐、梁三朝,梁时为尚书左仆射,封建昌侯,迁尚书令,领中书令。著作繁富,现除《宋书》一百卷和文集九卷外,其他均已亡佚。沈约是齐梁文坛的领袖人物,与王融、谢朓等共创"永明体",探究诗歌声律问题,影响很大。沈约诗风平易,对后来诗歌出现的世俗化倾向有一定的引导作用。

宋书·谢灵运传论

史臣曰:民禀天地之灵,含五常之德[1],刚柔迭用,喜愠分情[2]。夫志动于中,则歌咏外发[3],六义所因,四始攸系[4],升降讴谣,纷披风什[5]。虽虞夏以前,遗文不睹,禀气怀灵,理无或异。然则歌咏所兴,宜自生民始也。

周室既衰,风流弥著。屈平、宋玉,导清源于前,贾谊、相如,振芳尘于后[6]。英辞润金石[7],高义薄云天。自兹以降,情志愈广[8]。王褒、刘向、扬、班、崔、蔡之徒[9],异轨同奔,递相师祖[10]。虽清辞丽曲,时发乎篇,而芜音累气[11],固亦多矣。若夫平子艳发[12],文以情变[13],绝唱高踪,久无嗣响[14]。至于建安,曹氏基命[15],三祖陈王,咸蓄盛藻[16]。甫乃以情纬文,以文被质[17]。自汉至魏,四百余年,辞人才子,文体三变。相如工为形似之言[18],二班长于情理之说[19],子建仲宣以气质为体[20],并标能擅美,独映当时。是以一世之士,各相慕习。源其飚流所始[21],莫不同祖《风》、《骚》;徒以赏好异情,故意制相诡[22]。

降及元康[23],潘陆特秀[24],律异班贾,体变曹王,缛旨星稠,繁文绮合[25]。缀平台之逸响[26],采南皮之高韵[27]。遗风余烈,事极江右[28]。在晋中兴,玄风独扇[29],为学穷于柱下[30],博物止乎七篇[31]。驰骋文辞,义殚乎此[32]。自建武暨于义熙[33],历载将百,虽缀响联辞,波属云委[34],莫不寄言上德[35],托意玄珠[36];遒丽之辞[37],无闻焉尔。仲文始革孙、许之风[38],叔源大变太元之气[39]。爰逮宋氏,颜、谢腾声[40]。灵运之兴会标举[41],延年之体裁明密[42],并方轨前秀[43],垂范后昆[44]。

若夫敷衽论心[45],商榷前藻[46],工拙之数,如有可言。夫五色相宣,八音协畅[47],由乎玄黄律吕,各适物宜[48],欲使宫羽相变,低昂舛节[49],若前有浮声,则后须切响[50]。一简之内,音韵尽殊;两句之中,轻重悉异[51]。妙达此旨,始可言文。至于先士茂制,讽高历赏[52],子建函京之作[53],仲宣灞岸之篇[54],子荆零雨之章[55],正长朔风之句[56],并直举胸情,非傍诗史,正以音律调韵,取高前式[57]。自灵均以来,多历年代,虽文体稍精,而此秘未睹。至于高言妙句,音韵天成,皆暗与理合,匪由思至。张、蔡、曹、王[58],曾无先觉;潘、陆、颜、谢,去之弥远。世之知音者,有以得之,此言非谬。如曰不然,请待来哲。

——《六臣注文选》卷五十,《四部丛刊》影宋本

【题解】

《史记》为文士立传者,即《屈原贾生列传》和《司马相如列传》。此后《汉书》、《三国志》均为文学之士设立专传或合传。至范晔《后汉书》又创立《文苑传》,将政治等方面地位不高但以写作知名的作者收列其中。凡此种种,均反映了文学写作日益受到重视的状况。撰成于齐代的沈约《宋书》,未设《文苑传》、《文学传》,但重要作家如谢灵运、颜延之等都有传记。《谢灵运传》后有一篇专论,发表对于文学的看法,概述了先秦至刘宋文学发展的历史,并论述了声律问题,是文学批评史上的重要文献。

【注释】

1. 五常:五行,金、木、水、火、土。古人也以之与道德范畴的仁、义、礼、智、信相配。

2. 刚柔迭用,喜愠分情:《易·说卦》:"分阴分阳,迭用柔刚,故易六位而成章。"《易·系辞上》:"系辞焉而明吉凶,刚柔相推而生变化。"王注:"系辞焉而明吉凶,刚柔相推而生变化也。"刚柔和阴阳讲求交替相变,人七情变化对应于阴阳相替。

3. 夫志动于中,则歌咏外发:《毛诗序》:"情动于中而形于言,言之不足,故嗟叹之,嗟叹之不足,故永歌之,永歌之不足,不知手之舞之、足之蹈之也。"

4. 六义所因,四始攸系:《毛诗序》:"故诗有六义焉:一曰风,二曰赋,三曰比,四曰兴,五曰雅,六曰颂。"又:"是以一国之事,系一人之本,谓之风。言天下之事,形四方之风,谓之雅。雅者,正也,言王政之所由废兴也。政有大小,故有小雅焉,有大雅焉。颂者,美盛德之形容,以其成功,告于神明者也。是谓四始,《诗》之至也。"

5. 纷披风什:纷披,形容繁富。风什,指诗篇。

6. 屈平、宋玉导清源于前,贾谊、相如振芳尘于后:班固《汉书》卷三十《艺文志》:"春秋之后,周道浸坏,聘问歌咏,不行于列国,学《诗》之士,逸在布衣,而贤人失志之赋作矣。大儒孙卿及楚臣屈原,离谗忧国,皆作赋以风,咸有恻隐古诗之义。其后宋玉、唐勒,汉兴枚乘、司马相如,下及扬子云,竟为侈丽闳衍之词,没其风谕之义。是以扬子悔之,曰:'诗人之赋丽以则,辞人之赋丽以淫。如孔氏之门人用赋也,则贾谊登堂,相如入室矣,如其不用何?'"略述从战国到西汉,楚辞汉赋的发展概况。从《史记·屈原贾生列传》始,一般都认为"贾谊之作,则屈原傅也"(挚虞《文章流别志论》)。

7. 金石:文字镌刻在石碑或铸在钟鼎之上。

8. 情志愈广:情志已经合一,且抒发情感更为丰富。

9. 扬班崔蔡:扬雄、班固、崔骃、蔡邕。

10. 师祖:效法。

11. 芜音累气:这是就声律而言。芜音,芜杂之音。累气,指读之声气不畅。

12. 平子艳发:平子,东汉张衡的字。艳发,指文采焕发。

13. 文以情变:相当于"为情而造文",文为情感所统率。

14. 绝唱高踪,久无嗣响:指张衡诗作有绮艳抒情的特点,这在经学笼罩的时期,便显得极为罕见。张衡《同声歌》、《四愁诗》等,易于为有艳情趣味的沈约辈所称赏。

15. 至于建安,曹氏基命:建安,汉献帝年号。但曹操"挟天子以令诸侯",控制了政权。

16. 咸蓄盛藻:胸中都贮备了无尽的美丽词藻。

17. 甫乃以情纬文,以文被质:甫,始。纬,经纬,指交织在一起。质,指情感和思想内容。文采和思想情感达到和谐统一。

18. 相如巧为形似之言:司马相如作汉大赋,其特点在善于体物。所以说是"巧为形似之言"。

19. 二班长于情理之说:班固有较浓的经学气味,不管是其大赋,还是其抒情篇什,都有以理辖情的特点。

20. 子建仲宣以气质为体:子建,曹植字。仲宣,王粲字。气质,指作家由先天禀赋和后天修养一并形成的内在生命状态。建安时期,曹丕主张"文以气为主",是一任气使才的时代,个性可以充分显示。

21. 飚流:指文学流派风尚。
22. 意制相诡:意,指文意。制,指文体。相诡,相异相反。
23. 元康:晋惠帝年号。
24. 潘陆特秀:潘岳、陆机特别突出。
25. 缛旨星稠,繁文绮合:指华丽词藻像繁星一样稠密,美文盈目如绮一般文采交映。钟嵘《诗品》引谢混云:"潘诗烂若舒锦,无处不佳。陆文如披沙简金,往往见宝。"刘勰《文心雕龙·才略》篇说陆机"思能入巧而不制繁"。
26. 平台:《汉书》卷四十七《文三王传》说梁孝王"筑东苑,方三百余里,广睢阳城七十里,大治宫室,为复道,自宫连属于平台三十余里"。邹阳等辞赋家应召游宴写作。
27. 南皮:魏文帝曹丕《与吴质书》:"每念昔日南皮之游,诚不可忘。"指与吴质、阮瑀等人共游南皮。这二句盖指潘、陆继承了汉魏赋家诗人的文学传统。
28. 江右:指西晋。
29. 玄风:指玄学思潮。一方面老庄之学勃兴,另一方面儒家经学也受玄学影响。
30. 柱下:指老子,老子曾为周柱下史。
31. 七篇:《庄子·内篇》共七篇,一般被认为有别于《庄子》之外、杂篇。
32. 殚:尽。
33. 自建武暨于义熙:建武,晋元帝年号。义熙,晋安帝年号。
34. 缀响联辞,波属云委:连绵不绝,极言其层出不穷。
35. 上德:指老子哲学。《老子》第三十八章:"上德不德,是以有德。"
36. 玄珠:指庄学。《庄子·天地》:"黄帝游乎赤水之北,登乎昆仑之丘而南望,还归,遗其玄珠。"
37. 遒丽:遒,健举。丽,华美且音韵和谐。
38. 仲文始革孙、许之风:仲文,姓殷;孙、许,孙绰,字兴公,太原中都人。许询,字玄度,高阳人。都是玄言诗人。
39. 叔源大变太元之气:谢混字叔源,陈郡阳夏人。太元,晋孝武帝年号。"太元之气"仍指以孙、许为代表的玄言诗风。
40. 颜、谢腾声:颜延之、谢灵运声名大振。
41. 灵运之兴会标举:谓谢灵运所具的骏逸之气。
42. 延年之体裁明密:汤惠休称颜诗如"错采镂金"。
43. 方轨:并驾齐驱。
44. 垂范后昆:为后世留下效法的榜样。
45. 敷衽论心:语出《楚辞·离骚》:"跪敷衽以陈词兮。"谓促膝谈心。
46. 商榷前藻:品评前人作品。
47. 夫五色相宜,八音协畅:参见陆机《文赋》:"暨音声之迭代,若五色之相宣。"

48. 由乎玄黄律吕,各适物宜:参见《吕览·十二纪》、《礼记·月令》等,每一季节中,音律、颜色等都为一定,如此方各适物宜,天人合一。

49. 欲使宫羽相变,低昂舛节:宫羽,五音的名称。这里是喻义,作为四声的代用词。邹汉勋《五韵论》解释沈约的"文皆用宫商",谓"为文皆用宫商,犹云为文皆用平仄焉尔"。陈澧《切韵考》解释"宫羽相变",谓"此但言宫羽,盖宫为平,羽亦为仄欤"。然而,沈约是否已提出区别平仄的二元化的诗律理论,至今尚无定谳。低昂互节,指文字音节的高下互换变化。

50. 若前有浮声,则后须切响:浮声,《世说新语·言语》羊孚称吴声"妖而浮"。又《隋书·文学传序》说南北文学"江左宫商发越,贵于清绮,河朔词义贞刚,重乎气质"。妖浮近似清绮,故浮声指清音。切响与浮声对立,意应指浊音。浮切、清浊,又与轻重义相当。何焯《义门读书记·文选》:"浮声切响,即是轻重。"

51. "一简之内"四句:一简,一行,指五言诗一句。《南史》卷四十八《陆厥传》说沈约以平上去入四声制韵,"有平头、上尾、蜂腰、鹤膝;五字之中音韵各异,两句之内角徵不同"。知一简当是指五字。轻重,义近清浊。顾炎武《音论》:"其重其疾,则为入为去为上;其轻其迟,则为平。"沈约所说的八病,即是此四句的具体注脚。所谓八病,是平头、上尾、蜂腰、鹤膝、大韵、小韵、旁纽、正纽。有人认为前四病是结合五言诗一联(两句)的音节讲的。上一句的开头两字,不得与下一句的开头两字平仄相同,犯之则是平头之病;上一句的末一字,不得与下一句的末一字平仄相同,犯之则为上尾之病;两句中的一句前两字与后两字用仄声,中间的一字用平声,是蜂腰之病;另一句前两字与后两字用平声,中间的一字用仄声,是鹤膝之病。后四病是指五言诗一句(一简)的音节讲的。大韵是指一句中前四字不得与最后押韵的字犯同韵。小韵是指一句中的字除不得与押韵的字犯同韵以外,也不得与其他的字犯同韵。旁纽是指一句中不得用双声字。正纽是指一句中不得用四声相组(如溪、起、憩、迄四字平上去入为一纽,一句中不得用其二)。按照"八病"的严格规定,就能做到"一简之内,音韵尽殊,两句之中,轻重悉异"。

52. 讽高历赏:讽咏高妙历来为世人所赏。

53. 子建函京之作:指曹植的《赠丁仪王粲诗》,其首句为:"从军渡函谷,驱马过西京。"

54. 仲宣灞岸之篇:指王粲的《七哀诗》,其中有这样两句:"南登霸陵岸,回首望长安。"

55. 子荆零雨之章:孙楚字子荆,太原中都人。这句指他的《征西官属送于陟阳侯作诗》。其首句为:"晨风飘歧路,零雨被秋草。"

56. 正长朔风之句:王瓒字正长,义阳人。这句指他的《杂诗》。其首句为:"朔风动秋草,边马有归心。"

57. "并直举胸情"四句:诗史,别人诗句或历史典故。前两句为钟嵘"直寻"之先声。后两句讲此辈取胜,唯在"音律调韵"。

58. 张蔡曹王:指张衡、蔡邕、曹植、王粲。

【讲疏】

《谢灵运传论》是沈约在《宋书·谢灵运传》后面加的一段文字,以阐发作者的文学观点,在创作和理论两方面均对后世文学产生了巨大的影响,为历代文学史家和文学批评史家所看重。主要内容有以下几点。

一是以"文以情变"为主线,回顾了文学史上的文体之变,体现其"重情"的文学审美观。在沈约看来,诗歌发展史就是人的情感变化史。从屈原、宋玉、贾谊、司马相如到张衡,是第一次"文以情变"。战国"屈原、宋玉导清源于前";西汉"贾谊、相如振芳尘于后";东汉"平子艳发,文以情变,绝唱高踪,久无嗣响";到建安时期,其抒情性加强,是第二次大变。建安三曹"成蓄盛藻","以情纬文,以文被质";西晋潘岳、陆机"缛旨星稠,繁文绮合";东晋玄言风起,到刘宋时文风三变。东晋玄风独扇,无闻"遒丽之辞",至殷仲文、孙兴公始大变玄言诗风;到了刘宋,"颜谢腾声","方轨前秀,垂范后昆"。以文学本体展示文学发展史,沈约有首创之功。

二是提倡平易文风。沈约列举曹植、王粲等人佳句,指出它们"直举胸情,非傍诗史",这对后世明白晓畅诗风文风形成,产生了良好影响。

三是以声律论文标准品评诗文。声律论是《传论》最重要的内容,也是沈约在诗歌理论上带有总结性的贡献。沈约强调的是作品所用字的声音必须有变化,不同的声音互相对比、衬托,形成鲜明铿锵、和谐流畅的音韵之美。沈约提出"宫羽相变,低昂舛节,若前有浮声,则后须切响。一简之内,音韵尽殊;两句之中,轻重悉异",显然对音韵的把握,已提高到音乐美的自觉追求,具体到一字一句,这便从理论上加重了音韵在诗歌创作中的地位。

【关键词解读】

永明体

南朝齐武帝永明年间(483—493)形成的一种诗歌体式风格。《南史》卷四十八《陆厥传》记载:"时盛为文章,吴兴沈约、陈郡谢朓、琅邪王融,以气类相推毂。汝南周颙善识声韵。约等文皆用宫商,将平上去入四声,以此制韵,有平头、上尾、蜂腰、鹤膝。五字之中,音韵悉异,两句之内,角徵不同,不可增减。世呼为'永明体'。"

自魏晋以来,受印度梵音学的影响,中国声韵学有新的发展。永明年间,周颙发现了汉语的"平上去入"四种声调,同时沈约等人又根据四声和双声叠韵来研究诗句中声、韵、调的配合,并指出要避免平头、上尾、蜂腰等八种声病,力求做到"一简之内,音韵尽殊;两句之中,轻重悉异"。在此之前,人们在写诗过程中,也意识到了音韵谐和的问题,但没有找到具体的调协音韵的办法。周颙、沈约等"四声八病"说的提出,表明把诗句中声、韵、调的配合变成了对声韵规律的自觉运用,这是中国诗歌史上的空前创举。沈约《宋书·谢灵运传论》称:"自灵均以来,多历年代,虽文体稍精,而此秘未睹。至于高言妙句,音韵天成,皆暗与理合,匪由思至。"虽不无夸张,但基本是符合事实的。

"永明体"作为诗体的特点是平仄协调,音韵铿锵,对仗工整,体裁短小,是我国格律诗产生的开端,对唐代近体诗的形成有直接的影响,反映了诗歌从比较自由发展到讲究格律的必然趋势。永明作家的诗歌题材狭窄,情调纤柔,因此,就诗歌风格而论,"永明体"是唐初陈子昂以下许多进步作家批评的对象。由于"永明体"对诗歌写作的要求过于苛细,很难使作品在形式与内容上做到完全的统一,谢朓是"永明体"诗歌创作成就最高的作家,但他最为后人所称赞的作品,也并不完全符合沈约所提出的声韵格律要求。

【相关知识链接】

从魏晋到齐梁,我国古代文学的主要形式体裁趋于定型和成熟,尤其是诗赋创作有长足的发展。五言诗出于西汉民间歌谣,至汉末日渐成熟。曹植把民歌与文人诗熔于一炉,完成从乐府诗向文人诗的过渡,成为五言诗的一代宗匠。魏晋以后,五言诗作者如林,成绩斐然,积累了丰富的创作经验。至鲍照起自民间,在模拟和学习乐府的基础上,独辟蹊径自创新体(歌行),对七言诗的发展做出了突出贡献。赋在汉代以铺陈直叙的大赋为主,到了魏晋南北朝,体物工致、抒情色彩浓厚的小赋更形突出,比起汉代大赋来,具有更高的审美价值。魏晋以至南朝骈体文的日趋发展,则使文人对于形式美(对偶、声律、藻采)的追求达于极致。

作为文坛领袖,沈约在创作和理论两方面对齐梁及以后的文学(尤其是诗歌)具有开风气的影响。"永明声律说"的主旨,依沈约表述为:"欲使宫羽相变,低昂舛节,若前有浮声,则后须切响。一简之内,音韵尽殊;两句之中,轻重悉异。"把汉字四声在诗歌中搭配安排,他要一变前人对声律的朦胧凑合为自觉把握,找出其规律,使诗歌语言增加抑扬顿挫的音韵美。沈约等永明诗人对声律的重视,是五言古体诗在后代向格律诗转变的重要动因,在此意义上,其功不可没。但是,过分注意诗歌音韵谐美,会对性情抒发有所忽略,偏重形式,则有妨诗之真美。对此,钟嵘《诗品》有所批评,唐代皎然《诗式》批评:"沈休文酷裁八病,碎用四声。故风雅殆尽。"击中声律派流弊之要害。然据此就抹杀沈约等声律派诗人在文学史上的巨大贡献,则矫枉过正,亦非公允之论。

【延伸阅读】

本篇专论"竹林七贤"。虽未论及七贤之作品,但对七人之风神、才器、秉性及其所处的社会环境,均有论述。除了对阮籍、嵇康的高度称誉外,还给予七贤秉性总的概括,七贤皆为寄托情性而已。沈约对于"竹林七贤",是深刻理解其人其世的,看法相当深刻。也可以说明,南北朝时期的人们对于"竹林七贤"的评价,已经是比较公允的。本篇作为一篇作家论,对于了解南北朝文坛对正始文人的批评,很有价值。

七 贤 论

嵇生是上智之人,值无妄之日,神才高杰,故为世道所莫容。风邈挺特,荫映于天下;言理吐论,一时所莫能参。属马氏执国,欲以智计倾皇祚,诛锄胜己,靡或有遗。玄伯太初之徒,并出嵇生之流,咸已就戮。嵇审于此时,非自免之运。若登朝进仕,映迈当时,则受祸之速,过于旋踵;自非霓裳羽带,无用自全。故始以饵术黄精,终于假涂托化。

阮公才器宏广,亦非衰世所容。但容貌风神,不及叔夜,求免世难,如为有涂。若率其恒仪,同物俯仰,迈群独秀,亦不为二马所安。故毁行废礼,以秽其德,崎岖人世,仅然后全。

仲容年齿,不齿不悬,风力粗可,慕李文风尚,景而行之。

彼嵇阮二生,志存保己。既托其迹,宜慢其形;慢形之具,非酒莫可。故引满终日,陶兀尽年。酒之为用,非可独酌,宜须用侣,然后成欢。刘伶酒性既深,子期又是饮客;山王二公,悦风而至,相与莫逆。把臂高林,徒得其游,故于野泽,衔杯举樽之致,寰中妙趣,固冥然不睹矣。

自嵇阮之外,山向五人,止是风流器度,不为世匠所骇。且人本含情,情性宜有所托慰,悦当年隐,萧散怀抱,非五人之与,其谁与哉!
——《艺文类聚》卷三十七,中华书局汪绍楹校本

【思考题】

1. 谈谈沈约声律理论对后世的影响。
2. 谈谈"永明体"创作的主要特色。

刘　勰

【作者简介】

刘勰(约466—537),字彦和。东莞莒县(今属山东)人,世居京口(今江苏镇江)。南朝梁文学理论家。家贫无依,投靠定林寺沙门僧佑,终生未婚娶。少即笃志好学,居处定林寺十余年间博览群书,钻研佛教典籍,为僧佑编定经藏。所著《文心雕龙》五十篇,体大思精,是我国古代系统的文论名著。原有文集,已佚。现存《梁建安王造剡县石城寺石像碑》和《灭惑论》二文。

文心雕龙·原道

文之为德也大矣,与天地并生者何哉!夫玄黄色杂[1],方圆体分[2],日月叠璧,以垂丽天之象;山川焕绮[3],以铺理地之形[4];此盖道之文也。仰观吐曜[5],俯察含章[6],高卑定位,故两仪既生矣[7]。惟人参之,性灵所钟,是谓三才。为五行之秀,实天地之心[8],心生而言立,言立而文明,自然之道也[9]。傍及万品,动植皆文:龙凤以藻绘呈瑞,虎豹以炳蔚凝姿;云霞雕色,有逾画工之妙;草木贲华[10],无待锦匠之奇;夫岂外饰,盖自然耳。至于林籁结响,调如竽瑟;泉石激韵,和若球锽[11];故形立则章成矣,声发则文生矣。夫以无识之物,郁然有彩,有心之器,其无文欤!

人文之元,肇自太极[12],幽赞神明[13],易象惟先。庖牺画其始[14],仲尼翼其终[15]。而乾坤两位,独制文言。言之文也,天地之心哉!若乃河图孕乎八卦,洛书韫乎九畴[16],玉版金镂之实,丹文绿牒之华,谁其尸之[17],亦神理而已。自鸟迹代绳,文字始炳[18]，炎皞遗事[19]，纪在三坟，而年世渺邈[20]，声采靡追。唐虞文章，则焕乎始盛。元首载歌[21]，既发吟咏之志；益稷陈谟，亦垂敷奏之风。夏后氏兴，业峻鸿绩，九序惟歌[22]，勋德弥缛。逮及商周，文胜其质，雅颂所被，英华日新。文王患忧[23]，繇辞炳曜，符采复隐[24]，精义坚深。重以公旦多材[25]，振其徽烈[26]，剬诗缉颂，斧藻群言[27]。至夫子继圣，独秀前哲[28]，镕钧六经，必金声而玉振；雕琢情性，组织辞令，木铎起而千里应，席珍流而万世响[29]，写天地之辉光，晓生民之耳目矣。

爰自风姓[30]，暨于孔氏，玄圣创典[31]，素王述训[32]，莫不原道心以敷章[33]，研神理而设教，取象乎河洛，问数乎蓍龟[34]，观天文以极变，察人文以成化；然后能经纬区宇[35]，弥纶彝宪[36]，发挥事业，彪炳辞义[37]。故知道沿圣以垂文，圣因文而明道，旁通而无滞，日用而不匮。易曰：鼓天下之动者存乎辞[38]。辞之所以能鼓天下者，乃道之文也。

赞曰：道心惟微，神理设教[39]。光采玄圣，炳耀仁孝。龙图献体，龟书呈貌。天文斯观，民胥以效[40]。

——范文澜：《文心雕龙注》卷一，人民文学出版社1958年版

【题解】

《文心雕龙》十卷五十篇，除《序志》一篇外，按其内容可分为四大部分：总论（一至四篇）、文体论（五至二十五篇）、创作论（二十六至四十三篇）、鉴赏论（四十四至四十九篇）。《文心雕龙》既是一部文学理论著作、文章学著作，又是一部文学史、各类文章的发展史，同时也是一部重要的古典美学著作，在古代乃至当代颇受重视，"龙学"的研究已成显学。《原道》篇是"文之枢纽"中的"枢纽"，提出文学的本源是自然之道，给后人以诸多启示。

【注释】

1. 夫玄黄色杂：《易·坤》："龙战于野，其血玄黄。"
2. 方圆：《大戴礼记·曾子天圆》："天道曰圆，地道曰方。"
3. 焕绮：明亮绮丽。
4. 理地之形：《易·系辞上》："仰以观于天文，俯以察于地理。"
5. 吐曜：发出光辉。三国魏曹叡《山阳公赠册文》："坤灵吐曜。"刘熙《释名·释

天》:"曜,耀也,光明照耀也。"

6. 含章:《易·坤》:"含章可贞。"王弼注:"含美而可正,故曰含章可贞也。"

7. 高卑定位,故两仪既生矣:《易·系辞上》:"天尊地卑,乾坤定矣。卑高以陈贵贱位矣。"两仪:指天地。

8. "惟人参之"五句:《礼记·礼运》:"人者其天地之德,阴阳之交,鬼神之会,五行之秀气也。"又曰:"人者天地之心也,五行之端也,食味别声被色而生者也。"参,三,人配天地为三。三才:指天、地、人。

9. "心生而言立"三句:扬雄《法言·问神》:"言心声也;书心画也;声画形,君子小人见矣。声画者,君子小人之所以动情乎!"

10. 贲:装饰。《易·序卦》:"贲者,饰也。"

11. 球:玉磬也。锽:钟声也。

12. 肇自太极:《易·系辞上》:"是故易有太极,是生两仪。"韩康伯注:"夫有必始于无,故太极生两仪也。太极者,无称之称,不可得而名,取有之所极,况之太极者也。"

13. 幽赞神明:《易·说卦》:"昔者圣人之作易也,幽赞于神明而生蓍。"韩康伯注:"幽,深也。赞,明也。蓍受命如响,不知所以然而然也。"

14. 庖牺画其始:《易·系辞下》:"古者庖牺氏之王天下也,仰则观象于天,俯则观法于地,观鸟兽之文,与地之宜,近取诸身,远取诸物,于是始作八卦,以通神明之德,以类万物之情。"

15. 仲尼翼其终:《汉书》卷八十八《儒林传》言孔子"晚而好《易》,读之韦编三绝,而为之传"。翼,指《十翼》。相传孔子曾作《彖辞》上下、《象辞》上下、《系辞》上下、《文言》、《说卦》、《序卦》、《杂卦》十篇文章来解释《易经》,称为《十翼》。

16. 若乃河图孕乎八卦,洛书韫乎九畴:《易·系辞上》:"河出图,洛出书,圣人则之。"相传黄河里龙献图,庖牺依照图文作八卦;洛水里龟献书,禹依照书制定九畴。九畴,九类治国的大法。

17. 尸:主持,执掌。

18. 自鸟迹代绳,文字始炳:许慎《说文序》:"黄帝之史仓颉,见鸟兽蹄迒之迹,知分理之可相别异也,初造书契,百工以乂,万品以察,盖取诸夬。"

19. 炎:炎帝神农氏。皥:太皥伏羲氏。

20. 渺邈:久远。

21. 元首载歌:《尚书·益稷》:"帝乃歌曰:股肱喜哉!元首起哉!百工熙哉!"

22. 九序惟歌:《左传·文公七年》:"九功之德皆可歌也,谓之九歌。"

23. 文王患忧:《易·系辞下》:"《易》之兴也,其于中古乎?作《易》者其有忧患乎?"

24. 符采:左思《蜀都赋》:"符采彪炳。"刘逵注:"符采,玉之横文也。"

25. 公旦:周公旦,文王之子,武王之弟。

26. 徽烈:美好的功业。

27. 斧藻群言:增损修饰各种言论。
28. 至夫子继圣,独秀前哲:《孟子·万章下》:"孔子之谓集大成。集大成也者,金声而玉振之也。金声也者,始条理也。玉振之也者,终条理也。"
29. 木铎起而千里应,席珍流而万世响:《论语·八佾》:"天将以夫子为木铎。"木铎,孔安国传:"木铎,施政教时所振也。"《易·系辞上》:"子曰:'君子居其室,出其言善,善则千里之外应之,况其迩者乎?'"
30. 爰自风姓:爰,发语词。风姓,指伏羲。
31. 玄圣:《庄子·天道》:"以此处下,玄圣素王之道也。"也指伏羲(或庖牺)。
32. 素王:有大德而无爵位的圣人,空王,汉人认为孔子有王者之德而没有王位,所以称他为素王。
33. 道心:《尚书·大禹谟》:"人心惟危,道心惟微,惟精惟一,允执厥中。"
34. 蓍龟:蓍草和龟甲,都用以占卜。
35. 经纬:治理。
36. 弥纶彝宪:弥纶,包举。彝宪,常法,经久不变的法则。
37. 彪炳:辉煌,言文采焕发。
38. 鼓天下之动者存乎辞:《易·系辞上》:"极天下之赜者存乎卦,鼓天下之动者存乎辞。"
39. 神理设教:以神道设教。
40. 民胥以效:语出《诗经·小雅·角弓》:"尔之教矣,民胥效矣。"

【讲疏】

《原道》篇居《文心雕龙》五十篇之首,与《征圣》、《宗经》、《正纬》和《辨骚》诸篇,合称为"文之枢纽",是整部著作的理论基础,集中体现了刘勰的文学主张。《原道》篇大致分为三个部分。

第一部分论述"文"和"自然之道"的关系。刘勰从日月、星辰、山川、草木、鸟兽这些文采,推论人作为万物之灵,有了语言,作出了文章,就必然有"文"。世间万物有"文"是自然而然的事情,文学具有美的属性也是自然而然的事情。刘勰从形而上的角度,阐述了对文学本原和文学本质的看法,指出"文"是"道之文",即文学与自然事物的文采都是道的外化,是宇宙运动变化的必然。刘氏将文学的合法性上升到了"道"的层面,对此,纪昀评曰:"文以载道,明其当然,文原于道,明其本然。识其本乃不逐其末。首揭文体之尊,所以截断众流。"(《评文心雕龙》)刘勰将"道"看作天地万物的本原,看作包括文学在内的各种艺术的本原,这在中国古代文艺思想中有着很大的代表性,是中国古代哲学天人关系运用到文艺思想上的体现。

第二部分讲述"人文"的起源与发展,进一步阐述人文的本质和特点。

刘勰认为"人文"源于"太极",欲深通这个道理,首推《易经》中的卦象。刘勰进而讲到八卦、《河图》、《洛书》及《三坟》。谈及夏、商、周不同时期不同的文辞特点,认为文王"符采复隐,精义坚深",周公"多材","斧藻群言"。最后讲到孔子集人类文化之大成,"写天地之辉光"。刘勰认为孔子作"十翼",才使得蕴含事物普遍规律的"道"得到充分的阐释,而其后"六经"中的其他各篇,都是从不同角度对"道"的内容及其在现实生活中的作用做了具有典型性的说明,从而"晓生民之耳目",使得"道"为大家所懂得和掌握。

第三部分谈"道"和"圣"的关系,即自然之道与圣人之文。刘勰以儒家思想为根基,提出文学创作以"圣贤之道"为本。他认为最能了解自然之道、把握自然规律的就是圣人,一般的人则不能达到如此深刻的认识。只有尧、舜、禹、汤、文王、武王、周公、孔子等圣贤,才能"原道心以敷章,研神理而设教",儒典经书就是圣人解道传道的范本,因此,在文学创作时一定要尊经崇圣,"以圣道为本"。刘勰在进行文艺批评时始终以儒家思想为指导思想,将文学纳入儒学的范畴中,"道"、"圣"、"经"三位一体,范文澜认为:"刘勰撰《文心雕龙》,立论完全站在儒家古文学派的立场上。"(《中国通史简编》)其宗经崇儒的文统观影响极其深远。

【关键词解读】

自然

中国古典美学的重要概念。"自然"作为哲学概念,见于《老子》二十五章:"人法地,地法天,天法道,道法自然。"庄子继承老子的天道自然思想,《庄子·天运》:"至乐者,先应之以人事,顺之以天理,行之以五德,应之以自然,然后调理四时,太和万物。"主张人生的目的就是任其自然,与自然融合为一,达到"至人"境界。在道家著作中,"自然"更多的简称为"天",即自然天成、不假人为、本真固存的意思。强调人的审美活动不应当出于狭隘的功利目的而扭曲人性和物性,而应是人的本体同自然本体的契合无间。

先秦以来哲学意义上的"自然",逮至南北朝时期,开始了审美形式和审美意义上的探索。刘勰《文心雕龙·原道》:"仰观吐曜,俯察含章,高卑定位,故两仪既生矣。惟人参之,性灵所钟,是谓三才。为五行之秀,实天地之心,心生而言立,言立而文明,自然之道也。"刘勰认为人文和天文、地文一样,都是"道之文",是合乎自然的。同时代的钟嵘,在《诗品》反对堆砌故实,质言玄理,而标举"自然英旨",具有相同的理论追求。

在刘、钟之后,文论家对"自然"概念有进一步的阐发。皎然《诗式》中讲诗的"至丽而自然"、"不顾词彩而风流自然";司空图《诗品》强调诗的"真"、"天钧",把"妙造自然"视为诗美的最高标准。宋代梅尧臣讲"造平淡",苏轼言"文理自然",叶梦得有"出于自然",姜夔重"自然高妙",等等。总结起来,其要义大概包括:自然是一种本体性之美的本原;自然为自存自在的审美客体;自然指创作主体特定的审美方式;自然又指艺术之美的境界、风格的一种类型;自然还是文字型文学语言审美表现的一种上乘境界。

以上诸义,是随着古代艺术实践的发生、发展和演变,在思辨哲学的推动下,逐步展示出来的。在道家及玄学哲学中,"自然"是一个具有本体论意义的重要范畴。在南北朝以前的中国古代美学中,"自然"的意蕴也主要在美的本体层面上展开。南北朝时期重华艳绮靡,所以当时的"自然"观念,在创作和理论上并没有形成主导的倾向。唐宋以后,随着禅宗哲学对文人精神生活、观物方式的深刻影响,以王维、孟浩然为代表的山水诗派审美经验的丰富积累,和诗论中对冲淡朴素之美的推崇,以及兴象、意象、意境诸论的发展,把人们对艺术的特殊本质及艺术思维规律的认识,提高到一个新的审美层次,也就逐渐成为艺术家、理论家审美追求的主要倾向。"自然"作为审美范畴的理论内涵,在主体、客体、境界、风格等层次上逐渐充实丰富并全面展开,成为一种普遍追求的理想境界。

【相关知识链接】

刘勰在《文心雕龙·原道》中所言的"道"具有丰富的思想内涵,其中主要体现了儒家思想,这已被历代学者所公认,那么,他为什么在《原道》篇中主要讲"自然之道"呢?这就不能不与当时流行的玄学有关了。

玄学兴起于正始年间,它是以老庄思想为基础,以《老》、《庄》、《易》为主要思想渊源,兼融儒、释及诸子之学的新道家思潮。玄学家们所热衷讨论的一个话题即名教与自然的关系。所谓名教是指由长期的历史发展演变而形成的一整套政治制度、宗法制度、伦理道德及其观念,它是儒家长期以来所竭力倡导的。而自然的观点来源于老庄,他主张顺应道,顺应万物的本性,反对人工制作的礼法束缚。因此,名教与自然两者在本质上是矛盾的。而玄学视两者为现象与本体的关系,力图调和两者之间的矛盾,形成了名教自然合一的思想。

从正始时期的王弼到"竹林七贤"的阮籍、嵇康,以及向秀、郭象都关注于名教与自然的关系问题。王弼认为名教与自然虽互相矛盾,但名教本于自然,应当也必然反映自然。他认为:"朴,真也。真散则百行出,殊类生者,器也。圣人因其分散,故为之立官长,以善为师,不善为资,复使归于一也。"(《老子》二十八章注)又说:"见素抱朴以绝圣智,寡私欲以弃巧利,皆崇本以息末之谓也。"(《老子指略》)阮籍和嵇康,在其前期也致力于名教与自然的结合。阮籍在《声无哀乐论》认为"是以圣人以建天地之位,守尊卑之制",所以,应根据自然规律来处理事物,这样才能"万物合其德,则万物合其生,刑赏不用而民自安矣"(《乐记》)。嵇康同样也以名教与自然的结合作为自己的理想,他在《答难养生论》中就塑造了一个把名教与自然完美结合的"圣人"形象。向秀、郭象则发展了名教与自然合一的理论,从而证明自然就是名教,名教就是自然,自然存在于名教之中。如《庄子·齐物论注》:"若天之自高,地之自卑,首自在上,足自在下,岂有递哉。"又《庄子·骈拇注》:"夫仁义自是人之情性,但当任之身。恐仁义非人情而忧之者,真可谓多忧也。"也就是说,一切现存的社会制度、道德规范都是理所当然的,因此,名教即自然,"山林之中"就是"庙堂之上",真正的"外王"必然是"内圣",这就从根本上将儒道合一了。

总之,魏晋以来名教与自然合一的玄学思想,发展到东晋,基本上形成了一致的看法,这种社会思潮一直影响到南朝齐梁时期,并对魏晋以来的文论产生了深刻的影响。因此,刘勰关于"自然之道"的指导思想与老庄旨趣影响的玄学是分不开的。

【延伸阅读】

《文心雕龙》"体大虑周",理论体系完整。在《序志》篇中,刘勰认为:"盖文心之作也,本乎道,师乎圣,体乎经,酌乎纬,辨乎骚,文之枢纽,亦云极矣。"《原道》、《征圣》、《宗经》、《正纬》、《辨骚》五篇是全书的纲领,基本概括了全书的文学观点。《征圣》篇言要以圣人为师,并从多个层面论证"征圣"的要义。《原道》篇指出"道沿圣以垂文,圣因文而明道",明确了"道"、"圣"、"文"三者的关系,所以继《原道》篇后来研习《征圣》篇,可深刻体会刘勰"言为文之用心"的内在逻辑。

文心雕龙·征圣

夫作者曰圣,述者曰明,陶铸性情,功在上哲,夫子文章,可得而闻,则圣人之情,见乎文辞矣。先王圣化,布在方册;夫子风采,溢于格言。是以远称唐世,则焕乎为盛;近褒周代,则郁哉可从。此政化贵文之征也。郑伯入陈,以文辞为功;宋置折俎,以多文举礼。此事迹贵文之征也。褒美子产,则云言以足志,文以足言;泛论君子,则云情欲信,辞欲巧。此修身贵文之征也。然则志足而言文,情信而辞巧,乃含章之玉牒,秉文之金科矣。

夫鉴周日月,妙极机神;文成规矩,思合符契;或简言以达旨,或博文以该情,或明理以立体,或隐义以藏用。故《春秋》一字以褒贬,《丧服》举轻以包重,此简言以达旨也。《邠诗》联章以积句,《儒行》缛说以繁辞,此博文以该情也。书契断决以象夬,文章昭晰以象离,此明理以立体也。四象精义以曲隐,五例微辞以婉晦,此隐义以藏用也。故知繁略殊形,隐显异术,抑引随时,变通会适,征之周孔,则文有师矣。

是以子政论文,必征于圣;稚圭劝学,必宗于经。《易》称"辨物正言,断辞则备",《书》云"辞尚体要,弗惟好异"。故知正言所以立辩,体要所以成辞,辞成无好异之尤,辩立有断辞之义。虽精义曲隐,无伤其正言;微辞婉晦,不害其体要。体要与微辞偕通,正言共精义并用;圣人之文章,亦可见也。颜阖以为仲尼饰羽而画,徒事华辞。虽欲訾圣,弗可得已。然则圣文之雅丽,固衔华而佩实者也。天道难闻,犹或钻仰;文章可见,胡宁勿思。若征圣立言,则文其庶矣。

赞曰:妙极生知,睿哲惟宰。精理为文,秀气成采。鉴悬日月,辞富山海。百龄影徂,千载心在。

——范文澜:《文心雕龙注》卷一,人民文学出版社1958年版

【思考题】

1. 简述中国文学批评史中"自然"的涵义。
2. 刘勰文学思想的承上启下体现在哪些方面?

文心雕龙·宗经

三极彝训[1],其书言经。经也者,恒久之至道,不刊之鸿教

也[2]。故象天地[3],效鬼神,参物序,制人纪,洞性灵之奥区,极文章之骨髓者也。皇世三坟,帝代五典,重以八索,申以九邱[4],岁历绵暧,条流纷糅,自夫子删述,而大宝咸耀[5]。于是易张十翼[6],书标七观[7]。诗列四始[8],礼正五经[9],春秋五例,义既极乎性情,辞亦匠于文理[10],故能开学养正,昭明有融[11]。然而道心惟微,圣谟卓绝,墙宇重峻,而吐纳自深。譬万钧之洪钟[12],无铮铮之细响矣[13]。

夫易惟谈天,入神致用[14]。故系称旨远辞文,言中事隐[15],韦编三绝,固哲人之骊渊也[16]。书实记言[17],而训诂茫昧,通乎尔雅,则文意晓然。故子夏叹书,昭昭若日月之明,离离如星辰之行,言昭灼也[18]。诗主言志,诂训同书,摛风裁兴,藻辞谲喻[19],温柔在诵,故最附深衷矣。礼以立体,据事剬范,章条纤曲,执而后显[20],采掇生言,莫非宝也。春秋辨理,一字见义,五石六鹢[21],以详略成文;雉门两观,以先后显旨;其婉章志晦,谅以邃矣[22]。尚书则览文如诡,而寻理即畅;春秋则观辞立晓,而访义方隐。此圣人之殊致,表里之异体者也。

至根柢槃深[23],枝叶峻茂,辞约而旨丰,事近而喻远,是以往者虽旧,余味日新,后进追取而非晚,前修文用而未先,可谓太山遍雨,河润千里者也[24]。

故论说辞序,则易统其首;诏策章奏,则书发其源;赋颂歌赞,则诗立其本;铭诔箴祝,则礼总其端;纪传铭檄,则春秋为根;并穷高以树表[25],极远以启疆[26],所以百家腾跃,终入环内者也。若禀经以制式,酌雅以富言,是仰山而铸铜,煮海而为盐也[27]。故文能宗经,体有六义:一则情深而不诡,二则风清而不杂,三则事信而不诞,四则义直而不回,五则体约而不芜,六则文丽而不淫,扬子比雕玉以作器,谓五经之含文也[28]。夫文以行立,行以文传,四教所先[29],符采相济,励德树声[30],莫不师圣,而建言修辞,鲜克宗经[31]。是以楚艳汉侈,流弊不还,正末归本,不其懿欤!

赞曰:三极彝道,训深稽古。致化归一[32],分教斯五。性灵熔匠,文章奥府。渊哉铄乎,群言之祖。

——范文澜:《文心雕龙注》卷一,人民文学出版社1958年版

【题解】

本篇是《文心雕龙》的第三篇,属于刘勰所谓的"文之枢纽"。刘勰视"五经"为写作的最高典范及各类文体的渊源,从中探寻为文之道以及补救时弊的方法。刘勰提倡"宗经",是提倡学习儒家经典著作中所体现的文章写作技巧和表达方式,写出有充实内容、高超表现技巧、有补于世的好文章,以抵制当时愈演愈烈的浮华文风。

【注释】

1. 三极:《易·系辞上》:"六爻之动,三极之道也。"韩康伯注:"三极,三材也。"
2. 不刊:不可改动。
3. 象:取象、效法。
4. "皇世三坟"四句:《尚书序》:"伏牺神农黄帝之书谓之《三坟》,言大道也。少昊颛顼高辛唐虞之书谓之《五典》,言常道也。八卦之说谓之《八索》,求其义也。九州之志,谓之《九丘》,丘,聚也,言九州所生,土地所生,风气所宜,皆聚此书也。"
5. 大宝:《易·系辞下》:"圣人之大宝曰位。"此处指经书。
6. 十翼:翼,辅佐。相传孔子曾用《十翼》来完成对《易》象的解释。《汉书》卷三十《艺文志》:"孔氏为之《彖》、《象》、《系辞》、《文言》、《序卦》之属十篇。"
7. 七观:《尚书大传》:"孔子曰:六誓可以观义,五诰可以观仁,《甫刑》可以观诫,《洪范》可以观度,《禹贡》可以观事,《皋陶》可以观治,《尧典》可以观美。"
8. 四始:是指《诗经》风、小雅、大雅、颂的开篇,最早见于《史记·孔子世家》。《毛诗序》:"是以一国之事,系一人之本,谓之风。言天下之事,形四方之风,谓之雅。雅者正也,言王政之所由废兴也。政有小大,故有小雅焉,有大雅焉。颂者,美盛之形容,以其成功告于神明者也。是谓四始,诗之至也。"
9. 五经:《礼记·祭统》:"凡治人之道,莫急于礼;礼有五经,莫重于祭。"郑玄注:"礼有五经,谓吉礼、凶礼、宾礼、军礼、嘉礼也。"
10. 匠:指着意经营。
11. 开学养正,昭明有融:《易·蒙》:"蒙以养正,圣功也。"《诗经·大雅·既醉》:"昭明有融。"
12. 譬万钧之洪钟:张衡《西京赋》:"洪钟万钧。"
13. 铮:《说文·金部》:"铮,金声也。"指金属碰撞之声。
14. 入神致用:《易·系辞下》:"精义入神,以致用也。"
15. 故系称旨远辞文,言中事隐:《易·系辞下》:"其旨远,其辞文,其言曲而中,其事肆而隐。"韩康伯注:"变化无恒,不可为典要,故其言曲而中也。其事肆而隐者,事显而理微也。"

16. 骊渊：《庄子·列御寇》："夫千金之珠，必在九重之渊，而骊龙颔下。"

17. 记言：《汉书》卷三十《艺文志》："古之王者世有史官，君举必书，所以慎言行，昭法式也。左史记言，右史记事，事为《春秋》，言为《尚书》，帝王靡不同之。"

18. "故子夏叹书"四句：《尚书大传》："子夏读《书》毕，见于夫子。夫子问焉：'子何为于《书》?'子夏对曰：'《书》之论事也，昭昭如日月之代明，离离若参辰之错行，上有尧典之道，下有三王之义，商所受于夫子，志之于心，不敢忘也。'"

19. 藻辞谲喻：修饰辞藻，婉曲讽喻。《毛诗序》："主文而谲谏。"

20. 执：实行。《论语·述而》："《诗》、《书》执《礼》，皆雅言也。"

21. 五石六鹢：鹢，一种像鹭鸶的水鸟。《公羊传·僖公十六年》："是月，六鹢退飞，过宋都。"

22. 谅以邃：信实而又深远。

23. 槃：大。

24. 太山遍雨，河润千里：《公羊传·僖公三十一年》："触石而出，肤寸而合，不崇朝而遍雨乎天下者，唯泰山尔。河海润于千里。"

25. 树表：树立表率。

26. 启疆：开启疆域。

27. 仰山而铸铜，煮海而为盐：《史记》卷一百六《吴王濞列传》："吴有豫章郡铜山，濞则招致天下亡命者盗铸钱，煮海水为盐，以故无赋，国用富饶。"

28. 扬子比雕玉以作器，谓五经之含文也：扬雄《法言·寡见》："或曰：'良玉不雕，美言不文，何谓也？'曰：'玉不雕，玙璠不作器；言不文，典谟不作经。'"

29. 四教：《论语·述而》："子以四教：文，行，忠，信。"

30. 树声：树立名声。

31. 鲜克：少能。

32. 致化归一：达到教化的途径只有一个，即宗经。

【讲疏】

本篇的主要内容，体现在以下几个方面。

首先，刘勰总体上概述了古代经书的基本情况，指出经书表现了"恒久之至道"，它们内容深奥，探究事物发展的规律，制定出人伦纲纪，洞察人类性情、心灵的精微深奥之处，深入掌握了文章写作的精髓。

进而，刘勰指出了《易》、《书》、《诗》、《礼》、《春秋》这五种儒家经典的内容特点和艺术特色。他认为《易》侧重于谈论天道，其特点是"人神致用"；《书》侧重于记录官府的宣言、文告，其特点是"文意晓然"；《诗》侧重于抒情言志，其特点是"藻辞谲喻，温柔在诵"；《礼》侧重于说明礼仪制度，其特点是"章条纤曲，执而后显"；《春秋》侧重于记叙史实，其特点是"一字见义"。

接着,刘勰指出论、说、辞、序等二十种主要文体均溯源于"五经",他把最早出现的文体称为"源",把这种文体之后加以继承和发展的文体称为"流"。刘勰不仅考察文体的源流,而且在文体分类上亦功不可没。他把历代流行的各种文体分为五大类,其中论、说、辞、序属于论说文类文体,诏、策、章、奏则属于公文类文体,赋、颂、歌、赞则属于文学文体,铭、诔、箴、祝则属于应用类文体,纪、传、铭、檄则属于纪传类文体。刘勰对文体的划分对后世五大类文体的发展颇有影响。

在阐明"宗经"的理由和根据之后,刘勰进一步总结了文章写作的准则。他认为作文如果以儒家"五经"为典范,则有"六义"之美:"一则情深而不诡,二则风清而不杂,三则事信而不诞,四则义直而不回,五则体约而不芜,六则文丽而不淫。""六义"是文章写作应努力达到的效果,同时也是文章写作所应遵循的原则和标准。

【关键词解读】

体有六义

刘勰提出了"体有六义"的观点。《文心雕龙·宗经》:"文能宗经,体有六义:一则情深而不诡,二则风清而不杂,三则事信而不诞,四则义直而不回,五则体约而不芜,六则文丽而不淫。扬子比雕玉以作器,谓五经之含文也。"这里所云"六义",既是经典文本自身的特点,同时也是批评作品所把持的标准。其中"情深而不诡"、"事信而不诞"、"义直而不回"三项,是对文章思想内容上的要求,涉及情感、事类和立意等基本问题。"风清而不杂"、"体约而不芜"、"文丽而不淫"三项,是对文章表现形式上的要求,涉及文章体式、写作风格和文辞敷设等相关问题。

"体有六义"的提出,针对的是当时文学创作中出现的各种怪诞文风,刘勰论文宗旨要归本正末,其本意在纠正当时文坛背离经典、渐乖典则的不良风气,因此,着意于从内容和形式两个角度来规范文章的体制和风格。"体有六义"的观点,在全书各个系统中展开,成为贯串文体论和创作论的总的指导思想和批评标准。学界有观点认为,《文心雕龙》全书的建构就是以"六义"为纽带而建立的文学理论体系。"六义"是贯穿全书的核心,是《文心雕龙》理论体系的灵魂。

【相关知识链接】

在文学理论上,最早提出"宗经"主张的应是荀子。《荀子·劝学》:

"故《书》者,政事之纪也;《诗》者,中声之所止也;《礼》者,法之大分,类之纲纪也。故学至乎《礼》而止矣。夫是之谓道德之极。《礼》之敬文也,《乐》之中和也,《诗》、《书》之博也,《春秋》之微也,在天地之间者毕矣。"汉代扬雄《法言·寡见》:"或问:五经有辩乎?曰:惟五经为辩。说天者莫辩乎《易》,说事者莫辩乎《书》,说体者莫辩乎《礼》,说志者莫辩乎《诗》,说理者莫辩乎《春秋》,舍斯,辩亦小矣。"东汉王充也主张遵五经六艺为文,《论衡·佚文》:"孔子为汉,传在汉也。受天之文,文人宜遵五经六艺为文,诸子传书为文,造论著说为文,上书为文,文德之操为文。立五文在世,皆当贤也矿。"荀子、扬雄的"宗经",主张是要宗法儒道,他们把经典之文视为儒家思想的载体,学习儒经是寻求儒道的必由之径。

东汉桓谭《新论》有《正经》篇,他认为:"古帙《礼记》、古《论语》、古《孝经》,乃嘉论之林薮、文义之渊海也。"提出以儒经为文辞之源的观点。颜之推《颜氏家训·文章》:"夫文章者,原出五经。诏令策檄,生于《书》者也;序述论议,生于《易》者也,歌咏赋铭,生于《诗》者也;祭祀哀诔,生于《礼》者也;书奏箴铭,生于《春秋》者也。"这是从文体分类的角度,来看待"经"与"文"的关系。

南朝梁代任昉的《文章缘起》,广集秦汉以来各体文章之名,各溯其缘起,计列八十五题。虽然有标目过于琐杂的不足,但也表明对文体的认识趋于细密。值得注意的是,卷首序云"《六经》素有歌诗书诔箴铭之类。《尚书》帝庸作歌,《毛诗》三百篇,《左传》叔向贻子产书,鲁哀孔子诔,孔悝鼎铭,虞人箴,此等自秦汉以来,圣君贤士沿为文章名之始",也明确地表达了各体文章都起源于"六经"的观点。

【延伸阅读】

在《文心雕龙·正纬》篇中,刘勰层层深入地阐明了对待纬书要"芟夷谲诡,糅其雕蔚"的观点,此篇属于《文心雕龙》"文之枢纽"部分,列《宗经》篇后,可以说是《宗经》的续篇。《宗经》篇直接阐发遵从经书的意义,《正纬》篇则通过对纬书中虚假荒诞现象的驳斥,来间接维护经书的至尊地位,两篇可互为印证。

文心雕龙·正纬

夫神道阐幽,天命微显,马龙出而大易兴,神龟见而洪范耀。故系辞称河出图,洛出书,圣人则之,斯之谓也。但世夐文隐,好生矫诞,真虽存矣,伪亦凭焉。

夫六经彪炳，而纬候稠叠；孝论昭晰，而钩谶葳蕤，按经验纬，其伪有四：盖纬之成经，其犹织综，丝麻不杂，布帛乃成；今经正纬奇，倍擿千里，其伪一矣。经显，圣训也；纬隐，神教也。圣训宜广，神教宜约，而今纬多于经，神理更繁，其伪二矣。有命自天，乃称符谶，而八十一篇，皆托于孔子，则是尧造绿图，昌制丹书，其伪三矣。商周以前，图箓频见，春秋之末，群经方备，先纬后经，体乖织综，其伪四矣。伪既倍擿，则义异自明，经足训矣，纬何豫焉。

原夫图箓之见，乃昊天休命，事以瑞圣，义非配经。故河不出图，夫子有叹，如或可造，无劳喟然。昔康王河图，陈于东序，故知前世符命，历代宝传，仲尼所撰，序录而已。于是伎数之士，附以诡术，或说阴阳，或序灾异，若鸟鸣似语，虫叶成字，篇条滋蔓，必假孔氏，通儒讨核，谓起哀平，东序秘宝，朱紫乱矣。至于光武之世，笃信斯术，风化所靡，学者比肩，沛献集纬以通经，曹褒撰谶以定礼，乖道谬典，亦已甚矣。是以桓谭疾其虚伪，尹敏戏其深瑕，张衡发其僻谬，荀悦明其诡诞，四贤博练，论之精矣。

若乃羲农轩皞之源，山渎钟律之要，白鱼赤乌之符，黄金紫玉之瑞，事丰奇伟，辞富膏腴，无益经典而有助文章。是以后来辞人，采撷英华，平子恐其迷学，奏令禁绝；仲豫惜其杂真，未许煨燔；前代配经，故详论焉。

赞曰：荣河温洛，是孕图纬。神宝藏用，理隐文贵。世历二汉，朱紫腾沸。芟夷谲诡，糅其雕蔚。

——范文澜：《文心雕龙注》卷一，人民文学出版社1958年版

【思考题】

1. 简述《原道》与《宗经》的内在联系。
2. 谈谈刘勰提倡"宗经"在文学批评史上的意义。

文心雕龙·辨骚

自风雅寝声[1]，莫或抽绪[2]，奇文郁起[3]，其离骚哉！固已轩翥

诗人之后[4],奋飞辞家之前[5],岂去圣之未远[6],而楚人之多才乎！昔汉武爱骚[7],而淮南作传[8],以为国风好色而不淫[9],小雅怨诽而不乱[10]。若离骚者,可谓兼之。蝉蜕秽浊之中[11],浮游尘埃之外,皭然涅而不缁[12],虽与日月争光可也。[13]班固以为露才扬己[14],忿怼沉江[15];羿浇二姚[16],与左氏不合[17];昆仑悬圃[18],非经义所载;然其文辞丽雅,为词赋之宗[19],虽非明哲,可谓妙才。王逸以为诗人提耳[20],屈原婉顺[21],离骚之文,依经立义,驷虬乘鹥[22],则时乘六龙[23],昆仑流沙[24],则禹贡敷土[25],名儒辞赋[26],莫不拟其仪表[27],所谓金相玉质[28],百世无匹者也[29]。及汉宣嗟叹[30],以为皆合经术[31];扬雄讽味[32],亦言体同诗雅[33]。四家举以方经[34],而孟坚谓不合传[35],褒贬任声[36],抑扬过实[37],可谓鉴而弗精[38],玩而未核者也[39]。

将核其论,必征言焉。故其陈尧舜之耿介[40],称汤武之祗敬[41],典诰之体也[42];讥桀纣之猖披[43],伤羿浇之颠陨[44],规讽之旨也[45];虬龙以喻君子[46],云蜺以譬谗邪[47],比兴之义也[48];每一顾而掩涕[49],叹君门之九重[50],忠怨之辞也;观兹四事[51],同于风雅者也[52]。至于托云龙[53],说迂怪[54],丰隆求宓妃[55],鸩鸟媒娀女[56],诡异之辞也[57];康回倾地[58],夷羿彃日[59],木夫九首[60],土伯三目[61],谲怪之谈也[62];依彭咸之遗则[63],从子胥以自适[64],狷狭之志也[65];士女杂坐,乱而不分[66],指以为乐,娱酒不废,沉湎日夜[67],举以为欢,荒淫之意也;摘此四事,异乎经典者也。故论其典诰则如彼[68],语其夸诞则如此,固知楚辞者,体慢于三代[69],而风雅于战国[70],乃雅颂之博徒[71],而词赋之英杰也[72]。观其骨鲠所树[73],肌肤所附[74],虽取镕经意,亦自铸伟辞。故骚经九章[75],朗丽以哀志;九歌九辩[76],绮靡以伤情[77];远游天问[78],瑰诡而惠巧[79];招魂招隐[80],耀艳而深华;卜居标放言之致[81];渔父寄独往之才[82]。故能气往轹古[83],辞来切今[84],惊采绝艳,难与并能矣。

自九怀以下[85],遽蹑其迹[86],而屈宋逸步[87],莫之能追。故其叙情怨,则郁伊而易感[88];述离居[89],则怆怏而难怀[90];论山水,则循声而得貌[91];言节候,则披文而见时[92]。是以枚贾追风以入丽[93],马扬沿波而得奇[94],其衣被词人[95],非一代也。故才高者菀其鸿裁[96],中巧者猎其艳辞[97],吟讽者衔其山川[98],童蒙者拾其香草[99]。若能凭轼以倚雅颂[100],悬辔以驭楚篇[101],酌奇而不失其真[102],玩华而不坠其实[103],则顾盼可以驱辞力[104],咳唾可以穷文致[105],亦不复乞灵于长卿[106],假宠于子渊矣[107]。

赞曰:不有屈原,岂见离骚。惊才风逸[108],壮志烟高。山川无极,情理实劳[109]。金相玉式[110],艳溢锱毫[111]。

——范文澜:《文心雕龙注》卷一,人民文学出版社1958年版

【题解】

《辨骚》的"辨",是辨析、辩论的意思;"骚"即《离骚》,泛指《楚辞》。"辨骚"即对《楚辞》,尤其是对《离骚》进行的辨析,说明文学创作要像《楚辞》那样善于变新,有创造性。

全篇分为三部分:第一部分主要讲以《离骚》为代表的《楚辞》的兴起和前人对《离骚》的评价都不合实际。第二部分主要讲屈原作品同于和异于经典的方面以及创造性。第三部分主要讲《楚辞》对后代的影响和创作的基本原则。

【注释】

1. 寝:止息。
2. 抽绪:指继续写作。抽:延引。绪:余绪。
3. 郁:繁盛。这里指新起作品之多。
4. 轩翥:飞举的样子。这里形容作家积极从事创作活动,首见于《楚辞·远游》。
5. 奋飞:和上句"轩翥"意近。辞家:辞赋作家。
6. 圣:指孔子。未远:自孔子死(前479)到屈原生(前343—前339),不过一个多世纪。
7. 汉武:西汉武帝。
8. 淮南:刘安。他是汉帝宗室,袭封淮南王,刘安所写有关《离骚》的作品,这里称为《传》;刘勰在《神思》篇又说是《赋》。过去本来有不同的说法(如《汉纪·孝武纪》和高诱《淮南鸿烈解叙》都说作《离骚赋》),刘勰对它们似乎同样采用。这篇《传》或《赋》早已失传。
9. 色:指女色。淫:过度,无节制。
10. 诽:讥讽。乱:指失了秩序。
11. 蜕:脱皮。
12. 皭:洁白。涅:染黑。缁:黑色。
13. "国风好色"以下七句:据班固《离骚序》,这段话是刘安《离骚传序》中的话。

14. 班固:字孟坚,东汉初年文学家,《汉书》的作者。他的话见其《离骚序》。
15. 怼:怨恨。
16. 羿:后羿,传说是夏代有穷国的君长,以善射著名。曾废夏帝太康,取得夏的政权。后为其臣寒浞所杀。浇:寒浞的儿子(寒浞杀羿,夺其妻,生浇)。浇封地叫过,又称过浇。他曾灭夏帝相,后被相的儿子少康所灭。二姚:夏代有虞国君的两个女儿。过浇灭相后,相的儿子少康逃到有虞国,虞君把两个女儿嫁给少康。"姚"是其姓。
17. 左氏:指《左传》,又称《左氏春秋》,作者是左丘明。不合:屈原在《离骚》中所写羿的过分游猎、浇的逞强纵欲,以及少康、二姚("及少康之未家兮,留有虞之二姚")的事迹,《左传·襄公四年》所载羿、浇的事迹和《哀公元年》所载二姚的事迹,基本一致,只详略不同,角度稍异。班固说《离骚》中写这些"未得其正",是过苛的责备。
18. 昆仑:《离骚》和《天问》中都曾讲到昆仑山。悬圃:指昆仑山巅。
19. 宗:祖,指开创者。
20. 王逸:字叔师,东汉学者,著《楚辞章句》,下面的话见于其序。
21. 婉顺:即顺从。婉:顺。《楚辞章句序》中说:"屈原之辞,优游婉顺,宁以其君不智之故,欲提携其耳乎?"
22. 驷虬乘鹥:《离骚》:"驷玉虬以乘鹥兮。"驷:四匹马拉的车,这里作动词用,和下面"乘"字意同。虬:龙的一种。鹥:即鹥,是凤的一种。
23. 时乘六龙:《周易·乾卦象辞》有"时乘六龙"的话。乾卦的六爻都用龙来象征,或潜或飞,依时升降。王逸认为《离骚》中的"驷玉虬"就是根据《周易》中的"乘六龙"写的。
24. 流沙:《离骚》:"忽吾行此流沙兮。"流沙指西方的沙漠。
25. 禹贡:《尚书》中的《禹贡》篇。敷,分布治理。《禹贡》中讲到昆仑和流沙。
26. 儒:这里泛指一般学者,不限于儒家。
27. 仪表:法则。
28. 金相玉质:形容人或物外表和内质俱美。
29. 匹:相等,相配。《诗·大雅·文王有声》:"作丰伊匹。"毛传:"匹,配也。"
30. 汉宣:西汉宣帝。《汉书·王褒传》中说宣帝喜爱《楚辞》,并说:"辞赋大者与古诗同义。"这里"大者"指屈原的作品,"古诗"指《诗经》。嗟叹:称赞。
31. 经术:即经学。经:指儒家经典。
32. 扬雄:字子云,西汉末年作家,著有《太玄》、《法言》、《方言》等。王逸《〈楚辞·天问〉后序》中说,扬雄曾解说过《楚辞》,今已失传。
33. 体:主体。
34. 方:比。
35. 孟坚:班固之字。传:经的注解,这里也指经。
36. 声:名声,引申指事物的外表,和下句的"实"相反。
37. 抑:贬抑,指责。扬:褒扬,称赞。

38. 鉴：照，鉴别。

39. 玩：玩味领会。核：查考，核实。

40. 尧舜之耿介：《离骚》："彼尧舜之耿介兮，既遵道而得路。"耿介：光明正大。

41. 汤武之祗敬：汤武，唐写本作"禹汤"，译文据"禹汤"。《离骚》："汤禹俨而祗敬兮。"祗：也是敬。

42. 典：指《尚书》中的《尧典》等篇。诰：指《尚书》中的《汤诰》等篇。体：主体。

43. 桀纣之猖披：《离骚》："何桀纣之猖披兮，夫唯捷径以窘步。"猖：狂妄。披：借做"诐"，邪僻的意思。

44. 羿浇之颠陨：《离骚》："羿淫游以佚畋兮，又好射夫封狐；固乱流其鲜终兮，浞又贪夫厥家。浇身被服强圉兮，纵欲而不忍；日康娱而自忘兮，厥首用夫颠陨。"颠陨：坠落。

45. 规：劝正。

46. 虬龙：《九章·涉江》："驾青虬兮骖白螭。"王逸注："虬、螭：神兽，宜于驾乘，以喻贤人清白，宜可信任也。"骖：驾在车前两侧的马。

47. 云蜺：《离骚》："飘风屯其相离兮，帅云霓而来御。"王逸注："云霓：恶气，以喻佞人。"霓：即蜺，副虹。谗邪：即佞人，花言巧语说人坏话的不正派的人。

48. 比兴：《诗经》中的两种表现方法。比是以甲比喻乙，兴是以甲引起乙。

49. 一顾而掩涕：《九章·哀郢》："望长楸而太息兮，涕淫淫其若霰；过夏首而西浮兮，顾龙门而不见。"

50. 君门之九重：宋玉《九辩》："岂不郁陶而思君兮，君之门以九重。"郁陶：忧思的样子。九重：九层的门，讽刺君门深闭难入。

51. 忠怨：是说因忠于君的抱负不能施展而有所怨恨。

52. 风雅：指《诗经》，但也兼指一切经书，正如下文"论其典诰则如彼"的"典诰"二字不专指《尚书》一样，所以可译为"经书"。

53. 托云龙：《离骚》："驾八龙之婉婉兮，载云旗之委蛇。"

54. 迂：不切事理。

55. 丰隆求宓妃：《离骚》："吾令丰隆乘云兮，求宓妃之所在。"丰隆：有云神、雷神二说。宓妃：传为洛水的神。

56. 鸩鸟媒娀女：《离骚》："望瑶台之偃蹇兮，见有娀之佚女；吾令鸩为媒兮，鸩告余以不好。"鸩：羽毛有毒的鸟。娀：古国名，在今山西省；也叫"有娀"。

57. 诡：反常。

58. 康回倾地：《天问》："康回凭怒，地何故以东南倾？"康回：共工的名字。关于他的传说，也见于《淮南子·天文训》等。

59. 夷羿弊日：《天问》："羿焉弊日？乌焉解羽？"夷：是羿的姓。弊：射。这个神话传说也见于《淮南子·本经训》。

60. 木夫九首：《招魂》（王逸认为是宋玉所作，一说为屈原所作，尚无定论）："一夫九首，拔木九千些。"

61. 土伯三目：《招魂》："土伯九约,其角觺觺些；……叁目虎首,其身若牛些。"土伯：土地神。约：曲折。觺觺：角尖锐的样子。

62. 谲：变化不测。

63. 彭咸之遗则：《离骚》："愿依彭咸之遗则。"彭咸：相传为殷商时的贤大夫,因谏君不听而投水自杀。遗则：留下来的榜样,指投水自杀。

64. 从子胥以自适：《九章·悲回风》："从子胥而自适。"子胥：伍子胥,春秋时楚国人,帮助吴王夫差打败越国,越王勾践请和,伍子胥因反对而被迫自杀,夫差投其尸于江。自适：顺适自己的心意。

65. 狷狭：急躁,狭隘。

66. "士女杂坐"二句：《招魂》："士女杂坐,乱而不分些。"

67. "娱酒不废"二句：《招魂》："娱酒不废,沈日夜些。"不废：不停止。沉：沉迷的意思。

68. 典诰："同于典诰"的意思。"典诰"虽属《尚书》,这里也兼指其他经书,和上文"同于风雅"的"风雅"二字不专指《诗经》一样。

69. 体：主体。慢：唐写本作"宪","宪"是效法的意思。译文据"宪"字。三代：指夏、商、周三代的著作,主要是儒家经典。

70. 风：指作品给予读者的启发和影响,所以主要是指内容方面。雅：唐写本作"杂",译文据"杂"字。

71. 雅颂之博徒：意指《楚辞》比《诗经》差一些。博徒：赌徒,这里指贱者。

72. 词赋之英杰：意为《楚辞》比其他作品为高。词赋：指汉以后的作品。

73. 骨鲠：这二字和本书其他地方所用"骨髓"的意义略异,主要用来指作品中的主要成分,和"风骨"的"骨"字不同。

74. 肌肤：指作品中的次要成分。

75. 骚经：即《离骚》。从前人因为尊重《离骚》,所以称之为"经"。

76. 九歌：是楚国民间祭歌,可能经过屈原的加工。

77. 绮靡：唐写本作"靡妙",译文据"靡妙"。靡：美。

78. 远游：旧传为屈原所作,近人多疑为汉代的作品。

79. 瑰：奇伟。惠：即"慧",有机智的意思。

80. 招隐：唐写本作《大招》,一说是屈原之作,一说是景差之作。

81. 卜居：旧传为屈原所作。标：显出。放：旷放。

82. 渔父：传为屈原所作。独往：独自隐居,不顾世人之意。

83. 气：这个词的含意比较广泛,这里和下句"辞"字对举,主要指内容方面所体现的气势、气概。轹：践踏,这里有超过的意思。

84. 切：割断。切今：和"空前绝后"的"绝后"二字意义相近。

85. 九怀以下：《九怀》是西汉作家王褒的作品。根据《楚辞释文》的次序,《九怀》以下是指东方朔的《七谏》、刘向的《九叹》、庄忌的《哀时命》、贾谊的《惜誓》等篇,大都是西汉人模仿《楚辞》而作。

86. 遽蹑:急追。追《楚辞》的"迹",即向《楚辞》学习。
87. 逸步:快步,指《楚辞》的好榜样。
88. 郁伊:心情不舒畅。
89. 离居:这里指屈原被流放而离开国都。
90. 怆怏:失意的样子。难怀:难以为怀,就是受不了的意思。
91. 声:指作品的声调音节。
92. 披:翻阅。
93. 枚:枚乘,字叔,西汉初年辞赋家。贾:贾谊,也是西汉初年辞赋家,曾做长沙王太傅和梁王太傅,世称贾长沙或贾太傅。
94. 马:司马相如,字长卿,西汉辞赋家。扬:扬雄。沿:循,循屈、宋的余波,即学习屈、宋。
95. 衣被:加惠于人,这里是给人以影响的意思。
96. 菀:借作"捥",取的意思。鸿裁:大义。
97. 中巧:心巧。既说心巧者只着眼于文辞方面,可见只是小巧而已。猎:采取。
98. 吟讽:指吟咏诵读。衔:含在口中,这里是指经常诵读。
99. 蒙:暗昧无知。香草:《离骚》等篇中常常用美人和香草来象征理想中的人和品德。
100. 凭轼:驾马车奔走,这里指在文坛上驰骋。轼:车前横木。
101. 辔:马缰绳。驭:驾驭,控制。
102. 真:唐写本作"贞"。"贞"是正的意思,指事物的正常的、正规的、正当的样子。《文心雕龙》中常以"奇"和"正"对举,"奇"是在事物的正常的样子之外,又通过作者的想象而增加些动人的成分。刘勰主张"奇"和"正"必须相结合。
103. 华:和上句的"奇"的意义相近。在《文心雕龙》中,"华"常和"实"对举,指在事物实际存在的样子以外通过作者的想象而增加到作品里去的一些美丽的东西。刘勰也主张"华"和"实"相结合。
104. 顾盼:指极短的时间。驱:驱遣,指挥。
105. 咳唾:和上句"顾盼"的意义差不多,指不很费力的事。致:情趣。
106. 乞灵:请教。长卿:司马相如的字。
107. 假:借。子渊:王褒的字。
108. 逸:奔驰。
109. 劳:借为"辽"字,有广阔遥远的意思。
110. 式:模式,指屈原的作品树立了很好的榜样。
111. 锱毫:极微小的单位,这里指文章的每个细节。锱:古代重量单位,四锱等于一两。

【讲疏】

《辨骚》是《文心雕龙》的第五篇。从本篇到第二十五篇《书记》共二十一篇,是全书的第二部分。这部分主要是就文学作品的不同体裁,分别进行分析和评论。各篇大体上有四个内容:一是指出每种文体的定义和写作特点,二是叙述各种文体的发展概况,三是对各种文体的主要作品进行评论,四是总结这种文体的写作特点。总的来说,这部分虽可以称为文体论,但也涉及许多创作和批评的意见。

【关键词解读】

《离骚》

《离骚》是战国时期诗人屈原创作的文学作品。所谓"离骚",东汉王逸释为:"离,别也;骚,愁也。"(《楚辞章句》)《离骚》以理想与现实的冲突为主线,以花草禽鸟的比兴和瑰奇迷幻的"求女"神境作象征,借助于自传性回忆中的情感激荡和复沓纷至、倏生倏灭的幻境交替展开全诗。作品倾诉了对楚国命运和人民生活的关心,"哀民生之多艰",叹奸佞之当道。主张"举贤而授能","循绳墨而不颇"。提出"皇天无私阿",对天命论进行批判。作品中大量的比喻和丰富的想象,表现出积极浪漫主义精神,并开创了中国文学上的"骚"体诗歌形式,对后世有深远影响。有东汉王逸《楚辞章句》、南宋朱熹《楚辞集注》、清代戴震《屈原赋注》等注本。

【相关知识链接】

屈原(约前342—前278),名正则,字灵均,一名平,字原,楚武王熊通之子屈瑕的后代。汉族,出生于东周战国时期楚国丹阳(今湖北省宜昌市秭归县),他是一个黄老之学的传播者。继吴起之后,在楚国另一个主张变法的政治家就是屈原。屈原任三闾大夫、左徒,兼管内政外交大事。他主张对内举贤能,修明法度,对外力主联齐抗秦。后因遭贵族排挤,被流放沅湘流域。公元前278年秦国将领白起一举攻破楚国都城郢都,并在夷陵(今宜昌)焚烧楚先王陵墓。忧国忧民的屈原在汨罗江怀石自杀,端午节据说就是他的忌日。

屈原在楚国民歌的基础上创造了新的诗歌体裁楚辞,开创了诗歌从集体歌唱转变为个人独立创作的新纪元,是我国浪漫主义诗歌的奠基人。主要作品有《离骚》、《九章》、《九歌》、《天问》等。"楚辞"与《诗经》并称"风骚"二体,对后世诗歌产生深远影响。

本篇主要论"骚",但不限于屈原的《离骚》,也评论了《楚辞》中的大部分作品。所谓"辨",首先是过去评论家对《楚辞》有不同评价,应该辨其是非;更重要的是《楚辞》的主要作品《离骚》是否符合儒家经典,需要辨其异同;再就是《楚辞》中屈、宋以后的作品,成就不一,需要辨其高下。这就构成了本篇的主要内容。全篇共三个部分。第一部分引证汉代刘安、王逸等各家对《离骚》的评论,认为其称赞和指责都不尽合实际。第二部分提出自己对《楚辞》的意见。刘勰比较了《楚辞》和儒家经书的异同,从而肯定了《楚辞》的巨大成就。第三部分讲《楚辞》对后代作者的不同影响,进而总结出骚体写作的基本原则。

《辨骚》是在汉人评论《离骚》的基础上,对《楚辞》所作较为全面的总结。刘勰的评论,因受到"宗经"思想的束缚,并不完全正确。但总的来看,他给《楚辞》以《诗经》之下、汉赋之上的历史地位,这是正确的。特别是他提出了《楚辞》浪漫主义表现方法的特点,认为这方面虽然在内容上有"异于经典"的地方,但它是"自铸伟辞",有一定的创造性和可取之处。根据《楚辞》的特点及其影响,刘勰最后提出"酌奇而不失其真,玩华而不坠其实"的创作原则,要求在作品中做到奇与正、华与实的统一,这是他的卓见。

【延伸阅读】

刘勰在《辨骚》中总结出"酌奇而不失其真,玩华而不坠其实",其目的主要在"变",提倡文学创作既要继承传统又要有所创新。《丽辞》是《文心雕龙》第三十五篇,讲的是语言的对偶,是文学创作的一种修辞手法,汉魏六朝时逐渐兴起,刘勰正是在这一情况下讨论了丽辞的问题。

文心雕龙·丽辞

造化赋形,支体必双,神理为用,事不孤立。夫心生文辞,运裁百虑,高下相须,自然成对。唐虞之世,辞未极文,而皋陶赞云,罪疑惟轻,功疑惟重;益陈谟云,满招损,谦受益;岂营丽辞,率然对尔。易之文系,圣人之妙思也。序乾四德,则句句相衔;龙虎类感,则字字相俪;乾坤易简,则宛转相承;日月往来,则隔行悬合:虽句字或殊,而偶意一也。至于诗人偶章,大夫联辞,奇偶适变,不劳经营。自扬马张蔡,崇盛丽辞,如宋画吴冶,刻形镂法,丽句与深采并流,偶意共逸韵俱发。至魏晋群才,析句弥密,联字合趣,剖毫析厘。然契机者入巧,浮假者无功。

故丽辞之体,凡有四对:言对为易,事对为难,反对为优,正对为劣。言对者,双比空辞者也;事对者,并举人验者也;反对者,理殊趣合者也;正对者,事异义同者也。长卿上林赋云,修容乎礼园,翱翔乎书圃,此言对之类也;宋玉神女赋云,毛嫱鄣袂,不足程式,西施掩面,比之无色,此事对之类也;仲宣登楼云,钟仪幽而楚奏,庄舄显而越吟,此反对之类也;孟阳七哀云,汉祖想枌榆,光武思白水,此正对之类也。凡偶辞胸臆,言对所以为易也;征人之学,事对所以为难也;幽显同志,反对所以为优也;并贵共心,正对所以为劣也。又以事对,各有反正,指类而求,万条自昭然矣。

张华诗称游雁比翼翔,归鸿知接翮,刘琨诗言宣尼悲获麟,西狩泣孔邱,若斯重出,即对句之骈枝也。

是以言对为美,贵在精巧;事对所先,务在允当。若两事相配,而优劣不均,是骥在左骖,驽为右服也。若夫事或孤立,莫与相偶,是夔之一足,趻踔而行也。若气无奇类,文乏异采,碌碌丽辞,则昏睡耳目。必使理圆事密,联璧其章。迭用奇偶,节以杂佩,乃其贵耳。类此而思,理自见也。

赞曰:体植必两,辞动有配。左提右挈,精味兼载。炳烁联华,镜静含态。玉润双流,如彼珩珮。

——范文澜:《文心雕龙注》卷七,人民文学出版社1958年版

【思考题】

1. 《文心雕龙》认为"骚体"有哪些值得借鉴的地方?
2. 谈谈汉代以来有关屈原评价的问题。

文心雕龙·明诗

大舜云:诗言志,歌永言[1]。圣谟所析[2],义已明矣。是以在心为志,发言为诗[3],舒文载实[4],其在兹乎?诗者,持也[5],持人情

性;三百之蔽,义归无邪⁶,持之为训⁷,有符焉尔⁸。

人禀七情⁹,应物斯感,感物吟志,莫非自然。昔葛天氏乐辞云¹⁰:玄鸟在曲¹¹,黄帝云门¹²,理不空绮¹³,至尧有大唐之歌¹⁴,舜造南风之诗¹⁵,观其二文,辞达而已。及大禹成功,九序惟歌¹⁶,太康败德¹⁷,五子咸怨¹⁸,顺美匡恶¹⁹,其来久矣。自商暨周²⁰,雅颂圆备²¹,四始彪炳²²,六义环深²³。子夏监绚素之章²⁴,子贡悟琢磨之句²⁵,故商赐二子²⁶,可与言诗。自王泽殄竭²⁷,风人辍采²⁸;春秋观志²⁹,讽诵旧章³⁰,酬酢以为宾荣³¹,吐纳而成身文³²。逮楚国讽怨³³,则离骚为刺³⁴。秦皇灭典³⁵,亦造仙诗³⁶。汉初四言,韦孟首唱³⁷,匡谏之义³⁸,继轨周人³⁹。孝武爱文,柏梁列韵⁴⁰,严马之徒⁴¹,属辞无方⁴²。至成帝品录⁴³,三百余篇⁴⁴,朝章国采⁴⁵,亦云周备,而辞人遗翰⁴⁶,莫见五言,所以李陵班婕妤,见疑于后代也⁴⁷。按召南行露⁴⁸,始肇半章⁴⁹;孺子沧浪⁵⁰,亦有全曲⁵¹;暇豫优歌⁵²,远见春秋;邪径童谣⁵³,近在成世⁵⁴;阅时取证⁵⁵,则五言久矣。又古诗佳丽⁵⁶,或称枚叔⁵⁷,其孤竹一篇⁵⁸,则傅毅之词⁵⁹,比采而推,两汉之作乎!观其结体散文⁶⁰,直而不野,婉转附物⁶¹,怊怅切情⁶²,实五言之冠冕也⁶³,至于张衡怨篇⁶⁴,清典可味;仙诗缓歌⁶⁵,雅有新声⁶⁶。暨建安之初⁶⁷,五言腾踊,文帝陈思⁶⁸,纵辔以骋节⁶⁹;王徐应刘⁷⁰,望路而争驱;并怜风月⁷¹,狎池苑⁷²,述恩荣⁷³,叙酣宴⁷⁴,慷慨以任气⁷⁵,磊落以使才⁷⁶;造怀指事,不求纤密之巧,驱辞逐貌⁷⁷,唯取昭晰之能;此其所同也。乃正始明道⁷⁸,诗杂仙心⁷⁹,何晏之徒⁸⁰,率多浮浅⁸¹。唯嵇志清峻⁸²,阮旨遥深⁸³,故能标焉⁸⁴。若乃应璩百一⁸⁵,独立不惧,辞谲义贞⁸⁶,亦魏之遗直也⁸⁷。晋世群才,稍入轻绮⁸⁸,张潘左陆⁸⁹,比肩诗衢⁹⁰,采缛于正始⁹¹,力柔于建安⁹²,或析文以为妙⁹³,或流靡以自妍⁹⁴,此其大略也。江左篇制⁹⁵,溺乎玄风⁹⁶,嗤笑徇务之志⁹⁷,崇盛亡机之谈⁹⁸,袁孙已下⁹⁹,虽各有雕采,而辞趣一揆¹⁰⁰,莫与争雄¹⁰¹,所以景纯仙篇¹⁰²,挺拔而为俊矣¹⁰³。宋初文咏,体有因革¹⁰⁴,庄老告退,而山水方滋¹⁰⁵,俪采百字之偶¹⁰⁶,争价一句之奇,情必极貌以写物¹⁰⁷,辞必穷力而追新¹⁰⁸,此近世之所竞也。

故铺观列代[109],而情变之数可监[110],撮举同异[111],而纲领之要可明矣[112]。若夫四言正体,则雅润为本;五言流调[113],则清丽居宗[114];华实异用[115],惟才所安[116]。故平子得其雅[117],叔夜含其润[118],茂先凝其清[119],景阳振其丽[120]。兼善则子建仲宣[121],偏美则太冲公幹[122]。然诗有恒裁[123],思无定位,随性适分[124],鲜能通圆[125]。若妙识所难,其易也将至;忽之为易,其难也方来。至于三六杂言[126],则出自篇什[127];离合之发[128],则明于图谶[129];回文所兴[130],则道原为始[131];联句共韵[132],则柏梁余制;巨细或殊,情理同致,总归诗囿[133],故不繁云。

赞曰:民生而志,咏歌所含[134]。兴发皇世[135],风流二南[136],神理共契[137],政序相参[138]。英华弥缛[139],万代永耽[140]。

——范文澜:《文心雕龙注》卷二,人民文学出版社1958年版

【题解】

《明诗》讲诗歌的发展史及其创作特点和原则。《文心雕龙》中从《明诗》到《书记》共二十篇为文体论。这既是各种文体的简史,又是各种文体写作经验的总结。《明诗》是《文心雕龙》的第六篇。本篇主要讲四言诗和五言诗的发展历史及其写作特点。楚辞、乐府、歌谣等其他形式的诗歌,《文心雕龙》中另以专篇论述,《明诗》是刘勰文体论方面的重要篇章之一。

【注释】

1. "诗言志"二句:语出《尚书·尧典》。歌永言:长声而歌,引申发扬诗中所表达的情志。永:延长的意思。
2. 谟:谋议。《尚书》中有的篇章称为"典",有的称为"谟"。
3. "在心为志"二句:语出《毛诗序》。
4. 文:指文辞。实:指情志。
5. 持:扶。这里引申为培养、教育的意思。
6. "三百之蔽"二句:《论语·为政》:"子曰:《诗》三百,一言以蔽之,曰:思无邪。"蔽:当,引申为概括。无邪:即"思无邪"。这是《诗经·鲁颂·駉》中的一句。
7. 训:训诂,即解释。
8. 焉尔:即于是。"是"指孔子的话。
9. 禀:接受,引申为赋性。七情:指喜、怒、哀、惧、爱、恶、欲七种感情。
10. 葛天氏乐辞云:"氏"、"云"二字是衍字,应删去。葛天:即葛天氏,传说中的古代帝王。

11. 玄鸟：《吕氏春秋·古乐》篇中说，葛天氏的时候，曾有人唱八首歌，《玄鸟》是其中第二首。"玄鸟"是燕子。

12. 黄帝云门：《周礼·春官·大司乐》中讲到，周代曾用《云门舞》来教贵族子弟。汉代郑玄注，说《云门舞》是黄帝时的舞乐。

13. 理不空绮："绮"应作"弦"。"不空弦"是说《云门》既已配上乐器，就必有乐词。这是刘勰为探究古代诗歌的原始状况而作的推断。

14. 大唐：相传为对唐尧禅让的颂歌，载《尚书大传》。

15. 南风：相传是虞舜作的诗，载《孔子家语·辩乐解》。

16. 九序：指治理天下的各种工作都有秩序。

17. 太康：是夏禹的孙子，因荒淫而失国。

18. 五子：太康之弟。有两说：一说为太康弟五观，一说为太康的五个兄弟。刘勰说"五子咸怨"，是取后说。《尚书》中有《五子之歌》，共五首，是后人伪作。

19. 匡：纠正，即规劝讽刺的意思。

20. 暨：及，到。

21. 雅颂：这里没有提到《风》，是为了四字成句的缘故，应该也包括《风》。圆：全。

22. 四始：指《国风》、《小雅》、《大雅》、《颂》。彪炳：光彩。

23. 六义：指风、雅、颂三种诗体和赋、比、兴三种作诗方法。环：围绕，引申为周密。

24. 子夏：孔子的弟子。监：察看，明白。绚素：《论语·八佾》中说子夏从"素以为绚兮"这句诗中，理解到必须先有忠信的本质，然后才学礼仪。"素以为绚兮"的意思是说绘画先有白色底子，然后加彩饰。素：白色。绚：彩色。这句诗是《诗经》中没有的逸诗。

25. 子贡：孔子弟子。琢磨：《论语·学而》中说，子贡从"如琢如磨"等诗句中，领会到孔子勉励他不要自满的意思。琢、磨是说治玉石的人精益求精。"如琢如磨"是《诗经·卫风·淇澳》中的一句。

26. 商：子夏姓卜名商。赐：子贡姓端木名赐。

27. 殄：尽。

28. 风人：采诗的人。传说周代统治者曾派人采集民间歌谣。辍：停止。

29. 观志：观察人之心志。

30. 讽：诵读。

31. 酬：主人劝酒。酢：客人回敬。荣：荣宠。

32. 吐纳：指诵诗。身文：本身的文采，这里指口才。

33. 逮：到，及。

34. 离骚：这里是以《离骚》作为《楚辞》的代表。

35. 典：五帝的书，这里泛指古代的书。

36. 仙诗：据《史记·秦始皇本纪》，始皇曾使博士作《仙真人诗》，诗今不传。《汉书·艺文志》中说,名家有黄公疵,是作《仙真人诗》的博士之一。

37. 韦孟:西汉初年诗人。作品有《讽谏诗》和《在邹诗》,都是四言诗,载《全汉诗》卷二。

38. 匡谏之义:韦孟的两首四言诗,主要是匡劝楚王戊的。

39. 轨:法则。

40. 柏梁:是汉武帝所筑台之名。《古文苑》卷八载《柏梁诗》,据说是武帝和群臣联句作成,每人一句,句句押韵。

41. 严:严忌,本姓庄,又叫庄忌;马:司马相如,都是西汉中期的作家。严忌有《哀时命》一篇,司马相如相传有《琴歌》二首,都是骚体诗。《哀时命》也收入《楚辞》。

42. 属辞:即写作。属:连缀。方:常。

43. 品:评论。录:辑集。

44. 三百余篇:据《汉书·艺文志·诗赋略》,当时歌诗有二十八家,三百一十四篇。

45. 朝:朝廷。章、采:都指作品。"国"与"朝"对称,所以"国采"指全国范围内的诗歌。

46. 遗翰:遗留下来的作品。翰:笔,这里代指作品。

47. 李陵:字少卿,是汉武帝时的名将,《文选》卷二十九载他的《与苏武诗》三首。班婕妤:汉成帝时宫人。《文选》卷二十七载她的《怨诗》。

48. 召南:《诗经》十五国风之一,其中的《行露》,每章六句,四句是五言的。

49. 肇:开端。

50. 孺子:儿童。《沧浪》:即《沧浪歌》,《孟子·离娄》中说孔子曾听到儿童唱此歌。

51. 全曲:《沧浪歌》全诗四句,除"兮"字外,都是五言。

52. 暇豫优歌:载《国语·晋语》,共四句,有三句是五言,一句四言。优:倡优,古代奏乐或演戏供人玩乐的人。这里指晋国优人,名施。相传《暇豫歌》是优施所作。

53. 邪径童谣:见《汉书·五行志》,共六句,全是五言。

54. 成世:指汉成帝时期(前32—前7)。

55. 阅时:一段时间经历。

56. 古诗:指《古诗十九首》,载《文选》卷二十九。

57. 枚叔:枚乘,字叔,西汉初年作家。《玉台新咏》把《古诗十九首》中的《西北有高楼》等九首列为枚乘的作品,但未必可信。

58. 孤竹:即《古诗十九首》中的《冉冉孤生竹》。《乐府诗集》卷七十四列此诗为无名氏杂曲。

59. 傅毅:字武仲,东汉初年作家。除《冉冉孤生竹》一首传为他的作品外,还有一首《迪志诗》,是四言诗。

60. 体:风格。散:分布。散文:即抒写。

61. 附:接近,这里有描述逼真的意思。

62. 怊怅:悲恨。切情:切合内心感情。

63. 冠冕:帽子,这里引申为首屈一指的意思。

64. 张衡:东汉文学家、科学家。怨篇:指他的《怨诗》,四言八句。

65. 仙诗缓歌:可能指乐府杂曲的《前缓声歌》。

66. 雅:常常。新声:新的音节,引申为风格上的特点。

67. 建安:汉献帝年号(196—220)。因为这时已由曹操执政,社会现实也和汉代情况有了很大变化,所以习惯上常常和三国合成一个历史时期。

68. 文帝:魏文帝曹丕,字子桓,曹操之子。有《魏文帝集》。陈思:曹植,字子建,曹丕的弟弟。封陈王,死后加谥号"思",所以称陈思王。有《曹子建集》。

69. 辔:马缰绳。节:一定的度数。这里用纵马奔驰来比喻在文坛上放手大干。

70. 王:王粲,字仲宣。徐:徐幹,字伟长。应:应场,字德琏。刘:刘桢,字公幹。均为"建安七子"中的人物,是当时著名作家。

71. 怜:爱。

72. 狎:亲近。

73. 恩荣:谓受皇帝恩宠的荣耀。谢灵运《命学士讲书》:"古人不可攀,何以报恩荣。"指曹操父子对当时文士的优待。

74. 酣:恣意饮酒。

75. 任气:谓处事放纵意气,不加约束。《史记·陈涉世家》:"(王)陵少文,任气,好直言。"

76. 磊落:胸怀坦白。

77. 逐:追求。貌:形状。

78. 正始:魏王曹芳的年号(240—248)。

79. 仙心:指老庄思想。

80. 何晏:字平叔,三国学者,是最早写玄言诗的人。

81. 率:大抵的意思。

82. 嵇:嵇康,字叔夜,三国魏末作家。他的作品,鲁迅辑有《嵇康集》。峻:高而严。

83. 阮:阮籍,字嗣宗。三国魏末与嵇康齐名的作家,有《阮步兵集》。嵇、阮都是正始间"竹林七贤"中的人物。

84. 标:显著。

85. 应璩:字休琏,应场的弟弟,三国魏末作者。百一:百虑有一失的意思。《百一诗》所写都是劝诫统治者的话。

86. 谲:变化奇异。贞:正。

87. 魏:指正始以前,建安前后的诗歌创作。遗直:遗留下来的正直风气。

88. 轻绮:指诗歌风格不够厚重,不够质朴。

89. 张:指张载、张协、张亢兄弟三人。潘:指潘岳、潘尼叔侄二人。左:指左思。陆:指陆机、陆云兄弟二人。这些都是西晋太康(280—289)前后的作家,当时的人称为"三张、二陆、两潘、一左"(见钟嵘《诗品序》)。

90. 诗衢:指诗坛。衢:四通八达的大路。

91. 缛:繁盛。正始:三国魏齐王芳的年号,公元 240－148 年。

92. 力:指作品在读者身上所起的影响和作用。建安:汉献帝年号,公元 196－219 年。

93. 析:分析或钻研,这里指字句的雕琢。

94. 靡:美,这里指小巧的、过分的阴柔美。

95. 江左:长江最下游地区。这里指偏安江南的东晋。

96. 玄风:玄学的风气。主要指谈论老子、庄周学说的风气。(当时流行"三玄",即《老子》、《庄子》、《周易》思想的杂糅)

97. 嗤:讥笑。徇:以身从物,也就是特别关心的意思。务:指人间的事务。

98. 亡:唐写本作"忘",译文据"忘"字。机:巧诈,这里指人与人之间的勾心斗角。

99. 袁孙:袁宏、孙绰。都是东晋初年的玄言诗人。

100. 趣:趋向。揆:道理,这里指玄学。

101. 与:指"与玄言诗"。

102. 景纯:郭璞的字,他是两晋之间的学者兼诗人。仙篇:指他的《游仙诗》十四首,载《郭弘农集》。

103. 挺拔:特出。

104. 体:风格。因:沿袭,继承。革:革新。

105. 滋:增多。

106. 俪:对偶。百字:五言诗二十句为一百字,这里指诗的全篇。

107. 情:指作品的内容。物:指自然景物。

108. 穷力:竭力。

109. 铺观:遍观、纵观。《文选》中班固《典引》:"铺观二代洪纤之度。"张铣注:"铺,布也。"

110. 监:唐写本作"鉴",察看,这里指看得清楚。

111. 撮:聚集而取的意思。

112. 纲领:这里指各种诗歌的写作要领。

113. 流调:流行的、常见的曲调。

114. 宗:主。

115. 华实:这里指风格上的华丽和朴实。用:运用。

116. 安:定。

117. 平子:张衡的字。

118. 叔夜:嵇康的字。含:包含,即具有的意思。

119. 茂先:张华的字。西晋初年的作家。凝:唐写本作"拟",译文据"拟"字。"拟"是模仿、学习的意思。

120. 景阳:张协的字。
121. 兼善:指上面所说雅、润、清、丽等特点都具备,而且都好。
122. 太冲:左思的字。公幹:刘桢的字。
123. 裁:制,这里指作品的体裁。
124. 分:本分,这里指作者的个性特点。
125. 鲜:少。通圆:唐写本作"圆通",是佛教术语。圆是性体周遍,通为妙用无碍。这里指作诗的全面才能。
126. 杂言:每句字数多少不固定的诗,人称杂言诗。
127. 篇什:指《诗经》。《诗经》中的《雅》和《颂》,每十篇称为"什"。
128. 离合:指离合诗,这是一种按字的形体结构,用拆字法组成的诗歌。如《古文苑》卷八载汉末孔融《离合作郡姓名字诗》,全诗二十二句,由字形的离合组成"鲁国孔融文举"六个字。
129. 明:唐写本作"萌",起源的意思。译文据"萌"字。图谶:汉代预言灾异的文字(详见《正纬》篇)。图谶也多用拆字法组成。
130. 回文:指回文诗,是一种可以颠倒念的诗。如南朝齐代王融《春游》第一句"枝分柳塞北",也可念作"北塞柳分枝"。
131. 道原:可能是人名,所指不详。明代梅庆生《文心雕龙音注》以为"原"字是"庆"字之误,"道庆"指南朝宋代的贺道庆。上引王融《春游》,《艺文类聚》(唐代欧阳询等编)以为是贺道庆的诗。贺道庆之前已有回文诗出现,如东晋时苏蕙的《璇玑图诗》等。《文心雕龙》中未讲到过苏蕙及其作品,可能刘勰当时并不知道。
132. 共韵:几人合写诗,押共同的韵。
133. 诗囿:指诗坛。囿:园林。
134. 含:包含。诗歌所包含的也就是它所表达的。
135. 皇世:太平盛世,指上古时期。皇:美盛。
136. 风流:流风余韵,这里指诗歌的传统。二南:指《诗经》中的《周南》、《召南》,这里用以代表全部《诗经》。
137. 神理:精妙的道理。从《文心雕龙》全书来看,特别从《原道》篇来看,这个道理就是"自然之道"。契:约券,引申为符合。
138. 序:秩序。参:参入,在这里有结合的意思。
139. 英华:精华。弥:更加。缛:繁密的彩饰。
140. 耽:喜爱。

【讲疏】

　　全篇分三个部分。第一部分讲诗的含义及其教育作用。第二部分讲先秦到晋宋的诗歌发展情况,分四个阶段:第一阶段主要追溯诗的起源和先秦诗歌概况;第二阶段讲汉代诗歌的发展及五言诗的起源;第三阶段讲建安和三国时期的诗歌创作情况;第四阶段讲晋宋以来诗歌创作的新变化。第三部分总结上述诗歌发展情况，提出四言诗和五言诗的基本特色和历代诗人的不同成就，附论诗歌的其他样式。

【关键词解读】

四言诗

四言诗是古代产生最早的一种汉族诗歌体裁，盛行于西周。春秋战国时期，除《楚辞》外，其他诗作出现不多。西汉时期四言诗不少，如《易林》一书，虽为爻辞，但富有诗意。西汉虽也有五言体兴起于汉族民间歌谣，但文士之作，大体还是用四言体。韦孟的《讽谏诗》可为代表。刘勰曾誉之为"继轨周人"之作。但东汉之后，五言诗很快取代了四言诗的地位。钟嵘《诗品序》说，时人对于四言，"每苦文繁而意少，故世罕习焉。五言居文词之要，是众作之有滋味者也"。这以后，传世的四言体确实不多，佳作更少。比较能继承《诗经》遗风，称得上四言正体的，是曹操《步出夏门行》、《短歌行》与陶渊明《停云》诸作，篇中分章，反复吟咏，是"惟能辞意融化，而一出于性情六义之正者"（吴讷《文章辩体序说》）。此外，嵇康的《幽愤诗》，以至韩愈的《元和圣德诗》、柳宗元的《平淮夷雅》，也有一定成就，曾被认为"词严气伟，非后人所及"（《文章辩体序说》）。宋代胡一桂亦工四言诗，但比起《诗经》中的代表作品，诗味大不相同，而且篇幅较长，又不分章，所以有称之为四言变体。

五言诗

五言诗是从两汉汉族民谣和乐府民歌中首先产生和发展起来的。它作为一种独立的诗体，大约起源于西汉而在东汉末年趋于成熟。东汉时五言歌谣继续产生，并被采入乐府，其中如《陌上桑》、《江南可采莲》等，已是比较成熟的五言作品。汉魏六朝时期的诗作，以五言为主，说明五言诗形成于此一时期。

今存最早的文人五言诗，当为东汉班固的《咏史》。钟嵘《诗品》说它"质木无文"，这说明文人初学五言诗体，技巧还很不熟练。继而有张衡《同声歌》、秦嘉《赠妇诗》、赵壹《疾邪歌》等，表现技巧日趋成熟。东汉末年无名氏《古诗十九首》的出现，标志着五言诗已经达到成熟阶段。至建安和魏晋南北朝时期，五言诗已"居文词之要"（钟嵘《诗品》），成为最盛行的诗体，出现了一大批名作。

五言诗可以容纳更多的词汇，从而扩展了诗歌的容量，能够更灵活细致地抒情和叙事。在音节上,奇偶相配,也更富于音乐美。因此,它更为适应汉以后发展了的社会生活,从而逐步取代了四言诗的正统地位,成为古典诗歌的主要形式之一。

【相关知识链接】

"诗言志"注重诗的思想内容和美刺作用,这是我国古代先秦以来有关诗歌本质和功用的传统观点。魏晋以来随着"文学的自觉的时代"到来,西晋的陆机在《文赋》中提出"诗缘情而绮靡"的主张,尔后刘勰在《文心雕龙·明诗》中提出"人禀七情,应物斯感,感物吟志,莫非自然",认为诗人受外界事物的触动,作诗抒发思想感情,是自然的事,符合自然之道。主张诗歌写作要言志、缘情并重。

【延伸阅读】

通过对诗歌的创作和诗歌理论的探源,在《明诗》中,刘勰提出"言志"和"缘情"的和谐统一,两者并不矛盾,坚持诗歌既要"言志",又要"缘情",是矛盾的两个方面。《隐秀》中的"隐"和"秀",一个含蓄,一个突出,看似相反,实则相成,也是刘勰美学观的重要内容。

文心雕龙·隐秀

夫心术之动远矣,文情之变深矣,源奥而派生,根盛而颖峻,是以文之英蕤,有秀有隐。隐也者,文外之重旨者也;秀也者,篇中之独拔者也。隐以复意为工,秀以卓绝为巧,斯乃旧章之懿绩,才情之嘉会也。夫隐之为体,义主文外,秘响傍通,伏采潜发,譬爻象之变互体,川渎之韫珠玉也。故互体变爻,而化成四象;珠玉潜水,而澜表方圆。

朔风动秋草,边马有归心,气寒而事伤,此羁旅之怨曲也。凡文集胜篇,不盈十一;篇章秀句,裁可百二;并思合而自逢,非研虑之所求也。或有晦塞为深,虽奥非隐,雕削取巧,虽美非秀矣。故自然会妙,譬卉木之耀英华;润色取美,譬缯帛之染朱绿。朱绿染缯,深而繁鲜;英华曜树,浅而炜烨;秀句所以照文苑,盖以此也。

赞曰:深文隐蔚,余味曲包。辞生互体,有似变爻。言之秀矣,万虑一交。动心惊耳,逸响笙匏。

——范文澜:《文心雕龙注》卷八,人民文学出版社1958年版

【思考题】

1. 简要说说《明诗》中的诗歌发展历史。
2. 谈谈对"诗言志"和"诗缘情"的理解。

文心雕龙·诠赋

诗有六义,其二曰赋。赋者,铺也,铺采摛文,体物写志也[1]。昔邵公称公卿献诗[2],师箴赋。传云:登高能赋,可为大夫[3]。诗序则同义,传说则异体[4],总其归涂,实相枝干。刘向云明不歌而颂,班固称古诗之流也[5]。至如郑庄之赋大隧,士蒍之赋狐裘,结言扢韵,词自己作,虽合赋体,明而未融[6]。及灵均唱骚,始广声貌[7]。然赋也者,受命于诗人,拓宇于楚辞也[8]。于是荀况礼智,宋玉风钓[9],爰锡名号,与诗画境[10],六义附庸,蔚成大国。遂客主以首引,极声貌以穷文,斯盖别诗之原始,命赋之厥初也[11]。

秦世不文,颇有杂赋。汉初词人,顺流而作,陆贾扣其端,贾谊振其绪,枚马同其风[12],王扬骋其势;皋朔已下[13],品物毕图。繁积于宣时,校阅于成世[14],进御之赋千有余首,讨其源流,信兴楚而盛汉矣。夫京殿苑猎,述行序志,并体国经野,义尚光大,既履端于倡序[15],亦归余于总乱。序以建言,首引情本;乱以理篇,迭致文契[16]。按那之卒章,闵马称乱,故知殷人辑颂[17],楚人理赋,斯并鸿裁之寰域[18],雅文之枢辖也。至于草区禽族[19],庶品杂类,则触兴致情,因变取会[20],拟诸形容,则言务纤密[21];象其物宜,则理贵侧附;斯又小制之区畛[22],奇巧之机要也。

观夫荀结隐语,事数自环;宋发巧谈,实始淫丽[23]。枚乘兔园,举要以会新;相如上林[24],繁类以成艳;贾谊鹏鸟,致辨于情理;子渊洞箫,穷变于声貌;孟坚两都[25],明绚以雅赡;张衡二京,迅发以宏富;子云甘泉,构深玮之风[26];延寿灵光,含飞动之势;

凡此十家,并辞赋之英杰也。及仲宣靡密,发端必遒;伟长博通,时逢壮采;太冲安仁[27],策勋于鸿规;士衡子安,底绩于流制;景纯绮巧,缛理有余;彦伯梗概,情韵不匮;亦魏晋之赋首也。

原夫登高之旨,盖睹物兴情。情以物兴,故义必明雅;物以情观,故词必巧丽。丽词雅义,符采相胜,如组织之品朱紫[28],画绘之著玄黄,文虽新而有质[29],色虽糅而有本,此立赋之大体也。然逐末之俦[30],蔑弃其本,虽读千赋,愈惑体要,遂使繁华损枝,膏腴害骨,无贵风轨,莫益劝戒,此扬子所以追悔于雕虫[31],贻诮于雾縠者也。

赞曰:赋自诗出,分歧异派。写物图貌,蔚似雕画。抑滞必扬,言庸无隘。风归丽则,辞剪美稗[32]。

——范文澜:《文心雕龙注》卷二,人民文学出版社 1958 年版

【题解】

《诠赋》是《文心雕龙》的第八篇。在汉魏六朝时期,"赋"是文学创作的主要形式之一,所以刘勰把《诠赋》列为文体论的第四篇来论述。"诠"是解释,"诠赋"是对"赋"这种文体有关创作情况的阐释论述。刘勰认为辞赋源于"六义"之一的"赋",也即"赋"是诗的发展变化,所以断言:"赋也者,受命于诗人,拓字于《楚辞》也。"

【注释】

1. 体物:体察、描绘事物。志:情思。
2. 公卿:指王朝高级官吏。
3. "登高能赋"二句:《毛传》中说,有"升高能赋"等九种本领,才"可以为大夫"。
4. 传:这里指《国语》和《毛传》,并非单指《毛传》。异体:不同的文体、体裁,这里是说赋不同于《诗》,而成另一种文体。
5. 班固:字孟坚,汉代史学家、文学家。古诗之流也:其话见于《两都赋序》,原文为:"赋者,古诗之流也。"古诗,指《诗经》;流,支流。
6. 明而未融:日初出有光叫明,日升高光明普照叫融。比喻赋刚发展,还未成熟。
7. 声貌:指声音、形貌。
8. 拓:开拓、扩充的意思。
9. 宋玉:战国末楚国的辞赋家。
10. 画境:划界。

11. 厥：其，语气助词。厥初：开初，这里是起源的意思。
12. 枚：枚乘。《汉书·艺文志》说他有赋九篇，尚存《菟园赋》、《柳赋》。马：司马相如。《汉书·艺文志》说他有赋二十九篇，尚存《子虚赋》等六篇。
13. 皋：枚皋，西汉作家。
14. 成：汉成帝。
15. 履端：开始写作。履：践，实行。倡：应作"唱"；唱，导。
16. 迭致：使之充足的意思。迭致文契：指加强结尾，使表现力充足。
17. 殷人辑颂：《颂》指《商颂》，是殷的后代宋国人所辑。殷亡后，周将其遗民迁于宋，封为宋国。
18. 鸿裁：指大赋，篇幅宏大，内容丰富。寰域：领域、范围。
19. 区、族：都是类的意思。
20. 会：合。
21. 纤：细小。
22. 小制：即小赋，篇幅短小，内容狭窄。区畛：区域界限。
23. 淫丽：过于华丽。
24. 上林：司马相如的《上林赋》，分类描写了天子上林苑中的景物。
25. 孟坚：班固的字。两都：即《东都赋》和《西都赋》，其中《东都赋》写洛阳，《西都赋》写长安。
26. 玮：美好。风：指作品的教化作用。
27. 太冲：左思的字，西晋作家，著有《三都赋》。安仁：潘岳的字，西晋作家，著有《西征赋》、《藉田赋》。
28. 组织：用丝或麻织成的东西。品：品评、评量。朱：正色。紫：间色。品朱紫，即分正和邪。
29. 新：孙云唐写本作"杂"。
30. 俦：同辈。
31. 扬子：扬雄。雕虫：即雕刻鸟虫书，鸟虫书是古代的一种篆字，汉代规定儿童必须学习的内容之一，以此比喻微不足道的小技。
32. 美稗：似黍而味稍苦，植物俗称稗子。美稗：指那种浮华而不必要的，甚或有害的辞句。

【讲疏】

全篇分四个部分。第一部分讲"赋"的含义及其起源。这是过去评论家争论颇多的一个问题。刘勰着重说明赋和《诗经》、《楚辞》之间的密切关系；第二部分主要讲汉赋的创作情况，说明大赋和小赋的不同特点；第三部分评论先秦、两汉和魏晋时期十八家有代表性的作家作品；第四部分总结赋的创作原则。

刘勰在本篇提出了"睹物兴情"、"情以物观"的基本创作原理，主张雅正的内容和华丽的文辞相配合,而反对没有教育意义的作品。这些意见有一定的普遍意义。汉赋的形式主义倾向是明显的。刘勰虽然批判了"无贵风轨,莫益劝戒"的不良倾向,但在他所论及的代表作品中,许多肯定是不当的。刘勰把赋分为大赋、小赋两类,并初步总结了它们的不同特点,这种划分一直沿用到现在。但刘勰对大赋的缺点和小赋的优点,都还认识不够。

【关键词解读】

赋

赋,是由楚辞衍化出来的,同时也继承了《诗经》讽刺的传统。关于诗和赋的区别,陆机在《文赋》里认为:"诗缘情而绮靡,赋体物而浏亮。"也就是说,诗是用来抒发主观感情的,要写得华丽而细腻;赋是用来描绘客观事物的,要写得爽朗而通畅。赋讲求文采、韵律,兼具诗歌和散文的性质。其特点是"铺采摛文,体物写志",侧重于写景,借景抒情。最早出现于诸子散文中,叫"短赋";以屈原为代表的"骚体"是诗向赋的过渡,叫"骚赋";汉代正式确立了赋的体例,称为"辞赋";魏晋以后,日益向骈文方向发展,叫"骈赋";唐代又由骈体转入律体叫"律赋";宋代以散文形式写赋,称为"文赋"。著名的赋有杜牧的《阿房宫赋》、欧阳修的《秋声赋》、苏轼的《前赤壁赋》等。

【相关知识链接】

"六义"的观念,源于对《诗经》的研究。《周礼·春官·大师》:"教六诗,曰风,曰赋,曰比,曰兴,曰雅,曰颂。以六德为之本,以六律为之音。"汉代《毛诗序》的作者,根据《周礼》的说法,提出了"诗之六义"说:"故诗有六义焉,一曰风,二曰赋,三曰比,四曰兴,五曰雅,六曰颂。"唐孔颖达《毛诗正义》:"赋比兴是诗之所用,风雅颂是诗之成形。"前者是诗的作法,后者是诗的体裁。一般说,赋、比,含义比较清楚,关于兴,后人分歧很多,没有定论。刘勰所谓"风通而赋同",即风雅颂相通,赋则作为诗的一般表现手法,"通正变,兼美刺"。至于比和兴,历代学者从政治文化、语言考证、文学审美角度,有各种不同的解释。

【延伸阅读】

《文心雕龙》中,《诠赋》第八,《颂赞》第九,前后相接。《诠赋》对赋这种文体及其写作的有关问题进行解释、阐述和评论。《颂赞》中的"颂"和"赞"都是文体的名称,讨论两种相近文体的含义、起源、发展及其写作的基本要求,均是采用直接铺陈描写的手法。两篇文章可以互相对照。

文心雕龙·颂赞

　　四始之至,颂居其极。颂者,容也,所以美盛德而述形容也。昔帝喾之世,咸墨为颂,以歌九韶。自商已下,文理允备。夫化偃一国谓之风,风正四方谓之雅,容告神明谓之颂。风雅序人,事兼变正;颂主告神,义必纯美。鲁国以公旦次编,商人以前王追录,斯乃宗庙之正歌,非宴飨之常咏也。时迈一篇,周公所制。哲人之颂,规式存焉。夫民各有心,勿壅惟口。晋舆之称原田,鲁民之刺裘鞞,直言不咏,短辞以讽,邱明子高,并谍为诵,斯则野诵之变体,浸被乎人事矣。及三闾橘颂,情采芬芳,比类寓意,又覃及细物矣。至于秦政刻文,爰颂其德。汉之惠景,亦有述容,沿世并作,相继于时矣。若夫子云之表充国,孟坚之序戴侯,武仲之美显宗,史岑之述熹后,或拟清庙,或范駉那,虽浅深不同,详略各异,其褒德显容,典章一也。至于班傅之北征西巡,变为序引,岂不褒过而谬体哉!马融之广成上林,雅而似赋,何弄文而失质乎!又崔瑗文学,蔡邕樊渠,并致美于序,而简约乎篇;挚虞品藻,颇为精核,至云杂以风雅,而不变旨趣,徒张虚论,有似黄白之伪说矣。及魏晋辨颂,鲜有出辙。陈思所缀,以皇子为标;陆机积篇,惟功臣最显;其褒贬杂居,固末代之讹体也。

　　原夫颂惟典雅,辞必清铄,敷写似赋,而不入华侈之区;敬慎如铭,而异乎规戒之域;揄扬以发藻,汪洋以树义,唯纤曲巧致,与情而变,其大体所底,如斯而已。

　　赞者,明也,助也。昔虞舜之祀,乐正重赞,盖唱发之辞也。及益赞于禹,伊陟赞于巫咸,并飏言以明事,嗟叹以助辞也。故汉置鸿胪,以唱拜为赞,即古之遗语也。至相如属笔,始赞荆轲。及迁史固书,托赞褒贬。约文以总录,颂体以论辞,又纪传后评,亦同其名。而仲洽流别,谬称为述,失之远矣。及景纯注雅,动植必赞,义兼美恶,亦犹颂之变耳。然本其为义,事生奖叹,所以古来篇体,促而不广,必结言于四字之句,盘桓乎数韵之辞;约举以尽情,昭灼以送文,此其体也。发源虽远,而致用盖寡,大抵所归,其颂家之细条乎!

赞曰:容体底颂,勋业垂赞。镂彩摛文,声理有烂。年积愈远,音徽如旦。降及品物,炫辞作玩。

——范文澜:《文心雕龙注》卷二,人民文学出版社1958年版

【思考题】

1. 《文心雕龙》对司马相如的作品是怎么评价的?
2. 谈谈历代学者对于"风、雅、颂"和"赋、比、兴"的理解。

文心雕龙·神思

古人云:形在江海之上,心存魏阙之下[1];神思之谓也。文之思也,其神远矣。故寂然凝虑,思接千载;悄焉动容,视通万里;吟咏之间,吐纳珠玉之声;眉睫之前,卷舒风云之色;其思理之致乎。故思理为妙[2],神与物游[3]。神居胸臆[4],而志气统其关键;物沿耳目,而辞令管其枢机[5]。枢机方通,则物无隐貌;关键将塞,则神有遁心。是以陶钧文思[6],贵在虚静,疏瀹五藏[7],澡雪精神[8],积学以储宝,酌理以富才,研阅以穷照,驯致以怿辞[9],然后使玄解之宰[10],寻声律而定墨;独照之匠,窥意象而运斤;此盖驭文之首术,谋篇之大端。夫神思方运,万涂竞萌[11],规矩虚位[12],刻镂无形,登山则情满于山,观海则意溢于海,我才之多少,将与风云而并驱矣。方其搦翰[13],气倍辞前,暨乎篇成,半折心始。何则?意翻空而易奇,言征实而难巧也。是以意授于思,言授于意,密则无际,疏则千里,或理在方寸而求之域表[14],或义在咫尺而思隔山河。是以秉心养术[15],无务苦虑,含章司契[16],不必劳情也。

人之禀才,迟速异分,文之制体,大小殊功:相如含笔而腐

毫,扬雄辍翰而惊梦[17],桓谭疾感于苦思,王充气竭于思虑[18],张衡研京以十年,左思练都以一纪[19],虽有巨文,亦思之缓也。淮南崇朝而赋骚[20],枚皋应诏而成赋,子建援牍如口诵,仲宣举笔似宿构[21],阮瑀据案而制书,祢衡当食而草奏[22],虽有短篇,亦思之速也。若夫骏发之士,心总要术,敏在虑前,应机立断;覃思之人[23],情饶歧路,鉴在疑后,研虑方定。机敏故造次而成功[24],虑疑故愈久而致绩。难易虽殊,并资博练。若学浅而空迟,才疏而徒速,以斯成器,未之前闻。是以临篇缀虑,必有二患:理郁者苦贫[25],辞溺者伤乱[26],然则博见为馈贫之粮,贯一为拯乱之药,博而能一,亦有助乎心力矣。

若情数诡杂[27],体变迁贸[28]。拙辞或孕于巧义,庸事或萌于新意,视布于麻,虽云未费,杼轴献功,焕然乃珍。至于思表纤旨[29],文外曲致,言所不追,笔固知止。至精而后阐其妙,至变而后通其数,伊挚不能言鼎,轮扁不能语斤,其微矣乎!

赞曰:神用象通,情变所孕。物以貌求,心以理应。刻镂声律,萌芽比兴。结虑司契,垂帷制胜[30]。

——范文澜:《文心雕龙注》卷六,人民文学出版社1958年版

【题解】

《神思》为《文心雕龙》第二十六篇,也是创作论的第一篇,专门论述写作时的思维活动,提出了"思理为妙,神与物游"的创作观。艺术构思是文学创作过程中的主要环节,刘勰称之为"神思",有关论述集中在《神思》、《物色》、《隐秀》等篇中。刘勰对此十分重视,他认为这是"驭文之首术,谋篇之大端"。文中还对"志气"和"辞令"在想象活动中的作用,以及艺术创作活动中思维与语言的非对应关系等问题进行了论述。

【注释】

1. 形在江海之上,心存魏阙之下:语出《庄子·让王》:"中山公子牟谓瞻子曰:'身在江海之上,心居乎魏阙之下,奈何?'"魏阙,指朝廷。这句话的原意是指身在野而心在朝,此处借指想象不受时空的限制。
2. 思理:指艺术构思。
3. 神与物游:精神随外物而运行,《易·说卦》:"神也者,妙万物而为言者也。"
4. 神居胸臆:古人认为心是精神活动的场所,故称居胸臆。

5. 枢机:关键。《易·系辞》上:"言行,君子之枢机。"王弼注:"枢机,制动之主。"
6. 陶钧文思:酝酿文思。陶钧,制陶的转轮,借指构思。
7. 疏瀹五藏:疏瀹,疏通。《白虎通论·五性六情》:"内有五脏六府,此情性之所由出也。"
8. 澡雪精神:澡雪,洗净。《庄子·知北游》:"老聃曰:汝斋戒疏瀹而心,澡雪而精神。"
9. 驯致:顺着思路,逐渐达到。驯:顺。致:达到。绎辞:理顺文辞。
10. 玄解之宰:深通奥理者。宰:主宰,指作家的头脑。
11. 万涂竞萌:各种念头纷至沓来。
12. 规矩虚位:按写作的规则对未成形的思绪加以处理。
13. 搦翰:执笔。
14. 方寸:心。域表:疆界之外。
15. 秉心:用心。术:为文之道。
16. 章:文采。契:指物、辞、意三者切合无间。《文赋》:"意司契而为匠。"
17. 扬雄辍翰而惊梦:桓谭《新论·祛蔽》:"余少时见扬子云之丽文高论,不自量年少新进,而猥欲速及。尝激一事而作小赋,用精思太剧,而立感动发病,弥日瘳。子云亦言:成帝时,赵昭仪方大幸。每上甘泉,诏令作赋,为之卒暴,思虑精苦。始成,遂因倦小卧,梦其五脏出在地,以手收而内之。及觉病喘悸,大少气,病一岁。由此言文,尽思虑,伤精神也。"
18. 王充气竭于思虑:王充《论衡·对作》:"夫论说者闵世忧俗,与卫骖乘者同一心矣。愁精神而幽魂魄,动胸中之静气,贼年损寿,无益于性,祸重于颜回,违负黄老之教,非人所贪,不得已故为《论衡》。"
19. 左思练都以一纪:《后汉书》卷五十九《张衡列传》:"时天下承平日久,自王侯以下,莫不逾侈。衡乃拟班固《两都》,作《二京赋》,因以讽谏。精思傅会,十年乃成。"《文选·三都赋》注引臧荣绪《晋书》:"左思字太冲,齐国人。少博览文史,欲作《三都赋》,乃诣著作郎张载访岷邛之事,遂构思十稔。"
20. 淮南:淮南王刘安。崇朝:终朝,一个早晨。荀悦《前汉纪·孝武皇帝纪》:"初安朝,上使《离骚赋》,且受诏,食时毕。"《汉书》卷五十一《贾邹枚路传》:"上有所感,辄使赋之。为文疾,受诏辄成,故所赋者多。"
21. 仲宣举笔似宿构:杨修《答临淄侯笺》:"又尝亲见执事,握牍持笔,有所造作,若成诵在心,借书于手,曾不斯须少留思虑。"《三国志·魏书》卷二十一《王粲传》:"善属文,举笔便成,无所改定,时人常以为宿构;然正复精意覃思,亦不能加也。"
22. 祢衡当食而草奏:《后汉书》卷八十《文苑列传》:"(刘表)尝与诸文人共草章奏,并极其才思。时衡出,还见之,开省未周,因毁以抵地。表怃然为骇。衡乃从求笔札,须臾立成,辞义可观。表大悦,益重之。"又:"射时大会宾客,人有献鹦鹉者,射举卮于衡曰:'愿先生赋之,以娱嘉宾。'衡揽笔而作,文无加点,辞采甚丽。"
23. 覃思:深思。

24. 造次:仓促。
25. 理郁:理不明。
26. 辞溺:淹没在辞藻里。
27. 情数诡杂:情思不正而且杂乱。
28. 体变迁贸:体裁变化。
29. 纤旨:精微的道理。
30. 垂帷制胜:《史记》卷一百二十一《儒林列传》:"下帷讲诵。"又《汉书》卷五十六《董仲舒传》:"下帷覃思。"

【讲疏】

刘勰的神思论,强调以下几点。

在论及创作中主观与客观的关系时,提出"神与物游"的观点,认为作者的想象与客观物象是紧密结合的。当神思展开时,作者不仅可以"思接千载"、"视通万里",而且"登山则情满于山,观海则意溢于海"。刘勰将"神"与"物"相对提出,赞语云:"神用象通,情变所孕。物以貌求,心以理应。"一方面强调艺术构思中主体的主导地位,认为应根据主体表达的需要来选取客观物象;另一方面指出作品中既描绘物象,又表现作者情志,只有主客体相谐相融,才能构成形象生动的艺术形象。这样的论述,兼顾主客、心物,中庸平实。

强调"志气"和"辞令"在神思中的作用。所谓"志气",《孟子·公孙丑上》云:"夫志,气之帅也;气,体之充也。"赵岐注:"志,心所念虑也。气,所以充满形体为喜怒也。志帅气而行。""志气"乃情志气质,主要是指主体的思想感情。刘勰认为作家临篇缀虑,需要神定气足。只有思想见识深刻,感情真实充沛,才能使想象活跃,从而优游适会,抒怀命笔。所谓"辞令",是指语言或语词。任何思维活动都是以语言为媒介进行的,语言的轨迹就是艺术想象的轨迹,语言的界限就是艺术思维的界限。刘勰说"枢机方通,则物无隐貌",表明作者对文学意象有准确的把握,有贴切的语言表述,所以能够"规矩虚位,刻镂无形"。

刘勰提出"意象"这一概念。"意象"的语源,出于《周易·系辞上》:"圣人立象以尽意。"所谓"意象",是指主客体交互作用而产生的艺术形象或意境,是作家主观情感和客观物象相统一的产物。刘勰首次将"意象"一词用于文论中,具有典范意义。

刘勰提出"陶钧文思,贵在虚静",认为作者要以虚静的心境去直观艺术本体,这样才能够由虚而实、由静而动,进入思维活跃、想象迸发的最佳创作状态。这种涵养文思的方法,继承并发展了传统的心性修养功夫论。

论及创作中才与学的关系,刘勰承认文学的特性有赖于天才的领悟。同时,他又认为先天的禀赋,还必须有后天的学养来配合。作家只有认识规律,掌握方法,创作才能得心应手,变化自如;而文术的认识和掌握,需要平时的学习和磨炼。对此,刘勰提出"积学"、"酌理"、"研阅"、"驯致"四项要求。同时,刘勰也注意到文学创作并不存在刻板的程序,所谓规律,所谓技巧,具体到每一作家和每一作品,它是千变万化的,应当把握其精神,却不必模仿它的形迹,通过不断的、反复的实践,最终"通其术"而"阐其妙",达到最高境界。

此外,对于艺术构思中言与意的关系,以及"思之缓"与"思之速"的不同表现,构思中容易出现的问题及其救正方法,刘勰均作了细致而中肯的论述。总之,《神思》比较全面地阐述了艺术构思的问题,深入地揭示出艺术构思的本质特征。

【关键词解读】

虚静

与古人身心修养相关的重要范畴。原为哲学范畴,指一种专心致志,不为物累,不为功利意识和情感遮蔽,去认识事物或"道"的精神状态,带有超功利、非求知的特征。《老子》第十六章:"致虚极,守静笃,万物并作,吾以观复。夫物芸芸,各复归其根。归根曰静。"庄子提出了较为系统的"虚静"理论,《庄子·天道》:"吾以虚静推于天地,通于万物,此之谓天乐。""夫虚静恬淡寂寞无为者,天地之本。"庄子认为"虚静"首先是虚而空。"虚者,心斋也"(《庄子·人间世》),"虚"主要指心虚,心虚而通道,故此"惟道集虚"。要使心虚,必须使心处于自然无为的状态,排除外界干扰,摒除私心杂念,从而"虚而待物"。运用于古代文论,"虚静"是指文人从事作者写作时出现的一种凝神运思的特殊心态。其特点是排除杂念、宁静专一、思理调畅、志气和谐,精神达到了高度纯净与自由的境界。魏晋时期,"虚静"被引入艺术创作理论中。《文心雕龙·神思》:"是以陶钧文思,贵在虚静,疏瀹五藏,澡雪精神。"强调宁静专一的构思在审美过程中的重要地位,审美主体通过保持虚空明净的精神心理状态而获取审美对象,这既是艺术构思的基本前提,也是艺术创造的一种高层次境界。

在文学批评史上,视"虚静"为艺术思维时主体心态的理论家很多。如苏轼《送参寥师》:"欲令诗语妙,无厌空且静;静故了群动,空故纳万境。"朱熹《清邃阁论诗》:"不虚不静故不明;不明,故不识;若虚静而明,便识好事物……所以做得来精。"魏禧《许士重诗序》:"诗之为物,触于境,感于事,而勃然发诸言,是动物也。然非有静气以为之根,则嚣然杂出,不能自成文理。虽工于字句,侈于文,而真意消亡,无复可以言诗。"至于清代《而庵诗话》论作诗必须"心闲"、"气静";袁枚《续诗品》讲"斋心";况周颐《蕙风词话》论"词境",等等,都把虚静心态作为审美把握的关键。此外,虚静之说也屡见于乐论、画论、书论,乃至小说、戏曲创作与鉴赏。论乐,如唐代薛易简之《琴诀》、白居易《清夜琴兴》,明杨表正《弹琴杂说》、徐上瀛《溪山琴况》;论画,如宋郭若虚之《图画见闻志》,明吴宽《书画鉴影》、李日华《恬致堂集·书画谱》,清布颜图《画学心法问答》、沈宗骞《芥舟学画编》,等等,不胜枚举,足见影响之广。

【相关知识链接】

"神思"是中国古典美学的一个重要范畴,其产生源于长期的历史文化积淀。先秦并没有"神思"这一概念,论者在言述其创作构思时,常常用"虚静"、"志气"加以概括。汉代以后,由于各种文学文类特别是汉赋和五言诗的兴起,文学艺术观念渐趋自觉,出现了一些专门谈文论艺的言论,譬如《西京杂记》中司马相如"赋家之心,包括宇宙,总揽人物,斯乃得之于内,不可得而传"的言论,是比较具有代表性的。就现有资料看,"神思"这一概念的提出在汉末。最早将"神思"二字连在一起使用的,是曹植的《宝刀赋》。这篇赋作于建安年间。其序云:"建安中,家父魏王,乃命有司造宝刀五枚,三年乃就,以龙、虎、熊、马、雀为识。"其赋云:"乌获奋椎,欧冶是营。扇景风以激气,飞光鉴于天庭。爰告祠以太乙,乃感梦而通灵。然后砺以五方之石,凿以中黄之壤。规圆景以定环,摅神思而造像。"结合上下文来看,这里的"神思"从"感梦通灵"而来,意指神启而产生的思绪,即铸造者受神灵启发而产生的一种奇妙幻觉或思绪,然后据此造像,可以使锻造出的宝刀"垂华纷之葳蕤,流翠采之滉瀁"。曹植的"摅神思而造像"之说,对尔后"神思"内涵的形成,有开启作用。

曹植之后,不少人开始运用"神思"这一概念。如《三国志·蜀书·杜传》引谯周语:"由杜君之辞而广之耳,殊无神思独至之异也。"《三国志·吴书·楼玄传》引华语:"陛下既垂意博古,综及艺文,加勤心好道,随节致气,宜得闲静以展神思,呼翕清淳,与天同极。"又《晋书·刘传》:"平原管辂尝谓人曰:'吾与刘颖川兄弟语,使人神思清发,昏不假寐。'"刘宋时期的宗炳从文艺理论角度,对"神思"这一概念做出较为完善的理论阐释,《画山水序》云:"夫以应目会心为理者,类之成巧,则目亦同应,心亦俱会。

应会感神,神超理得,虽复虚求幽岩,何以加焉……峰岫峣嶷,云林森渺,圣贤映于绝代,万趣融其神思,余复何为哉?畅神而已,神之所畅,孰有先焉。"这里提出"应会感神,神超理得"和"万趣融其神思"等命题,均指人奇妙的心理活动与复杂的精神世界,与曹植有相同的意旨。对"神思"范畴,进行详尽理论阐释的是齐梁时期的刘勰。《文心雕龙·神思》:"文之思也,其神远矣,故寂然凝虑,思接千载;悄焉动容,视通万里;吟咏之间,吐纳珠玉之声;眉睫之前,卷舒风云之色;其思理之致乎?"又云:"是以陶钧文思,贵在虚静,疏瀹五藏,澡雪精神。"刘勰集中而全面地探讨了艺术创作中与想象有关的各种问题,并视其为"驭文之首术,谋篇之大端",对于后世的文学创作论产生了极为深远的影响。

【延伸阅读】

在《风骨》篇中,刘勰描述了"风骨"的内涵特征,探讨了气与风骨的关系,言"风清骨峻",讨论了"风骨"与"宗经"原则下文辞的运用问题。"风骨"是刘勰提倡的一种审美标准,即文章表现出来的力量美、遒劲美。《风骨》篇与《神思》篇,同属《文心雕龙》的创作论,集中体现了刘勰对文学作品风格的美学要求。

文心雕龙·风骨

诗总六义,风冠其首,斯乃化感之本源,志气之符契也。是以怊怅述情,必始乎风,沈吟铺辞,莫先于骨。故辞之待骨,如体之树骸,情之含风,犹形之包气。结言端直,则文骨成焉;意气骏爽,则文风清焉。若丰藻克赡,风骨不飞,则振采失鲜,负声无力。是以缀虑裁篇,务盈守气,刚健既实,辉光乃新,其为文用,譬征鸟之使翼也。故练于骨者,析辞必精,深乎风者,述情必显。捶字坚而难移,结响凝而不滞,此风骨之力也。若瘠义肥辞,繁杂失统,则无骨之征也。思不环周,索莫乏气,则无风之验也。昔潘勖锡魏,思摹经典,群才韬笔,乃其骨髓峻也;相如赋仙,气号凌云,蔚为辞宗,乃其风力遒也。能鉴斯要,可以定文,兹术或违,无务繁采。

故魏文称文以气为主,气之清浊有体,不可力强而致;故其论孔融,则云体气高妙;论徐幹,则云时有齐气;论刘桢,则云有逸气。公幹亦云,孔氏卓卓,信含异气,笔墨之性,殆不可胜,并重气之旨也。夫翚翟备色,而翾翥百步,肌丰而力沈也。鹰隼乏采,而翰飞戾天,骨劲而气猛也;文章才力,有似于此。若风骨乏采,则鸷集翰林,采乏风骨,则雉窜文囿,唯藻耀而高翔,固文笔之鸣凤也。

若夫镕铸经典之范,翔集子史之术,洞晓情变,曲昭文体,然后能孚甲新意,雕画奇辞。昭体故意新而不乱,晓变故辞奇而不黩。若骨采未圆,风辞未练,而跨略旧规,驰骛新作,虽获巧意,危败亦多,岂空结奇字,纰缪而成经矣。周书云,辞尚体要,弗惟好异。盖防文滥也。然文术多门,各适所好,明者弗授,学者弗师。于是习华随侈,流遁忘反。若能确乎正式,使文明以健,则风清骨峻,篇体光华。能研诸虑,何远之有哉!

赞曰:情与气偕,辞共体并。文明以健,珪璋乃骋。蔚彼风力,严此骨鲠。才锋峻立,符采克炳。

——范文澜:《文心雕龙注》卷六,人民文学出版社1958年版

【思考题】

1. 古人为什么重视"虚静"在文学活动中的作用?
2. 谈谈刘勰的"神思"与想象的关系。

文心雕龙·体性

夫情动而言形[1],理发而文见,盖沿隐以至显,因内而符外者也。然才有庸俊,气有刚柔,学有浅深,习有雅郑,并情性所铄[2],陶染所凝[3],是以笔区云谲,文苑波诡者矣[4]。故辞理庸俊,莫能翻其才[5];风趣刚柔,宁或改其气[6];事义浅深,未闻乖其学;体式雅郑,鲜有反其习;各师成心[7],其异如面。若总其归涂[8],则数穷八体[9]:一曰典雅,二曰远奥,三曰精约,四曰显附,五曰繁缛,六曰壮丽,七曰新奇,八曰轻靡。典雅者,镕式经诰[10],方轨儒门者也;远奥者,馥采典文[11],经理玄宗者也;精约者[12],核字省句,剖

析毫厘者也[13]；显附者，辞直义畅，切理厌心者也[14]，繁缛者，博喻酿采，炜烨枝派者也[15]；壮丽者，高论宏裁[16]，卓烁异采者也[17]；新奇者，摈古竞今[18]，危侧趣诡者也；轻靡者，浮文弱植[19]，缥缈附俗者也。故雅与奇反，奥与显殊，繁与约舛，壮与轻乖，文辞根叶，苑囿其中矣[20]。

若夫八体屡迁，功以学成，才力居中，肇自血气[21]；气以实志，志以定言[22]，吐纳英华[23]，莫非情性。是以贾生俊发[24]，故文洁而体清；长卿傲诞[25]，故理侈而辞溢；子云沈寂[26]，故志隐而味深；子政简易[27]，故趣昭而事博；孟坚雅懿[28]，故裁密而思靡[29]；平子淹通[30]，故虑周而藻密；仲宣躁锐[31]，故颖出而才果；公幹气褊[32]，故言壮而情骇；嗣宗俶傥[33]，故响逸而调远；叔夜俊侠[34]，故兴高而采烈；安仁轻敏[35]，故锋发而韵流；士衡矜重[36]，故情繁而辞隐；触类以推，表里必符。岂非自然之恒资[37]，才气之大略哉！

夫才有天资，学慎始习，斫梓染丝[38]，功在初化，器成彩定，难可翻移。故童子雕琢[39]，必先雅制，沿根讨叶，思转自圆，八体虽殊，会通合数[40]，得其环中[41]，则辐辏相成。故宜摹体以定习，因性以练才，文之司南，用此道也。

赞曰：才性异区[42]，文体繁诡[43]。辞为肤根，志实骨髓。雅丽黼黻[44]，淫巧朱紫[45]。习亦凝真[46]，功沿渐靡。

——范文澜《文心雕龙注》卷六，人民文学出版社1958年版

【题解】

《体性》是《文心雕龙》的第二十七篇，为探讨文学风格问题的专篇。"体"，指文章的体貌，即文章特定的风格；"性"，指作家的独特个性，本篇着重探讨了二者的关系。刘勰认为，正是作家的独特的个性，决定了文章不同的体貌风格。他又进一步把作家的个性分为才、气、学、习等四个方面。把作品的风格分为八类：典雅、远奥、精约、显附、繁缛、壮丽、新奇、轻靡。八类之中，他特别推崇典雅的风格。

【注释】

1. 夫情动而言形：《毛诗序》："情动于中而形于言，言之不足，故嗟叹之。"
2. 铄：原指金属熔化，此谓形成、造成。

3. 陶染:熏陶,感染。
4. 文苑波诡:扬雄《甘泉赋》:"于是大厦云谲波诡。"此形容文学风格的多样。
5. 翻:通"反"。
6. 宁或:岂能。
7. 各师成心:《庄子·齐物论》:"夫随其成心而师之。"郭象注:"夫心之足以制一身之用者,谓之成心。"成心,本心。
8. 归涂:《易·系辞下》:"天下同归而殊途,一致而百虑。"涂,通"途"。
9. 八体:八种风格类型。
10. 镕:本义是铸铁的模子,这里作动词,与"式"连用,表示取法。
11. 馥:范文澜《文心雕龙注》认为当作"复"。典:刘永济《文心雕龙校释》认为当作"曲"。皆字形之误。
12. 精约:精练约省。
13. 剖析毫厘:分析说理精细入微。张衡《西京赋》:"剖析毫厘,擘肌分理。"
14. 切:切合。
15. 炜烨:光彩貌。
16. 宏裁:体制宏大。
17. 卓烁:光彩突出。
18. 摈古竞今:摈弃古制,竞为今体。
19. 弱植:《左传·襄公三十年》:"其君弱植。"植,立,树立。此谓文章内容贫弱。
20. 苑囿:囊括。
21. 肇:始。血气:气质。《礼记·乐言》:"夫民有血气心知之性,而无哀乐喜怒之常。"
22. 气以实志,志以定言:《左传·昭公九年》:"味以行气,气以实志,志以定言。"杜预注:"气和则志充。在心为志,发口为言。"
23. 吐纳英华:《礼记·乐记》:"和顺积中,而英华发外。"
24. 贾生:贾谊。俊发:才华横溢。
25. 长卿:司马相如字。傲诞:高傲怪诞。
26. 子云:扬雄字。《汉书》卷八十七《扬雄传》称他:"默而好深湛之思,清静亡为,少耆欲。"沈寂:沉静。
27. 子政:刘向字。
28. 孟坚:班固字。
29. 裁密:指叙事安排有理致。思靡:思维精细。
30. 平子:张衡字。淹通:指学问渊博而能贯通。
31. 仲宣:王粲字。
32. 公幹:谢灵运字。《尔雅·释言》:"褊,急也。"《典论·论文》:"刘桢壮而不密。"
33. 嗣宗:阮籍字。俶傥:倜傥,放荡不拘。《三国志·魏书》卷二十一《王粲传》:

"瑀子籍,才藻艳逸,而倜傥放荡,行己寡欲,以庄周为模则。"

34. 叔夜:嵇康字。《三国志·魏书》卷二十一《王粲传》:"时又有谯郡嵇康,文辞壮丽,好言老庄,而尚奇任侠。"

35. 安仁:潘岳字。《晋书·潘岳传》:"岳性轻躁,趋势利。"轻敏:轻浮敏捷。

36. 士衡:陆机字。《晋书·陆机传》:"少有异才,文章冠世,伏膺儒术,非礼不动。"矜重:矜持,庄重。

37. 恒资:指先天禀赋。

38. 斫梓:砍梓材作器物。《尚书·梓材》:"若作梓材,既勤朴斫,惟其涂丹雘。"染丝:《墨子·所染》:"子墨子言见染丝者而叹,曰:'染于苍则苍,染于黄则黄,所入者变,其色亦变,五入必,而已则为五色矣。'"

39. 童子雕琢:扬雄《法言·吾子》:"或问:'吾子少而好赋。'曰:'然。童子雕虫篆刻。'"

40. 合数:合乎写作规律。

41. 得其环中:《庄子·则阳》:"冉相氏得其环中以随成。"

42. 异区:不同。

43. 繁诡:繁杂多样。

44. 雅丽:雅正而华美。

45. 朱紫:指正色和杂色。《论语·阳货》:"恶紫之夺朱也。"何晏注:"朱,正色。紫,间色之好者。恶其邪好而乱正色。"

46. 习亦凝真:《春秋繁露·天道施》:"外物之动性,若神之不守也。积习渐靡,物之微者也。"真,自然。

【讲疏】

在《体性》篇中,刘勰着重探讨了文学作品的体裁风格与作家才性之间的关系。

中国古代文学理论中的"体"的概念,包含有两层意思:一是指文学作品的不同体裁形式,如诗、赋、赞、颂、檄、移、铭、诔等;二是指文学作品的风格特点。《体性》篇的"体"指后者。刘勰认为文学风格虽然纷繁复杂,但"若总其归途,数穷八体",他创造性地将文学风格归纳为八种基本类型,即"典雅"、"远奥"、"精约"、"显附"、"繁缛"、"壮丽"、"新奇"、"轻靡"。

刘勰对前六种风格在不同程度上加以肯定,主张风格的多样化,而对后面的两种作了批判。他指出"新奇"、"轻靡"的风格是"摈古竞今,危侧趋诡","浮文弱植,缥缈附俗"。他举例说明了作品风格和作家的才性关系问题,列举了两汉、魏晋时期著名作家。按时代先后论列,而且每一位作家并不只是具备一种风格,其中有的兼善多种风格。他认为八种基本类型和文学风格的多样化是不矛盾的,这并不意味着对具体作家作品风格就可以简单地纳入某一类,而只是几种构成风格的基本因素而已。把这些基本因素调配起来,就有各种不同风格,即所谓"八体屡迁,功以学成"。"性",是指作家的才能和个性,不同的作家才能有高低优劣不同,个性特点也不一样。

刘勰提出作家个性形成有四个方面因素:"才"、"气"、"学"、"习"。"才"指作家天赋的才能,"气"指作家的气质个性,"学"指作家知识学问,"习"指作家的习气趣味。《体性》篇说:"夫情动而言形,理发而文见,盖沿隐以至显,因内而符外者也。然才有庸俊,气有刚柔,学有浅深,习有雅郑,并情性所铄,陶染所凝,是以笔区云谲,文苑波诡者矣。""才"与"气"是作家先天禀赋,"学"与"习"则是作家与文化教养和环境影响相关的后天社会实践形成的。先天禀赋的"才"与"气"与后天社会实践的"学"与"习"共同构成作家的创作个性,而这种创作个性又决定作品的风格特征。因为创作个性中包括先天禀赋与后天努力两种质素,所以,刘勰一方面强调文学创作中作家"自然之恒资"的先天才气,另一方面又非常重视"功以学成"的后天努力,并提倡"因性以练才"。

【关键词解读】

典雅

中国古代诗学概念,指一种感情真挚、态度端庄的艺术意象和风格。一般来说,视浮薄、卑俗为"典雅"的反面,这是古人共同的理解,但对"典雅"的具体解释往往有差别。在《文心雕龙》的《体性》篇中,刘勰列举了八种不同的风格,把"典雅"放在第一位:"典雅者熔式经诰,方轨儒门者也。"指明"典雅"就是以儒家的思想为指导,以经典为模式,发为文章而形成的风格。特点是文辞庄重,以儒家经典为根据,符合儒家的学说。实际上表现了一种在文章体式上崇古尚文的审美要求,虽是谈论风格类型,已有美学范畴的意味。他还认为,"典雅"与"新奇"的风格相反,"新奇"的特点是厌旧趋新,追求诡奇怪异。

在《二十四诗品》中,司空图以具体形象阐释了"典雅"的含义:"玉壶买春,赏雨茆屋,坐中佳士,左右修竹。白云初晴,幽鸟相逐,眠琴绿阴,上有飞瀑。落花无言,人淡如菊,书之岁华,其曰可读。"司空图所称"典雅"的审美境界,是由雅韵古色、超然脱俗的主体人格和修竹茅屋、白云飞瀑的物象景观交融而成,它超越功利,一空色相,颇有隐逸之致,亦可称之为"清雅"。

清许奉恩《文品·恬雅》和杨夔生《续词品·闲雅》中所描绘的艺术境界，与此颇为相似。所称"典雅"之品，意义与司空图旨趣略异，除了具有义理渊深、征材广博的特点外，也多了些台阁雅士、贵族文人的气息。清魏谦升《二十四赋品·雅赡》则纯以征材用事、黜浮除繁，而造自然浑朴之境为"雅"。直接从美学范畴角度解释"典雅"的，是晚清王国维，他称之为"古雅"。他认为"典雅"在于对自然形式的加工提炼，实即属于脱俗优美的美学范畴，并突出了它的"独立之价值"。作为艺术风格之一，其主要特点在于遵从古典格式，超脱尘凡俗气，于庄重之中显出优美。

【相关知识链接】

"风格"一词，最早见于晋葛洪的《抱朴子·疾谬》，指的是人的风神标格。用风格品评诗文，肇自曹丕《典论·论文》，经陆机、葛洪、沈约阐释，到刘勰《文心雕龙》有了较大的理论飞跃。《文心雕龙·议对》："亦各有美，风格存焉。"尔后北齐颜之推《颜氏家训·文章篇》："古人之文，宏才逸气，体度风格，去今实远；但缉缀疏朴，未为密致耳。"用风格评文，语义更为明确。而论文章风格的专用术语，一般则谓之"体"。如曹丕《典论·论文》："文以气为主，气之清浊有体，不可力强而致。"此后用"体"的概念表示文章风格的人渐多，尤其刘勰《文心雕龙·体性》篇专论风格，"体"遂成为一个专门术语。"体"指文章的体貌，即作品的风格，"性"即性情，指作者个性，作品的不同风格是由作家的不同个性决定的。

对风格分类的研究，是我国古代文章学关于风格研究的重要方面。这方面成绩最显著而对后世最有影响者，当推刘勰所划分的典雅、远奥、精约、显附、繁缛、壮丽、新奇、轻靡"八体"。刘勰以作家个人风格为核心进行论述，兼及风格的共性，如文体风格和时代风貌等，建立起比较完整的理论架构。日本僧人遍照金刚在《文镜秘府论·文意》篇中把风格分为博雅、清典、绮艳、宏壮、要约、切至六类，明显受到刘勰的影响。宋严羽在《沧浪诗话》中把诗的风格分为高、古、深、远、长、雄浑、飘逸、悲壮、凄婉"九品"，与刘勰的"八体"相较，亦大同而小异。隋唐以后关于诗文风格的分类，有的过繁，有的过简。唐僧人皎然在《诗式》中分诗为五格十九体，即高、逸、贞、忠、节、志、气、情、思、德、诚、闲、达、悲、怨、意、力、静、远。唐司空图分诗为二十四品，即雄浑、冲淡、纤秾、沉着、高古、典雅、洗炼、劲健、绮丽、自然、含蓄、豪放、精神、缜密、疏野、清奇、委曲、实境、悲慨、形容、超诣、飘逸、旷达、流动。清人姚鼐以"刚柔"二字论风格，颇有独到见解。以上风格分类研究均有助于把握、认识作家作品的特点，对于学习和鉴赏大有裨益。

【延伸阅读】

《体性》的"体"是体貌,即风格或作品的客观风格;"性"是性情、性气,即个性或作家的主观风格。《体性》主要讲作品的客观风格与作家的个性之间的关系。《程器》的"程"是计量考核的意思,"器"指具有品德和政治见识的人才。《程器》主要讲如何衡量作家的品德修养和政治见识。两篇都是讲作者的篇章,《程器》是《文心雕龙》里最慷慨激昂的一篇。作者抒愤懑、发牢骚,一定程度上回应了当时社会对文人的不公正评价,反映了刘勰的政治态度和人生观。

文心雕龙·程器

周书论士,方之梓材,盖贵器用而兼文采也。是以朴斫成而丹膲施,垣墉立而雕杇附。而近代词人,务华弃实,故魏文以为古今文人之类不护细行,韦诞所评,又历诋群才,后人雷同,混之一贯,吁可悲矣!

略观文士之疵:相如窃妻而受金,扬雄嗜酒而少算,敬通之不循廉隅,杜笃之请求无厌,班固谄窦以作威,马融党梁而黩货,文举傲诞以速诛,正平狂憨以致戮,仲宣轻脆以躁竞,孔璋偬恫以粗疏,丁仪贪婪以乞货,路粹餔啜而无耻,潘岳诡祷于愍怀,陆机倾仄于贾郭,傅玄刚隘而詈台,孙楚狠愎而讼府,诸有此类,并文士之瑕累。文既有之,武亦宜然。古之将相,疵咎实多:至如管仲之盗窃,吴起之贪淫,陈平之污点,绛灌之谗嫉,沿兹以下,不可胜数。孔光负衡据鼎,而仄媚董贤,况班马之贱职,潘岳之下位哉!王戎开国上秩,而鬻官嚣俗,况马杜之磬悬,丁路之贫薄哉!然子夏无亏于名儒,濬冲不尘乎竹林者,名崇而讥减也。若夫屈贾之忠贞,邹枚之机觉,黄香之淳孝,徐幹之沈默,岂曰文士,必其玷欤?

盖人禀五材,修短殊用,自非上哲,难以求备。然将相以位隆特达,文士以职卑多诮,此江河所以腾涌,涓流所以寸折者也。名之抑扬,既其然矣;位之通塞,亦有以焉。盖士之登庸,以成务为用。鲁之敬姜,妇人之聪明耳,然推其机综,以方治国,安有丈夫学文,而不达于政事哉。彼扬马之徒,有文无质,所以终乎下位也。昔庾元规才华清英,勋庸有声,故文艺不称,若非台岳,则正以文才也。文武之术,左右惟宜。却縠敦书,故举为元帅,岂以好文而不练武哉! 孙武兵经,辞如珠玉,岂以习武而不晓文也!

是以君子藏器,待时而动,发挥事业,固宜蓄素以弸中,散采以彪外,梗枏其质,豫章其干,摛文必在纬军国,负重必在任栋梁,穷则独善以垂文,达则奉时以骋绩,若此文人,应梓材之士矣。

赞曰:瞻彼前修,有懿文德。声昭楚南,采动梁北。雕而不器,贞干谁则。岂无华身,亦有光国。

——范文澜:《文心雕龙注》卷十,人民文学出版社1958年版

【思考题】

1. 简述"典雅"的内涵及其发展演变。
2. 简述中国古代文学风格论是如何形成的。

文心雕龙·通变

夫设文之体有常[1],变文之数无方[2],何以明其然耶[3]? 凡诗赋书记[4],名理相因[5],此有常之体也;文辞气力[6],通变则久[7],此无方之数也。名理有常,体必资于故实[8];通变无方,数必酌于新声[9];故能骋无穷之路,饮不竭之源。然绠短者衔渴[10],足疲者辍涂[11],非文理之数尽[12],乃通变之术疏耳[13]。故论文之方,譬诸草木,根干丽土而同性[14],臭味晞阳而异品矣[15]。

是以九代咏歌[16],志合文则[17]。黄歌断竹[18],质之至也[19];唐歌在昔[20],则广于黄世[21];虞歌卿云[22],则文于唐时;夏歌雕墙[23],缛于虞代[24];商周篇什[25],丽于夏年。至于序志述时[26],其揆一也[27]。暨楚之骚文[28],矩式周人[29];汉之赋颂,影写楚世[30];魏之

策制³¹，顾慕汉风³²；晋之辞章，瞻望魏采³³。权而论之³⁴，则黄唐淳而质³⁵，虞夏质而辨³⁶，商周丽而雅，楚汉侈而艳³⁷，魏晋浅而绮³⁸，宋初讹而新³⁹。从质及讹，弥近弥澹⁴⁰。何则？竞今疏古，风味气衰也⁴¹。今才颖之士⁴²，刻意学文，多略汉篇，师范宋集⁴³，虽古今备阅⁴⁴，然近附而远疏矣⁴⁵。夫青生于蓝⁴⁶，绛生于蒨⁴⁷，虽逾本色⁴⁸，不能复化。桓君山云⁴⁹：予见新进丽文，美而无采；及见刘扬言辞⁵⁰，常辄有得；此其验也。故练青濯绛⁵¹，必归蓝蒨，矫讹翻浅⁵²，还宗经诰⁵³。斯斟酌乎质文之间，而櫽括乎雅俗之际⁵⁴，可与言通变矣。

夫夸张声貌⁵⁵，则汉初已极⁵⁶。自兹厥后⁵⁷，循环相因⁵⁸，虽轩翥出辙⁵⁹，而终入笼内。枚乘七发云⁶⁰：通望兮东海⁶¹，虹洞兮苍天⁶²。相如上林云⁶³：视之无端⁶⁴，察之无涯⁶⁵，日出东沼⁶⁶，月生西陂⁶⁷。马融广成云⁶⁸：天地虹洞，固无端涯，大明出东⁶⁹，月生西陂。扬雄校猎云⁷⁰：出入日月，天与地沓⁷¹。张衡西京云⁷²：日月于是乎出入，象扶桑于濛汜⁷³。"此并广寓极状⁷⁴，而五家如一。诸如此类，莫不相循⁷⁵，参伍因革⁷⁶，通变之数也⁷⁷。

是以规略文统⁷⁸，宜宏大体⁷⁹。先博览以精阅，总纲纪而摄契⁸⁰，然后拓衢路⁸¹，置关键，长辔远驭⁸²，从容按节⁸³，凭情以会通，负气以适变⁸⁴，采如宛虹之奋鬐⁸⁵，光若长离之振翼⁸⁶，乃颖脱之文矣⁸⁷。若乃龌龊于偏解⁸⁸，矜激乎一致⁸⁹，此庭间之回骤⁹⁰，岂万里之逸步哉⁹¹！

赞曰：文律运周⁹²，日新其业。变则其久⁹³，通则不乏。趋时必果⁹⁴，乘机无怯⁹⁵。望今制奇，参古定法⁹⁶。

——范文澜：《文心雕龙注》卷六，人民文学出版社1958年版

【题解】

《通变》是《文心雕龙》第二十九篇，它提出了文学发展中的继承和革新的问题，体现出刘勰的文学历史观点，与《时序》互为表里。在文学发展过程中，就其先后传承的一面而言，则为"通"；就其日新月异的变化而言，则为"变"。"通"与"变"对举成文，是矛盾的两个方面；把"通变"连缀成词，是就两方面的关系而言的。

【注释】

1. 体:体裁。常:规律。这句是说文章要有一定的体式。
2. 数:术,文辞风格。无方:即无常。《礼记·檀弓上》:"左右就养无方。"郑玄注:"方:犹常也。"
3. 然:如此,这样。
4. 书记:两种文体名。书:书札、信函。记:指下对上的奏记、笺记。
5. 名:指文体的名称。理:指各种文体的基本写作原理。这里名理犹言名实,意思是诗赋等文体之名,相因不变。如《明诗》篇所说"诗言志"、"诗者,持也,持人情性"等,《诠赋》篇所说"赋者,铺也,铺采摛文,体物写志也"等。
6. 气:指作品的气势。力:指作品显示出的作家的才气、才力。
7. 通:指创作的继承方面。变:指创作的革新方面。意谓作品要推陈出新才能有永恒的生命力。《易·系辞下》:"变则通,通则久。"
8. 资:凭借、借鉴。故实:指前人的作品。
9. 酌:斟酌。新声:新的音乐,这里借指新的作品。
10. 绠:汲水用的绳子。衔渴:即口渴。
11. 辍涂:谓行路者中途停止。
12. 文理:写作的道理。
13. 疏:粗疏,不精通。
14. 丽:附着。
15. 臭味:指气类相同。《左传·襄公八年》载季武子的话:"今譬于草木,寡君在君,君之臭味也。"杜预注:"言同类。"晞阳:暴晒在阳光下。
16. 九代:指下面所讲黄帝、唐、虞、夏、商、周(包括楚国)、汉、魏、晋(包括刘宋初)九个朝代。
17. 志:指"诗言志"。则:法则。
18. 黄:即黄帝。这里指黄帝时期。断竹:指《弹歌》,传说是黄帝时的作品,其首句为"断竹"二字。古代诗歌没有题目,后人往往以首句或首二字名篇。
19. 质:朴质。《弹歌》全首只四句八字:"断竹,续竹;飞土,逐肉。"(《吴越春秋》卷五)至:到了极点。
20. 唐:指唐尧时。在昔:可能是传说中唐尧时的作品,刘勰的时代可能还存在,而今已不传。
21. 广:扩大、发展。
22. 虞:指虞舜时。卿云:《卿云歌》全首四句,第一句是"卿云烂兮";《尚书大传》载,是舜时作品。
23. 雕墙:指《五子之歌》,载于伪古文《尚书》,是夏禹时的作品。其中有"峻宇雕墙"一句。五子是夏太康的弟弟。
24. 缛:文采繁盛。

25. 什:《诗经》的《雅》、《颂》每十篇称为一什,后泛指诗篇。
26. 序:叙述。
27. 揆:道理。
28. 暨:及。骚文:以《离骚》为代表的《楚辞》。
29. 矩式:模仿、学习。
30. 影写:也是模仿的意思。
31. 策制:一作"篇制",即诗篇。
32. 顾慕:欣羡,追慕。
33. 瞻望:与上句"顾慕"意近。瞻:往上看。
34. 榷:商讨。
35. 淳:朴实,淳厚。
36. 质而辨:朴实而明确。
37. 侈:铺张。
38. 绮:一种有花纹的丝织品,引申指诗文的靡丽。
39. 讹:错误。讹而新:这里指讹滥而新奇。《定势》篇:"自近代辞人,率好诡巧,原其为体,讹势所变,厌黩旧式,故穿凿取新;察其讹意,似难而实无他术也,反正而已。"
40. 弥澹:范文澜注:"应作弥淡。"引《说文》:"淡,薄味也。"
41. 风昧:应作风昧,指文章风格暗昧。
42. 颖:指才能出众。
43. 宋集:指南朝宋代作家的作品。
44. 备:完备,全面。
45. 近附远疏:《诗品序》中讲到这种情形:"次有轻薄之徒,笑曹(植)、刘(桢)为古拙,谓鲍照羲皇上人,谢朓今古独步。而师鲍照,终不及'日中市朝满';学谢朓,劣得'黄鸟度青枝'。"附:接近。
46. 青生于蓝:《荀子·劝学》:"青,取之于蓝,而青于蓝。"蓝,可作染料的草。
47. 绛:赤色。蒨:可染赤色的草。
48. 逾:超过。
49. 桓君山:即桓谭,字君山,东汉初年著名学者,著有《新论》。下面所引的话,是《新论》的佚文。
50. 刘:指刘歆,西汉后期著名学者。扬:指扬雄,西汉末年著名作家。
51. 练:煮丝使白,这里指提炼。濯:洗,也是提炼的意思。这两句是说碧玺洗涤青与绛过浓的之色,重回蓝与蒨的正色。
52. 矫:纠正。
53. 诰:原指《尚书》中的《汤诰》等篇,这里泛指经书。
54. 檠括:矫正曲木的器具,这里指纠正偏向,即矫正过雅过俗的偏向。
55. 夸张声貌:主要指辞赋对事物声音状貌的夸张描写。

56. 汉初已极：《诠赋》篇："汉初词人，顺流而作：陆贾扣其端，贾谊振其绪，枚、马同其风，王、扬骋其势；皋、朔以下，品物毕图。"已极：已经到了极点。

57. 厥：其。

58. 因：承袭。

59. 轩翥：高飞。辙：车轮的迹。

60. 枚乘：字叔，西汉初年作家。他的《七发》载《文选》卷三十四。

61. 兮：《七发》原文作"乎"。

62. 虹洞：《文选》枚乘《七发》："虹洞兮苍天。"李善注："虹洞，相连貌也。"

63. 相如：司马相如，西汉著名作家。上林：指《上林赋》，见《文选》卷八。

64. 端：开始。

65. 涯：边际。

66. 东沼：指传说中日所出处的汤谷。

67. 月生：一作"入乎"。《上林赋》原文是"入乎西陂"。陂：山坡。

68. 马融：字季长，后汉茂陵人，著名经学家、文学家。广成：指《广成颂》，载《后汉书》卷六十《马融列传》。

69. 大明：指太阳。《礼记·礼器》："大明生于东，月生于西。"郑玄注："大明，日也。"

70. 校猎：指扬雄的《羽猎赋》。

71. 沓：合。《汉书》作"杳"：深远。王先谦《汉书补注》："应劭曰：'杳，合也。'"

72. 张衡：字平子，东汉著名科学家、文学家。西京：指《西京赋》，见《文选》卷二。

73. 扶桑：传为日所从出的神树。《山海经·海外东经》："汤谷上有扶桑，十日所浴，在黑齿北。居水中，有大木，九日居下枝，一日居上枝。"濛汜：日落的地方。《楚辞·天问》："出自汤谷，次于蒙汜。"

74. 寓：托喻。状：描绘。意谓极力描绘。

75. 循：沿袭。

76. 参伍因革：有因有革，继承和创作并用之意。参伍：错综。

77. 数：方法。

78. 规略文统：规划文章的纲领。规略：谋划。统：指总的、根本的事物。

79. 宜宏大体：掌握住根本的原则。

80. 摄：持取。契：要领。《周礼·天官·小宰》："听取予以书契。"郑玄注："凡簿书之最目、狱讼之要辞，皆曰契。"这里取其总要之意。

81. 衢路：四通八达的道路。

82. 辔：缰绳。驭：驾马。

83. 节：一定的度数。

84. 负：恃，依靠。

85. 宛：弯曲的样子。奋鬐：弓起背，鬐作背解。张衡《西京赋》："瞰宛虹之长鬐。"

86. 长离：凤凰。张衡《思玄赋》："前长离使拂羽兮。"《后汉书》卷五十九《张衡列传》李贤注："长离，即凤也。"《文选·思玄赋》旧注："长离，朱鸟也。"《思玄赋》又讲到"缃朱鸟以承旗"。李贤注："朱鸟，凤也。《楚辞》曰'凤凰翼其承旗'也。"李善注"缃朱鸟以承旗"句，也引了《楚辞》的"凤凰"句。

87. 《史记》卷七十六《平原君列传》记毛遂答平原君说："使遂蚤得处囊中，乃颖脱而出，非特其末见而已。"颖：禾穗。颖脱而出：像整个禾穗透出。

88. 龌龊：局促。

89. 矜：夸耀。一致：一得之见。

90. 回：曲折回旋。骤：驰马。

91. 逸：快。

92. 运周：运转不停。

93. 其：将。

94. 趋时必果：这句有两层意思，一是说要敢于创新，二说创新要有见识。

95. 怯：懦弱。

96. 参古定法：参照古制确定写作的法则。

【讲疏】

本篇与《时序》互为表里。在《时序》里，刘勰认为"文变染乎世情，兴废系乎时序"。尽管历代文风多有变革，然而"设文之体有常"，任何一种文学形式，都是为了表现一定的内容，尽管诗、赋、书、记体制不同，然而表情达意，"名理相因"，也是各体相同，古今一致。另一方面，文辞由简陋而日趋繁缛，由质朴而日趋华采，乃是一种演进，是一种无法阻挡的趋势。正因为有了这种演进，所以文学的面貌才不断更新，而不是处于停滞不前的状态，所以说"变则可久"。

如何于"通"中求"变"，"变"而不失其"通"，把"会通"和"适变"统一起来，是一个重要的问题，刘勰对此问题进行了讨论，主要有以下两点：

一是"凭情以会通，负气以适变"，根据表达情志的要求来推陈出新。就"情"、"气"和词采之间的关系而言，文章是情志的表现，而"情之含风，犹形之包气"，"情于气偕"（《风骨》），两者是分不开的。"情"是文，"气"是质，质待于文。就词采言，自然是踵事增华，但归根到底，文附于质，文采只不过是起"饰言"的作用。倘若一味追求词采之美，则"采滥辞诡，心理愈翳"（《情采》），反而隐情而累气。故云："文辞气力，通变则久。"刘勰论文，不废声律与"丽辞"，但却反对拘限声病，堆砌辞藻，正是这个意思。

二是"望今制奇，参古定法"，按照当今的需要来批判继承。在刘勰所处的时代，文坛盛行"竞今疏古"的风气，如篇中所说的"多略汉篇，师范宋集";《风骨》所说的"跨略旧规,驰骛新作"。而其所谓"新",不过是"俪采百字之偶,争价一句之奇"(《明诗》)而已。所以在《风骨》和本篇中,刘勰特别强调继承传统的重要性。《风骨》云:"若夫镕铸经典之范,翔集子史之术,洞晓情变,曲昭文体,然后能莩甲新意,雕画奇辞。"本篇云:"宋初讹而新。"其所以"讹",正因为"近附而远疏","龌龊于偏解,矜激乎一致",知新变而不知"通变"的缘故。其结果就必然"习华随侈,流遁忘反"(《风骨》),是没有出路的。所以说:"绠短者衔渴,足疲者辍涂,非文理之数尽,乃通变之术疏耳。"要"矫讹翻浅",就必须"还宗经诰"。刘勰主张以古之"淳而质"来反对今之"讹而浅",但没有看到,问题的症结还在于当时的作家脱离生活,不能正确反映社会生活。这又是他的局限性所在。

【关键字解读】

通变

古代文论中有关文学发展观的重要概念。刘勰《文心雕龙·通变》:"夫设文之体有常,变文之数无方,何以明其然耶?凡诗赋书记,名理相因,此有常之体也;文辞气力,通变则久,此无方之数也。名理有常,体必资于故实;通变无方,数必酌于新声;故能骋无穷之路,饮不竭之源。"又云:"矫讹翻浅,还宗经诰。斯斟酌乎质文之间,而櫽括乎雅俗之际,可与言通变矣。""通变"一词,源于《易·系辞下》:"《易》,穷则变,变则通,通则久。""变通者,趋时者也。"又《文心雕龙·通变》篇有"凭情以会通,负气以适变"二句,"会通",源自《系辞上》"观其会通"之语,孔颖达疏云:"观看其物之会合变通。"意指不仅要观察事物的会合,还要领会事物会合后的种种微妙变化;而"适变",则又是《系辞下》"唯变所适"一句的缩略语,韩康伯注云:"变动贵于适时。"意指顺应时势要求而自然变化。《易·系辞》指出人们必须随着时势而会通变化,使事物的发展不致停滞不前。这是"通变"的哲学思想根据,原意是指事物应有所会合变化而流通不滞。刘勰的《通变》篇,将其应用到文学批评上,指出文学应当变化创新,向前发展。但在变化创新之时,必须考虑继承过去的传统,有所继承又有所变革,把继承与革新结合起来。因此,刘勰"通变"的构词,"通"为变通,"变"为适变,共指继承基础上的"变",所以是相辅相成的同义并列结构。

现在一般学者认为"通变"是矛盾相反的对立结构,以为"通"指继承,"变"指创新,二者对举而成文,是矛盾的两方面,是继承与创新的对立统一。《通变》篇言"设文之体有常,变文之数无方",所谓"有常"之体,泛指各种文学体裁风格方面的文体特点和基本要求。"名理相因",指根据各种文体规格体势来写作,其基本要求有一定的历史继承性,必须"参古定法",以古人之文为法,所以说"体必资以故实"。如违背这一原则,就成为"谬体"或"讹体"。而文辞气力,或华美或质朴,艺术风格或绮丽或刚健,则须"凭情以会通,负气以适变",不应该有一定程式,而应当随历史时代的变化和作家才性的不同,随时变化,使之创新发展,以达到"通变则久"的目的,所以说变文之数"无方"。把有常之体方面的继承性和文辞气力方面的创造性二者结合起来,才能使文学创作源远流长,日新月异,富于艺术的生命活力。

刘勰提出"通变",在当时是有针对性的。六朝文坛,关于文学的趋新与复古,争论激烈。如裴子野重经史质朴之文,偏于复古;萧子显强调新变代雄,萧绎强调华丽之篇,是为趋新。刘勰则取中庸的态度,他重视诗赋的辞采文章的艺术性,但主张文风不宜过于华艳,最好是"文质彬彬"。他明确指出了"宋初讹而新"的时弊,于是在《通变》篇中开出了治理文坛痼疾的药方"矫讹翻浅,还宗经诰","望今制奇,参古定法"。论文强调"宗经",指出古代儒家经典文风雅丽,文质彬彬,堪为楷模,借以树立文质兼备的风骨刚健清新的文风。刘勰指出当时文坛时弊,但所开"宗经"的药方,依然是儒家复古思想的路数。

【相关知识链接】

刘勰之前的文论家,对于文学的发展变化问题,多有论述。在《论衡》中,王充抨击过"珍古"、"不贵今"的现象;葛洪申述过"今胜于古"的文学主张,认为"古者事事醇素,今则莫不雕饰,时移世改,理自然也"(《抱朴子·钧世》)。直接地涉及文学发展内部规律的是陆机,《文赋》所言"收百世之阙文,采千载之遗韵,谢朝华于已披,启夕秀于未振,观古今于须臾,抚四海于一瞬",倡导在广泛钻研、采择前人的文学遗产的基础上,作出"独出心裁"的创作。明确用发展变化的观点来集中总结文学内部继承和革新的规律,形成较为系统理论的,首推刘勰。

纪昀评此篇云:"盖当代之新声,既无非滥调,则古人之旧式,转属新声。复古而名以通变,盖以此耳。"(《评文心雕龙》)这话深得刘勰补偏救弊的用心。不过复古和"通变"并不是一回事,不能说他是"复古而名以通变"。把继承和创新结合起来,方为"通变"之精髓所在。

"通变"是理解文学发展的一个重要问题,清代的叶燮在《原诗》中有进一步的阐发。他用大量的文学历史事实证明,就总的趋势而言,文学演变是向前一步步推进的,但就其发展的过程来说,则有时因变而得盛,也有时因变而得衰。其所以衰,则是由于或泥古或追新而不知"通变"的缘故。刘勰所论,针对六朝而言,所以强调"参古定法"继承传统的一面。叶燮所论,则是有感于明七子"文必秦汉,诗必盛唐"的拟古论而发的,所以强调革新的一面,救时纠偏,用意各有不同,但基本精神却是一致的。

【延伸阅读】

《文心雕龙·总术》专论掌握创作方法的重要性。全篇分三个部分:第一部分论"文"、"笔"之分;第二部分批评《文赋》所论创作技巧,提出"研术"的重要意义;第三部分以下棋和掷采为喻,来进一步说明掌握写作方法的必要。文笔之辨,是晋、宋以来文学发展的一个重要标志,所谓"文场笔苑,有术有门",多种多样的"文"和"笔"的出现,表现方法问题也随之复杂和重要起来。因此,刘勰把"文"、"笔"之辨和"执术驭篇"两个问题放在一起,穷根求源,探索"乘一总万"的写作方法。

文心雕龙·总术

今之常言,有文有笔,以为无韵者笔也,有韵者文也。夫文以足言,理兼诗书,别目两名,自近代耳。颜延年以为笔之为体,言之文也;经典则言而非笔,传记则笔而非言。请夺彼矛,还攻其楯矣。何者?易之文言,岂非言文;若笔不言文,不得云经典非笔矣。将以立论,未见其论立也。予以为发口为言,属笔曰翰,常道曰经,述经曰传。经传之体,出言入笔,笔为言使,可强可弱。分经以典奥为不刊,非以言笔为优劣也。昔陆氏文赋,号为曲尽,然泛论纤悉,而实体未该。故知九变之贯匪穷,知言之选难备矣。

凡精虑造文,各竞新丽,多欲练辞,莫肯研术。落落之玉,或乱乎石;碌碌之石,时似乎玉。精者要约,匮者亦鲜;博者该赡,芜者亦繁;辩者昭晰,浅者亦露;奥者复隐,诡者亦典。或义华而声悴,或理拙而文泽。知夫调钟未易,张琴实难。伶人告和,不必尽窕槬之中;动用挥扇,何必穷初终之韵;魏文比篇章于音乐,盖有征矣。夫不截盘根,无以验利器;不剖文奥,无以辨通才。才之能通,必资晓术,自非圆鉴区域,大判条例,岂能控引情源,制胜文苑哉!

是以执术驭篇,似善弈之穷数;弃术任心,如博塞之邀遇。故博塞之文,借巧傥来,虽前驱有功,而后援难继。少既无以相接,多亦不知所删,乃多少之并惑,何妍蚩之能制乎!若夫善弈之文,则术有恒数,按部整伍,以待情会,因时顺机,动不失正。数逢其极,机入其巧,则义味腾跃而生,辞气丛杂而至。视之则锦绘,听之则丝簧,味之则甘腴,佩之则芬芳,断章之功,于斯盛矣。夫骥足虽骏,缰牵忌长,以万分一累,且废千里。况文体多术,共相弥纶,一物携贰,莫不解体。所以列在一篇,备总情变,譬三十之辐,共成一毂,虽未足观,亦鄙夫之见也。

赞曰:文场笔苑,有术有门。务先大体,鉴必穷源。乘一总万,举要治繁。思无定契,理有恒存。

——范文澜:《文心雕龙注》卷九,人民文学出版社1958年版

【思考题】

1. 谈谈你是如何理解"通变"的。
2. 谈谈你对"凭情以会通,负气以适变"的理解。

文心雕龙·情采

圣贤书辞,总称文章,非采而何[1]!夫水性虚而沦漪结[2],木体实而花萼振,文附质也。虎豹无文,则鞟同犬羊[3];犀兕有皮[4],而色资丹漆[5],质待文也[6]。若乃综述性灵[7],敷写器象[8],镂心鸟迹之中[9],织辞鱼网之上[10],其为彪炳[11],缛采名矣[12]。故立文之道[13],其理有三:一曰形文,五色是也[14];二曰声文,五音是也[15];三曰情文,五性是也[16]。五色杂而成黼黻[17],五音比而成韶夏[18],五情发而为辞章[19],神理之数也[20]。孝经垂典[21],丧言不文[22];故知君子常言未尝质也[23]。老子疾伪[24],故称美言不信[25];而五千精妙,则非弃美矣[26]。庄周云辩雕万物[27],谓藻饰也[28]。韩非云

艳采辩说[29],谓绮丽也[30]。绮丽以艳说,藻饰以辩雕,文辞之变,于斯极矣。研味李老[31],则知文质附乎性情[32];详览庄韩,则见华实过乎淫侈[33]。若择源于泾渭之流[34],按辔于邪正之路,亦可以驭文采矣。夫铅黛所以饰容,而盼倩生于淑姿[35];文采所以饰言,而辩丽本于情性[36]。故情者[37],文之经,辞者,理之纬[38];经正而后纬成,理定而后辞畅,此立文之本源也[39]。

昔诗人什篇[40],为情而造文,辞人赋颂[41],为文而造情。何以明其然?盖风雅之兴[42],志思蓄愤,而吟咏情性,以讽其上[43],此为情而造文也;诸子之徒[44],心非郁陶[45],苟驰夸饰[46],鬻声钓世[47],此为文而造情也;故为情者要约而写真,为文者淫丽而烦滥[48]。而后之作者,采滥忽真,远弃风雅,近师辞赋,故体情之制日疏[49],逐文之篇愈盛[50]。故有志深轩冕[51],而泛咏皋壤[52],心缠几务[53],而虚述人外[54],真宰弗存[55],翩其反矣[56]。夫桃李不言而成蹊[57],有实存也;男子树兰而不芳[58],无其情也。夫以草木之微,依情待实,况乎文章,述志为本,言与志反,文岂足征[59]!

是以联辞结采,将欲明经[60],采滥辞诡[61],则心理愈翳[62]。固知翠纶桂饵[63],反所以失鱼。言隐荣华[64],殆谓此也[65]。是以衣锦褧衣[66],恶文太章[67],贲象穷白[68],贵乎反本。夫能设谟以位理,拟地以置心[69],心定而后结音,理正而后摛藻[70],使文不灭质,博不溺心[71],正采耀乎朱蓝[72],间色屏于红紫[73],乃可谓雕琢其章[74],彬彬君子矣[75]。

赞曰:言以文远[76],诚哉斯验。心术既形[77],英华乃赡[78]。吴锦好渝[79],舜英徒艳[80]。繁采寡情,味之必厌。

——范文澜:《文心雕龙注》卷七,人民文学出版社1958年版

【题解】

《情采》是《文心雕龙》的第三十一篇,主要是论述文学艺术的内容和形式的关系。扬雄曾说:"诗人之赋丽以则,辞人之赋丽以淫。"(《法言·吾子》)刘勰把这两种现象从理论上加以阐发,指出了问题的实质所在,就显得更为透辟。这对当时文坛"体情之制日疏,逐文之篇愈盛"的倾向来说,是较为中肯的批判。

【注释】

1. 文章:《论语·公冶长》:"子贡曰:'夫子之文章,可得而闻也。'"何晏注:"章,明也。文彩形质著见,可得以耳目修也。"
2. 性:性质,特征。沦漪:水的波纹,见《诗经·魏风·伐檀》。
3. 虎豹无文,则鞟同犬羊:虎豹之皮之所以不同于犬羊,在于它们的毛有斑斓的文采。《论语·颜渊》:"文犹质也,质犹文也。虎豹之鞟,犹犬羊之鞟。"鞟,皮革。
4. 犀兕:都是似牛的野兽(犀是雄的,兕是雌的),皮坚韧,可制铠甲。
5. 资:凭借。
6. 质待文:这说明内容和形式的关系的另一个方面。
7. 综述:综合叙述。这里是加以组织的意思。性灵:指人的思想感情。
8. 敷写:即铺叙描写。敷,铺陈。
9. 镂心:深刻细致的构思。鸟迹:指文字。相传黄帝时的仓颉受鸟兽足迹的启发而造文字。
10. 织辞:精密地安排词句。鱼网:指纸。《后汉书》卷七十八《宦者列传》:"(蔡)伦乃造意,用树肤、麻头及敝布、鱼网以为纸。"
11. 彪炳:光彩鲜明。
12. 缛:繁盛。名:《释名·释言语》:"名,明也,名实使分明也。"
13. 道:道路,途径。
14. 五色:青、黄、赤、白、黑,指作品的形象描写。《诠赋》:"写物图貌,蔚似雕画。"《物色》:"凡摛表五色,贵在时见,若青黄屡出,则繁而不珍。"
15. 五音:宫、商、角、徵、羽,指作品的声韵。包括《乐府》篇"声为乐体"、"诗声曰歌"的"声",以及《声律》篇讲的宫商声韵。
16. 五性:指从心、肝、脾、肺、肾产生出来的五种性情。这里指作者的思想感情。
17. 黼黻:古代礼服上的花纹。见《抱朴子·辞义》注释6。
18. 比:缀辑。韶:舜时的乐名。夏:禹时的乐名。
19. 情:当作"性"。
20. 神理:神妙的道理。从《文心雕龙》全书多次所用"神理"一词的意义来看,所谓神妙的道理,就是《原道》篇所说的"自然之道"。数:定数。
21. 孝经:孔门后学所著儒家"十三经"之一。垂:留传下来。典:法度。
22. 丧言不文:出自《孝经·丧亲》:"子曰:'孝子之丧亲也,哭不偯,礼无容,言不文,服美不安,闻乐不乐,食旨不甘。'"
23. 常言:指不是哀伤父母的话。未尝质:并不朴质。
24. 老子:姓李,名耳,春秋时期的思想家。著有《老子》八十一章,亦称《道德经》。疾:憎恶。
25. 美言不信:《老子》:"信言不美,美言不信。"
26. 五千精妙,则非弃美矣:意谓老子自己的文章写得很精妙,可见他并不是完全否定文采之美。五千,即《道德经》,因它共有五千多字。《史记》卷六十三《老子韩非列传》:"于是老子乃著书上下篇,言道德之意五千余言而去,莫知其所终。"

27. 庄周:即庄子,战国时期的思想家。著有《庄子》。辩:巧言。《庄子·天道》:"故古之王天下者,知虽落天地,不自虑也;辩虽雕万物,不自说也;能虽穷海内,不自为也。"

28. 藻饰:修饰文辞。

29. 采:当作"乎"。《韩非子·外储说左上》:"夫不谋治强之功,而艳乎辩说文丽之声,是却有术之士而任坏屋折弓也。"

30. 绮:有花纹的丝织品。

31. 李:当作《孝》,指《孝经》。老:指《老子》。

32. 文质附乎性情:意谓用文用质,各有其宜,表里必须一致,即下文所说的情经辞纬之意。这里的质,即上文"君子常言未尝质也"的"质",是质朴的意思。

33. 华实过乎淫侈:意谓华过于实,则流为淫侈。

34. 泾渭:泾水和渭水,一清一浊,二水会合于陕西高陵县。泾渭,借作清浊的代称。"泾渭之流"和"邪正之路",均指文风而言:情辞相符,为正,为清;辞过于情则淫侈,为邪,为浊。

35. 铅黛:古代女子画眉用的青黑色颜料,喻辩丽的辞采;淑姿:喻美好的情性。盼倩:眼波流转,发出动人的微笑。《诗经·卫风·硕人》:"巧笑倩兮,美目盼兮。"

36. 情性:指作品中所表达作者的思想感情。

37. 情:这里泛指作品内容。

38. 理:和上句"情"字意义相近。

39. 本源:根本,这里指文学创作的根本原理。

40. 诗人:《诗经》的作者,同时也指能继承《诗经》优良传统的作家。什:诗篇。

41. 辞人:辞赋家,同时也指某些具有汉赋铺陈辞藻的特点的作家。扬雄《法言·吾子》:"诗人之赋丽以则,辞人之赋丽以淫。"

42. 风雅:指《诗经》中的《国风》、《小雅》等代表作品。

43. 讽:婉言规劝。上:指统治者。

44. 诸子:这里指汉以后的辞赋家。

45. 郁陶:愤积闷结的意思。《楚辞·九辩》:"岂不郁陶而思君兮,君之门以九重。"王逸注:"愤念蓄积盈胸臆也。"(《文选》卷三十三)

46. 苟:姑且,勉强。

47. 鬻:卖。声:名声。钓:骗取。

48. 滥:不切实。

49. 体:体现。制:作品。

50. 逐文:单纯地追求文采。逐:追逐。

51. 有志深轩冕:意谓书写情怀,辞出虚伪。轩冕:官爵的代称。轩:有屏藩的车。冕:礼冠。

52. 皋壤：水边地，指田园隐居的生活。

53. 心缠几务：嵇康《与山巨源绝交书》："机务缠其心，世故繁其虑。"几务：即机务，指朝廷上的政治事务。

54. 人外：指尘世之外。

55. 真宰：主宰人的思想活动的东西。

56. 翩：疾飞。《诗经·小雅·角弓》："翩其反矣。"郑玄注："翩然而反。"

57. "桃李不言"句：这是古代民谣。《史记》卷一百九《李将军列传》："桃李不言，下自成蹊。"这里用于比喻有真实情感的文章，才能使人百读不厌。蹊：路。

58. 男子树兰：《淮南子·缪称训》："男子树兰，美而不芳。"芳：花的香气。这里用以比喻情感虚伪的文章，就不可能有强烈的感染力。

59. 征：证验。

60. 经：王利器校改作"理"。理：指作品的思想内容，和上文所说"情者文之经，辞者理之纬"中的"情"、"理"意同。

61. 诡：反常。

62. 心理：作者内心所蕴蓄的道理，表达而为作品的思想内容。翳：隐蔽。

63. 翠纶：用翡翠鸟毛做的钓鱼线。桂：肉桂，喻珍贵食物。饵：引鱼的食物。《太平御览》卷八三四录《阙子》："鲁人有好钓者，以桂为饵，黄金之钩，错以银碧，垂翡翠之纶，其持竿处位即是，然其得鱼不几矣。故曰：钓之务不在芳饰，事之急不在辩言。"

64. 言隐荣华：言语的涵义为词华所掩蔽。《庄子·齐物论》："言隐于荣华。"隐：埋没。

65. 殆：几乎，大约。

66. 裞：《说文解字》释"裞"，麻布也。语出《诗经·卫风·硕人》："硕人其颀，衣锦裞衣。"

67. 章：鲜明。

68. 贲：《易经》中的卦名。穷白：最终是白色。《贲》卦的最后说："白贲无咎。"王弼注："处饰之终，饰终反素，故任其质素，不劳文饰而无咎也。"

69. 谟：王利器校作"模"，规范的意思。地：底子，这里指文章的基础。理和心指思想与情感。设模、理地是说树立一个正确的标准，把它放在恰当的地位上。

70. 摛：舒展，发布。

71. 使文不灭质，博不溺心：《庄子·善性》："知而不足以定天下，然后附之以文，益之以博。文灭质，博溺心。"意谓文与质相符，情与采相应。

72. 正采：即正色。《礼记·玉藻》："衣正色，裳间色。"

73. 间色：由正色相间杂而成的杂色。屏：弃。红紫：都属杂色。

74. 章：文采。

75. 彬彬：指文质兼顾，内容和形式结合得恰当。《论语·雍也》："质胜文则野，文胜质则史；文质彬彬，然后君子。"

76. 远：指流传久远。《左传·襄公二十五年》："言之无文，行而不远。"

77. 心术：运用心思的道路，这里指写作的方法。形：显著，明确。《礼记·乐记》："应感起物而动，然后心术形焉。"孔颖达注："术，谓所申道路也；形，见也；以其感物所动，故然后心之所由道路而形见焉。"

78. 赡：富足。

79. 渝：变。

80. 舜：木槿花。英：花。木槿花朝开暮落，有花无实。

【讲疏】

　　本篇先提出文质并重的主张，认为"文附于质"，"质待于文"，优美的文辞，必须表现正确的思想情感；而正确的思想情感，又有赖优美的文辞来表现，两者是相互结合的。"情"即"质"，"采"即"文"，分指内容和形式而言。文中以经子书籍不废辞采的事实，指出古代作者重视艺术形式的传统；用"水性虚而沦漪结，木体实而花萼振"的现象，说明自然流美，比照文学。故云："立文之道，其理有三。""形"、"声"、"情"必须配合得宜，才能交织成为完美的统一体。除了"情"而外，还有辞采和音调的问题。

　　在文质并重的前提下，刘勰进一步说明了两者之间的主次关系。他把文章中的情意和辞采，比作一经一纬，认为"经正而后纬成，理定而后辞畅"。文中用"铅黛饰容"，生动地比喻"文采饰言"的作用；适当的辞采，可以更好地表现内容；倘若内容空虚，专从辞采上用功夫，则相反地会"言隐于荣华"，掩蔽了真实的思想情感。因而文章之美，起决定作用的，是"情"而不是"采"，是内容而不是形式本身。这种文质并重的思想，散见于《文心雕龙》各篇，如《征圣》云："志足而言文，情信而辞巧。"《宗经》云："义既极于性情，辞亦匠于文理。"《附会》云："必以情志为神明，事义为骨髓，辞采为肌肤，宫商为声气。"亦复此意。

　　基于这样的观点，本文接着提出文学中"伪"与"真"、"要约"与"烦滥"的问题，并以此来评论具体文学历史现象，从而得出"诗人什篇，为情而造文；辞人赋颂，为文而造情"的结论。"为情造文"之可贵，主要是因为"志思蓄愤"，具有真挚而充实的内容，所以能动人；而在形式方面，量体裁衣，自然是修短适度，能够"要约而写真"。"为文造情"之所以令人厌弃，则由于"心非郁陶"，甚至"言与志反"，本末倒置，必然削足适履，遗真逐伪，文章就"淫丽而烦滥"了，归根到底，均为内容与形式的关系问题。后来元好问《论诗绝句》中论潘岳一首，所举例证，正好作为本文的注脚。

【关键词解读】

情采

刘勰在《文心雕龙》中提出的重要文论范畴。《文心雕龙·颂赞》："及三闾《橘颂》,情采芬芳。"言屈原《橘颂》的思想感情和辞采都美好动人。又《才略》:"刘桢情高以会采。"言刘桢诗情思高卓而会合辞采。又《序志》称《文心雕龙》为"剖情析采"之作,乃就文章的内容和文辞二者加以论析。又有《情采》专篇,论作品的情、理和文辞藻采之间的关系:"水性虚而沦漪结,木体实而花萼振,文附质也。虎豹无文,则鞟同犬羊;犀兕有皮,而色资丹漆,质待文也。"认为文采附着于情、理,情、理的表现有待于文采,二者互相依存,不可或缺。"情者,文之经,辞者,理之纬;经正而后纬成,理定而后辞畅",情、理居于主导地位,情理已定,辞采方畅,犹如经线正而后织以纬线,布帛乃成。刘勰对此主从关系甚为强调,称为"立文之本源",并由此而提出"为情而造文"的著名论断,认为作者须有充实的思想感情,而发为文章,文采须为表达情理服务;反对过分文饰以致淹没内容,更反对"为文而造情",即一味追求丽采而情思寡少、内容空洞,甚至"言与志反",本无其情而虚伪做作。他以文学的历史发展为例,认为《诗经》是"为情造文"的典范,而汉代辞赋则"为文造情"的倾向开始滋长,后世之作更是"体情之制日疏,逐文之篇愈深"。刘勰之前,陆机《文赋》已说:"理扶质以立干,文垂条而结繁。"范晔《狱中与诸甥侄书》也曾说为文"当以意为主,以文传意",都指出了作者情志、文章内容与文辞藻采的本末关系。刘勰继承前人之说而又有所发展。"为情造文"的命题对后世文学批评颇有影响。如明人许学夷《诗源辨体》卷三云:"汉魏五言,为情而造文,故其体委婉而情深。颜、谢五言,为文而造意,故其语雕刻而意冗。"

【相关知识链接】

自魏晋六朝以来,我国古代美学理论有了长足的发展,无论对文艺的本质,还是对形式美价值的认识,较之先秦两汉都有了新的突破。"缘情说"的出现及尚采观念的形成,标志着"文的自觉"时代已经开始。曹丕的《典论·论文》和陆机的《文赋》都注意到诗的重要审美特征是情和采,提出了"诗赋欲丽"、"诗缘情而绮靡"等观点,但第一次将情和采推及于文,并对其作了哲学和美学方面系统论证的是刘勰。《文心雕龙》的《原道》、《情采》、《体性》、《定势》等许多篇目,都涉及情和采的问题,较为全面地展示了刘勰的情采观。

刘勰所说的"情",不是一般的悲秋、惜春、怜风月、伤别离之类的闲适之情,而是有感于人间世事的忧愤之情。正如他分析建安文学时所指出的"良由世积乱离,风衰俗怨,并志深而笔长,故梗概而多气也"。他所说的"情",是包含着作者的"志"、"气",是积淀着作者对现实的理性思考和善恶评价的广义的审美情感。"为情而造文",就是要使"情志一也"。文章要表达一种思想,是一种理性认识。所以,"情"与"理"是紧密联系的。

刘勰的情采观,是传统美学思想与魏晋崇尚自然的审美理想相结合的产物。一方面,他很重视文章的形式美,强调"采"与作者审美个性及文章体势的协调统一;另一方面,他又主张形式美和内容美的辩证统一,强调文不灭质,由此形成了情、理、性、势、采多种因素相互制约、多种审美关系相互交织的独具特质的情采观。他关于"情"和"采"的哲学论证和美学探讨,表现出强烈的"文的自觉"意识,但又与齐梁之际出现的形式主义美学思潮有着根本的区别。他提出的"情"、"采"、"文"、"势"等美学范畴,大大地丰富了传统文论的研究内容,成为我国古代美学理论的重要组成部分。

【延伸阅读】

《熔裁》的"熔",即对作品内容的规范;"裁",即对繁文浮词的剪裁。"熔裁"即规范文章的主题内容和裁剪文章的语言文辞。刘勰针对写作中经常出现的内容繁杂、主题不鲜明和文辞芜乱的情况,提出了"熔"和"裁"的办法。"熔"的主要任务是"规范本体",即解决内容和主题的集中统一问题;"裁"的主要任务是"剪截浮词",即解决文辞运用的繁略得当问题。二者各有侧重,但又密不可分。

文心雕龙·熔裁

情理设位,文采行乎其中。刚柔以立本,变通以趋时。立本有体,意或偏长;趋时无方,辞或繁杂。蹊要所司,职在熔裁,櫽括情理,矫揉文采也。规范本体谓之熔,剪截浮词谓之裁。裁则芜秽不生,熔则纲领昭畅,譬绳墨之审分,斧斤之斫削矣。骈拇枝指,由侈于性,附赘悬肬,实侈于形。二意两出,义之骈枝也;同辞重句,文之肬赘也。

凡思绪初发，辞采苦杂，心非权衡，势必轻重。是以草创鸿笔，先标三准：履端于始，则设情以位体；举正于中，则酌事以取类；归余于终，则撮辞以举要。然后舒华布实，献替节文，绳墨以外，美材既斫，故能首尾圆合，条贯统序。若术不素定，而委心逐辞，异端丛至，骈赘必多。

故三准既定，次讨字句。句有可削，足见其疏；字不得减，乃知其密。精论要语，极略之体；游心窜句，极繁之体；谓繁与略，随分所好。引而申之，则两句敷为一章；约以贯之，则一章删成两句。思赡者善敷，才核者善删。善删者字去而意留，善敷者辞殊而意显。字删而意阙，则短乏而非核；辞敷而言重，则芜秽而非赡。

昔谢艾王济，西河文士，张俊以为艾繁而不可删，济略而不可益，若二子者，可谓练熔裁而晓繁略矣。至如士衡才优，而缀辞尤繁；士龙思劣，而雅好清省。及云之论机，亟恨其多，而称清新相接，不以为病；盖崇友于耳。夫美锦制衣，修短有度，虽玩其采，不倍领袖，巧犹难繁，况在乎拙。而文赋以为榛楛勿剪，庸音足曲，其识非不鉴，乃情苦芟繁也。夫百节成体，共资荣卫，万趣会文，不离辞情。若情周而不繁，辞运而不滥，非夫熔裁，何以行之乎？

赞曰：篇章户牖，左右相瞰。辞如川流，溢则泛滥。权衡损益，斟酌浓淡。芟繁剪秽，弛于负担。

——范文澜：《文心雕龙注》卷七，人民文学出版社1958年版

【思考题】

1. 谈谈刘勰的情采观与儒家文质之辩的区别。
2. 谈谈刘勰的情采观与六朝形式主义文论的区别。

文心雕龙·养气

昔王充著述，制养气之篇，验己而作[1]，岂虚造哉！夫耳目鼻

口,生之役也²;心虑言辞,神之用也³。率志委和,则理融而情畅;钻砺过分⁴,则神疲而气衰⁵;此性情之数也。夫三皇辞质,心绝于道华;帝世始文,言贵于敷奏;三代春秋,虽沿世弥缛,并适分胸臆⁶,非牵课才外也⁷。战代枝诈⁸,攻奇饰说;汉世迄今,辞务日新,争光鬻采,虑亦竭矣。故淳言以比浇辞,文质悬乎千载;率志以方竭情,劳逸差于万里;古人所以余裕⁹,后进所以莫遑也。

凡童少鉴浅而志盛¹⁰,长艾识坚而气衰¹¹,志盛者思锐以胜劳¹²,气衰者虑密以伤神,斯实中人之常资¹³,岁时之大较也¹⁴。若夫器分有限¹⁵,智用无涯¹⁶,或惭凫企鹤,沥辞镌思,于是精气内销,有似尾闾之波,神志外伤,同乎牛山之木;怛惕之盛疾,亦可推矣¹⁷。至如仲任置砚以综述,叔通怀笔以专业,既暄之以岁序,又煎之以日时,是以曹公惧为文之伤命¹⁸,陆云叹用思之困神,非虚谈也。

夫学业在勤,功庸弗怠¹⁹,故有锥股自厉,和熊以苦之人。志于文也,则申写郁滞,故宜从容率情,优柔适会。若销铄精胆²⁰,蹙迫和气,秉牍以驱龄,洒翰以伐性,岂圣贤之素心,会文之直理哉!且夫思有利钝,时有通塞²¹,沐则心覆,且或反常,神之方昏,再三愈黩。是以吐纳文艺,务在节宣,清和其心²²,调畅其气,烦而即舍,勿使壅滞,意得则舒怀以命笔,理伏则投笔以卷怀,逍遥以针劳,谈笑以药倦,常弄闲于才锋²³,贾余于文勇,使刃发如新,凑理无滞,虽非胎息之迈术²⁴,斯亦卫气之一方也。

赞曰:纷哉万象,劳矣千想。玄神宜宝²⁵,素气资养²⁶。水停以鉴²⁷,火静而朗²⁸。无扰文虑,郁此精爽。

——范文澜:《文心雕龙注》卷九,人民文学出版社1958年版

【题解】

《养气》是《文心雕龙》的第四十二篇,论述保持旺盛的创作精神,避免"神疲而气衰"的问题。本篇所讲的"气",是和人的精神密不可分的,故而常常"神"、"气"并称。不同在于:"气"是人体所具有的内在质素,"神"则是"气"更加精微的部分。在本篇的具体论述中,或称"气",或称"神",或

称"精气"等,大都是措辞上的变化,并无实质区别。黄侃《文心雕龙札记》认为:"养气谓爱精自保,与《风骨》篇所云诸'气'不同。此篇之作,所以补《神思》篇之未备,而求文思常利之术也。"文思的通塞,的确和作者精神的盛衰有关,但《神思》和《养气》两篇所论,也有其各不相同的旨意。

【注释】

1. 验己而作:经过自己检验的作品。
2. 生:生命。役:仆役。
3. 神:精神。
4. 钻砺:钻研磨砺。
5. 气:元气,有维持人体生命的功能。
6. 适分:适合于作者的本分、个性。胸臆:心胸。
7. 牵课:牵连,勉强。
8. 枝诈:枝:作"权"。诡诈、权谲。
9. 余裕:从容不迫。裕:宽。
10. 少:古代以三十岁以前为少,即青少年。
11. 艾:头发灰白为艾,古人五十岁为艾,即老年人。
12. 胜劳:胜任疲劳。
13. 中人:平常人。资:资质、禀赋。
14. 岁时:年龄。大较:大概情况。
15. 器分:才分。
16. 涯:边。
17. 推:类推、推想。
18. 曹公:指曹操。他的话不详。
19. 功庸弗息:这四字和下面的"和熊以苦之人",可能是后人的增补。
20. 销铄:熔化。
21. 通塞:思路的通畅与阻塞。
22. 清和:清静和谐。
23. 才锋:才华锋芒。
24. 胎息:即气功。迈:作"万"。万术:多种技术,指技术。
25. 玄神:精神。
26. 素:平素。资:靠。
27. 鉴:镜,引申为明。
28. 朗:明亮。

【讲疏】

本篇有三个部分。

第一部分从两个方面说明养气的必要。首先就一般规律来说，人的性情不允许"钻砺过分"；其次以实际创作来印证，古今作者劳逸不同，因而作品的优劣大异；第二部分论神伤气衰的危害。人的智慧和精力是有一定限度的，操之过急，煎熬过度，就势将"成疾"，以致"伤命"；第三部分根据文学创作的特点讲"卫气之方"。刘勰认为，在掌握学识上，勤学苦练是应该的，但文学创作的特点是抒发情志，它本身就是一种精神活动，如果不遵循志之所至、情之所生的特点，而强逼它，损伤它，搅得头昏脑胀，就难以"理融而情畅"，写出好的作品来。

【关键词解读】

浩然之气

"浩然之气"的说法，见于《孟子·公孙丑上》："我善养吾浩然之气……其为气也，至大至刚，以直养而无害，则塞于天地之间。其为气也，配义与道；无是，馁也。"所谓"浩然之气"，乃盛大流行之气，乃纯一之气，是尽心、知天以后，弥漫在天地之间的存在。这是一个"天人合一"、内外交辉的境界，朱子《集注》引程子言："天人一也，更不分别。浩然之气，乃吾气也。养而无害，则塞乎天地。""浩然之气"是一个既实存又超越的概念，伴随着主体的活动而不断地显现出道德力量、精神向度与人格光辉等多重意蕴，在古代文学思想的批评视野中，"浩然之气"犹如一个巨大的信仰支柱，成为历代诗文评中道德理想的标杆，常常出现在古人谈文论艺，尤其是作家品评中。譬如宋代苏轼在《潮州韩文公庙碑》中，借用"浩然之气"的精神底蕴评价韩愈文章的超越意义，在他看来，"浩然之气"的形成是一个道德提升与境界培育的过程，生理层面的气须经由道德层面的转化，才能"塞于天地之间"，践形于人之"四体"，此气能够挽"道之丧"、"文之弊"，从而"参天地"、"关盛衰"，实现精神化、价值化的转换，成为超越层面的精神之气。苏轼的阐发，将孟子"浩然之气"提升到一个新的层面，影响极为深远。

【相关知识链接】

本篇提到的"清和其气"、"烦而即舍"、"逍遥以针劳，谈笑以药倦"等，只是些一般的、消极的方法。对人的生理性能来说，适度的劳逸结合是完全必要的，但要使作者精神饱满、思绪畅通，有充沛的创作活力，就显然是仅靠保养精神，或"逍遥"、"谈笑"之类所不可能的。

在养气问题的诠释上,刘勰既有道家式的被动存养,也有儒家式的主动培养。比较而言,《养气》篇视"清和其心,调畅其气"、"烦而即舍,勿使壅滞"、"务在节宣"为"卫气之一方",所谓"爱精自保",旨在"理融而情畅",即顺和性情,勿使衰竭,避免"钻砺过分"而"神疲而气衰",这就明显偏于防御性的情性存养。《神思》篇则偏于主动的才气培养,如云:"积学以储宝,酌理以富才。"同样谈养气,刘勰之于孟子,亦有很大不同。孟学强调主体心性之修养,所谓"知言养气"偏于积极性的进取,源于内在心性的培育,以刚正充沛为特征,这对于中国文学传统中强调作家主体性及道德人格有着极大的影响。刘勰论养气,对于自然之气资养、蕴藉的偏好,究竟不同于孟子式的养气。

【延伸阅读】

《养气》篇中的"养气"原则是"率志委和",即写作要自然,反对"钻砺过分"。《才略》的"才"指才能,"略"指识略。主要讲历代作家才能与识略及其创作的概略情况,强调作家只有平日刻苦学习,才能做到"从容率情,优柔适合"。两篇均涉及作家的主体性问题,可以相互对照阅读。

文心雕龙・才略

九代之文,富矣盛矣;其辞令华采,可略而详也。虞夏文章,则有皋陶六德,夔序八音,益则有赞,五子作歌,辞义温雅,万代之仪表也。商周之世,则仲虺垂诰,伊尹敷训,吉甫之徒,并述诗颂,义固为经,文亦师矣。及乎春秋大夫,则修辞聘会,磊落如琅玕之圃,焜耀似缛锦之肆,薳敖择楚国之令典,随会讲晋国之礼法,赵衰以文胜从飨,国侨以修辞扞郑,子太叔美秀而文,公孙挥善于辞令,皆文名之标者也。战代任武,而文士不绝;诸子以道术取资,屈宋以楚辞发采,乐毅报书辨以义,范雎上书密而至,苏秦历说壮而中,李斯自奏丽而动,若在文世,则扬班俦矣。荀况学宗,而象物名赋,文质相称,固巨儒之情也。

汉室陆贾,首案奇采,赋孟春而选典诰,其辩之富矣。贾谊才颖,陵轶飞兔,议惬而赋清,岂虚至哉!枚乘之七发,邹阳之上书,膏润于笔,气形于言矣。仲舒专儒,子长纯史,而丽缛成文,亦诗人之告哀焉。相如好书,师范屈宋,洞入夸艳,致名辞宗;然覆取精意，理不胜辞，故扬子以为文丽用寡者长卿，诚哉是言也！王褒构采，以密巧为致，附声测貌，泠然可观。子云属意，辞人最深，观其涯度幽远，搜选诡丽，而竭才以钻思，故能理赡而辞坚矣。桓谭著论，富号猗顿，宋弘称荐，爰比相如，而集灵诸赋，偏浅无才，故知长于讽论，不及丽文也。敬通雅好辞说，而坎壈盛世，显志自序，亦蚌病成珠矣。二班两刘，奕叶继采，旧说以为固文优彪，歆学精向，然王命清辩，新序该练，璿璧产于昆冈，亦难得而逾本矣。傅毅崔骃，光采比肩，瑗寔踵武，能世厥风者矣。杜笃贾逵，亦有声于文，迹其为才，崔傅之末流也。李尤赋铭，志慕鸿裁，而才力沈膇，垂翼不飞。马融鸿儒，思洽识高，吐纳经范，华实相扶。王逸博识有功，而绚采无力。延寿继志，瑰颖独标，其善图物写貌，岂枚乘之遗术欤！张衡通赡，蔡邕精雅，文史彬彬，隔世相望。是则竹柏异心而同贞，金玉殊质而皆宝也。刘向之奏议，旨切而调缓；赵壹之辞赋，意繁而体疏；孔融气盛于为笔，祢衡思锐于为文，有偏美焉。潘勖凭经以骋才，故绝群于锡命；王朗发愤以托志，亦致美于序铭。然自卿渊已前，多俊才而不课学；雄向以后，颇引书以助文；此取与之大际，其分不可乱者也。

魏文之才，洋洋清绮，旧谈抑之，谓去植千里，然子建思捷而才俊，诗丽而表逸；子桓虑详而力缓，故不竞于先鸣。而乐府清越，典论辩要，迭用短长，亦无懵焉。但俗情抑扬，雷同一响，遂令文帝以位尊减才，思王以势窘益价，未为笃论也。仲宣溢才，捷而能密，文多兼善，辞少瑕累，摘其诗赋，则七子之冠冕乎！琳瑀以符檄擅声；徐干以赋论标美；刘桢情高以会采；应玚学优以得文；路粹杨修，颇怀笔记之工；丁仪邯郸，亦含论述之美；有足算焉。刘劭赵都，能攀于前修；何晏景福，克光于后进；休琏风情，则百壹标其志；吉甫文理，则临丹成其采；嵇康师心以遣论，阮籍使气以命诗，殊声而合响，异翮而同飞。

张华短章，奕奕清畅，其鹪鹩寓意，即韩非之说难也。左思奇才，业深覃思，尽锐于三都，拔萃于咏史，无遗力矣。潘岳敏给，辞自和畅，钟美于西征，贾余于哀诔，非自外也。陆机才欲窥深,辞务索广,故思能入巧,而不制繁。士龙朗练,以识检乱,故能布采鲜净,敏于短篇。孙楚缀思,每直置以疏通;挚虞述怀,必循规以温雅;其品藻流别,有条理焉。傅玄篇章,义多规镜;长虞笔奏,世执刚中;并桢干之实才,非群华之韡萼也。成公子安选赋而时美,夏侯孝若具体而皆微,曹摅清靡于长篇,季鹰辨切于短韵,各其善也。孟阳景阳,才绮而相埒,可谓鲁卫之政,兄弟之文也。刘琨雅壮而多风,卢谌情发而理昭,亦遇之于时势也。

景纯艳逸,足冠中兴。郊赋既穆穆以大观,仙诗亦飘飘而凌云矣。庾元规之表奏,靡密以闲畅;温太真之笔记,循理而清通;亦笔端之良工也。孙盛干宝,文胜为史,准的所拟,志乎典训,户牖虽异,而笔彩略同。袁宏发轸以高骧,故卓出而多偏;孙绰规旋以矩步,故伦序而寡状;殷仲文之孤兴,谢叔源之闲情,并解散辞体,缥缈浮音。虽滔滔风流,而大浇文意。

宋代逸才,辞翰鳞萃,世近易明,无劳甄序。观夫后汉才林,可参西京;晋世文苑,足俪邺都;然而魏时话言,必以元封为称首;宋来美谈,亦以建安为口实;何也?岂非崇文之盛世,招才之嘉会哉。嗟夫,此古人所以贵乎时也!

赞曰:才难然乎,性各异禀。一朝综文,千年凝锦。余采徘徊,遗风籍甚。无曰纷杂,皎然可品。

——范文澜:《文心雕龙注》卷十,人民文学出版社1958年版

【思考题】

1. 简要说说从孟子、曹丕到刘勰以来关于养气的观点。
2. 古人为什么强调养气与为文之间的关系?

文心雕龙·时序

时运交移[1],质文代变[2],古今情理,如可言乎! 昔在陶唐[3],德盛化钧[4],野老吐何力之谈[5],郊童含不识之歌。有虞继作,政阜民暇[6],薰风诗于元后[7],烂云歌于列臣[8]。尽其美者何[9]?乃心

乐而声泰也[10]。至大禹敷土[11],九序咏功[12],成汤圣敬[13],猗欤作颂[14]。逮姬文之德盛[15],周南勤而不怨;大王之化淳[16],邠风乐而不淫。幽厉昏而板荡怒[17],平王微而黍离哀[18]。故知歌谣文理,与世推移,风动于上,而波震于下者。春秋以后,角战英雄,六经泥蟠[19],百家飙骇。方是时也,韩魏力政,燕赵任权[20],五蠹六虱,严于秦令,唯齐楚两国,颇有文学。齐开庄衢之第[21],楚广兰台之宫[22],孟轲宾馆,荀卿宰邑,故稷下扇其清风[23],兰陵郁其茂俗,邹子以谈天飞誉[24],驺奭以雕龙驰响[25],屈平联藻于日月[26],宋玉交彩于风云[27]。观其艳说,则笼罩雅颂。故知晔烨之奇意[28],出乎纵横之诡俗也。

爰至有汉,运接燔书[29],高祖尚武,戏儒简学[30],虽礼律草创[31],诗书未遑,然大风鸿鹄之歌[32],亦天纵之英作也。施及孝惠[33],迄于文景[34],经术颇兴[35],而辞人勿用。贾谊抑而邹枚沈[36],亦可知已。逮孝武崇儒[37],润色鸿业[38],礼乐争辉,辞藻竞骛:柏梁展朝䜩之诗[39],金堤制恤民之咏[40],征枚乘以蒲轮[41],申主父以鼎食[42],擢公孙之对策[43],叹倪宽之拟奏[44],买臣负薪而衣锦[45],相如涤器而被绣[46],于是史迁寿王之徒[47],严终枚皋之属[48],应对固无方,篇章亦不匮,遗风余采,莫与比盛。越昭及宣,实继武绩,驰骋石渠[49],暇豫文会,集雕篆之轶材,发绮縠之高喻,于是王褒之伦,底禄待诏[50]。自元暨成,降意图籍,美玉屑之谭[51],清金马之路[52],子云锐思于千首,子政雠校于六艺,亦已美矣。爰自汉室,迄至成哀,虽世渐百龄,辞人九变,而大抵所归,祖述楚辞,灵均余影,于是乎在。

自哀平陵替[53],光武中兴,深怀图谶,颇略文华,然杜笃献诔以免刑,班彪参奏以补令[54],虽非旁求,亦不遐弃。及明章叠耀,崇爱儒术,肆礼璧堂[55],讲文虎观,孟坚珥笔于国史[56],贾逵给札于瑞颂,东平擅其懿文[57],沛王振其通论[58],帝则藩仪[59],辉光相照矣。自安和已下[60],迄至顺桓[61],则有班傅三崔[62],王马张蔡[63],磊落鸿儒,才不时乏,而文章之选,存而不论。然中兴之后,群才稍改前辙,华实所附,斟酌经辞,盖历政讲聚,故渐靡儒风者也。降及灵帝,时好辞制,造羲皇之书,开鸿都之赋,而乐松之徒,招集浅陋,故杨赐号为驩兜[64],蔡邕比之俳优,其余风遗文,盖蔑如也。

自献帝播迁,文学蓬转[65],建安之末,区宇方辑。魏武以相王之尊,雅爱诗章;文帝以副君之重,妙善辞赋;陈思以公子之豪,下笔琳琅;并体貌英逸,故俊才云蒸。仲宣委质于汉南,孔璋归命于河北,伟长从宦于青土,公幹徇质于海隅,德琏综其斐然之思,元瑜展其翩翩之乐[66],文蔚休伯之俦[67],于叔德祖之侣[68],傲雅觞豆之前[69],雍容衽席之上,洒笔以成酣歌,和墨以藉谈笑,观其时文,雅好慷慨,良由世积乱离,风衰俗怨,并志深而笔长,故梗概而多气也。至明帝纂戎,制诗度曲,征篇章之士,置崇文之观,何刘群才,迭相照耀。少主相仍,唯高贵英雅,顾盼合章,动言成论。于时正始余风,篇体轻澹,而嵇阮应缪,并驰文路矣。

逮晋宣始基,景文克构[70],并迹沈儒雅,而务深方术。至武帝惟新,承平受命,而胶序篇章[71],弗简皇虑。降及怀愍,缀旒而已[72]。然晋虽不文,人才实盛:茂先摇笔而散珠,太冲动墨而横锦,岳湛曜联璧之华[73],机云标二俊之采,应傅三张之徒[74],孙挚成公之属[75],并结藻清英,流韵绮靡,前史以为运涉季世,人未尽才,诚哉斯谈,可为叹息!

元皇中兴,披文建学,刘刁礼吏而宠荣[76],景纯文敏而优擢[77]。逮明帝秉哲[78],雅好文会,升储御极,孳孳讲艺,练情于诰策,振采于辞赋,庾以笔才逾亲,温以文思益厚,揄扬风流,亦彼时之汉武也。及成康促龄[79],穆哀短祚,简文勃兴,渊乎清峻,微言精理,函满玄席,澹思浓采,时洒文囿。至孝武不嗣,安恭已矣。其文史则有袁殷之曹,孙干之辈,虽才或浅深,珪璋足用[80]。自中朝贵玄,江左称盛,因谈余气,流成文体。是以世极迍邅,而辞意夷泰,诗必柱下之旨归,赋乃漆园之义疏[81]。故知文变染乎世情,兴废系乎时序,原始以要终,虽百世可知也。

自宋武爱文,文帝彬雅,秉文之德[82],孝武多才[83],英采云构。自明帝以下,文理替矣。尔其缙绅之林,霞蔚而飙起;王袁联宗以龙章[84],颜谢重叶以凤采,何范张沈之徒,亦不可胜也。盖闻之于世,故略举大较。

暨皇齐驭宝,运集休明:太祖以圣武膺箓[85],高祖以睿文纂业,文帝以贰离含章,中宗以上哲兴运,并文明自天,缉遐景祚。今圣历方兴,文思光被,海岳降神,才英秀发,驭飞龙于天衢,驾骐骥于万里,经典礼章,跨周轹汉,唐虞之文,其鼎盛乎!鸿风懿采,短笔敢陈;飏言赞时,请寄明哲。

　　赞曰:蔚映十代[86],辞采九变。枢中所动[87],环流无倦。质文沿时,崇替在选[88],终古虽远,旷焉如面。

——范文澜:《文心雕龙注》卷九,人民文学出版社 1958 年版

【题解】

《时序》篇集中地反映了刘勰的文学史观。在篇中,他提出了著名的命题"文变染乎世情,兴废系乎时序",认为文学创作是随着时世的变化而变化的。刘勰不只是历时性的描述客观的文学现象,而是要"原始以要终",面对古往今来丰富的文学作品,刘勰将历时性的文学发展史,纳入到共时性的框架中研究,"原始"是对文学史实的追溯,"要终"便是探其究竟,力求"终古虽远,旷焉如面"。

【注释】

1. 时运:时代的风气。交移:交互转移。
2. 质文代变:谓文辞的质朴或华丽随着时代发生变化。
3. 陶唐:陶唐之世,即唐尧时期。尧初封于陶,后徙于唐,史称陶唐氏。
4. 化钧:教化普及。
5. 野老:村野老人。吐:说出。
6. 阜:盛美,指政教盛美,人民安适。暇:闲。
7. 薰风:指《南风歌》。《礼记·乐记》:"舜作五弦之琴,以歌南风。"
8. 烂云歌于列臣:《尚书·大传》:"于时卿云聚,俊义集,百工相和而歌卿云。帝乃倡之曰:'卿云烂兮,糺缦缦兮,日月光华,旦复旦兮。'八伯咸进稽首曰:'明明上天,烂然星陈,日月光华,弘于一人。'"可见"卿云"本君臣倡和之歌,所以本文说"歌于列臣"。
9. 尽其美者何:即"其尽美者何"。
10. 声泰:声调平和。
11. 敷:治理。
12. 九序:指水、火、金、木、土、谷、正德、利用、厚生等九项政事。
13. 成汤圣敬:《诗经·商颂·长发》:"汤降不迟,圣敬日跻。"
14. 猗欤作颂:《诗经·商颂·那》:"猗与那与,置我鞉鼓。"

15. 姬文:即周文王。
16. 大王:周文王之祖,即古公亶父,武王有天下,追尊为大王。
17. 幽:指周幽王。厉:指周厉王。都是西周末年的昏君。《诗经·大雅·板》序:"《板》,凡伯刺厉王也。"《诗经·大雅·荡》序:"《荡》,召穆公伤周室大坏也。厉王无道,天下荡荡,无纲纪文章,故作是诗也。"
18. 平王:东周第一代国君。《诗经·王风·黍离》序:"《黍离》,闵宗周也。周大夫行役至于宗周,过故宗庙宫室,尽为禾黍。闵周室之颠覆,彷徨不忍去,而作是诗也。"
19. 泥蟠:扬雄《法言·问神》:"龙蟠于泥,蚖其肆矣。"此谓置于泥淖中。
20. 任权:运用权术。
21. 庄衢之第:大街上的住宅。《史记》卷七十四《孟子荀卿列传》:"自如淳于髡以下,皆命曰列大夫,为开第康庄之衢,高门大屋尊宠之。"
22. 楚广兰台之宫:《昭明文选》载宋玉《风赋》:"楚襄王游于兰台之宫,宋玉、景差侍。"
23. 稷:齐国城门名。稷下:谓在稷门之下。《史记》卷七十四《孟子荀卿列传》:"自驺衍与齐之稷下先生,如淳于髡、慎到、环渊接子、田骈、驺奭之徒,各著书言治乱之事,以干世主,岂可胜道哉。"言齐国学者聚于稷下,以宣扬学术风气。
24. 邹子:即邹衍,稷下学者之一。
25. 驺奭:也是稷下学者之一,有文才。雕龙:《史记》卷七十四《孟子荀卿列传》:"故齐人颂曰:谈天衍,雕龙奭。"集解引刘向《别录》:"驺衍之所言,五德终始,天地广大,书言天事,故曰谈天,驺奭修衍之文饰,若雕镂龙文,故曰雕龙。"
26. 屈平联藻于日月:《史记》卷八十四《屈原贾生列传》:"推此志也,虽与日月争光可也。"
27. 宋玉交彩于风云:宋玉有《风赋》、《高唐赋》。《高唐赋》写巫山神女"旦为朝云,暮为行雨"。
28. 昈烨:光辉明盛。
29. 燔书:指秦始皇焚书。燔:焚烧。
30. 戏儒:《史记》卷九十七《郦生陆贾列传》:"沛公不好儒,诸客冠儒冠来者,沛公辄解其冠,溲溺其中。"简:轻视。
31. 礼律草创:《汉书》卷二十二《礼乐志》:"命叔孙通制礼仪,以正君臣之位。"又《汉书》卷二十二《礼乐志》:"汉兴,萧何草律。"
32. 大风:即《大风歌》,共三句:"大风起兮云飞扬,威加海内兮归故乡,安得猛士兮守四方!"鸿鹄:即《鸿鹄歌》,第一句是"鸿鹄高飞"。
33. 施及:延及。孝惠:汉惠帝刘盈,高祖之子。
34. 文:汉文帝刘恒,也是高祖之子。景:汉景帝刘启,文帝之子。
35. 经术颇兴:文帝时,《论语》、《孝经》、《尔雅》、《孟子》等置博士;景帝时《诗》、《春秋》、《公羊》等置博士,所以说"经术颇兴"。

36. 邹：指邹阳。枚：指枚乘。
37. 孝武崇儒：《汉书》卷六《武帝纪》："孝武初立，卓然罢黜百家，表章《六经》。遂畴咨海内，举其俊茂，与之立功。兴太学，修郊祀，改正朔，定历数，协音律，作诗乐，建封禅，礼百神，绍周后，号令文章，焕焉可述。后嗣得遵洪业，而有三代之风。"
38. 润色鸿业：班固《两都赋序》："至于武宣之世，乃崇礼官，考文章，内设金马、石渠之署，外兴乐府、协律之事，以兴废继绝，润色鸿业。"
39. 柏梁展朝谠之诗：为汉武帝于柏梁殿里，谠享群臣，赋诗联句之事。柏梁，柏梁台，汉武帝所筑。朝谠，即"朝廷谠乐"。
40. 金堤：黄河堤。金：指坚固。
41. 蒲轮：以蒲草裹车轮，使坐者减轻颠簸，相当于"安车"。《汉书》卷五十一《枚乘传》："武帝自为太子闻乘名，及即位，乘年老，乃以安车蒲轮征乘，道死。"
42. 主父：名偃，武帝时为中大夫。
43. 擢公孙之对策：《汉书》卷五十八《公孙弘卜式儿宽传》："策奏，天子擢弘对为第一。"公孙：公孙弘，武帝时为丞相。
44. 叹倪宽之拟奏：《汉书》卷五十八《公孙弘卜式儿宽传》："宽为人温良，有廉知自将，善属文，然儒于武，口弗能发明也。时张汤为廷尉，廷尉府尽用文史法律之吏，而宽以儒生在其间，见谓不习事，不署曹，除为从史，之北地视畜数年。还至府，上畜簿，会廷尉时有疑奏，已再见却矣，掾史莫知所为。宽为言其意，掾史因使宽为奏。奏成，读之皆服，以白廷尉汤。汤大惊，召宽与语，乃奇其材，以为掾。上宽所作奏，即时得可。异日，汤见上。问曰：'前奏非俗吏所及，谁为之者？'"
45. 买臣负薪而衣锦：《汉书》卷六十四《严朱吾丘主父徐严终王贾传》中说朱买臣家贫，靠卖柴为生，后来做了会稽太守（朱买臣是会稽人），汉武帝对朱买臣说："富贵不归故乡，如衣锦夜行。"
46. 相如涤器而被绣：谓司马相如曾卖酒，且自己洗酒器。后做官穿上了锦绣。《汉书》卷五十七《司马相如传》："相如身自著犊鼻裈，与庸保杂作，涤器于市中。"被绣，即衣锦。
47. 史迁：即太史令司马迁。寿王：即吴丘寿王。
48. 严：即严安。终：即终军。
49. 石渠：汉宣帝甘露三年，诏诸儒讲五经同异于石渠阁中，故云驰骋石渠。
50. 底禄：谓得到爵禄。
51. 玉屑：指文辞。《论衡·书解》："玉屑满箧，不成为宝。"
52. 金马：《史记》卷一百二十六《滑稽列传》："金马门者，宦署门也，门傍有铜马，故谓之曰'金马门'。"
53. 陵替：衰颓。
54. 班彪参奏以补令：《后汉书》卷四十《班彪传》："河西大将军窦融以为从事，深敬待之，接以师友之道。彪乃为融画策事汉，总西河以拒隗嚣。及融征还京师，光武问曰：'所上章奏，谁与参之？'融对曰：'皆从事班彪所为。'帝雅闻彪才，因召入见，举司隶茂才,拜徐令,以病免。"

55. 璧堂:指辟雍明堂。辟雍,大学,环之以水,形似璧,故曰璧堂。明堂,宣明政教的地方。

56. 珥笔:本指把笔插在冠侧,引申为"执笔"之意。

57. 东平:指刘苍,封东平王,是东汉宗室中比较能文的人。

58. 沛王:指刘辅。

59. 藩:藩王,指东平王刘苍和沛王刘辅。

60. 安:指汉安帝刘祜,章帝之孙。和:指汉和帝刘肇,章帝之子。

61. 顺:指汉顺帝刘保,安帝之子。桓:指汉桓帝刘志,章帝的曾孙。

62. 班:指班固。傅:指傅毅。三崔:指崔骃、崔瑗、崔寔祖孙三人。

63. 王:指王延寿。马:指马融。张:指张衡。蔡:指蔡邕。

64. 杨赐号为驩兜:《后汉书》卷五十四《杨震列传》:"鸿都门下,招会群小,造作赋说,以虫篆小技见宠于时,如驩兜、共工更相荐说。"驩兜、共工,尧时凶人,被舜放逐。此指群小狼狈为奸。

65. 蓬转:谓辞义浅薄,不足称道。

66. 元瑜展其翩翩之乐:曹丕《与吴质书》:"元瑜书记翩翩,致足乐也。"翩翩,美好的样子。

67. 文蔚:路粹的字。休伯:繁钦的字。

68. 于叔:邯郸淳的字。德祖:杨修的字。

69. 傲雅:与下文"雍容"相对。觞豆之前:指宴会之前。

70. 克构:谓能完成并扩大前辈的事业。《尚书·大诰》:"若考作室,既底法,厥子乃弗肯堂,矧肯构?"

71. 胶序:谓东胶西序,都是古代学校名。《礼记·王制》:"周人养国老于东胶。"

72. 缀旒:谓虚有其名。

73. 岳:指潘岳。湛:指夏侯湛。

74. 三张:指张载、张协、张亢兄弟三人。

75. 孙:孙楚。挚:挚虞。成公:成公绥。

76. 刘:指刘隗。刁:指刁协。礼吏:遵循礼法的官吏。

77. 景纯:郭璞的字。

78. 明帝:指司马绍,元帝之子。秉哲:谓秉承天赋才智。

79. 成:指晋成帝司马衍。康:指康帝司马岳。促龄:谓做皇帝的时间短促。

80. 珪璋:贵重的玉器。此谓人品的高贵。

81. 漆园:庄子为漆园吏,所以用漆园吏代庄子。

82. 秉文之德:谓天赋文章德性。

83. 孝武多才:《南史》卷二《宋孝武纪》:"少机颖,神明爽发,读书七行俱下,才藻甚美。"

84. 联宗:联合不同宗的两姓而并称。龙章:谓文才之盛。

85. 膺：符命之书。古代认为天子即位，是执掌了这种符命。膺：当、受的意思。
86. 十代：指唐、虞、夏、商、周、汉、魏、晋、刘宋、萧齐十个朝代。
87. 枢中：指朝廷。
88. 在选：谓在预计之中。

【讲疏】

　　文学史在述说文学流变的时候，并不是杂乱无章的文学现象描述，其中有一个述说的线索问题。常见的模式有两种：一种是内在的研究路径，一种是外在的研究路径。《时序》篇的述史模式，是较为典型的外在研究路径。

　　《礼记·乐记》云："是故治世之音安以乐，其政和。乱世之音怨以怒，其政乖。亡国之音哀以思，其民困。声音之道，与政通矣。"首次探讨了文艺与社会现实的关系，刘勰继承和发展了先人的论说，将"歌谣文理，与世推移"作为梳理文学史的"情理"，并认为文学现象"与世推移"，主要是受到三个方面的影响。

　　首先，受到时代政治教化的影响。刘勰《时序》篇指出："昔在陶唐，德盛化钧，野老吐何力之谈，郊童念不识之歌。有虞继作，政阜民暇，薰风诗于元后，烂云歌于列臣。尽其美者何？乃心乐而声泰也。""逮姬文之盛德，周南勤而不怨；大王之化淳，邠风乐而不淫。"上古时代，道德高尚，教化普及，所以人们心态祥和，可以通过文学作品表达真实的内心世界和现实生活，却不会走向偏激，是"乐而不淫，哀而不伤"的美学原则典范，刘勰称其为"心声而乐泰"文学风格。

　　其次，受到社会风尚与文化状况的影响。刘勰认为："于时正始余风，篇体轻澹。"在正始时期，由于清谈老庄之道的风气开始兴起，在这种风气的影响下，出现了玄言诗。《明诗篇》又说："及正始明道，诗杂仙心。何晏之徒，率多浮浅。"玄言诗的产生缘于玄风之盛，而玄学的思想基础是老庄思想，从正始时期开始，诗人以老庄思想为依据，在深层次上对人生进行哲理的思索和哲学观照的同时，也将其融入到诗歌创作中，使诗歌所承载的内容从抒情转向哲思，形成了"篇体轻澹"的文学风格。东晋玄谈的影响更广，《论说篇》云："江左群谈，惟玄是务。"东晋玄谈的社会风尚和流连山水的审美情趣，加之佛教思想的渗透，使玄言诗在东晋诗坛占据了主流地位。玄言诗的兴盛，是东晋特殊的社会条件的产物。因此，刘勰对于东晋文学"自中朝贵玄，江左称盛，因谈余气，流成文体，是以世极迍，而辞意夷泰"的看法，非常贴切，洞析了此时文学题材和玄远风格与尚玄学的时代风尚的紧密相关。

再次,受到时代统治者喜好的影响。刘勰认为,各朝统治者对于文学的态度,在一定程度上左右着文学的发展。喜好和轻视文学的统治者,其统治下的文学的走向和命运截然不同。刘勰对有汉一代统治者不同的文学态度而形成的不同文学风气,作了如下评价:"爰至有汉,运接燔书,高祖尚武,戏儒简学。虽礼律草创,诗书未遑,然大风鸿鹄之歌,亦天纵之英作也。施及孝惠,迄于文景,经术颇兴,而辞人勿用。贾谊抑而邹枚沈,亦可知已。逮孝武崇儒,润色鸿业,礼乐争辉,辞藻竞骛:柏梁展朝谳之诗,金堤制恤民之咏,征枚乘以蒲轮,申主父以鼎食,擢公孙之对策,叹倪宽之拟奏,买臣负薪而衣锦,相如涤器而被绣。"(《时序》)西汉时期,统治者提倡辞赋,于是经学大兴,辞家辈出,出现了采丽竞繁的文学盛世。而(南朝)宋代则是"自宋武爱文,文帝彬彬,秉文之德。孝武多才,英采云构"(《时序》),正因为宋代帝王的重视与提倡,文学因之而繁荣。在文学的历史发展中,君主的提倡为文学的繁荣创造了有利的条件和环境。

综上,无论是政治教化、社会文化状况,还是统治者对于文学的好恶,刘勰梳理文学史的线索,无疑是典型的外在研究模式。他认为文学的发展方向是时代的选择,由时代的文化及统治者的话语所决定,文学发展必与时代相合拍,这就是刘勰所说的"崇替在选"。

【关键词解读】

质文代变

南朝梁刘勰关于文学风貌随时代变化的美学命题。《文心雕龙·时序》篇:"时运交移,质文代变。"所谓"质"指质朴的文风,"文"指华丽的、重雕饰的文风。刘勰认为文艺的不同风貌,是由时代的具体历史条件决定的,因此,必然随着历史的发展而变化,即所谓"文变染乎世情,兴废系乎时序"。

《史记》卷三十《平准书》云:"物盛则衰,时极而转,一质一文,终始之变也。"刘勰继承了司马迁的观点,并将其引入了文学史领域。刘勰在《时序》中概括了上自远古、下及宋齐的文学风格,上古时期,"心乐声泰"的民歌,风格质朴而自然,"逮姬文之德盛,周南勤而不怨;太王之化淳,邠风乐而不淫;幽厉昏而板荡怒,平王微而黍离哀"。周代文学风格以讥刺为重,《宗经》云:"诗主言志,诂训同书,摛风裁兴,藻辞谲喻,温柔在诵,故最附深衷矣。"战国文学风格是"晔烨奇意",《辨骚》谓"奇文郁起"。东汉时期,文士们"斟酌经辞",文风由华丽渐趋平实。建安文学"梗概多气",正始时期为文"篇体轻澹",西晋文风"结藻清英,流韵绮靡",晋室南渡之后"辞意夷泰",而宋齐文学"诡巧讹滥",不同的时代有不同的文学风格,而这种风格的变化并不是杂乱无章或是无外因作用自然变化的,而是随着时代演进而变化着,这正是刘勰所说的"质文代变"。

文与质关系的讨论,自先秦以来,就是思想家谈论的一个公共命题。"文"与"质"两个语素各具独立意义,又可以对举并列组成的一个范畴,用以描述天地人所具有的"质内文外"的特征。古代文论家把质与文的辩证统一关系,看作是推动文学创作发展的内在基本动力,因而从理论上概括出"质文交替"的历史规律与审美特质,以期对文艺创作与文学鉴赏的变化作出合理的解释。刘勰所提出的"时运交移,质文代变",显示出文质理论的深化,对于古代对待立义思维的发展,具有理论上的推动作用。

【相关知识链接】

文学的繁荣,通常取决于时代的繁荣,也取决于作者的作品创新及其创作的变化发展。虽然从一般历史发展规律而言,社会时代的昌盛总体上决定了文学的昌盛,但有时可能刚好相反,即社会时代的昌盛期文学反而衰落,或社会时代的衰落期文学反而昌盛。刘勰注意到时代的盛衰和文学盛衰的复杂矛盾的关系,既认识到文学盛衰同社会时代盛衰的联系,又认识到文学的相对独立性和自身传统的继承性。因此,在刘勰所赞赏的一些时代文学繁荣现象看,并不都发生在社会时代的昌盛期,有的甚至发生在社会时代的衰落期或时代交替过渡期。例如魏晋时期战乱频繁,诸侯割据,社会动荡,经济衰落,而魏晋文学无论是曹氏父子,还是"建安七子"、"竹林七贤",均体现出"文学自觉时代"的繁荣,如刘勰所言:"观其时文,雅好慷慨,良由世积乱离,风衰俗怨,并志深而笔长,故梗概而多气也。"魏晋文学的风格特征既受到社会时代的影响,又受到作者个性和文学独立性的影响,魏晋文学的昌盛并非取决于社会时代的昌盛,反而取决于社会时代的动荡不安。因此,社会时代盛衰与文学盛衰并非成正比例关系,只能说相互影响。

【延伸阅读】

《章表》的"章"和"表"都是文体的名称,都是臣下向帝王呈辞的文体,后面论述的奏、启、议、对也属于这一类。全篇分三部分:一、讲章和表的意义、起源和形成过程。二、讲两汉、魏晋章和表的作者及其作品。三、讲章和表写作的基本要求,提出了"繁约得正,华实相胜"的基本要求。我国古代的大量章、表作品中有不少精品,如诸葛亮的前后《出师表》、李密的《陈情表》、刘琨的《劝进表》等,都具有文学作品的价值。

文心雕龙·章表

　　夫设官分职,高卑联事。天子垂珠以听,诸侯鸣玉以朝。敷奏以言,明试以功。故尧咨四岳,舜命八元,固辞再让之请,俞往钦哉之授,并陈辞帝庭,匪假书翰。然则敷奏以言,则章表之义也;明试以功,即授爵之典也。至太甲既立,伊尹书诫,思庸归亳,又作书以赞。文翰献替,事斯见矣。周监二代,文理弥盛,再拜稽首,对扬休命,承文受册,敢当丕显,虽言笔未分,而陈谢可见。

　　降及七国,未变古式,言事于王,皆称上书。秦初定制,改书曰奏。汉定礼仪,则有四品:一曰章,二曰奏,三曰表,四曰议。章以谢恩,奏以按劾,表以陈请,议以执异。章者,明也。诗云为章于天,谓文明也。其在文物,赤白曰章。表者,标也。礼有表记,谓德见于仪,其在器式,揆景曰表。章表之目,盖取诸此也。按七略艺文,谣咏必录;章表奏议,经国之枢机,然阙而不纂者,乃各有故事而在职司也。

　　前汉表谢,遗篇寡存。及后汉察举,必试章奏。左雄奏议,台阁为式;胡广章奏,天下第一;并当时之杰笔也。观伯始谒陵之章,足见其典文之美焉。昔晋文受册,三辞从命,是以汉末让表,以三为断。曹公称为表不必三让,又勿得浮华。所以魏初表章,指事造实,求其靡丽,则未足美矣。至于文举之荐祢衡,气扬采飞;孔明之辞后主,志尽文畅;虽华实异旨,并表之英也。琳瑀章表,有誉当时;孔璋称健,则其标也。陈思之表,独冠群才。观其体赡而律调,辞清而志显,应物掣巧,随变生趣,执辔有余,故能缓急应节矣。

　　逮晋初笔札,则张华为俊。其三让公封,理周辞要,引义比事,必得其偶,世珍鹪鹩,莫顾章表。及羊公之辞开府,有誉于前谈;庾公之让中书,信美于往载。序志显类,有文雅焉。刘琨劝进,张骏自序,文致耿介,并陈事之美表也。

原夫章表之为用也,所以对扬王庭,昭明心曲。既其身文,且亦国华。章以造阙,风矩应明;表以致禁,骨采宜耀。循名课实,以章为本者也。是以章式炳贲,志在典谟;使要而非略,明而不浅。表体多包,情伪屡迁,必雅义以扇其风,清文以驰其丽。然恳恻者辞为心使,浮侈者情为文使,繁约得正,华实相胜,唇吻不滞,则中律矣。子贡云:心以制之,言以结之,盖一辞意也。荀卿以为观人美辞,丽于黼黻文章,亦可以喻于斯乎!

赞曰:敷表降阙,献替黼扆。言必贞明,义则弘伟。肃恭节文,条理首尾。君子秉文,辞令有斐。

——范文澜:《文心雕龙注》卷五,人民文学出版社1958年版

【思考题】

1. 你是如何理解"质文代变"这一命题的?
2. 古人如何理解文学发展与时代际会之间的关系?

文心雕龙·物色

春秋代序[1],阴阳惨舒[2],物色之动,心亦摇焉。盖阳气萌而玄驹步[3],阴律凝而丹鸟羞[4],微虫犹或入感,四时之动物深矣。若夫珪璋挺其惠心[5],英华秀其清气[6],物色相召,人谁获安!是以献岁发春,悦豫之情畅;滔滔孟夏,郁陶之心凝[7];天高气清,阴沈之志远;霰雪无垠,矜肃之虑深[8];岁有其物,物有其容;情以物迁,辞以情发[9]。一叶且或迎意,虫声有足引心。况清风与明月同夜,白日与春林共朝哉!

是以诗人感物,联类不穷。流连万象之际[10],沈吟视听之区;写气图貌,既随物以宛转;属采附声,亦与心而徘徊。故灼灼状桃花之鲜[11],依依尽杨柳之貌,杲杲为出日之容,瀌瀌拟雨雪之状,喈喈逐黄鸟之声,喓喓学草虫之韵[12]。皎日嘒星,一言穷

理;参差沃若,两字穷形。并以少总多,情貌无遗矣。虽复思经千载,将何易夺。及离骚代兴,触类而长,物貌难尽,故重沓舒状,于是嵯峨之类聚,葳蕤之群积矣。及长卿之徒,诡势瑰声,模山范水,字必鱼贯,所谓诗人丽则而约言,辞人丽淫而繁句也[13]。

至如雅咏棠华,或黄或白;骚述秋兰,绿叶紫茎;凡摛表五色,贵在时见,若青黄屡出,则繁而不珍。

自近代以来[14],文贵形似,窥情风景之上,钻貌草木之中。吟咏所发,志惟深远;体物为妙[15],功在密附。故巧言切状,如印之印泥,不加雕削,而曲写毫芥[16]。故能瞻言而见貌,印字而知时也。

然物有恒姿,而思无定检[17],或率尔造极,或精思愈疏。且诗骚所标[18],并据要害,故后进锐笔[19],怯于争锋。莫不因方以借巧,即势以会奇,善于适要[20],则虽旧弥新矣。是以四序纷回[21],而入兴贵闲;物色虽繁,而析辞尚简;使味飘飘而轻举,情晔晔而更新[22]。古来辞人,异代接武[23],莫不参伍以相变,因革以为功[24],物色尽而情有余者,晓会通也。若乃山林皋壤[25],实文思之奥府,略语则阙,详说则繁。然屈平所以能洞监风骚之情者,抑亦江山之助乎!

赞曰:山沓水匝,树杂云合。目既往还,心亦吐纳[26]。春日迟迟,秋风飒飒。情往似赠[27],兴来如答。

——范文澜:《文心雕龙注》卷十,人民文学出版社1958年版

【题解】

《物色》是《文心雕龙》的第四十六篇,就自然现象对文学创作的影响,来论述文学与现实的关系。本篇是《文心雕龙》中写得颇有文采的一篇,除论述的形象生动外,还以鲜明的唯物观点比较正确地总结了情物关系、"以少总多"、"善于适要"和"江山之助"等重要问题。

《物色》是《文心雕龙》创作论中重要的一篇,专论心物之间的关系,在美学上尤有阐发之余地。刘勰在此篇中不仅论述了物对心(情)的感发作用,而且也指出了心对物的驾驭与升华功能,并将文学创作的语言表现问题(辞)置于主客体之间的交融互动中加以探索,且首次在中国美学中提出了审美主体的构形能力问题。

【注释】

1. 春秋:这里用春秋来代指四季。代:更替。序:次序。
2. 阴阳惨舒:即阴惨阳舒。秋冬为阴,春夏为阳。惨:戚,不愉快。舒:逸。
3. 阳气萌:冬至后阳气开始萌生。玄驹:蚂蚁。步:走动。
4. 阴律凝:阴历八月秋天到来阴气开始凝聚。古代乐律分阴阳二种,古人以十二种乐律分配于十二律,阳律六、阴律六。八月属于阴律,这里借指阴冷的季节。
5. 珪璋:古代聘问时所用的名贵的玉器,这里泛指美玉。
6. 英华:美丽的花朵。
7. 郁陶:忧闷郁积。
8. 矜:严肃、庄重。
9. "情以物迁"二句:《明诗》所说"应物斯感,感物吟志"和这两句意思相同。
10. 流连:徘徊不忍离去。
11. 灼灼:形容桃花的色彩鲜明。《诗经·周南·桃夭》:"桃之夭夭,灼灼其华。"
12. 喓喓:虫鸣声。《诗经·召南·草虫》:"喓喓草虫,趯趯阜螽。"韵:虫鸣声。
13. "诗人丽则"二句:扬雄《法言·吾子篇》:"诗人之赋丽以则,辞人之赋丽以淫。"诗人:指《诗经》作者。则:合乎规则。约:简练。辞人:指辞赋家。淫:过度。
14. 近代:指晋、南朝刘宋时期。
15. 妙:玄妙。
16. 毫芥:细微。毫:长而尖锐的毛。芥:小草。
17. 检:法式。
18. 标:显出。
19. 锐笔:指精通写作的人。
20. 适要:适应变化抓住要点。
21. 四序:四季。
22. 晔晔:美盛的样子。
23. 接武:继承效法前人。武:足迹。
24. 因革:继承革新。
25. 皋壤:池边地。皋:泽。
26. 吐纳:指抒发。
27. 赠:送。

【讲疏】

全篇分三个部分。

第一部分论自然景色对作者的影响。刘勰从四时的变化必然影响于万物的一般道理,进而说明物色对人的巨大感召力量;不同的季节也使作者产生不同的思想感情。根据这种现象,刘勰提炼出一条基本原理:"岁有其物,物有其容;情以物迁,辞以情发。"相当精辟地概括了文学创作和自然景物的关系。

第二部分论述怎样描写自然景物。必须对客观景物进行仔细的观察研究,再进而结合物象的特点来思考和描写。刘勰从《诗经》中描绘自然景色的具体经验中,概括出"以少总多"的原则,认为这是值得后人学习的。对汉代辞赋创作中堆砌辞藻的不良倾向,刘勰提出了批评,要文学创作避免这种"繁而不珍"的罗列。

第三部分总结了晋宋以来"文贵形似"的新趋向,提出一些具体的写作要求:首先是要密切结合物象,"体物为妙,功在密附";其次强调"善于适要",能抓住物色的要点;再次是要继承前人而加以革新,做到"物色尽而情有余";最后强调"江山之助",鼓励作者到取之不尽的大自然府库中去吸取营养。

【关键词解读】

物色

刘勰将"物"和"色"合铸为一个文论范畴,是对审美主客体关系的一个更为准确的揭示。从《物色》全文来看,"物"即自然景物,而"色"则是借用了佛学的概念。在佛学中,"色"是指现象界,而非事物自身。"色不异空,空不异色;色即是空,空即是色。"(《般若波罗密多心经》)这是大乘佛学的基本命题。佛教以"空"作为世界的本质,但是大乘佛学并不以为"空"是一无所有,而是认为万物的存在只是一种虚幻,并非实体,或者说是没有本质规定性的,所以为"空"。因此"色"主要是指事物的外在现象。刘勰早年即入定林寺,协助著名的佛教翻译家僧佑整理佛经,对佛学颇为谙熟。"物色"这个范畴的内涵,不无佛学的色彩。梁昭明太子萧统所编《文选》卷十三系"物色"之赋,李善注"物色"为"四时所观之物色,而为之赋。又云有物有文曰色"。可见,"物色"不是仅指自然事物本身,而是自然事物所呈现出的外在形式、形象,同时,还指自然事物所蕴含的生命力。其实,陆机在《文赋》中所说的"遵四时以叹逝,瞻万物而思纷",也是指自然事物的外在形象,只是没有像刘勰这样以范畴的形式将这种意思表达出来。刘勰则以"物色"这样的范畴明晰地揭示出事物的外在形象作为审美客体的意思。

【相关知识链接】

《物色》开篇的这段话就有着丰富的哲学、美学意蕴:"春秋代序,阴阳惨舒,物色之动,心亦摇焉。盖阳气萌而玄驹步,阴律凝而丹鸟羞。微虫犹或入感,四时之动物深矣。若夫珪璋挺其惠心,英华秀其清气,物色相召,人谁获安!是以献岁发春,悦豫之情畅;滔滔孟夏,郁陶之心凝;天高气清,阴沈之志远;霰雪无垠,矜肃之虑深;岁有其物,物有其容;情以物迁,辞以情发。一叶且或迎意,虫声有足引心。况清风与明月同夜,白日与春林共朝哉!"刘勰在这里重点论述的是物对心的感发作用。"物"即"物色",指自然事物的外在形象,能引发感动人的则是"物色",所谓"岁有其物,物有其容",就是明证。

刘勰没有止于"情以物迁,辞以情发"的物感阶段,而是进一步指出了从"诗人感物"到审美意象物化的过程,尤其是强调了创作主体的心理机制的能动作用,他说:"是以诗人感物,联类不穷。流连万象之际,沈吟视听之区;写气图貌,既随物以宛转;属采附声,亦与心而徘徊。故灼灼状桃花之鲜,依依尽杨柳之貌,杲杲为出日之容,瀌瀌拟雨雪之状,喈喈逐黄鸟之声,喓喓学草虫之韵。皎日嘒星,一言穷理;参差沃若,两字穷形。并以少总多,情貌无遗矣。"重点阐述了审美主客体的双向互动作用,深刻地揭示了创作过程中心对物的意向性功能。正是由于"物色"的感召,诗人兴发了无尽的联想,产生了许许多多非常活跃的意象。在刘勰看来,只有充分发挥心对物的主宰和运化作用,才能创造出美妙至极、"以少总多"的作品。

对此,刘勰进一步说明:"物有恒姿,而思无定检,或率而造极,或精思愈疏。且诗骚所标,并据要害,故后进锐笔,怯于争锋。莫不因方以借巧,即势以会奇,善于适要,则虽旧而弥新矣。是以四序纷回,而入兴贵闲;物色虽繁,而析辞尚简;使味飘飘而轻举,情晔晔而更新。"他认为作品要产生常读常新的艺术魅力,首先要"善于适要",描写对象的精要之处,在艺术表现上笔触要简洁凝练。

【延伸阅读】

《物色》主要讲文学作品和自然景物的关系,刘勰肯定了外界景物引起思想感情的活动,物是第一性的,思想感情是第二性的。《比兴》是我国第一篇专论"比兴"的论文。刘勰把"比兴"的特点概括为"比显兴隐",无论"比"或"兴",均要依托一定的事物形象。两篇可以互相对照阅读。

文心雕龙·比兴

诗文弘奥,包韫六义,毛公述传,独标兴体,岂不以风通而赋同,比显而兴隐哉!故比者,附也;兴者,起也。附理者切类以指事,起情者依微以拟议。起情故兴体以立,附理故比例以生。比则畜愤以斥言,兴则环譬以记讽。盖随时之义不一,故诗人之志有二也。

观夫兴之托喻,婉而成章,称名也小,取类也大。关雎有别,故后妃方德;尸鸠贞一,故夫人象义。义取其贞,无从于夷禽;德贵其别,不嫌于鸷鸟;明而未融,故发注而后见也。且何谓为比?盖写物以附意,扬言以切事者也。故金锡以喻明德,珪璋以譬秀民,螟蛉以类教诲,蜩螗以写号呼,浣衣以拟心忧,席卷以方志固,凡斯切象,皆比义也。至如麻衣如雪,两骖如舞,若斯之类,皆比类者也。楚襄信谗,而三闾忠烈,依诗制骚,讽兼比兴。炎汉虽盛,而辞人夸毗,诗刺道丧,故兴义销亡。于是赋颂先鸣,故比体云构,纷纭杂遝,信旧章矣。

夫比之为义,取类不常:或喻于声,或方于貌,或拟于心,或譬于事。宋玉高唐云:纤条悲鸣,声似竽籁,此比声之类也;枚乘菟园云:焱焱纷纷,若尘埃之间白云,此则比貌之类也;贾生鵩赋云:祸之与福,何异纠纆,此以物比理者也;王褒洞箫云:优柔温润,如慈父之畜子也,此以声比心者也;马融长笛云:繁缛络绎,范蔡之说也,此以响比辩者也;张衡南都云:起郑舞,茧曳绪,此以容比物者也。若斯之类,辞赋所先,日用乎比,月忘乎兴,习小而弃大,所以文谢于周人也。至于扬班之伦,曹刘以下,图状山川,影写云物,莫不纤综比义,以敷其华,惊听回视,资此效绩。又安仁萤赋云流金在沙,季鹰杂诗云青条若总翠,皆其义者也。故比类虽繁,以切至为贵,若刻鹄类鹜,则无所取焉。

赞曰:诗人比兴,触物圆览。物虽胡越,合则肝胆。拟容取心,断辞必敢。攒杂咏歌,如川之涣。

——范文澜:《文心雕龙注》卷八,人民文学出版社1958年版

【思考题】

1. 谈谈在文学创作中如何理解"物"、"色"之间的关系。
2. 谈谈古人宇宙自然思想对于文学观念的影响。

文心雕龙·知音

知音其难哉[1]！音实难知，知实难逢，逢其知音，千载其一乎！夫古来知音，多贱同而思古[2]，所谓日进前而不御，遥闻声而相思也[3]。昔储说始出[4]，子虚初成[5]，秦皇汉武，恨不同时[6]。既同时矣，则韩囚而马轻[7]，岂不明鉴同时之贱哉！至于班固傅毅，文在伯仲，而固嗤毅云下笔不能自休[8]。及陈思论才[9]，亦深排孔璋[10]，敬礼请润色[11]，叹以为美谈，季绪好诋诃[12]，方之于田巴[13]，意亦见矣。故魏文称文人相轻[14]，非虚谈也。至如君卿唇舌[15]，而谬欲论文，乃称史迁著书，咨东方朔，于是桓谭之徒，相顾嗤笑，彼实博徒[16]，轻言负诮[17]，况乎文士，可妄谈哉！故鉴照洞明[18]，而贵古贱今者，二主是也[19]；才实鸿懿[20]，而崇己抑人者，班曹是也；学不逮文，而信伪迷真者[21]，楼护是也；酱瓿之议[22]，岂多叹哉！

夫麟凤与麏雉悬绝[23]，珠玉与砾石超殊[24]，白日垂其照，青眸写其形[25]。然鲁臣以麟为麏[26]，楚人以雉为凤[27]，魏氏以夜光为怪石[28]，宋客以燕砾为宝珠[29]。形器易征[30]，谬乃若是；文情难鉴，谁曰易分。

夫篇章杂沓，质文交加，知多偏好，人莫圆该[31]。慷慨者逆声而击节，酝籍者见密而高蹈[32]，浮慧者观绮而跃心，爱奇者闻诡而惊听。会己则嗟讽[33]，异我则沮弃[34]，各执一隅之解，欲拟万端之变。所谓东向而望，不见西墙也[35]。

凡操千曲而后晓声[36]，观千剑而后识器[37]；故圆照之象，务先博观。阅乔岳以形培塿[38]，酌沧波以喻畎浍[39]，无私于轻重，不偏于憎爱，然后能平理若衡，照辞如镜矣。是以将阅文情，先标六观:一观位体⁴⁰,二观置辞⁴¹,三观通变⁴²,四观奇正⁴³,五观事义⁴⁴,六观宫商⁴⁵,斯术既行,则优劣见矣。

夫缀文者情动而辞发⁴⁶,观文者披文以入情,沿波讨源,虽幽必显。世远莫见其面,觇文辄见其心⁴⁷。岂成篇之足深,患识照之自浅耳。夫志在山水,琴表其情⁴⁸,况形之笔端,理将焉匿。故心之照理,譬目之照形,目瞭则形无不分⁴⁹,心敏则理无不达。然而俗监之迷者,深废浅售,此庄周所以笑折杨⁵⁰,宋玉所以伤白雪也!昔屈平有言,文质疏内⁵¹,众不知余之异采⁵²,见异唯知音耳。扬雄自称心好沈博绝丽之文,其事浮浅,亦可知矣。夫唯深识鉴奥⁵³,必欢然内怿⁵⁴,譬春台之熙众人⁵⁵,乐饵之止过客。盖闻兰为国香,服媚弥芬⁵⁶;书亦国华,玩泽方美⁵⁷;知音君子,其垂意焉。

赞曰:洪钟万钧,夔旷所定⁵⁸。良书盈箧,妙鉴乃订。流郑淫人,无或失听。独有此律,不谬蹊径。

——范文澜:《文心雕龙注》卷十,人民文学出版社 1958 年版

【题解】

《知音》是《文心雕龙》的第四十八篇,"知音"原意是指欣赏音乐,此指对文学的鉴赏。刘勰从文学鉴赏主体、文学鉴赏过程、文学鉴赏客体三个方面深入讨论了文学批评的基本原理,指出正确的批评应是"无私于轻重,不偏于憎爱","然后能平理若衡,照辞如镜矣"。关于文学批评这一重要见解,不仅对于扭转时弊,而且对于文学批评理论的研究,都具有积极意义。

【注释】

1. 知音:本指知晓音律,引申为知己之意。此借指对文学作品的正确理解和批评。
2. 同:指同时代的人。
3. 日进前而不御,遥闻声而相思:见《鬼谷子·内楗》篇。御:用。
4. 储说:战国时期思想家韩非著《韩非子》,有《内储说》、《外储说》等篇。
5. 子虚:指司马相如的《子虚赋》。
6. 恨不同时:《史记》卷六十三《老子韩非列传》载,秦始皇读了韩非的《孤愤》等篇,曾说:"寡人得见此人与之游,死不恨矣!"《汉书》卷五十七《司马相如传》载,汉武

帝读了《子虚赋》曾说:"朕独不得与此人同时哉!"

7. 韩:指韩非,他入秦后,被谗入狱而死。马:指司马相如,他始终被汉武帝视若倡优。

8. "至于班固傅毅"三句:语出曹丕《典论·论文》:"文人相轻,自古而然。傅毅之于班固,伯仲之间耳,而固小之,与弟超书曰:'武仲以能属文为兰台令史,下笔不能自休。'"

9. 陈思:曹植。曾被封为陈思王。

10. 孔璋:陈琳的字。

11. 敬礼:丁廙的字。

12. 季绪:刘修的字。

13. 田巴:战国时齐国善辩的人,曾被鲁仲连所驳倒,曹植《与杨德祖书》:"刘季绪才不能逮于作者,而好诋诃文章,掎摭利病。昔田巴毁五帝、罪三王、訾五霸于稷下,一旦而服千人,鲁连一说,使终身杜口。刘生之辩,未若田氏,今之仲连,求之不难,可无叹息乎?"

14. 魏文:指魏文帝曹丕。曹丕《典论·论文》:"文人相轻,自古而然。"

15. 君卿唇舌:《汉书》卷九十二《游侠传》:"楼护字君卿,齐人……与谷永俱为五侯上客,长安号曰'谷子云笔札,楼君卿唇舌',言其见信用也。"

16. 博徒:赌博的人。

17. 诮:责怪。

18. 鉴照洞明:指鉴识照察,洞悉分明。

19. 二主:指秦始皇与汉武帝。

20. 鸿懿:鸿大深美。

21. 信伪:指关于司马迁请教东方朔的错误传说。

22. 酱瓿:《汉书》卷八十七《扬雄传》:"刘歆亦尝观之,谓雄曰:空自苦,今学者有禄利,然尚不能明易,又如玄何?吾恐后人用覆酱瓿也。"

23. 麇:麇鹿。雉:野鸡。悬绝:相距极远。

24. 砾石:碎石块。

25. 青眸:黑白分明的眼珠。

26. 然鲁臣以麟为麇:《公羊传·哀公十四年》:"有以告者,曰:有麇而角者。孔子曰:孰为来哉!孰为来哉!"《孔丛子》记载以告者,是冉有,冉有当时为季氏宰,所以本文说是鲁臣。

27. 楚人以雉为凤:《尹文子·大道上》:"楚人担山雉者,路人问:'何鸟也?'担雉者欺之曰:'凤凰也。'路人曰:'我闻有凤凰,今直见之,汝贩之乎?'曰:'然。'则十金,弗与,请加倍。乃与之。将欲献楚王。"

28. 魏氏以夜光为怪石:《尹文子·大道上》:"魏田父有耕于野者,得宝玉径尺,弗知其玉也,以告邻人。邻人阴欲图之,谓之曰:'怪石也。'"

29. 宋客以燕砾为宝珠:《艺文类聚》卷六引《阙子》:"宋之愚人得燕石于梧台之

东,归而藏之,以为宝。周客闻而观焉……掩口而笑曰:'此特燕石也,与瓦甓不殊。'"

30. 征:证、验。
31. 圆该:圆满该备,面面俱到。
32. 密:指词意绵密的作品。高蹈:本为隐居之意,在这里解释为手舞足蹈的意思。
33. 会己:指合于自己口味的意思。嗟讽:咨嗟叹咏的意思。
34. 沮弃:沮丧遗弃的意思。
35. 东向而望,不见西墙:谓面向东边望去,看不见西边的墙壁,暗喻只知其一,不知其二。《淮南子·汜论训》:"故东面而望,不见西墙,南面而视,不睹北方,唯无所向者,则无所不通。"
36. 操千曲而后晓声:《太平御览》卷五八一引桓谭《新论》:"音不通千曲以上,不足以为知音。"
37. 观千剑而后识器:《意林》引桓谭《新论》:"能观千剑则晓剑。"
38. 乔岳:高大的山岳。培塿:矮小的丘陵。
39. 沧:大海的波澜。畎浍:沟渠。
40. 观位体:谓观其全文布局是否妥当。
41. 观置辞:谓观其文辞藻饰的运用是否得中。
42. 观通变:谓观作家对传统文化的继承是否能加以会通、推陈出新。
43. 观奇正:谓观作家的文字于"奇"、"正"两种不同的表现方法是否调和一致。
44. 观事义:谓观作家是否能运用材料以充实文章的内容。
45. 观宫商:谓观作品的音节语调是否和谐铿锵。
46. 缀文:指写作。
47. 觇:窥视。
48. 夫志在山水,琴表其情:《吕氏春秋·本味》:"伯牙鼓琴,钟子期听之。方鼓琴而志在太山,钟子期曰'善哉乎鼓琴,巍巍乎若太山',少选之间,而志在流水,钟子期又曰'善哉乎鼓琴,汤汤乎若流水'。钟子期死,伯牙破琴绝弦,终身不复鼓琴。"
49. 目瞭:目明。
50. 折杨:《庄子·天地》:"大声不入于里耳,折杨、皇荂则嗑然而笑,是故高言不止于众人之心,至言不出,俗言胜也。"折杨、皇荂是古代俗曲,雅乐不传,俗曲充塞,庄周因而有此感叹。
51. 文质疏内:谓外表质朴而内心通达。
52. 异采:特异的文采。
53. 鉴奥:看得深。
54. 内:指内心。怿:喜悦。
55. 譬春台之熙众人:《老子》第二十章:"众人熙熙……如春登台。"
56. 盖闻兰为国香,服媚弥芬:谓兰为王者之香,人爱好而佩带,越发觉得她的芬芳。《左传·宣公三年》:"以兰有国香,人服媚之如是。"国香:全国最香的花,后"国香"专指兰花。

57. 玩泽方美：玩：玩味。泽：作"绎"，寻绎。
58. 夔：舜时的乐官。旷：师旷，春秋时晋国的乐师。

【讲疏】

刘勰认为："知音其难哉！音实难知，知实难逢，逢其知音，千载其一乎！"意指文学作品不容易受到公正合理的批评。对此，刘勰分析出三点原因，一是"贵古贱今"、"厚古薄今"；二是"崇己抑人"、"文人相轻"；三是"信伪迷真"、"自以为是"。除此之外，客观上，事物本身非常复杂，"篇章杂沓，质文交加"，难以评阅；主观上，人们的性格、兴趣不同，在文学欣赏上各有偏好，导致"各执一隅之解，欲拟万端之变"。

刘勰提出"博观"，即认为评论者应该博见广闻，以增强鉴赏主体的欣赏力，避免文学批评的主观、片面。所谓"博观"，既包括广泛阅读文章作品，所谓"观千剑而后识器"，还包括多从事创作实践，所谓"操千曲而后晓声"。"博观"者，能分清哪是高山哪是小土堆，哪是大海哪是小沟，晓声识器，鉴赏力较高。"博观"也可以克服崇己抑人、信伪迷真等主观弊病，从而"无私于轻重，不偏于憎爱"，"平理若衡，照辞如镜"。

他提出"将阅文情，先标六观"，即"一观位体，二观置辞，三观通变，四观奇正，五观事义，六观宫商"。一要考察内容主体的安排，二要观察文辞语言的布置，三要分析对传统的继承和变化，四要了解表现手法的奇正，五要注意事义内容的充实，六要把握文章的声调韵律之美。这六个方面，并非仅仅指审美鉴赏的六条标准，而是提出了文学批评途径的六个方面。置辞、奇正、宫商侧重于表现形式，位体、事义侧重于内容体制，而通变则兼指内容和形式。刘勰的"六观"，说明了文学鉴赏要从内容到形式多角度展开，全面考察作品，而不是只看某一方面。

至于怎样培养读者和批评家的艺术鉴赏力的问题，刘勰认为，一在于"博观"。他说："凡操千曲而后晓声，观千剑而后识器；故圆照之象，务先博观。"从广义说，"博观"应包括生活实践和艺术实践，两者对鉴赏批评都是不可缺少的条件。刘勰在此所谓"博观"，主要是指大量广泛地阅读作品。二在于"玩绎"。他说："盖闻兰为国香，服媚弥芬；书亦国华，玩泽方美；知音君子，其垂意焉。"刘勰所谓"玩绎"，指一种阅读体验。面对一部作品，凝神观照，完全进到艺术境界中去，于享受美的同时，使思想和情感得到升华。正是在这种潜心阅读的过程中，逐步培养并提高敏锐的艺术感觉和高度的审美能力。

【关键词解读】

六观

《文心雕龙·知音》:"是以将阅文情,先标六观:一观位体,二观置辞,三观通变,四观奇正,五观事义,六观宫商。斯术既形,则优劣见矣。"刘勰提出的诗文评的六个方面,"观位体",是指看作品在安排体制方面做得如何。刘勰认为应据内容和需要确定体裁,而各种体裁有相应的体制,即风格特点、写作要求;若不合体制,是为文之大忌。"观置辞",是指看作品的语辞运用、章句安排等。"观通变",是指看作品在继承革新方面做得如何,能否推陈出新。"观奇正",是指看作品能否在雅正的基础上酌奇取异。刘勰主张"执正以驭奇"(《定势》),反对过分追求新奇以致于讹诡,反对"逐奇而失正"(《定势》)。"观事义",是指看作品在援举事例、典故方面做得如何。南朝用典之风盛行,刘勰也主张渔猎古书,但要求"用人若己"(《事类》),精确合宜。"观宫商",是指看作品字句的声音是否和谐。南朝齐永明年间诸文士写作诗文注重声律之美,作者对此均十分讲究。《文心雕龙》亦有《声律》篇加以讨论,要求作者"音以律文",使作品诵读时有"玲玲如振玉"、"累累如贯珠"之美。《知音》篇认为作品之高下是客观的艺术存在,可以通过正确的批评加以认识、衡量。但由于作品众多,形式、风格多样,而读者往往有所偏好,又常常"贵古贱今"、"崇己抑人",其鉴赏能力亦高下不齐,故正确的批评颇为不易,乃标举"六观",以为衡文之径。

【相关知识链接】

"知音"是与古代诗学有关的美学概念,原指精通音律。《吕氏春秋·长见》篇云:"后世有知音者,将知钟之不调也。"南朝梁刘勰引申为文学批评的标准,《文心雕龙·知音》篇云:"知音其难哉!音实难知,知实难逢。逢其知音,千载其一乎!"其实,"知音"一词,并非刘勰首创。《列子·汤问》有伯牙善鼓琴,钟子期善听琴的故事,后人据此而喻知音。《淮南子·修务训》也有"作书以喻意以为知音"的话。曹丕《与吴质书》有"昔伯牙绝弦于钟期……痛知音之难遇"之语。故而"知音"难觅之叹,早已有之。但是刘勰在继承前人"知音"说的基础上,从文坛正反两方面的事实出发,比较系统地探讨了文艺的批评与鉴赏的理论,作出了超越前人的贡献。文学作品一旦诞生,其艺术价值客观存在,但其光彩或瑕疵,又有待于艺术的"知音"来揭示。刘勰所慨叹的"知音其难哉",是因为长期历史积淀的传统陋习在作祟。他指出了"贵古贱今"、"崇己抑人"、"信伪迷真"三大弊病,因而无法成为知音。再加以诗文的风格复杂多样,人们由于性格、兴趣不同,嗜好各异,因而态度主观,同样难成为知音。刘勰针对这些传统陋习,指出应该具有比较公正而客观的批评与鉴赏实践,加以分析比较,才能成为真正的艺术知音:"凡操千曲而后晓声,观千剑而后识器,故圆照之象,务先博观。"所谓"圆照"与偏好相反,指进行全面客观的考察后作出公正合理的评价。要做到"圆照",必先"博观",广泛阅读和会心比较。为此,刘勰为"知音"说提出了"先标六观"的要求,也就是说,批评与鉴赏有规律可循,先从研究艺术形式入手而去探讨作品优劣:"一观位体",指考察作品的风格体制;"二观置辞",指考察如何运用文学语言的艺术;"三观通变",指考察作品的继承与创新;"四观奇正",指考察如何处理奇、正两种不同的艺术方法;"五观事义",指考察运用成语典故是否妥帖生动;"六观宫商",指考察作品声律是否和谐流畅。与创作先情志后形式的过程相反,批评鉴赏因作品而发,是先从客观的艺术存在入手,然后"披文以入情",沿波讨源,来探究作家所表现于作品的情志。这些意见,对于今天的文艺批评和鉴赏,仍然具有借鉴的意义。

【延伸阅读】

在《知音》篇中,刘勰提出"将阅文情,先标六观",即"一观位体,二观置辞,三观通变,四观奇正,五观事义,六观宫商"。其中第六点就是要把握文章的声调韵律之美。而《声律》篇则主要论述有关声律的问题。在《声律》篇中,刘勰谈及了音律的起源问题,探讨了文学创作时具体的声律问题,论及了声律与人声、乐声与人心之间的关系,强调了研究声律对文学创作的必要性,是魏晋以来声律论的代表性作品。

文心雕龙·声律

夫音律所始,本于人声者也。声含宫商,肇自血气,先王因之,以制乐歌。故知器写人声,声非学器者也。故言语者,文章神明枢机,吐纳律吕,唇吻而已。古之教歌,先揆以法,使疾呼中宫,徐呼中徵。夫商徵响高,宫羽声下;抗喉矫舌之差,攒唇激齿之异,廉肉相准,皎然可分。今操琴不调,必知改张,摘文乖张,而不识所调。响在彼弦,乃得克谐,声萌我心,更失和律,其故何哉?良由内听难为聪也。故外听之易,弦以手定,内听之难,声与心纷,可以数求,难以辞逐。凡声有飞沈,响有双叠;双声隔字而每舛,叠韵杂句而必睽;沈则响发而断,飞则声飏不还,并辘轳交往,逆鳞相比迕其际会,则往蹇来连其为疾病,亦文家之吃也。夫吃文为患,生于好诡,逐新趣异,故喉唇纠纷;将欲解结,务在刚断。左碍而寻右,末滞而讨前,则声转于吻,玲玲如振玉;辞靡于耳,累累如贯珠矣。是以声画妍蚩,寄在吟咏,吟咏滋味,流于字句。气力穷于和韵。异音相从谓之和,同声相应谓之韵。韵气一定,故余声易遣;和体抑扬,故遗响难契。属笔易巧,选和至难,缀文难精,而作韵甚易,虽纤意曲变,非可缕言,然振其大纲,不出兹论。

若夫宫商大和,譬诸吹籥;翻回取均,颇似调瑟。瑟资移柱,故有时而乖贰;籥含定管,故无往而不壹。陈思潘岳,吹籥之调也;陆机左思,瑟柱之和也。概举而推,可以类见。

又诗人综韵,率多清切,楚辞辞楚,故讹韵实繁。及张华论韵,谓士衡多楚,文赋亦称知楚不易,可谓衔灵均之声余,失黄钟之正响也。凡切韵之动,势若转圜,讹音之作,甚于枘方,免乎枘方,则无大过矣。练才洞鉴,剖字钻响,识疏阔略,随音所遇,若长风之过籁,南郭之吹竽耳。古之佩玉,左宫右徵,以节其步,声不失序。音以律文,其可忘哉!

赞曰:标情务远,比音则近。吹律胸臆,调钟唇吻。声得盐梅,响滑榆槿。割弃支离,宫商难隐。

——范文澜:《文心雕龙注》卷七,人民文学出版社1958年版

【思考题】

1. 如何理解文学创作与文学欣赏之间的关系?
2. 为什么刘勰说"音实难知,知实难逢"?

文心雕龙·序志

夫文心者[1],言为文之用心也。昔涓子琴心[2],王孙巧心[3],心

哉美矣[4]，故用之焉。古来文章，以雕缛成体[5]，岂取驺奭之群言雕龙也[6]。夫宇宙绵邈[7]，黎献纷杂[8]，拔萃出类[9]，智术而已。岁月飘忽，性灵不居[10]，腾声飞实[11]，制作而已。夫有肖貌天地[12]，禀性五才[13]，拟耳目于日月[14]，方声气乎风雷[15]，其超出万物，亦已灵矣。形同草木之脆，名逾金石之坚[16]，是以君子处世，树德建言[17]，岂好辩哉，不得已也[18]！

予生七龄[19]，乃梦彩云若锦，则攀而采之。齿在逾立[20]，则尝夜梦执丹漆之礼器[21]，随仲尼而南行[22]；旦而寤[23]，乃怡然而喜[24]，大哉圣人之难见哉，乃小子之垂梦欤！自生人以来，未有如夫子者也。敷赞圣旨[25]，莫若注经，而马郑诸儒[26]，弘之已精[27]，就有深解，未足立家。唯文章之用，实经典枝条[28]，五礼资之以成[29]，六典因之致用[30]，君臣所以炳焕[31]，军国所以昭明，详其本源，莫非经典。而去圣久远，文体解散[32]，辞人爱奇[33]，言贵浮诡[34]，饰羽尚画[35]，文绣鞶帨[36]，离本弥甚，将遂讹滥[37]。盖周书论辞[38]，贵乎体要[39]；尼父陈训[40]，恶乎异端[41]；辞训之异[42]，宜体于要。于是搦笔和墨，乃始论文。

详观近代之论文者多矣：至于魏文述典[43]，陈思序书[44]，应玚文论[45]，陆机文赋[46]，仲洽流别[47]，宏范翰林[48]，各照隅隙，鲜观衢路[49]，或臧否当时之才[50]，或铨品前修之文[51]，或泛举雅俗之旨，或撮题篇章之意[52]。魏典密而不周，陈书辩而无当，应论华而疏略，陆赋巧而碎乱，流别精而少巧[53]，翰林浅而寡要。又君山公幹之徒[54]，吉甫士龙之辈[55]，泛议文意，往往间出[56]，并未能振叶以寻根，观澜而索源[57]。不述先哲之诰[58]，无益后生之虑。

盖文心之作也，本乎道[59]，师乎圣[60]，体乎经[61]，酌乎纬[62]，变乎骚[63]，文之枢纽，亦云极矣[64]。若乃论文叙笔[65]，则囿别区分[66]，原始以表末，释名以章义[67]，选文以定篇，敷理以举统[68]，上篇以上，纲领明矣。至于割情析采[69]，笼圈条贯[70]，摛神性[71]，图风势[72]，苞会通[73]，阅声字[74]，崇替于时序[75]，褒贬于才略[76]，怊怅于知音[77]，耿介于程器[78]，长怀序志[79]，以驭群篇，下篇以下，毛目显矣[80]。位理定名，彰乎大易之数[81]，其为文用，四十九篇而已。

夫铨序一文为易，弥纶群言为难[82]，虽复轻采毛发[83]，深极骨髓[84]，或有曲意密源[85]，似近而远，辞所不载，亦不胜数矣。及其品列成文，有同乎旧谈者，非雷同也[86]，势自不可异也。有异乎前论者，非苟异也，理自不可同也。同之与异，不屑古今[87]，擘肌分理[88]，唯务折衷[89]。按辔文雅之场[90]，环络藻绘之府，亦几乎备矣。但言不尽意[91]，圣人所难，识在瓶管[92]，何能矩矱[93]。茫茫往代，既沈予闻[94]，眇眇来世，倘尘彼观也。

　　赞曰：生也有涯[95]，无涯惟智。逐物实难[96]，凭性良易[97]。傲岸泉石[98]，咀嚼文义。文果载心，余心有寄！

——范文澜：《文心雕龙注》卷十，人民文学出版社1958年版

【题解】

此篇为《文心雕龙》全书的总序。纪昀评曰："此全书之总序，古人序皆在后，《史记》、《汉书》、《法言》、《潜夫论》之类，古本尚班班可考。"（《评文心雕龙》）"序志"，就是叙述自己著书论文的志愿。在这篇序言中，刘勰解释了书名，说明了写作的目的和态度、立论的依据和原则、全书的内容和体系。阅读本篇，可以看到《文心雕龙》全书的轮廓。

【注释】

1. 文心：指作文时的精妙构思。陆机《文赋》："余每观才士之所作，窃有以得其用心。"

2. 涓子：即环渊，《史记》卷七十四《孟子荀卿列传》："环渊，楚人。皆学黄老道德之术，因发明序其指意。故慎到著十二论，环渊著上下篇，而田骈、接子皆有所论焉。"

3. 王孙：是姓，名不传。《汉书》卷三十《艺文志》："《王孙子》一篇。一曰《巧心》。"清人严可均、马国翰都有辑本。

4. 心哉美矣：可能有双关的意思：一方面说"心"这个词适宜于用作书名；一方面也暗示心这个器官在写文章时有很大作用。

5. 缛：繁盛，这里是指文采的丰富。

6. 驺奭：战国时齐国学者。《史记》卷七十四《孟子荀卿列传》："齐人颂曰：'谈天衍，雕龙奭，炙毂过髡。'"齐人称颂他为"雕龙奭"，意思是说他的文采好像雕刻龙的花纹一样。但刘勰用"雕龙"二字做书名，主要因为文章的写作从来都注重文采，不一定用驺奭的典故。

7. 绵邈：长久悠远。

8. 黎献：众人中之贤者。黎：众人。献：贤者。

9. 拔萃出类：才能特出。《孟子·公孙丑上》："出于其类，拔乎其萃，自生民以

来,未有盛于孔子也。"

10. 性灵:指人的智慧。不居:很快就过去。居:停留。

11. 腾声:名声的流传。腾:跃起。实:指造成其名声的事业。

12. 肖貌天地:《汉书》卷二十三《刑法志》:"夫人宵天地之貌,怀五常之性,聪明精粹,有生之最灵者也。"颜师古注:"宵,义与肖同。"肖:相似,这里有象征的意思,如下面所说耳目象征日月之类。有:当作"人"。

13. 禀:接受,引申为赋性。五才:即五行,指金、木、水、火、土。古代某些朴素的唯物主义思想家,用这五种物质的配合来说明各种事物的产生,有时也联系到人的喜、怒、哀、乐等性情的变化。《程器》篇说:"人禀五材。"

14. 拟耳目:《淮南子·精神训》中说:"是故耳目者,日月也;血气者,风雨也。"

15. 方:比。

16. 逾:超过。

17. 树德建言:《左传·襄公二十四年》载穆叔的话:"大上有立德,其次有立功,其次有立言。"刘勰只说到德和言,也包含功,但重点则是强调立言的不朽。

18. 岂好辩哉,不得已也:《孟子·滕文公》:"予岂好辩哉,予不得已也。"

19. 七龄:刘勰生于公元465年左右,他七岁是471年左右。

20. 逾立:过了三十岁,即494年以后。立:三十岁。《论语·为政》:"三十而立。"立:有所成就。

21. 丹:红。礼器:祭器,指笾豆。笾是竹制的,豆是木制的。

22. 仲尼:孔子的字。南行:捧着祭器随孔子向南走,表示成了孔子的学生,协助老师完成某种典礼。

23. 寤:醒。

24. 怡:快乐。

25. 敷:陈奏。赞:奏。

26. 马:指马融,东汉学者,曾为《周易》、《诗经》、《尚书》、《论语》等经书作注解。郑:郑玄,马融的学生,也曾为《周易》、《诗经》等作注解。他们二人成为后汉注经的典范。

27. 弘:大,指发扬光大。

28. 条:小枝。枝条是对根而言,刘勰认为经典是文章的根本,这个观点在《征圣》、《宗经》篇已作具体阐述。

29. 五礼:指吉礼(祭礼等)、凶礼(丧吊等)、宾礼(朝觐等)、军礼(阅车徒、正封疆等)、嘉礼(婚、冠等),见《礼记·祭统》郑玄注。

30. 六典:见《周礼·大宰》,包含治典(近于后代吏部的工作)、教典(近于后代户部的工作)、礼典(近于后代礼部的工作)、政典(近于后代兵部的工作)、刑典(近于后代刑部的工作)、事典(近于后代工部的工作)。典:法度,这里指国家的政法制度等。

31. 炳焕:和下句"昭明"意同,都有明辨清楚的意思,这里指君臣的作用和军国大事都更上轨道。

32. 文体解散：和《定势》篇的"文体遂弊"意近，指文章体制败坏。

33. 辞人：辞赋家。本书常以"诗人"和"辞人"并举，用"辞人"泛指走入歧途的作家。

34. 诡：反常。

35. 饰羽尚画：《庄子·列御寇》记颜阖批评孔子说："方且饰羽而画，从事华辞。"郭象注："凡言'方且'，皆谓后世将然。饰画，非任真也。"这里借喻文辞过于华丽。

36. 鞶：束衣的大带。帨：佩巾。《法言·寡见》："今之学也，非独为之华藻也，又从而绣其鞶帨。"

37. 讹：伪。

38. 周书：指《尚书》中的《周书》。

39. 体要：《周书·毕命》："辞尚体要，不惟好异。"体：体现。要：要点。异：指奇异的文辞。

40. 尼父：指孔子。

41. 异端：《论语·为政》："攻乎异端，斯害也已。"攻：钻研。异端：指违反儒家思想的观点学说。

42. 辞：指上引《尚书·毕命》的说法。训：指上引孔子的说法。

43. 魏文：魏文帝曹丕。典：他著有《典论》一书，今仅存《论文》、《自序》等篇。在《论文》中，他对"建安七子"作了评价，对文体、文气等作了论述，是我国文学理论史上最早的专论之一。

44. 陈思：陈思王曹植。书：指他的《与杨德祖书》，其中除评论当时作家外，还表达了他对文章修改工作的重视等。杨德祖：名修，当时的作家之一，曹植的好友。

45. 应玚："建安七子"之一，他的《文论》今不存。现在尚存的《文质论》，和文学关系不大，不是刘勰这里所说的《文论》。

46. 陆机：西晋文学家。文赋：是继《典论·论文》之后的又一文学理论专篇，不过《论文》的内容偏重于批评论方面，《文赋》则偏重于创作论方面。

47. 仲洽：挚虞的字。挚虞是西晋学者。流别：挚虞曾选文为《文章流别集》，对所选文体各为之论，成为《文章流别论》。这里是指《文章流别论》。全书今不传，张溥、严可均、张鹏一等人均有辑本。

48. 宏范：李充的字。李充是东晋学者。翰林：指李充的《翰林论》，今不全，严可均编《全晋文》卷五十三中辑录了部分残文。

49. 隅隙：指次要的地方。隙：孔穴。衢：大路。

50. 臧否：褒贬。

51. 铨：衡量。品：品评。

52. 撮：聚集而取，这里指内容的摘要。

53. 巧：《梁书》卷五十《刘勰传》作"功"，指功用。

54. 君山：桓谭的字。他是东汉初年学者，他所著《新论》中偶然有关于文学方面的论点。公幹：刘桢的字，"建安七子"之一，他论文的著作今不传，但在《文心雕龙》中有两处(《风骨》、《定势》)引到他对于文学的意见。

55. 吉甫:应贞的字。应贞是西晋学者,他的有关文学论著今不传。士龙:陆云的字。陆云是西晋文学家,他对文学的一些主张大都表达在给其兄陆机的信里(《陆士龙集》)。

56. 间出:偶然出现。这里是说桓、刘等人偶然有论文的话,也偶然有中肯的话。

57. 并未能振叶以寻根,观澜而索源:这里是拿枝叶和波澜比喻作品的辞藻,拿根和源比喻作品所应依据的儒家学说。

58. 诰:教训。

59. 本乎道:《文心雕龙》第一篇《原道》,说明文本于道。道:指自然之道,也就是客观事物的规律或原则。

60. 师乎圣:《文心雕龙》第二篇《征圣》,说明圣人和文章的关系。刘勰认为圣人是能认识自然之道的先知先觉,因此,文学创作要向这些圣人学习。

61. 体乎经:《文心雕龙》第三篇《宗经》,说明文学创作应该根据儒家经典,因为这些经典是圣人阐述自然之道的著作。

62. 酌乎纬:《文心雕龙》第四篇《正纬》,说明纬书的不可信,但其文辞也有可参考之处。纬书是汉人伪造的关于符箓瑞应的著作,曾一度和经书并列。

63. 变乎骚:《文心雕龙》第五篇《辨骚》,是专门评论《楚辞》的。自此以下的二十一篇,是就各种文体分别进行论述。《辨骚》的性质和前四篇不同,而与后二十篇相近。

64. 极:顶点。

65. 文:指讲究音节韵律的作品。笔:指不讲音节韵律的作品。从《文心雕龙》第五篇《辨骚》到第十三篇《哀吊》中所论文体是"文"类,第十四篇《杂文》和第十五篇《谐隐》介于"文"、"笔"之间,第十六篇《史传》到第二十五篇《书记》是"笔"类。晋宋以后渐渐兴起"文"、"笔"之分,刘勰在《总术》篇曾论述到这个问题。

66. 囿:园林,这里和"区"字同指写作的领域。

67. 章:明。

68. 统:总和、根本的,引申指体裁的基本特征。

69. 割情析采:《文心雕龙》第三十一篇《情采》,论述作品的内容和形式的关系。情是感情,采是文采,分析指内容和形式。此外,如《风骨》、《熔裁》、《附会》等篇,也是从内容和形式两个方面来进行论述。因此,这里以"割情析采"来概括下篇的主要内容。

70. 笼圈:概括、包举的意思。条贯:条理。这两句是指从内容和形式的分析中归纳出理论来。

71. 摛:发布,引申为陈述。神:《文心雕龙》第二十六篇《神思》论述创作的构思问题。性:《文心雕龙》第二十七篇《体性》论述作品的风格和作者个性的关系。

72. 图:描绘,引申为说明。风:《文心雕龙》第二十八篇《风骨》论述对文意和文辞的要求。势:《文心雕龙》第三十篇《定势》论述作品的体裁和体势的关系。

73. 苞:通"包"。会:《文心雕龙》第四十三篇《附会》论述对作品内容和文辞的规划整理问题。通:《文心雕龙》第二十九篇《通变》论述文学的继承和革新问题。

74. 阅:检查。声:《文心雕龙》第三十三篇《声律》论述作品的音节韵律问题。字:《文心雕龙》第三十九篇《练字》论述运用文字问题。

75. 崇替:盛衰,指论述文学的盛衰。时序:《文心雕龙》第四十五篇《时序》论述文学发展的盛衰和时代的关系。

76. 褒贬:赞扬与指责,这里指评论。才略:《文心雕龙》第四十七篇《才略》论述历代主要作家的创作才华。

77. 怊怅:悲恨、慨叹。知音:《文心雕龙》第四十八篇《知音》慨叹知音的难得,说明怎样才能正确地进行文学批评和欣赏。

78. 耿介:正大光明的意思。程器:《文心雕龙》第四十九篇《程器》论述作家的品质问题。

79. 长怀:申述作者的情怀。长:引长。序志:说明作者写这部书的用意和全书的安排。

80. 毛目:指概貌,和上文"纲领"略同。毛:粗略。

81. 大易:范文澜注:"大易,疑当作大衍。"《易·系辞上》:"大衍之数五十,其用四十有九。"意为推演天地之数,共有五十。京房认为五十包括十日、十二辰、二十八宿;马融认为指太极、两仪、日月、四时、五行、十二月、二十四气(均见孔颖达《周易正义》卷七)。《文心雕龙》全书五十篇,除《序志》外,论文的共四十九篇。

82. 弥纶:这个词全书曾用到六次,如《原道》篇说"弥纶彝宪",《附会》篇说"弥纶一篇"等。这是由《易·系辞上》中所说"故能弥纶天地之道"来的。弥:弥缝补合。纶:经纶牵引。两字连用有综合组织、整理阐明的意思。

83. 毛发:比喻创作中的枝节,即词藻方面的问题。

84. 骨髓:比喻创作上的根本问题,如文原于道、征圣、宗经等。

85. 曲意密源:指深微隐曲的道理。曲:曲折隐微。密:深密隐曲。

86. 雷同:《礼记·曲礼上》:"毋雷同。"郑玄注:"雷之发声,物无同时应者,人之言当各由己,不当然也。"

87. 不屑:不顾、不问的意思。

88. 擘肌分理:张衡《西京赋》中曾说:"剖析毫厘,擘肌分理。"(《文选》卷二)指剖析的精细。擘:剖。理:肌理,指肌肉的纹理。这里是比喻对文学理论的分析。

89. 折衷:即折中。折是判断,中是恰当。

90. 文雅之场:和下句的"藻绘之府"都指创作领域。按辔:和下句的"环络"都指在文坛上活动。辔:马缰绳。络:马笼头。

91. 言不尽意:《易·系辞上》:"书不尽言,言不尽意。"

92. 瓶:指小的容器。《左传·昭公七年》:"虽有挈瓶之知,守不假器,礼也。"杜预注:"挈瓶,汲者,喻小知。为人守器,犹知不以借人。"挈:提,用小瓶提水,喻智力短小。管:《庄子·秋水》:"是直用管窥天,用锥指地也,不亦小乎!"窥:看。从竹管中看天,喻见识极狭窄。

93. 矩矱:指文学的法则。矩:匠人的曲尺。矱:度量用的尺子。屈原《离骚》:"曰勉升降以上下兮,求矩矱之所同。"

94. 沈:深入,指自己学识的加深。

95. 涯:边际。《庄子·养生主》:"吾生也有涯,而知也无涯。"

96. 逐物:指理解、掌握事物。

97. 性:指自然的天性。《荀子·正名》:"生之所以然者谓之性。性之和所生,精合感应,不事而自然谓之性。"杨倞注:"和,阴阳冲和,气也。事,任使也;言人之性,和气所生,精合感应,不使而自然,言其天性如此也。精合,谓若耳目之精灵与见闻之物合也。感应,谓外物感心而来应也。"刘勰在这里强调"凭性良易",和他在本篇前面所讲"亦已灵矣"的"秉性"有关,也和其自然之道的基本文学观点有联系。

98. 傲岸:高傲,这里也有无所拘束的意思。岸:高。

【讲疏】

首先,本篇解释了《文心雕龙》书名的由来,透露了贯穿全书的根本主张:文与质、情与采并重。"文心"是将写作文章时的用心和精妙的构思。"雕龙"是说作文要讲究语言的修饰,像雕刻龙文一样。

其次,说明了写作的目的,树德建言,名逾金石之坚;敷赞圣旨,正本清源,矫正形式主义流弊;同时,全面总结文学创作的历史经验,建构新的文学理论。

再次,本篇还说明了本书的基本内容和结构体例。可分为四个部分:

第一,"文之枢纽"部分。

这部分有《原道》、《征圣》、《宗经》、《正纬》、《辨骚》五篇。这是文章的总论、全书的总纲。前三篇是"究天人之际",通过《原道》、《征圣》、《宗经》论述文章的本质特征,即文与道的关系。后两篇是"通古今之变",通过"正纬"和"辨骚",论定文章发展演变的规律。前者是共时性横向的研究,后者是历时性纵向的研究,这两者结合起来,构成《文心雕龙》体大思精的文艺美学理论体系。

第二,"论文叙笔"部分。

这部分又分两大类:"论文"是讲有韵之文,"叙笔"是讲无韵之笔。论文有十篇:《明诗》、《乐府》、《诠赋》、《颂赞》、《祝盟》、《铭箴》、《诔碑》、《哀吊》、《杂文》、《谐隐》;叙笔也有十篇:《史传》、《诸子》、《论说》、《诏策》、《檄移》、《封禅》、《章表》、《奏启》、《议对》、《书记》。凡二十篇。这是文体论,每种文体分四个步骤进行论述:"原始以表末",即论述文体的起源和流变;"释名以章义",即解释文体的名称和意义;"选文以定篇",即评论有代表性的作家和作品；"敷理以举统"，即说明文体的写作要求和原则。文体论部分，论述的文体凡三十五种，但用今天的观点来看，大部分不属文学作品，而属学术著作和应用文的范畴。

第三，"剖情析采"部分。

"剖情"有十篇：《神思》、《体性》、《风骨》、《通变》、《定势》、《情采》、《熔裁》、《事类》、《养气》、《附会》；"析采"有十篇：《声律》、《练字》、《章句》、《丽辞》、《比兴》、《夸饰》、《物色》、《隐秀》、《指瑕》、《总术》，总共二十篇。创作论是全书的精华所在，以今天的观点来考察，这部分又可分为创作论、构成论、风格论、技巧论等。

第四，"以驭群篇"部分。

这部分有《时序》、《才略》、《知音》、《程器》、《序志》共五篇。刘勰认为它们有总结全书、统帅各篇的性质。以今天的观点来看，除《序志》是全书的总序，有统率全书的作用外，其余四篇是发展论、作家作品论和批评鉴赏论。

综上所述，全书的基本内容已经涉及我们今天所讲的文艺的性质和特征、文艺的发生和发展、文艺作品的构成、文艺的创作、文艺的鉴赏和批评等各个方面。在结构体例上，科条分明，严密完整，真可谓体大思精，匠心独运。

【关键词解读】

体

在古代文学批评观念史中，"体"具有多种意义。一指体裁。刘勰在本篇中认为"文体解散"，即文章的体制已经败坏，而"周书论辞，贵乎体要；尼父陈训，恶乎异端；辞训之异，宜体于要"，每种文体都有该种文体的规定性，遵循了这种规定性，才可"搦笔和墨，乃始论文"。再如曹丕《典论·论文》："夫文本同而末异。盖奏议宜雅，书论宜理，铭诔尚实，诗赋欲丽。此四科不同，故能之者偏也。唯通才能备其体。"这里"体"即指奏议等诸种文章样式。

二指体貌、风格，作品在总体上给读者的感受。《文心雕龙·体性》篇，专论作家个性与诗文体貌的关系。"性"指个性，刘勰认为它包括才、气、学、习四方面因素，才、气禀受于天，学、习为后天陶染所凝。"体"指体貌，取决于"性"，二者是统一的。刘勰于个性之中，既强调先天，又加以后天因素，是其胜过前人之处。《与吴质书》："（王粲）体弱，未足起其文。"言其作品风貌较柔弱,力度不够,不足以使其文采具有飞动高扬之致。在这一意义上,"体"、"气"义通,故李善注:"气弱谓之体弱。"陆机《文赋》:"其为物也多姿,其为体也屡迁。"言作品体貌多姿多变。

除指个人风格外,"体"还可用以兼指某种流派风格。如萧子显《南齐书·文学传论》:"今之文章,作者虽众,总而为论,略有三体。"指齐梁诗坛的三种流派风格,即出于谢灵运一体,出于傅咸、应璩一体,出于鲍照一体。还可用以指说某种体裁的共同风格。《文镜秘府论·南卷》有"论体"一节,云:"至如称博雅,则颂论为其标;语清典,则铭赞居其极;陈绮艳,则诗赋表其华;叙宏壮,则诏檄振其响,论要约,则表启擅其能;言切至,则箴诔得其实。"意谓博雅、清典、绮艳、宏壮、要约、切至六种体貌各有相对应的体裁。

三指某种特殊的形式、格律、手法等。《文心雕龙·比兴》有比体、兴体之语,系指两种不同的表现手法。《文镜秘府论·地卷·十体》中的雕藻体、映带体、婉转体、菁华体均属修辞手法。《诗人玉屑·诗体》中亦多此类,如蜂腰体、偷春体、折腰体、绝弦体、七言变体、绝句变体等。

【相关知识链接】

刘勰所处的时代,文学开始走向他所说的"离本弥甚,将遂讹滥"的状态,当时的文人多用浮艳诡丽之词、偏巧新奇之言,以惊艳读者,而在看似华丽的外表下,实际并没有多少深刻的思想内涵。如此写作的文章,纯粹是给人以视觉上的快感,并无内涵及实在功用。刘勰主张要恢复儒家的为文标准,应"原始以表末","辞训之奥,宜体于要"。为文要对家国和社会道德有益处,摒弃繁琐冗长,提倡得体扼要、简洁明了。

刘勰提倡"振叶以寻根,观澜而索源",并且对许多文体的讨论,都能够紧索其源头,从历史发展的角度,总结文学内外部的因素演变,让人一目了然。这反映出刘勰复古的思想倾向,今之为文不如古之为文,古代圣人的文章可名垂千古而不朽,是经典中的经典,是为文的源头,要掌握为文之道就必须去寻找本源,不必执着于细枝末节,所以在《文心雕龙》的前几篇,就谈到了《征圣》、《宗经》,"本乎道,师乎圣,体乎经",他以宗经体要来批判当时文学潮流中的弊病。

儒家认同治国要有方略,而治国之本在得民、安民,而文学就有这样教化万民的作用,同时能够维护统治者的利益。从汉代董仲舒"罢黜百家,独尊儒术"之后,儒生在历朝历代中开始扮演越来越重要的角色。凭借对语言文字的修炼,儒生以文学的方式来宣扬儒家的思想,教化万民,安邦定国。刘勰的《文心雕龙》也不例外,他本着儒家的政教理念,"君臣所以炳焕,军国所以昭明",那种不能够为治国安邦带来实际功效的文学、文章、文体,在他看来,也是无用的。

【延伸阅读】

《序志》篇是《文心雕龙》全书的总纲领,包括对于书的释名、各章内容的提炼概括、章节与创作原则的对应等问题。《诸子》是《文心雕龙》的第十七篇。诸子散文不仅是我国古代散文的一个重要组成部分,对后来历代散文的发展,也有其长远的影响。本篇以先秦诸子为重点,兼及汉魏以后的发展变化情况,对诸子散文的特点做了初步总结。全篇叙述子书的性质、起源以及子书和经书的区别,评论先秦诸子内容方面各不相同的特点,并从写作特点上论述了诸子百家的主要成就,指出汉以后的子书渐不如前。

文心雕龙·诸子

诸子者,入道见志之书。太上立德,其次立言。百姓之群居,苦纷杂而莫显;君子之处世,疾名德之不章。唯英才特达,则炳曜垂文,腾其姓氏,悬诸日月焉。昔风后力牧伊尹,咸其流也。篇述者,盖上古遗语,而战伐所记者也。至鬻熊知道,而文王咨询,余文遗事,录为鬻子。子自肇始,莫先于兹,及伯阳识礼,而仲尼访问,爰序道德,以冠百氏。然则鬻惟文友,李实孔师,圣贤并世,而经子异流矣。

逮及七国力政,俊乂蜂起。孟何膺儒以磬折,庄周述道以翱翔,墨翟执俭确之教,尹文课名实之符,野老治国于地利,驺子养政于天文,申商刀锯以制理,鬼谷唇吻以策勋,尸佼兼总于杂术,青史曲缀于街谈,承流而枝附者,不可胜算。并飞辩以驰术,餍禄而余荣矣。暨于暴秦烈火,势炎昆冈,而烟燎之毒,不及诸子。逮汉成留思,子政雠校,于是七略芬菲,九流鳞萃,杀青所编,百有八十余家矣。迄至魏晋,作者间出,谰言兼存,琐语必录,类聚而求,亦充箱照轸矣。

然繁辞虽积,而本体易总,述道言治,枝条五经。其纯粹者入矩,踳驳者出规。礼记月令,取乎吕氏之纪。三年问丧,写乎荀子之书,此纯粹之类也。若乃汤之问棘,云蚊睫有雷霆之声;惠施对梁王,云蜗角有伏尸之战;列子有移山跨海之谈,淮南有倾天折地之说,此踳驳之类也。是以世疾诸混同虚诞。按归藏之经,大明迂怪,乃称羿弊十日,嫦娥奔月。殷汤如兹,况诸子乎!至如商韩,六虱五蠹,弃孝废仁,辗药之祸,非虚至也。公孙之白马孤犊,辞巧理拙,魏牟比之鸮鸟,非妄贬也。昔东平求诸子史记,而汉朝不与,盖以史记多兵谋,而诸子杂诡术也。然洽闻之士,宜撮纲要,览华而食实,弃邪而采正,极睇参差,亦学家之壮观也。

研夫孟荀所述,理懿而辞雅;管晏属篇,事核而言练;列御寇之书,气伟而采奇;邹子之说,心奢而辞壮;墨翟随巢,意显而语质;尸佼尉缭,术通而文钝;鹖冠绵绵,亟发深言;鬼谷眇眇,每环奥义;情辨以泽,文子擅其能;辞约而精,尹文得其要,慎到析密理之巧,韩非著博喻之富,吕氏鉴远而体周,淮南泛采而文丽,斯则得百氏之华采,而辞气文之大略也。

若夫陆贾典语,贾谊新书,扬雄法言,刘向说苑,王符潜夫,崔寔政论,仲长昌言,杜夷幽求,咸叙经典,或明政术,虽标论名,归乎诸子。何者?博明万事为子,适辨一理为论,彼皆蔓延杂说,故入诸子之流。夫自六国以前,去圣未远,故能越世高谈,自开户牖。两汉以后,体势漫弱,虽明乎坦途,而类多依采,此远近之渐变也。嗟夫!身与时舛,志共道申,标心于万古之上,而送怀于千载之下。金石靡矣,声其销乎!

赞曰:丈夫处世,怀宝挺秀。辨雕万物,智周宇宙。立德何隐,含道必授。条流殊述,若有区囿。

——范文澜:《文心雕龙注》卷四,人民文学出版社1958年版

【思考题】

1. 怎样理解刘勰"原始以表末,释名以章义,选文以定篇,敷理以举统"的创作原则?
2. 如何理解刘勰在《文心雕龙》中建构"体大虑周"的思想体系?

钟　嵘

【作者简介】

钟嵘(约468—约518),字仲伟,颍川长社(今河南长葛)人。少好学,齐时为国子生,通《周易》。曾任南康王国侍郎、抚军行参军、安国县令、司徒行参军等职。入梁之后,曾任萧宏、萧元简、萧纲三位皇室贵胄的参军、记室。著《诗品》三卷,品评自汉至梁一百二十二位诗人的诗,是我国第一部系统完整的诗歌批评专著,对后世诗歌批评影响甚大。另有《上齐明帝书谏亲细务》、《上言军官》文两篇。

诗　品　序

气之动物,物之感人,故摇荡性情,形诸舞咏[1]。欲以照烛三才,晖丽万有[2]。灵祇待之以致飨,幽微藉之以昭告。动天地,感鬼神,莫近于诗[3]。

昔《南风》之辞[4],《卿云》之颂[5],厥义夐矣[6]。夏歌曰:"郁陶乎予心。"[7]楚谣曰:"名余曰正则。"[8]虽诗体未全,然略是五言之滥觞也[9]。

逮汉李陵[10],始著五言之目矣。"古诗"眇邈,人世难详。推其文体,固是炎汉之制[11],非衰周之倡也。

自王、扬、枚、马之徒[12],词赋竞爽[13],而吟咏靡闻。从李都尉迄班婕妤[14],将百年间,有妇人焉,一人而已[15]。诗人之风,顿已缺丧。东京二百载中[16],惟有班固《咏史》,质木无文[17]。

降及建安,曹公父子,笃好斯文[18];平原兄弟,郁为文栋[19];刘桢、王粲,为其羽翼。次有攀龙托凤[20],自致于属车者[21],盖将百计。彬彬之盛,大备于时矣。

尔后陵迟衰微[22],迄于有晋。太康中[23],三张[24]、二陆[25]、两潘[26]、一左[27],勃尔复兴,踵武前王[28],风流未沬[29],亦文章之中兴也。

永嘉时[30],贵黄、老,稍尚虚谈。于时篇什,理过其辞[31],淡乎寡味。爰及江表[32],微波尚传:孙绰、许询、桓、庾诸公诗[33],皆平典似《道德论》[34]。建安风力尽矣。

先是郭景纯用俊上之才,变创其体;刘越石仗清刚之气,赞成厥美[35]。然彼众我寡,未能动俗。逮义熙中[36],谢益寿斐然继作[37]。元嘉中[38],有谢灵运,才高词盛,富艳难踪,固已含跨刘、郭[39],凌轹潘、左[40]。故知陈思为建安之杰[41],公幹、仲宣为辅[42];陆机为太康之英,安仁、景阳为辅[43];谢客为元嘉之雄[44],颜延年为辅[45]。斯皆五言之冠冕[46],文词之命世也[47]。

夫四言,文约易广,取效《风》《骚》,便可多得。每苦文繁而意少,故世罕习焉。五言居文词之要,是众作之有滋味者也,故云会于流俗[48]。岂不以指事造形,穷情写物,最为详切者邪!

故诗有六义焉:一曰兴,二曰比,三曰赋。文已尽而意有余,兴也;因物喻志,比也;直书其事,寓言写物,赋也;弘斯三义,酌而用之,干之以风力[49],润之以丹彩,使咏之者无极,闻之者动心,是诗之至也。

若专用比兴,则患在意深,意深则词踬[50]。若但用赋体,则患在意浮,意浮则文散,嬉成流移,文无止泊[51],有芜漫之累矣。

若乃春风春鸟,秋月秋蝉,夏云暑雨,冬月祁寒,斯四候之感诸诗者也。嘉会寄诗以亲,离群托诗以怨。至于楚臣去境[52],汉妾辞宫[53],或骨横朔野,或魂逐飞蓬;或负戈外戍,杀气雄边;塞客衣单,孀闺泪尽;又士有解佩出朝,一去忘返;女有扬娥入宠,再盼倾国[54]:凡斯种种,感荡心灵,非陈诗何以展其义,非长歌何以骋其情?故曰:"《诗》可以群,可以怨。"使穷贱易安,幽居靡闷,莫尚于诗矣。

故词人作者,罔不爱好。今之士俗,斯风炽矣。才能胜衣[55],甫就小学[56],必甘心而驰骛焉[57]。于是庸音杂体,各各为容。至使膏腴子弟，耻文不逮，终朝点缀，分夜呻吟。独观谓为警策[58]，众睹终沦平钝。

次有轻薄之徒，笑曹、刘为古拙，谓鲍照羲皇上人，谢朓今古独步。而师鲍照，终不及"日中市朝满"[59]；学谢朓，劣得"黄鸟度青枝"[60]。徒自弃于高听，无涉于文流矣。

观王公缙绅之士，每博论之余，何尝不以诗为口实。随其嗜欲，商榷不同。淄渑并泛[61]，朱紫相夺[62]，喧议竞起，准的无依[63]。近彭城刘士章[64]，俊赏之士，疾其淆乱，欲为当世诗品，口陈标榜，其文未遂。嵘感而作焉。

昔九品论人[65]，《七略》裁士[66]，校以宾实[67]，诚多未值[68]。至若诗之为技，较尔可知[69]，以类推之，殆均博弈[70]。

方今皇帝，资生知之上才[71]，体沈郁之幽思[72]。文丽日月，学究天人[73]。昔在贵游，已为称首[74]。况八纮既奄[75]，风靡云蒸。抱玉者联肩，握珠者踵武。固以瞰汉、魏而不顾，吞晋、宋于胸中。谅非农歌辕议[76]，敢致流别。嵘之今录，庶周旋于闾里，均之于谈笑耳。

一品之中，略以世代为先后，不以优劣为诠次[77]。又其人既往，其文克定；今所寓言，不录存者。

夫属词比事，乃为通谈[78]，若乃经国文符，应资博古[79]；撰德驳奏，宜穷往烈[80]。至乎吟咏情性，亦何贵于用事？"思君如流水"[81]，既是即目；"高台多悲风"[82]，亦唯所见；"清晨登陇首"[83]，羌无故实；"明月照积雪"[84]，讵出经史？观古今胜语，多非补假，皆由直寻[85]。

颜延、谢庄，尤为繁密，于时化之。故大明[86]、泰始中[87]，文章殆同书抄[88]。近任昉[89]、王元长等[90]，词不贵奇，竞须新事。尔来作者，寖以成俗[91]。遂乃句无虚语，语无虚字，拘挛补纳[92]，蠹文已甚。但自然英旨，罕值其人[93]。词既失高，则宜加事义。虽谢天才，且表学问，亦一理乎[94]！

陆机《文赋》，通而无贬；李充《翰林》，疏而不切[95]；王微《鸿宝》，密而无裁[96]；颜延论文[97]，精而难晓；挚虞《文志》[98]，详而博赡，颇曰知言：观斯数家，皆就谈文体，而不显优劣。至于谢客集诗[99]，逢诗辄取；张隐《文士》[100]，逢文即书。诸英志录，并义在文，曾无品第。

嵘今所录，止乎五言。虽然，网罗今古，词文殆集。轻欲辨彰清浊，掎摭病利[101]，凡百二十人。预此宗流者[102]，便称才子。至斯三品升降，差非定制，方申变裁，请寄知者尔[103]。

昔曹、刘殆文章之圣，陆、谢为体贰之才[104]。锐精研思，千百年中，而不闻宫商之辨[105]，四声之论[106]。或谓前达偶然不见，岂其然乎[107]？

尝试言之，古曰诗颂，皆被之金竹，故非调五音，无以谐会。若"置酒高堂上"[108]，"明月照高楼"[109]，为韵之首。故三祖之词[110]，文或不工，而韵入歌唱。此重音韵之义也，与世之言宫商异矣。今既不备于管弦，亦何取于声律耶？

齐有王元长者，尝谓余云："宫商与二仪俱生，自古词人不知用之。唯颜宪子论文乃云'律吕音调'[111]，而其实大谬。唯见范晔、谢庄，颇识之耳。[112]"常欲造《知音论》，未就而卒。

王元长创其首，谢朓、沈约扬其波[113]。三贤咸贵公子孙，幼有文辩。于是士流景慕，务为精密。襞绩细微[114]，专相凌架[115]。故使文多拘忌，伤其真美。余谓文制，本须讽读，不可蹇碍。但令清浊通流，口吻调利，斯为足矣[116]。至如平上去入，则余病未能；蜂腰、鹤膝，闾里已具[117]。

陈思赠弟[118]，仲宣《七哀》[119]，公幹思友[120]，阮籍《咏怀》[121]，子卿"双凫"[122]，叔夜"双鸾"[123]，茂先寒夕[124]，平叔衣单[125]，安仁倦暑[126]，景阳苦雨[127]，灵运《邺中》[128]，士衡《拟古》[129]，越石感乱[130]，景纯咏仙[131]，王微风月[132]，谢客山泉[133]，叔源离宴[134]，鲍照戍边[135]，太冲《咏史》[136]，颜延入洛[137]，陶公咏贫之制[138]，惠连《捣衣》之作[139]：斯皆五言之警策者也。所以谓篇章之珠泽[140]，文彩之邓林[141]。

——曹旭：《诗品集注》，上海古籍出版社1994年版

【题解】

南朝钟嵘的《诗品》，是齐梁时期文艺批评的重要著作，与刘勰的《文

心雕龙》共同代表了齐梁时期文学批评的最高成就。《四库全书总目提要》认为,《诗品》"妙达文理,可与《文心雕龙》并称"。章学诚认为:"《文心》体大而虑周,《诗品》思深而意远;盖《文心》笼罩群言,而《诗品》深从六艺溯流别也。"《诗品》专就五言诗立说,因此更接近纯粹的文学批评。在诗歌创作理论上,它揭示了一些根本性规律;在诗歌创作实践上,它品评了汉魏至齐梁一百二十二位诗人的五言诗,识见洞达。《诗品序》是《诗品》中一篇重要的诗论,继承了一些传统的文学评论观点,在此基础上,又论及诗的本质、审美原则、品诗标准及方法等问题,对于古代诗歌理论的建构具有重要价值。

【注释】

1. "气之动物"四句:气,节气。《礼记·乐记》:"凡音之起,由人心生也。人心之动,物使之然也。感于物而动,故形于声。"
2. 照烛三才,晖丽万有:烛,照。三才,指天、地、人。晖丽,光采照耀。万有,万物。
3. "灵祇待之以致飨"五句:指诗的作用幽显皆达。动天地,语出《毛诗序》:"故正得失,动天地,感鬼神,莫近于诗。"
4. 《南风》:歌名,《礼记·乐记》:"昔者舜作五弦之琴,以歌《南风》。夔始制乐,以赏诸侯。"
5. 《卿云》:歌名,《尚书大传》谓舜时作品。
6. 夐:深长。
7. 郁陶乎予心:《尚书·五子之歌》:"郁陶乎予心,颜厚有忸怩。"孔注:"郁陶,言哀思也。"
8. 名余曰正则:语出屈原《离骚》。
9. 滥觞:比喻事物的开始。
10. "逮汉李陵"句:《文选》载李陵作《与苏武诗》三首,或疑系后人拟托。
11. 炎汉:依五行说法,汉代以火德兴起,故称炎汉。
12. 王、扬、枚、马:王褒、扬雄、枚乘、司马相如。
13. 竞爽:争胜。
14. 李都尉:即李陵,他官骑都尉。班婕妤:班固祖姑,汉成帝时被选入宫,立为婕妤。
15. 一人而已:指除了班婕妤,仅李陵一人。
16. 东京:东汉。
17. 惟有班固《咏史》,质木无文:《咏史》诗载《全汉诗》卷二。内容议论缇萦救父事。质木无文,指枯燥无文采。
18. "降及建安"三句:建安,汉献帝年号。笃好,深好。

19. 平原兄弟，郁为文栋：指陈思王曹植及其兄曹丕，曹植在建安十六年曾被封为平原侯。文栋，文坛主宰。
20. 攀龙托凤：龙凤，喻君王。指依附曹氏。
21. 属车：侍从之车。
22. 陵迟：衰颓。
23. 太康：晋武帝司马炎年号。
24. 三张：张载、张协、张亢。
25. 二陆：陆机、陆云。
26. 两潘：潘岳、潘尼。
27. 一左：左思。
28. 踵武前王：屈原《离骚》："及前王之踵武。"指复兴建安之盛。
29. 沫：已，尽。《离骚》："芳菲菲而难亏兮，芬至今犹未沫。"
30. 永嘉：晋怀帝司马炽年号。
31. 理过其辞：玄理思辩胜过形象生动的描写。曹丕《典论·论文》称孔融"理不胜辞"。
32. 江表：即江外，指长江以南的地方。
33. 孙绰、许询、桓、庾诸公诗：孙绰、许询以及桓伟、庾友、庾蕴和庾阐，都属诗之玄言一派。
34. 《道德论》：指何晏、夏侯玄、阮籍等所著阐发老庄哲学的玄学著作，今已不存。
35. "先是郭景纯用俊上之才"四句：景纯，郭璞字。越石：刘琨字。赞美郭璞《游仙诗》用挺拔诗风，刘琨用清刚之气，一并矫玄言诗之疲弱。
36. 义熙：东晋安帝司马德宗年号。
37. 谢益寿斐然继作：益寿，谢混小字。斐然，文采烨烨的样子。《宋书·谢灵运传论》说："（殷）仲文始革孙、许之风，叔源（谢混字）大变太元之气。"谢混在改变玄言诗风中起了作用。
38. 元嘉：宋文帝刘义隆年号。
39. 含跨：超越。杨修《答临菑侯书》："含王超陈，度越数子。"
40. 凌轹：压倒。
41. 陈思：曹植封陈王，卒谥思。
42. 公幹、仲宣：分别是刘桢、王粲字。
43. 安仁、景阳：分别是潘岳、张协字。
44. 谢客：谢灵运幼名客儿。
45. 颜延年：颜延之字延年。
46. 冠冕：首要人物。
47. 命世：名世，闻名于世。《孟子·公孙丑下》："五百年必有王者兴，其间必有名世者。"赵注："名世，次圣之才，物来能名，正于一世者，生于圣人之间也。"《文选·

李少卿〈答苏武书〉》:"其余佐命立功之士,贾谊、亚夫之徒,皆信命世之才。"李周翰注:"命,名也。言其名流播于时代。"

48. 故云会于流俗:云,语助词。会,合。适合一般人的口味。

49. 干:主干,引申为本质的意思。

50. 踬:艰涩,不顺畅。

51. 文无止泊:指文无所指归。

52. 楚臣:指屈原。

53. 汉妾:指汉元帝宫人王嫱。王嫱和亲匈奴事见《汉书》卷九《元帝纪》。

54. 女有扬娥入宠,再盼倾国:指汉武帝李夫人入宫得宠事,见《汉书》卷九十七《外戚传》。李延年《李夫人歌》:"北方有佳人,绝世而独立,一顾倾人城,再顾倾人国。宁不知倾城与倾国,佳人难再得。"

55. 胜衣:谓能承受成人衣服的重量,言年幼。

56. 甫就小学:甫,始。《汉书》卷二十四《食货志》:"八岁入小学,学六甲五方书计之事,始知室家长幼之节。"

57. 驰骛:奔走,指致力于写作诗歌。

58. 警策:一篇之中最为醒目的语句,可起到立全篇主脑的作用。

59. 日中市朝满:语出鲍照《代结客少年场行》。

60. 劣得"黄鸟度青枝":劣得,仅得。黄鸟度青枝,出虞炎《玉阶怨》。

61. 淄渑并泛:淄渑,二水名,都在山东,二水味异,合则难辨。并泛,涌乱。

62. 朱紫:朱,指正色;紫,好看的中间色。

63. 准的:标准。

64. 刘士章:刘绘,字士章,齐中庶子,钟嵘《诗品》列之于下品。

65. 九品论人:班固《汉书》卷二十《古今人表》分九等,魏晋以后,又有九品官人法。

66. 《七略》裁士:刘歆《七略》分七类评论作家。

67. 宾实:循名责实。《庄子·逍遥游》:"名者,实之宾也。"

68. 未值:名实不副。

69. 较:明显貌。

70. 殆均博弈:《汉书》卷六十四《王褒传》载,汉宣帝所幸宫馆,令刘向、王褒等为之颂,并赐帛,议者以为淫靡不急,宣帝引《论语·阳货》:"不有博弈者乎?为之,犹贤乎已。"

71. 方今皇帝:指梁武帝萧衍。

72. 沈郁之幽思:文思深幽丰富。

73. 学究天人:"学"原作"赏"。据《梁书》、《全梁文》本改。

74. 昔在贵游,已为称首:指萧衍作帝以前和一些文士的交游。《梁书·武帝纪》云:"(齐)竟陵王(萧)子良开西邸,招文学,高祖与沈约、谢朓、王融、萧琛、范云、任昉、陆倕等并游焉,号曰八友。"

75. "况八纮既奄"四句:参见曹植《与杨德祖书》。

76. 农歌辕议:农民的歌谣,赶车人发的议论。

77. 诠次:按照次序解释。

78. 夫属词比事,乃为通谈:《礼记·经解》:"属辞比事,《春秋》教也。"通谈,指齐梁时作文用典已成老生常谈之事了。

79. 若乃经国文符,应资博古:指有关治国大略的文书,应凭借博引古事以见其典雅庄重。

80. 撰德驳奏,宜穷往烈:叙述德行和驳议奏疏等文章,应尽量称引古人的功业,以见其厚实雄辩。

81. 思君如流水:徐幹《室思》句。

82. 高台多悲风:曹植《杂诗》句。

83. 清晨登陇首:张华诗句,失题。见《北堂书钞》卷一五七(陇篇八)引:"清晨登陇首,坎壈行山难(一作何难)。"

84. 明月照积雪:谢灵运《岁暮》句。

85. 直寻:直接写物抒情。

86. 大明:南朝宋孝武帝刘骏年号。

87. 泰始:南朝宋明帝刘彧年号。

88. 书抄:堆砌典故。

89. 任昉:梁人。列《诗品》中品,《南史》卷五十九《王僧孺传》称任昉"其文丽逸,多用新事,人所未见者,时重其富博"。

90. 王元长:王融,字元长。

91. 寖:渐。

92. 拘挛补衲:拘挛,拘束。补纳,补缀拼合。

93. 自然英旨,罕值其人:天然去雕饰般美好的,极为少见。

94. "词既失高"五句:指不能自铸伟词,则不得不依赖于添加典故,缺乏诗才,则以学问炫耀。王国维作《古雅之在美学上之位置》,谈三流以下诗人即以此为能事。

95. 李充《翰林》,疏而不切:李充,字弘度,江夏(今湖北安陆)人,晋明帝(司马绍)时在官。他的《翰林论》是一部辨析文体的著作,早亡佚。疏而不切,指它疏略不切实。

96. 王微《鸿宝》,密而无裁:王微,字景玄,列名《诗品》中品,琅邪临沂(今山东临沂)人。曾为宋始兴王刘浚后军功曹记室参军、太子中舍人。《隋书·经籍志》载《鸿宝》十卷,不著撰人,《文镜秘府论·四声论》有王微著《鸿宝》的记载。密而无裁,细致但有失芜蔓,缺乏著者自己的判断、抉择能力。

97. 颜延论文:这句指颜延之《庭诰》中的论文之语。

98. 挚虞《文志》:《隋书·经籍志》载"《文章志》四卷,挚虞撰"。已佚。

99. 谢客集诗:指谢灵运的《诗集》五十卷、《诗集钞》十卷、《诗英》九卷,都著录于《隋书·经籍志》。已佚。

100. 《文士》:《隋书·经籍志》载:"《文士传》五十卷,张隐撰。"
101. 掎摭:指摘。
102. 预此宗流者:预,通"与",列入。宗流,流派。
103. "至斯三品升降"四句:三品论士,并非不刊之论;将来提出变置,还请真懂诗理者。
104. 体贰之才:《文选》李康《运命论》云:"虽仲尼至圣,颜、冉大贤,揖让于规矩之内,誾誾于洙泗之上,不能过其端。孟轲、孙卿体二希圣,从容正道,不能维其末。"六臣注引张铣曰:"孟、孙二子体法颜、冉,故云体二。志望孔子之道,故云希圣。"
105. 宫商之辨:此"宫商"是四声代用语。
106. 四声之论:四声指平上去入。声律派讲四声八病。
107. 或谓前达偶然不见,岂其然乎:沈约《宋书》卷六十七《谢灵运传论》云:"自《骚》人以来,多历年代,虽文体稍精,而此秘未睹。至于高言妙句,音韵天成,皆暗与理合,匪由思至。"
108. 置酒高堂上:阮瑀《杂诗》句。
109. 明月照高楼:曹植《七哀诗》句。
110. 三祖:指魏武帝操,太祖;文帝丕,高祖;明帝叡,烈祖。
111. 颜宪子:即颜延之,宪子是其谥号。
112. 唯见范晔、谢庄,颇识之耳:指范晔、谢庄能认识音律的问题。《宋书》卷六十九《范晔传》载晔在狱中《与诸甥侄书》云:"性别宫商,识清浊,斯自然也。观古今文人,多不全了此处。纵有会此者,不必从根本中来。言之皆有实证,非为空谈。年少中,谢庄最有其分,手笔差易,文不拘韵故也。"
113. 王元长创其首,谢朓、沈约扬其波:王融、谢朓、沈约三人是声律派主要人物。《南史》卷四十八《陆厥传》:"时盛为文章,吴兴沈约、陈郡谢朓、琅邪王融,以气类相推毂;汝南周颙善识声韵。约等为文皆用宫商,将平上去入四声,以此制韵。……世呼为'永明体'。"
114. 襞绩:原指裙上褶子,这里指刻意讲究声律。
115. 凌架:攀比相夸。
116. "余谓文制"六句:这是钟嵘关于自然声律的主张,诗歌应读之条畅,反对滞碍。《文心雕龙·声律》也有同样的主张云:"左碍而寻右,末滞而讨前,则声转于吻,玲玲如振玉;辞靡于耳,累累如贯珠矣。"
117. 蜂腰、鹤膝,闾里已具:蜂腰、鹤膝见《宋书·谢灵运传论》注。闾里已具,黄侃《文心雕龙札记》《声律》:"记室云:'蜂腰、鹤膝,闾里已具。'盖谓虽寻常歌谣亦自然不犯之,可毋严设科禁也。"
118. 陈思赠弟:指曹植《赠白马王彪》。
119. 仲宣《七哀》:王粲有《七哀诗》。
120. 公幹思友:指刘桢《赠徐幹诗》,中有"思子沈心曲,长叹不能言"二句。
121. 阮籍《咏怀》:阮籍有《咏怀》八十二首。

122. 子卿"双凫":苏武,字子卿。《古文苑》载苏武《别李陵诗》云:"双凫俱北飞,一雁独南翔。"实系后人伪托。

123. 叔夜"双鸾":嵇康,字叔夜。嵇康有《赠秀才入军》,中有"双鸾匿景曜"句。

124. 茂先寒夕:张华,字茂先,《杂诗》有"繁霜降当夕"句。

125. 平叔衣单:何晏,字平叔,《衣单》诗已佚。

126. 安仁倦暑:潘岳,字安仁,有《在县作》二首,中有"隆暑方赫曦"、"时暑忽隆炽"等句。《悼亡》诗有"溽暑随节阑"句。

127. 景阳苦雨:张协有《杂诗》十首,中有"飞雨洒朝兰"、"密雨如散丝"等句。

128. 灵运《邺中》:谢灵运有《拟魏太子邺中集诗》八首。

129. 士衡《拟古》:陆机有《拟古诗》十二首。

130. 越石感乱:刘琨有《扶风歌》、《重赠卢谌》等诗,皆"感乱"而作。

131. 景纯咏仙:郭璞有《游仙诗》十四首。

132. 王微风月:江淹《杂体诗》中的《王徵君微养疾》一首诗:"清阴往来远,月华散前墀。"知王微原有咏"风月"诗,今已佚。

133. 谢客山泉:谢灵运是山水诗派的代表人物。

134. 叔源离宴:谢混有《送二王在领军府集》,结句云:"乐酒辍今辰,离端起来日。"

135. 鲍照戍边:鲍照有《代出自蓟北门行》,咏戍边。

136. 太冲《咏史》:左思有《咏史》诗八首。

137. 颜延入洛:颜延之有《北使洛》诗。

138. 陶公咏贫之制:陶渊明有《咏贫士》诗七首。

139. 惠连《捣衣》之作:谢惠连有《捣衣》诗。

140. 珠泽:《穆天子传》:"天子北征,舍于珠泽。"

141. 邓林:《山海经·海外北经》:"夸父与日逐走,入日……弃其杖,化为邓林。"毕沅校注:"邓林即桃林也,邓桃音近。"这里珠泽、邓林都是借来比喻文采之所荟萃。

【讲疏】

这篇序言是钟嵘诗歌批评的理论纲领,除了说明全书的编撰动机、体例和叙述五言诗的发展历史外,还就诗歌的产生和作用、诗歌审美标准等问题加以论述,鲜明地体现了钟嵘的文学思想。

钟嵘把诗歌看做诗人内心世界的抒发,认为诗歌是诗人受客观事物感召的产物。《诗品序》认为:"气之动物,物之感人,故摇荡性情,形诸舞咏。"人的思想感情受外界环境影响,有所感触,将其抒发出来,就产生了诗歌。所谓"诗言志"、"情动于中而形于言",是我国文学理论的传统观点,强调了诗歌美刺讽喻的功能,但钟嵘强调了诗歌对于个人的审美愉悦作用,是魏晋以来文学进入自觉时期以来文学独立性加强的一种反映。

钟嵘对"兴"、"比"、"赋"这三"义"重新进行了界定,将"兴"定义为"文已尽而意有余","比"定义为"因物喻志","赋"定义为"直书其事,寓言写物"。钟嵘认为,只有"宏斯三义,酌而用之",即将三者紧密联系起来,才能产生"咏之者无极,闻之者动心"的艺术效果。

钟嵘提出诗歌要"吟咏情性",并且他的"情性"主要指哀怨之情,在具体评论时,《诗品》非常注重此种感情的抒发。如赞扬《古诗》"多哀怨",说李陵的诗"文多凄怆,怨者之流",评曹谊"情兼雅怨,体被文质",等等。齐梁时期战乱频繁,社会动荡,苦难的现实生活使人们形成了这种以悲为美的心理感受,钟嵘的观点不同于旧说,正是当时社会心理和审美心态发生变化的体现。

在《诗品序》中,钟嵘提出了"直寻"说、"自然英旨"说。这是针对作诗用典和沈约等人的"四声八病"主张提出的。他认为:"观古今胜语,多非补假,皆由直寻。"这就要求诗人不仅能够直接地感受外物之美,而且能够自然地表现出来,做到"直寻"、"自然",反对堆砌典故,这种观点就诗歌的本质立论,体现了钟嵘对诗歌艺术规律的独特认识。

【关键词解读】

滋味说

魏晋南北朝时期关于诗歌审美要求的一种代表观点。陆机《文赋》:"阙大羹之遗味,同朱弦之清汜。"刘勰《文心雕龙·明诗》:"张衡《怨篇》,诗典可味。"均为以"味"言诗。在这里"味"乃指诗歌的一种艺术效果。南朝钟嵘明确以"滋味"论文,《诗品序》:"五言居文词之要,是众作之有滋味者也。"

钟嵘所处的时代,五言诗正蓬勃兴起,渐渐取代四言诗的地位。与四言相较,五言诗增大了诗歌表现的容量,更利于表达复杂的情感与事物。钟嵘从理论上推崇五言诗,并认为它最有滋味,乃是诗歌发展之必然,滋味因此而成为重要的诗论标准。联系当时诗歌创作,钟嵘提出滋味说,实有所针对,东晋玄言诗泛滥,影响所及至于南朝。钟嵘认为玄言诗"理过其辞,淡乎寡味",即指玄言诗侈谈玄理,有悖于诗歌审美规律,因而他标举滋味,实乃使诗歌回归正途之举。

滋味说的主旨是使诗歌具有审美感染力,即"干之以风力,润之以丹采,使咏之者无极,闻之者动心"。诗的滋味应该是"指事造形,穷情写物,最为详切","详"指描写的细致,"切"指描写的深刻,要达到这个要求,必须赋、比、兴并重,做到言近旨远,形象鲜明,有风力,有藻采,方可耐人玩味,感染力才强,乃是"诗之至也"。钟嵘提倡滋味说,与他对诗歌创作抒情特征的把握直接相关。他认为:"若乃春风春鸟,秋月秋蝉,夏云暑雨,冬月祁寒,斯四候之感诸诗者也……凡斯种种,感荡心灵,非陈诗何以展其义?非长歌何以骋其情?"在他看来,诗歌的作用在于表达情感。情感外现于诗,就变成了"滋味",供人玩味、体验。后世皎然、司空图、严羽一派诗论,受钟嵘滋味说影响甚大。

直寻

古代诗学概念。语出钟嵘《诗品序》:"若乃经国文符,应资博古;撰德驳奏,宜穷往烈。至于吟咏情性,亦何贵于用事?'思君如流水',既是即目;'高台多悲风',亦唯所见;'清晨登陇首',羌无故实;'明月照积雪',讵出经史?观古今胜语,多非补假,皆由直寻。"意谓朝廷应用之文,须援据古事;诗歌则不以用典为贵,而以"直寻"为上。"直寻"包括两方面意思:一是诗人应直接、敏锐地感受外物之美,将"即目"、"所见"者表现于诗中;二是状物抒情均应使用自然明朗的语言,加以直接的表现,不应堆砌典故。钟嵘这一看法,与刘宋以来山水诗兴起,"自然可爱"的写景佳句为人们所欣赏的文坛风气有关,又是针对颜延之、任昉等人作诗缺乏真切审美感受,而堆垛典故、卖弄学问的不良风气而发的。《诗品》称谢灵运"兴多才高",即指其于山水之美感受敏锐、兴会淋漓、表现自然;又批评颜延之"喜用古事,弥见拘束"。凡此种种,都是"直寻"标准的运用。后世强调才情、妙悟而反对以学问为诗者,或标举钟嵘此说。如清人袁枚《仿元遗山论诗》云:"天涯有客太诊痴,误把抄书当作诗。抄到钟嵘《诗品》日,该他知道性灵时。"即指"直寻"之说而言。

【相关知识链接】

《诗品》的批评方法耐人寻味,钟嵘对各个作家采用了溯源的品评方法,把所有诗人总归于《诗经》、《楚辞》两大系统,分《国风》、《小雅》、《楚辞》三条源流来进行辨章考镜,从认为诗歌皆源出于《诗》、《骚》来看,钟嵘对诗歌的文学特质有极清晰的把握。从标举"情兼雅怨"的曹植为其诗美理想的最高代表来看,这种以《诗经》、《楚辞》为标尺来区分诗人品第高下的批评方法,与其兼顾"风力"、"丹采"和"骨气"、"词采"的诗歌美学追求,互为表里,弥合无间。钟嵘自叙三品论诗的写作方法,来源于"九品论人,《七略》裁士"的品第和量类方法。"九品"是《汉书》中《古今人表》的以上、中、下三品来对古今人物进行分类,其中每一品又可分为上、中、下三阶,从而借此来彰露褒贬的方法。"七略"是刘向、刘歆父子汇总各类图书条目而成的,包括《辑略》、《六义略》、《诸子略》、《诗赋略》、《兵书略》、《数术略》、《方技略》而成的文献目录学著作,是按照文献的不同内容来分类进行辑录的。钟嵘的所谓"九品论人,《七略》裁士"评鉴方法,蕴含了以类别的不同来甄别评价不同诗人的诗歌作品,进而区分档次,划分品阶。很明显,钟嵘把五言诗人以其各自不同的造诣进行分别,标举榜样,从而树立范式,匡正视听,以疗救当时有志于诗歌创作的学诗者存在的"随其嗜欲,商榷不同,淄渑并泛,朱紫相夺,喧议竞起,准的无依"的局面,进而做到树立学诗楷模,使学者有迹可循,有的放矢,对诗坛有所裨益。

【延伸阅读】

《诗品》是南北朝时期的诗歌批评著作,《诗品》分上、中、下三品,所评论的主要是五言诗,对自汉迄于齐梁一百二十多位诗人进行品评。其中,上品十一人,中品三十九人,下品七十二人。钟嵘追溯诗人的源流,论述诗的体制,比较系统、深入地评价了五言诗的作家和作品,提出了许多有关诗歌的精辟见解,初步地建立起我国古代诗歌理论批评的体系。现节选上品若干诗人的作品,以供读者加深对序文的理解。

诗品(节选)

汉都尉李陵诗

其源出于《楚辞》。文多凄怆,怨者之流。陵,名家子,有殊才,生命不谐,声颓身丧。使陵不遭辛苦,其文亦何能至此!

汉婕妤班姬诗

其源出于李陵。《团扇》短章,辞旨清捷,怨深文绮,得匹妇之致。侏儒一节,可以知其工矣!

魏陈思王植诗

其源出于《国风》。骨气奇高,词彩华茂。情兼雅怨,体被文质。粲溢古今,卓尔不群。嗟乎!陈思之于文章也,譬人伦之有周、孔,鳞羽之有龙凤,音乐之有琴笙,女工之有黼黻。俾尔怀铅吮墨者,抱篇章而景慕,映余晖以自烛。故孔氏之门如用诗,则公幹升堂,思王入室,景阳、潘、陆,自可坐于廊庑之间矣。

魏文学刘桢诗

其源出于《古诗》。仗气爱奇,动多振绝。贞骨凌霜,高风跨俗。但气过其文,雕润恨少。然自陈思已下,桢称独步。

魏侍中王粲诗

其源出于李陵。发愀怆之词,文秀而质羸。在曹、刘间别构一体。方陈思不足,比魏文有余。

晋步兵阮籍诗

其源出于《小雅》。无雕虫之巧。而《咏怀》之作,可以陶性灵,发幽思。言在耳目之内,情寄八荒之表。洋洋乎会于《风》、《雅》,使人忘其鄙近,自致远大。颇多感慨之词。厥旨渊放,归趣难求。颜延注解,怯言其志。

晋平原相陆机诗

其源出于陈思。才高词赡,举体华美。气少于公幹,文劣于仲宣。尚规矩,不贵绮错,有伤直致之奇。然其咀嚼英华,厌饫膏泽,文章之渊泉也。张公叹其大才,信矣!

晋黄门郎张协诗

其源出于王粲。文体华净,少病累。又巧构形似之言。雄于潘岳,靡于太冲。风流调达,实旷代之高才。词彩葱蒨,音韵铿锵,使人味之,亹亹不倦。

——曹旭:《诗品集注》,上海古籍出版社1994年版

【思考题】

1. 结合本文,谈谈你对"干之以风力,润之以丹采"的理解。
2. 试述对《诗品序》中诗歌品评标准的认识。

陆　厥

【作者简介】

陆厥(472—499)南朝齐文学家。字韩卿,吴郡吴(今江苏省吴县)人。博览群籍,好为文章,通晓音律。永明九年(491年)举秀才,官至后军法曹参军。永元元年(499),如安王萧遥光谋反,厥父受牵连被杀,后陆厥也因父被杀悲恸而死。诗作代表《临江王节士歌》。原有集,已佚。今存诗十一首,其中十首为乐府诗。《南齐书》卷五十二和《南史》卷四十八存《陆厥传》,其文以《与沈约书》较有名。

与沈约书

范詹事《自序》:"性别宫商,识清浊,特能适轻重,济艰难。古今文人,多不全了斯处,纵有会此者,不必从根本中来[1]。"沈尚书亦云[2]"自灵均以来[3],此秘未睹[4]"。或"暗与理合,匪由思至[5]。张蔡曹王,曾无先觉[6],潘陆颜谢,去之弥远[7]"。大旨钧使"宫羽相变,低昂舛节[8]。若前有浮声[9],则后须切响[10],一简之内[11],音韵尽殊,两句之中,轻重悉异"。辞既美矣,理又善焉。但观历代众贤,似不都暗此处,而云"此秘未睹",近于诬乎?

案范云"不从根本中来"。尚书云"匪由思至"。斯可谓揣情谬于玄黄,摛句差其音律也。范又云"时有会此者"。尚书云"或暗与理合"。则美咏清讴,有辞章调韵者,虽有差谬,亦有会合,推此以往,可得而言。夫思有合离,前哲同所不免,文有开塞,即事不得无之。子建所以好人讥弹[12],士衡所以遗恨终篇[13]。既曰遗恨,非尽美之作,理可诋诃。君子执其诋诃,便谓合理为暗。岂如指其合理而寄诋诃为遗恨邪?

自魏文属论，深以清浊为言[14]，刘桢奏书，大明体势之致[15]，岨峿妥怗之谈[16]，操末续颠之说[17]，兴玄黄于律吕，比五色之相宣[18]，苟此秘未睹，兹论为何所指邪？故愚谓前英已早识宫徵[19]，但未屈曲指的，若今论所申。至于掩瑕藏疾，合少谬多，则临淄所云"人之著述，不能无病"者也。非知之而不改，谓不改则不知，斯曹、陆又称"竭情多悔，不可力强"者（也）[20]。今许以有病有悔为言，则必自知无悔无病之地，引其不了不合为暗，何独诬其一合一了之明乎？意者亦质文时异，古今好殊，将急在情物，而缓于章句。情物，文之所急，美恶犹且相半；章句，意之所缓，故合少而谬多。义兼于斯，必非不知明矣。

《长门》、《上林》[21]，殆非一家之赋，《洛神》、《池雁》[22]，便成二体之作。孟坚精正[23]，《咏史》无亏于东主；平子恢富，《羽猎》不累于凭虚。王粲《初征》，他文未能称是[24]；杨修敏捷，《暑赋》弥日不献[25]。率意寡尤，则事促乎一日[26]；翳翳愈伏，而理赡于七步[27]。一人之思，迟速天悬；一家之文，工拙壤隔[28]。何独宫商律吕[29]，必责其如一邪？论者乃可言未穷其致，不得言曾无先觉也。

——《南齐书》卷五十二《陆厥传》，中华书局1972年版

【题解】

陆厥的《与沈约书》是一篇讨论音韵学的文章，也是其现存的主要论文作品。这封书信反对沈约关于声律问题提出"自灵均以来，多历年代，虽文体稍精，而此秘未睹"（《宋书·谢灵运传论》）的观点。陆厥认为，沈约的观点过于自夸，古人文辞也有合音律之处，只是古人重在情物而缓于章句，所以没有过于考究音律。加之人的文思有迟有速，其文章所用音律不可能时时相合。不过，陆厥谈的是自然音律，沈约则重在人为音律，所持观点各异的两个人，在论辩中难以协调合拍。沈约见此书信，曾写《答陆厥书》解释自己的声律主张。

【注释】

1. "范詹事《自序》"数句：范晔官至太子詹事，世称范詹事。文中所称"《自序》"数语，见范晔《狱中与诸甥侄书》而稍异："性别宫商，识清浊，斯自然也。观古今文人，

多不全了此处,纵有会此者,不必从根本中来"。

2. "沈尚书亦云"十六句:见沈约《宋书·谢灵运传论》。

3. 灵均:屈原(约前340—约前278),名平,字原;又名正则,字灵均。战国时楚国诗人,代表作品《离骚》。

4. 此秘未睹:平、上、去、入四声的秘密尚不为人所知。

5. 匪由:不是由于。匪,通"非"。

6. 张蔡曹王:张衡、蔡邕、曹植、王粲。

7. 潘陆颜谢:潘岳、陆机、颜延之、谢灵运。

8. 宫羽相变,低昂舛节:文字的平、上、去、入相变,音节的高下抑扬变换。

9. 浮声:清音,轻音,缓音。指平声(包括阴平、阳平)。

10. 切响:浊音,重音,急音。指上、去、入三声。

11. 一简之内:五字之内,指一句五言诗。《南史·陆厥传》:"五字之中,音韵悉异;两句之内,角徵不同。"

12. 子建所以好人讥弹:曹植《与杨德祖书》:"仆尝好人讥弹其文,有不善者,应时改定。"讥弹,批评错误或指责缺点.

13. 士衡所以遗恨终篇:陆机,字士衡,吴郡吴县华亭(今上海市松江县人)人,西晋文学家。其作《文赋》云:"恒遗恨以终篇,岂怀盈而自足。"

14. "魏文属论"二句:曹丕卒,谥文,世称魏文帝。著作《典论·论文》:"文以气为主,气之清浊有体,不可力强而致。"

15. "刘桢奏书"二句:刘桢原有集,已散佚,流传作品很少,明人辑有《刘公幹集》。刘桢表章书信,壮而不密,逸而未遒。

16. 岨峿妥帖之谈:指陆机《文赋》"或妥帖而易施,或岨峿而不安"的论点。即做文章命意遣词,有时信手拈来,十分妥帖;有时格格不入,岨峿不安。

17. 操末续颠之说:指陆机《文赋》"如失机而后会,恒操末以续颠"的论点。此言文章的布局,不要颠三倒四。

18. 兴玄黄于律吕,比五色之相宜:沈约《宋书·谢灵运传论》:"夫五色相宜,八音协畅,由乎玄黄律吕,各适物宜。"

19. 宫徵:宫、商、角、徵、羽五声的简称.

20. "曹、陆"句:曹丕《典论·论文》:"文以气为主,气之清浊有体,不可力强而致。"陆机《文赋》:"是故或竭情而多悔。"

21. "《长门》、《上林》"二句:《长门》、《上林》,司马相如之赋。

22. "《洛神》、《池雁》"二句:《洛神》、《池雁》,曹植之赋。

23. 孟坚:班固(32—92),东汉史学家、文学家,扶风安陵(今陕西省咸阳市)人。

24. "王粲"二句:王粲,汉末文学家,擅长辞赋,当时就以《初征》、《登楼》等赋著称。曹丕《典论·论文》:"如粲之《初征》、《登楼》、《槐赋》、《征思》,幹之《玄猿》、《漏卮》、《圆扇》、《橘赋》,虽张、蔡不过也。然于他文未能称是。"张、蔡:张衡、蔡邕。

25. "杨修"二句:杨修《答临淄侯植书》:"是以对鹖而辞,作《暑赋》弥日而不献,见西施之容,归憎其貌者也。"

26. "率意寡尤"二句:陆机《文赋》:"是以或竭情而多悔,或率意而寡尤。"

27. "翳翳愈伏"二句:翳翳,阴暗貌。陆机《文赋》:"理翳翳而愈伏,思乙乙其若抽。"七步:《世说新语·文学》:"文帝尝令东阿王七步中作诗,不成者行大法。应声便为诗曰:'煮豆持作羹,漉菽以为汁。萁在釜下燃,豆在釜中泣。本是同根生,相煎何太急?'帝深有惭色。"

28. 天悬:形容距离之远。壤隔:义同天悬。

29. 律吕:黄钟、太簇、姑洗、蕤宾、夷则、舞射,叫做"六律";大吕、夹钟、中吕、林钟、南吕、应钟,叫做"六吕"。合称"十二律"。后来把"律吕"二字作为音律的总称。

【讲疏】

沈约在《宋书·谢灵运传论》中自夸独得声律之秘,陆厥对此表示异议,于是作《与沈约书》质疑沈约的观点。

首先叙述范晔和沈约对声律的认识。范晔《狱中与诸甥侄书》认为:"性别宫商,识清浊,特能适轻重,济艰难。古今文人,多不全了斯处,纵有会此者,不必从根本中来。"范晔肯定了音律在区别宫商和识别清浊上的作用,认为音律"特能适轻重,济艰难"的功能效果并不是古今文人都能意识到的,即使有所领会,也不一定根本明白。沈约的引述观点与范晔相似。陆厥对二人所论问题不尽赞同,"但观历代众贤,似不都暗此处,而云'此秘未睹',近于诬乎"?他不赞同范、沈二人妄自将识其音律的现象简单说成是"或暗与理合"。他认为,古人对于声律,并非"此秘未睹"。曹丕、刘桢所论已有涉及声律的理论,"故愚谓前英已早识宫徵,但未屈曲指的",前贤早已识别宫商,只是没有阐明得似如今这般详细,而沈约以为独得此秘,未免过当。

陆厥还认为,昔人为文,急于情物而缓于章句,不重视对声律的探究,"情物,文之所急,美恶犹且相半;章句,意之所缓,故少而谬多。义兼于斯,必非不知明矣"。另外,"一人之思,迟速天悬;一家之文,工拙壤隔",人的文思有迟有速,有工有拙,所以于声律亦有合与不合的地方,不一定非说要人人观点如一才是睹其秘和知其规律。最后对人的才思迟速工拙的分析,肯定了灵感、神思在创作实践中的作用,也是符合实际的。

【关键词解读】

四声八病说

四声八病是南朝永明年间提出的关于诗歌声律的术语。"四声"即平、上、去、入四个音调。萧子显《齐书》载："吴兴沈约、陈郡谢朓、琅邪王融以气类相推毂，汝南周颙善识声韵，约等文皆用宫商，以平上去入为四声，以此制韵，不可增减，世呼为永明体。"沈约将"四声"的区辨同传统的诗赋音韵知识相结合，规定了一套五言诗创作时应避免的声律上的毛病，即"八病"。它是指作诗时应该避忌的八种毛病，即平头、上尾、蜂腰、鹤膝、大韵、小韵、旁钮、正钮。"四声八病"的提出成为古体诗向近体诗逐渐过渡的桥梁，促使文人于诗歌创作中自觉地遵守诗歌格律。它规范了诗歌写作，使近体诗发展日盛，但夸大声律在诗歌创作中的作用，也助长了趋末弃本的形式主义倾向，不利于诗人自由地抒发自己的思想感情，也不利于诗歌音节的自然之美的表达。

【相关知识链接】

沈约的声律论在当时受到一些人的质疑。《梁书·沈约传》中记载：沈约"又撰《四声谱》，以为在昔词人，累千载而不寤，而独得胸衿，穷其妙旨，自谓入神之作，高祖雅不好焉。帝问周舍曰：'何谓四声？'舍曰：'天子圣哲。'是也，然帝竟不遵用。"从《梁书》的记载中，我们可以看出，沈约对于四声的解说确实存在着自我标榜的倾向，当时连梁武帝也不喜好四声的运用。但梁武帝并没有提出反对它的主张，直到钟嵘《诗品》始有沈约声律之论。钟嵘认为，古之诗"非调五音无以谐会"，既然当今之诗与乐脱离了关系，就不该受到音律之束缚。以音律入诗，则容易"使文多拘忌，伤其真美"，对此，他主张"清浊通流，口吻调利"的自然声律论。实质上，钟嵘的观点是有偏见的，不该以偏概全，他并没有正确地看待古诗与近体诗的区别，而且偏激地反对诗歌形式创造的人工美，众人很难客观认同。

陆厥对沈约的声律论也是抵触的。在《与沈约书》中，他指责沈约自诩"此秘未睹"、"曾无先觉"的说法，"自魏文属论，深以清浊为言；刘桢奏书，大明体势之致"，陆厥认为建安时期，曹操和刘桢已睹音律之秘，之后又引用陆机"兴玄黄于律吕，比五色之相宣"（《文赋》）的观点来充实自己的论点，他认为历代前贤已经意识到诗歌音律之事，只是都并没有去深刻理解它而已，主要是因为古今文学所重不同，古重质，今重文，如"意者亦质文时异，古今好殊，将急在情物，而缓于章句。情物，文之所急，美恶犹且相半；章句，意之所缓，故合少而谬多"。古人不是未睹其秘，只是时代环境影响，没有重点去理解和分析音律。其实陆厥与北魏人甄琛一样，不理解文学上人为音律的意义。陆厥是自然的音律的支持者，沈约则较赞同与人工的音律，在《答陆厥书》中，沈约详细分析了陆厥对自己观点的误解：“宫商之声有五,文字之别累万,以累万之繁,配五声之约,高下低昂,非思力所举。又非止若斯而已也。十字之文,颠倒相配,字不过十,巧历已不能尽,何况复过于此者乎？灵均以来,未经用之于怀抱,固无从得其仿佛矣。”沈约在论述历来的五声论的弊病之后,指出"自古辞人,岂不知宫羽之殊,商徵之别。虽知五音之异,而其中参差变动,所昧实多,故鄙意所谓'此秘未睹'者也"。他认为前贤五声说已经满足不了时代发展的实际了,而代之四声说。从二人的书信对话中可以看出,陆厥认为声律古已有之的观念,也是出于他对四声五声差别的误解,也凸显了陆厥对古代五声体系的迷恋。

【延伸阅读】

沈约是讲求声律的"永明体"的创始者之一,他在总结前人讨论音律的基础上,提出了"四声八病"说,并称此秘自屈原以降世人未睹。时人陆厥质疑其观点,曾作《与沈约书》与之辩论,故沈约作《答陆厥书》以为答辩。沈约认为,古人所以没有注意到声律在诗歌及其他作品中的地位,是由于"此盖曲折声韵之巧,无当于训义,非圣哲立言之所急也"。同时也承认,古人诸多优秀之作已经开始不自觉地使用声律,只是没有意识到其中的奥秘罢了。沈约在《谢灵运传论》中也谈及声律问题,阅读此篇,可使人们对沈约声律论的认识更加深入。

答 陆 厥 书

（梁）沈约

宫商之声有五,文字之别累万,以累万之繁,配五声之约,高下低昂,非思力所举。又非止若斯而已也。十字之文,颠倒相配,字不过十,巧历已不能尽,何况复过于此者乎？灵均以来,未经用之于怀抱,固无从得其仿佛矣。若斯之妙,而圣人不尚,(何)邪？此盖曲折声韵之巧,无当于训义,非圣哲立言之所急也。是以子云譬之"雕虫篆刻",云"壮夫不为"。

自古辞人,岂不知宫羽之殊,商徵之别。虽知五音之异,而其中参差变动,所昧实多,故鄙意所谓"此秘未睹"者也。以此而推,则知前世文士便未悟此处。

若以文章之音韵,同弦管之声曲,则美恶妍蚩,不得顿相乖反。譬由子野操曲,安得忽有阐缓失调之声,以《洛神》比陈思他赋,有似异手之作。故知天机启,则律吕自调;六情滞,则音律顿舛也。

士衡虽云"炳若缛锦",宁有濯色江波,其中复有一片是卫文之服?此则陆生之言,即复不尽者矣。韵与不韵,复有精粗,轮扁不能言,老夫亦不尽辨此。

——《南齐书》卷五十二《陆厥传》,中华书局1972年版

【思考题】

1. 浅析"四声八病"说在诗歌创造中产生的影响。
2. 谈谈"永明体"对于古代诗歌创作的影响。

裴子野

【作者简介】

裴子野(469—530),字几原,河东闻喜(今属山西)人。历仕齐、梁二朝。梁武帝时,官著作郎兼中书通事舍人。少好学,善属文,著有《文集》二十卷、《宋略》二十卷,已佚。擅长公家应用之文,文思敏捷而风格较质朴。严可均辑其文入《全梁文》卷五十三,《梁书》卷三十、《南史》卷三十三有传。

雕虫论(并序)

宋明帝博好文章,才思朗捷,常读书奏,号称七行俱下。每有祯祥及幸谦集,辄陈诗展义,且以命朝臣。其戎士武夫,则托请不暇,困于课限,或买以应诏焉。于是天下向风,人自藻饰,雕虫之艺,盛于时矣[1]。梁鸿胪卿裴子野论曰:

古者四始六义[2],总而为诗。既形四方之风[3],且彰君子之志,劝美惩恶,王化本焉。后之作者,思存枝叶,繁华蕴藻,用以自通。若悱恻芳芬,楚《骚》为之祖;靡漫容与,相如扣其音。由是随声逐影之俦,弃指归而无执[4]。赋歌诗颂,百帙五车,蔡应等之俳优[5],扬雄悔为童子[6]。圣人不作,《雅》郑谁分?其五言为家,则苏李自出[7],曹刘伟其风力[8],潘陆固其枝叶[9]。爰及江左[10],称彼颜谢,箴绣鞶帨[11],无取庙堂。宋初迄于元寿,多为经史。大明之代[12],实好斯文。高才逸韵,颇谢前哲;波流相尚,滋有笃焉[13]。自是闾阎少年,贵游总角[14],罔不摈落六艺,吟咏情性。学者以博依为急务[15],谓章句为专鲁[16],淫文破典,斐尔为功[17]。无被于管弦,非止乎礼义;深心主卉木,远致极风云[18]。其兴浮,其志弱,巧而不要,隐而不深。讨其宗途,亦有宋之风也。若季子聆音[19],则非兴国;鲤也趋室[20],必有不敢。荀卿有言:"乱代之征,文章匿而采。"斯岂近之乎?

——《文苑英华》卷七百四十二

【题解】

此文据考原载于裴子野所著史书《宋略》,《宋略》全书已佚,今见于《通典》卷十六。《雕虫论》就宋齐之世选拔任用人才发表议论,是裴子野一篇著名的文学专论。在此文中,裴子野对自《诗经》至南齐时的诗赋文学发展加以概括,从儒家正统思想出发,除肯定《诗经》有益教化外,对屈原以下的作者、作品全都予以否定,认为他们只知追求辞藻华美,而无视诗歌的思想内容,扰乱了文坛风气,偏离了正道。

【注释】

1. 雕虫之艺:语出扬雄《法言·吾子》:"童子雕虫篆刻。"此指作诗。
2. 四始六义:见《毛诗序》。
3. 既形四方之风:语出《毛诗序》:"言天下之事,形四方之风,谓之雅。"
4. 弃指归而无执:谓放弃了正确的道路而无所依据。
5. 蔡应等之俳优:应:就作"邕"。《后汉书》卷六十《蔡邕列传》:"夫书画辞赋,才之小者,匡国理政,未有其能。陛下即位之初,先涉经术,听政余日,观省篇章,聊以游意,当代博弈,非以教化取士之本。而诸生竞利,作者鼎沸。其高者颇引经训风喻之言,下则连偶俗语,有类俳优,或窃成文,虚冒名氏。"
6. 扬雄悔为童子:见扬雄《法言·吾子》。
7. 苏李:指苏武、李陵。
8. 曹刘:指曹植、刘桢。
9. 潘陆:指潘岳、陆机。
10. 江左:东晋建国江左,这里用作东晋的代称。
11. 箴绣鞶帨:扬雄《法言·寡见》:"今之学也,非独为之华藻也,又从而绣其鞶帨。"李善注:"鞶,大带也;帨,佩巾也。衣有华藻文绣,书有经传训解也。"此指过于重视辞藻的作品。
12. 大明:宋孝武帝刘骏的年号。
13. 滋:更。笃:固,厚。
14. 贵游总角:泛指贵族少年。贵游,贵族未入仕者。总角,未成年前束发为两结,其状如角。

15. 博依:《礼记·学记》:"不学博依,不能安诗。"郑玄注:"博依,广譬喻也。"
16. 章句:指解释经书的章句之学。
17. 斐尔:即斐然。《论语·公冶长》:"子在陈,曰:'归与!归与!吾党之小子狂简,斐然成章,不知所以裁之。'"
18. 远致:远离世俗的情致。
19. 季子聆音:指春秋时吴公子季札到鲁国观乐之事。见《左传·襄公二十九年》。
20. 鲤也趋室:《论语·季氏》:"鲤趋而过庭。曰:'学诗乎?'对曰:'未也。''不学诗,无以言。'鲤退而学诗。他日,又独立,鲤趋而过庭。曰:'学礼乎?'对曰:'未也。''不学礼,无以立。'鲤退而学礼。"

【讲疏】

南朝文学,就总的发展情况言,是由质朴而日趋藻丽的。在一般人看来,文学作品和学术著作不同,应该有辞采之美,所谓"变本加厉,踵事增华",乃是事物发展的规律,也是文学发展的自然趋势,萧统在《文选序》里就曾提出这样的看法,并从理论上加以阐明。他指出文学作品的特点,在于"事出于沉思,义归乎翰藻",言"事"而不废"义",重"翰藻"而先之以"沉思",这话是未可厚非的。可是晋、宋以来的文学创作中,特别是贵族文人的创作中,片面讲求艺术技巧,忽视作品的思想内容;在新变的口号下,"摈古竞今",形成一种"习华随侈,流遁忘反"(《文心雕龙·风骨》)的倾向。于是就出现了模山范水的山水文学,"殆同书抄"事类文学,调协宫商、淫词艳曲的靡靡之音,每变愈新,而每况愈下。到萧梁时期,发展到了极点。裴子野的这篇《雕虫论》,就是针对这种文风给予的猛烈批判。

首先,裴子野指出《诗经》"劝善惩恶"的重要作用。从这一思想出发,分析了骚赋的发展情况,有两种不同情况:在辞赋方面,有"悱恻芬芳"的楚辞,在五言诗方面,有苏武、李陵、曹植、刘桢的诗,这是继承《诗经》的传统的;而相如以下的辞赋,则是"靡漫容与","弃指归而无执",潘岳、陆机以下的五言诗,徒以"枝叶"、"謦欬"的华辞为工,刘宋以后的五言诗"波流相尚",失去六义的准则,实为"乱代之征"。裴子野之所以持否定的态度,就是因为他认为诗的发展已经完全违背了儒家诗教。

裴子野自身的创作实践则表现为轻功利、重质朴。裴子野对当时朝野上下竞相吟咏的风气颇为不满,认为妨害政教。梁简文帝萧纲在《答湘东王书》里说他的文章"质不宜慕","了无篇什之美"。《梁书》本传称:"子野为文典而速,不尚丽靡之词,其制作多法古,与今文体异。"可见他无论在理论上或创作上都不同于当时的文学风气。

从议论选用人才角度来看,兼有写作之才与经世治国之才为最好,有时往往擅长作文者未必长于政治,但若因此便贬抑文章,排斥文学的审美功能,便过于偏狭了。此种议论,对后世颇有影响。隋唐时期有的论者讨论文章取士制度之弊时,便往往发表类似的意见。

【关键词解读】

风力

与作品风格有关的文论概念,意与"风骨"相近。语出刘勰《文心雕龙·风骨》:"相如赋仙,气号凌云,蔚为辞宗,乃其风力遒也。""风力"指诗文作品的情思表达得鲜明爽朗,具有力度,给人以富于生气之感。司马相如作《大人赋》,叙游仙之事,汉武帝读后飘飘有凌云之气。刘勰认为这是由于《大人赋》风貌较为清明爽朗,有飞动之致,故有强大的感染力。同书《封禅》批评三国魏邯郸淳《受命述》"风末力寡"、"不能奋飞",指其不能给人以活跃健举、气扬采飞之感。南朝齐裴子野《雕虫论》认为:"曹、刘伟其风力。"指汉末建安诗人曹植、刘桢的作品明朗有力。钟嵘《诗品》多次使用"风力"一语,如《诗品序》:"干之以风力,润之以丹采。"认为诗歌的情感表现须骏爽有力,在此基础上再以美丽的词藻以润饰,方为理想之作。《诗品序》又批评东晋诗作"皆平典似《道德论》,建安风力尽矣"。意谓当时诗歌充斥《老》、《庄》玄语,辞意夷泰,没有建安诗歌那种慷慨动人的情感力量。《诗品》评陶渊明诗云:"又协左思风力。"谓陶诗中有一部分亦慷慨多气,犹如左思。左思《咏史》抒发下层文士对于门阀世族的不满,情感强烈,表现爽朗,风格接近建安。南朝人对于建安风力的认识和概括,对后世诗歌创作和批评具有深远的影响。

【相关知识链接】

南北朝文论家对文坛注重声律形式、淡化教化讽谏的状况,大致有三种不同的态度:新变派、复古派、折衷派。

复古派以裴子野为代表,他的《雕虫论》主张文学经世致用,强调《诗经》的劝善惩恶传统,认为当时文风是"非止乎礼义"。裴子野忽视文学艺术特征的倾向,被萧纲讥为"乃是良史之才,了无篇什之美"(《与湘东王书》)。后北周苏绰帮助宇文泰实行文化复古正常,认为秦汉以来文风不淳朴,其公文可以模仿《尚书》古典的文辞,复古倾向甚于裴子野。

新变派以沈约、萧纲、萧绎、萧子显等人为代表。他们提倡声律诗和宫体诗,肯定南朝文学的新变,重视表现爱情的乐府民歌,在文学语言风格上重文轻质,尤重音韵声律之美。在《宋书·谢灵运传论》,沈约叙述了汉魏以迄刘宋文学的历史发展过程,其中除批判东晋玄言诗缺乏"遒丽之辞"外,对其他各段文学都持肯定态度。并且阐发了声律说,为新体说的创作提供了理论指导。萧纲在继承新体诗的基础上,又进一步提倡描绘艳情和妇女体态的宫体诗。他批评扬雄、曹植轻视辞赋,指出诗赋用于抒情写景,不应模拟《内则》、《酒诰》等经典文体。萧绎重视文笔的区别,重文轻笔,《金楼子·立言》认为文"惟须绮縠纷披,宫徵靡曼,唇吻遒会,情灵摇荡"。萧子显《南齐书·文学传论》非常重视文学的新变:"在乎文章,弥患凡旧;若无新变,不能代雄。"并主张诗应从着重表现男女爱情的民歌中吸取养料。

折衷派以颜延之、刘勰、钟嵘、萧统、颜之推等为代表。颜延之很重视文采,他主张无韵的散文应分为言、笔两类,笔较言有文采,古代经书是言而非笔。他自己的诗文创作研究文采,《诗品》评其诗"尚巧似,体裁绮密"。又善用典,崇尚雅正之风,对乐府民歌和受乐府民歌影响的文人诗抱轻视态度,曾批评当事汤惠休的诗为"委巷中歌谣,方当误后事"(《南史》卷三十四《颜延之传》)。钟嵘论诗,强调质文兼备,风力与丹采结合,也重视雅正,旨趣与刘勰相近。但他对南朝诗歌追求绮丽新奇之风表示不满,对齐梁时期许多文人轻视曹植、刘桢,刻意学习鲍照、谢朓的风气加以抨击。萧统等人也属折衷一派,他编集《文选》,重视"综辑辞采"、"错比文华"(《文选序》)的篇章;但他同时又重视雅正文风,不选南朝过于浮艳之作,他主张文章应"丽而不浮,典而不野,文质彬彬"。

【延伸阅读】

沈约《宋书》问世,裴子野据家藏图书及个人积累,撰成《宋略》,共二十卷,甚得好评。其中有若干史论,主要有《宋略总论》、《宋略·泰始三叛论》、《宋略·选举论》和《宋略·乐志序》等。原书亡佚。散见《通典》、《建康实录》、《资治通鉴》等书引文。由《雕虫论》可见,裴子野认为文学的堕落与追求繁文丽采有关,这是国家衰乱的前兆,他对音乐的认识亦复如此,这篇《乐志序》就反映了这种重视思想内容,轻视艺术技巧的音乐观。

宋略·乐志序

先王作乐崇德,以格神人,通天下之至和,节群生之流放。

天子之于士庶,未曾去其乐,而无非僻之心也。及周道衰微,音失其序,乱代先之以忿怒,亡国从之以哀思。优杂子女,荡目淫心,充庭广奏,则以鱼龙靡慢为瑰玮,会同飨觐,则以吴趋楚舞为妖妍,纤罗雾縠侈其衣,疏金镂玉砥其器。在上班赐宠,群臣从风而靡,王侯将相,歌伎填室,鸿商富贾,舞女成群,竞相夸大,互有争夺,如恐不及,莫为禁令,伤风败俗,莫不在此。

——《通典》卷一百四十一

【思考题】

1. 结合本文,谈谈南朝时期文学批评的整体状况。
2. 谈谈南朝有关声律问题争论的主要内容。

萧 统

【作者简介】

萧统(501—531),字德施,南兰陵(今江苏常州)人。梁武帝萧衍长子,天监元年立为皇太子,未继而卒,谥昭明,世称昭明太子。事迹见《梁书》卷八《昭明太子传》。爱好辞章,招聚文学之士编辑的《文选》三十卷,是对后世影响很大的文学总集。其著作除《文选》外,有《文集》二十卷,已亡佚。萧统的文学观点主要见于《文选序》及《答晋安王书》、《答湘东王求文集及诗苑英华书》、《陶渊明集序》等文章中。

文 选 序

式观元始,眇觌玄风[1],冬穴夏巢之时,茹毛饮血之世,世质民淳,斯文未作。逮乎伏羲氏之王天下也,始画八卦,造书契,以代结绳之政,由是文籍生焉。《易》曰:"观乎天文,以察时变;观乎人文,以化成天下[2]。"文之时义,远矣哉!若夫椎轮为大辂之始,大辂宁有椎轮之质?增冰为积水所成,积水曾微增冰之凛。何哉?盖踵其事而增华[3],变其本而加厉[4]。物既有之,文亦宜然。随时变改,难可详悉。

尝试论之曰:《诗序》云:"诗有六义焉,一曰风,二曰赋,三曰比,四曰兴,五曰雅,六曰颂。"至于今之作者,异乎古昔。古诗之体,今则全取赋名。荀、宋表之于前[5],贾、马继之于末[6]。自兹以降,源流实繁。述邑居,则有"凭虚"、"亡是"之作[7];戒畋游,则有《长杨》、《羽猎》之制[8]。若其纪一事,咏一物,风云草木之兴,鱼虫禽兽之流,推而广之,不可胜载矣。

又楚人屈原,含忠履洁,君匪从流,臣进逆耳,深思远虑,遂放湘南。耿介之意既伤,壹郁之怀靡愬;临渊有怀沙之志[9],吟泽有憔悴之容[10]。骚人之文,自兹而作。

诗者,盖志之所之也,情动于中而形于言。《关雎》、《麟趾》,正始之道著;桑间濮上,亡国之音表[11]。故风雅之道,粲然可观。自炎汉中叶,厥涂渐异:退傅有"在邹"之作[12],降将著"河梁"之篇,四言五言,区以别矣。又少则三字,多则九言,各体互兴,分镳并驱。颂者,所以游扬德业,褒赞成功;吉甫有"穆若"之谈[13],季子有"至矣"之叹[14]。舒布为诗,既言如彼;总成为颂,又亦若此。次则,箴兴于补阙,戒出于弼匡,论则析理精微,铭则序事清润;美终则诔发,图像则赞兴。又诏诰教令之流,表奏笺记之列,书誓符檄之品,吊祭悲哀之作,答客指事之制,三言八字之文,篇辞引序,碑碣志状,众制锋起,源流间出。譬陶匏异器[15],并为入耳之娱;黼黻不同,俱为悦目之玩。作者之致,盖云备矣。

余监抚余闲[16],居多暇日。历观文囿,泛览辞林,未尝不心游目想,移晷忘倦。自姬汉以来,眇焉悠邈,时更七代,数逾千祀。词人才子,则名溢于缥囊[17];飞文染翰,则卷盈乎缃帙[18]。自非略其芜秽,集其清英,盖欲兼功,太半难矣。

若夫姬公之籍,孔父之书,与日月俱悬,鬼神争奥,孝敬之准式,人伦之师友,岂可重以芟夷,加之剪截?老庄之作,管孟之流,盖以立意为宗,不以能文为本,今之所撰,又亦略诸。若贤人之美辞,忠臣之抗直,谋夫之话,辨士之端,冰释泉涌,金相玉振,所谓坐狙丘,议稷下[19],仲连之却秦军[20],食其之下齐国[21],留侯之发八难[22],曲逆之吐六奇[23],盖乃事美一时,语流千载,概见坟籍,旁出子史。若斯之流,又亦繁博,虽传之简牍,而事异篇章,今之所集,亦所不取。至于记事之史,系年之书,所以褒贬是非,纪别异同,方之篇翰,亦已不同。若其赞论之综缉辞采,序述之错比文华,事出于沉思,义归乎翰藻,故与夫篇什,杂而集之。远自周室,迄于圣代,都为三十卷,名曰《文选》云耳。

凡次文之体,各以汇聚。诗赋体既不一,又以类分;类分之中,各以时代相次。

——《六臣注文选》卷首,中华书局1987年版

【题解】

萧统的《文选》是现存最早的一部古代诗文总集。本序主要说明选者的去取标准，论及别裁的用意、文学的性质和文章的体制等问题。萧统认为，事物发展的规律是由简到繁，文章也应当由质朴趋向藻饰，这要求构思的巧妙和辞藻的华美，而文学的本性，也要包含于这样两种审美特征之中。此外，萧统对各类文学作品在体式上的差别，也较前人有了更进一步的认识，对各种文体探本溯源，辨析归类，作了细致的划分和说明。

【注释】

1. 眇觌玄风：眇，同"渺"。玄风，远古之风。
2. "观乎天文"四句：见《易·彖上·贲卦》。天文：天体自然景观。时变：四时的变化。人文：见于文字记录的古代典籍。
3. 踵事：谓由椎车到大辂，造车不断进步之事。
4. 变本：谓水结成冰，改变了原来的形状。加厉：加甚。
5. 荀、宋：指荀卿、宋玉。
6. 贾、马：指贾谊、司马相如。
7. 凭虚：指张衡《西京赋》。亡是：指司马相如《上林赋》。
8. 《长杨》、《羽猎》：指扬雄《长杨赋》和《羽猎赋》。
9. 怀沙：屈原所作《九章》之一，据说是他沉湘之前的绝命词。
10. 吟泽有憔悴之容：《楚辞·渔父》："屈原既放，游于江潭，行吟泽畔；颜色憔悴，形容枯槁。"
11. 桑间濮上，亡国之音表：《礼记·乐记》："桑间濮上之音，亡国之音也。"
12. 退傅：指韦孟，有《在邹》诗，为四言体。
13. 吉甫有"穆若"之谈：尹吉甫所作《诗·大雅·烝民》中有"吉甫作诵，穆如清风"句。
14. 季子有"至矣"之叹：春秋时吴公子季札聘于鲁，观乐，为之歌《颂》，他赞叹道"至矣哉"。事见《左传·襄公二十九年》。
15. 陶匏：都是乐器名。陶即埙，土制的乐器；匏即笙。
16. 监抚：古代称皇太子为储君，居储贰之位，有帮助皇帝监国抚民的任务。
17. 缥囊：书袋。缥，清白色的丝帛。
18. 缃帙：书衣。缃，浅白色的丝帛。
19. 狙丘、稷下：都是齐国地名。
20. 仲连之却秦军：赵孝成王时，秦兵围赵邯郸，魏安厘王使辛垣衍劝赵尊秦为帝。鲁仲连力驳辛说，打消了赵国统治者投降的念头，秦兵知道后，退却五十里。事见《战国策·赵策》及《史记》卷八十三《鲁仲连邹阳列传》。

21. 食其之下齐国：楚汉相争时，汉派郦食其往说齐王田广，使汉军占领了齐七十余城。事见《史记》卷九十七《郦生陆贾列传》。

22. 留侯之发八难：留侯，汉代张良的封号。张良曾发八难，劝汉高祖无立六国后。事见《史记》卷五十五《留侯世家》。

23. 曲逆之吐六奇：曲逆，指汉代的陈平。陈平佐汉高祖，曾六出奇计。事见《史记》卷五十六《陈丞相世家》。

【讲疏】

我国古代的总集，论其性质，可分为两种类型：一是辑录网罗，偏重保存文献；一是鉴裁品藻，意在去芜存精。《文选》当属于后者，既然有所去取，就必然有个标准，从《文选序》中，就可以窥见萧统的文学思想和文章的选录原则。

首先，序文将"人文"的开端推始于上古圣人伏羲的画八卦、造书契，又将"人文"与"天文"相联系，从而抬高"人文"的地位。接着，说明文学是不断发展的，文章发展的趋向与社会生活一样，由简到繁，由质朴到华丽。序文中用很大的篇幅作了关于文体的辨析，萧统先后对先秦至梁代一百三十余位作者的赋、诗、诏、表、书信等文体进行了简略的论述，共计多达三十余种，一方面溯源以明"本"，一方面沿流以表"末"，基本上反映了当时人们对文体的认识情况，说明东汉以降，随着文学的发展，人们对文学的认识愈来愈深入，文体的辨析也就愈来愈精细。

萧统《文选》不录经、史、子三种著作，他认为儒家经书出于圣人之手，不可剪裁割裂；子书的性质在于"立意"，即发表思想见解，而不在于"能文"，即表现写作才能；史书的作用在于纪事实、寓褒贬，也与一般文章不同。从其说明中，鲜明地体现了萧统的文学观念，即所收录的乃是"以能文为本"，能充分体现作者写作才能的作品，是"综缉辞采"、"错比文华"、"沉思"、"翰藻"之作，亦即讲究文辞声色美之作。萧统认为经、史、子著作缺少文辞之美，而集部中的精心结撰之作乃具有文辞声色之美，史书中的赞、序述则可归于讲究翰藻的篇章之中。这是对骈文时代文学观念的简略而鲜明的表述。

【关键词解读】

风雅

古代诗学的重要概念。原指《诗经》中的《国风》、《小雅》、《大雅》，后来引申来泛指《诗经》所代表的优良文学传统。对此,唐代诗人尤为推崇,陈子昂《与东方左史虬修竹篇序》认为:"思古人常恐逶迤颓靡,风雅不作,以耿耿也。"陈氏论诗崇尚汉魏,不满晋宋以后诗,尤其鄙薄齐梁诗,认为晋宋齐梁诗逐渐丧失了《诗经》关心现实、情志充实、思想深刻的优点,提倡艺术要表现明朗真朴的优良传统。杜甫《戏为六绝句》认为:"未及前贤更勿疑,递相祖述复先谁?别裁伪体亲风雅,转益多师是汝师。"杜甫尊重传统,主张广收博取,而须有所别择,强调继承《诗经》的风雅传统。殷璠《河岳英灵集》评储光羲诗云:"格高调逸,趣远情深,削尽常言,挟风雅之迹、浩然之气。"以"风雅"泛称储诗之高古,乃就艺术表现而言。元结《箧中集序》认为:"风雅不兴,几及千岁,溺于时者,世无人哉!"元稹《乐府古题序》认为:"况自风雅,至于乐流,莫非讽兴当时之事,以贻后代之人。"主张为乐府诗者,应效法《诗经》和古乐府感慨时事,褒贬美刺的精神,发挥诗歌的积极政教作用。古人常常将风雅、比兴连文,指《诗经》所具有的美刺讽喻精神及其批判现实的意义。《诗经》的思想内容和艺术表现,均被后人视为典范,故"风雅"一语,可指内容之无邪雅正,也可指艺术之温婉典雅,也可二者兼指。

【相关知识链接】

萧统的《文选》是现存最早的一部古代诗文总集。在此之前,已有杜预的《善文》、李充的《翰林》、挚虞的《文章流别集》、刘义庆的《集林》等书,均已亡佚。《文选》收录作品广泛,体制完备,千百年来,行世不废,影响重大,甚至后代研究《文选》,成了一种专门的学问。

事物由简到繁,文章应该由质朴趋向藻饰,是六朝流行的看法,萧统在这个问题上的观点,正是当时一般人的思想。在他看来,后代文人制作,其性质之所以不同于经籍子史,在于"以能文为本";而"能文"的特征,则是"事出于沉思,义归乎翰藻"。"事"是题材,描写任何题材,必须有意义可寻;而这意义的表现,又不同于一般的哲学论文、历史书籍和其他的应用文字,必须是通过深沉的艺术构思,见出语言词藻之美。这样,就给文学作品与非文学作品之间划出了一条界线。正因为有了这条界线,所以萧统能够在大量的古代作品中加以选择,编选出一部规模宏大的文学选集。

清人阮元提倡骈偶,因此对《文选序》的选录标准大加赞赏。其《书梁昭明太子文选序后》云:"昭明所选,名之曰文,盖必文而后选也,非文则不选也。经也,子也,史也,皆不可专名之为文也。故昭明《文选序》后三段特明其不选之故,必沉思翰藻,始名之为文,始以入选也。"在昭明太子的时代,凡以文字写下来的都成为文或文章,非"沉思翰藻"者,经子史著作,都属于文或文章的范畴,只是在萧统看来算不上好的、美的文章,故而不入选罢了。

【延伸阅读】

此篇选自《全梁文》卷二十,湘东王即萧绎,字世诚,萧衍第七子,萧统、萧纲之弟。《文选》即萧统编选的《昭明文选》,《诗苑英华》即萧统编写的五言诗集,萧绎曾向萧统索要《文集》及《诗苑英华》,故萧统写此文进行答复。文中着重叙述了自己的创作体验,认为"文典则累野,丽亦伤浮。能丽而不浮,典而不野,文质彬彬,有君子之致",提倡一种和谐的美感。文笔清俊,自然流畅。本篇可与《文选序》互参。

答湘东王求文集及诗苑英华书

得疏,知须《诗苑英华》及诸文制。发函伸纸,阅览无辍。虽事涉乌有,义异拟伦,而清新卓尔,殊为佳作。夫文典则累野,丽亦伤浮。能丽而不浮,典而不野,文质彬彬,有君子之致。吾尝欲为之,但恨未逮耳。观汝诸文,殊与意会。至于此书,弥见其美。远兼邃古,傍暨典坟,学以聚益,居焉可赏。

吾少好斯文,迄兹无倦。谭经之暇,断务之余,陟龙楼而静拱,掩鹤关而高卧。与其饱食终日,宁游思于文林。或日因春阳,其物韶丽,树花发,莺鸣和,春泉生,暄风至,陶嘉月而嬉游,藉芳草而眺瞩。或朱炎受谢,白藏纪时,玉露夕流,金风多扇,悟秋山之心,登高而远托。或夏条可结,倦于邑而属词,冬云千里,睹纷霏而兴咏。密亲离则手为心使,昆弟晏则墨以亲露。又爱贤之情,与时而笃。冀同市骏,庶匪畏龙。不如子晋,而事似洛滨之游;多愧子桓,而兴同漳川之赏。漾舟玄圃,必集应、阮之俦;徐轮博望,亦招龙渊之侣。校核仁义,源本山川;旨酒盈罍,嘉肴溢俎。曜灵既隐,继之以朗月;高舂既夕,申之以清夜。并命连篇,在兹弥博。又往年因暇,搜采英华,上下数十年间,未易详悉,犹有遗恨。而其书已传,虽未为精核,亦粗足讽览;集乃不工,而并作多丽。汝既须之,皆遣送也。某启。

——严可均:《全梁文》卷二十,中华书局影印本

【思考题】

1. 概述萧统对文学性质的理解。
2. 结合文章,谈谈萧统是如何辨析文章体制的。

萧 子 显

【作者简介】

萧子显(约 489—约 537),字景阳,南兰陵(今江苏丹阳东)人。齐高帝萧道成之孙,入梁后曾为临川内史、国子祭酒、侍中、吏部尚书、吴兴太守等职。好学能文,恃才傲物,颇为梁武帝萧衍、太子萧纲所重。著有《齐书》、《南齐书》等史书多种,今唯《南齐书》尚存,其中的《文学传论》发表了不少有关诗文的见解,强调"新变",值得后世文学思想研究关注。原有集,已佚。《梁书》卷三十五、《南史》卷四十二有传。

南齐书·文学传论

史臣曰[1]:文章者,盖情性之风标[2],神明之律吕也。蕴思含毫[3],游心内运[4],放言落纸,气韵天成。莫不禀以生灵[5],迁乎爱嗜[6],机见殊门[7],赏悟纷杂。若子桓之品藻人才[8],仲治之区判文体[9],陆机辨于《文赋》[10],李充论于《翰林》,张眎摘句褒贬[11],颜延图写情兴,各任怀抱,共为权衡[12]。

属文之道,事出神思,感召无象[13],变化不穷。俱五声之音响,而出言异句;等万物之情状,而下笔殊形。吟咏规范,本之雅什[14],流分条散,各以言区。若陈思《代马》群章,王粲《飞鸾》诸制,四言之美,前超后绝。少卿离辞[15],五言才骨,难与争骛[16]。桂林湘水[17],平子之华篇[18],飞馆玉池,魏文之丽篆,七言之作,非此谁先。卿、云巨丽,升堂冠冕,张、左恢廓,登高不继[19];赋贵披陈,未或加矣。显宗之述傅毅,简文之擒彦伯[20],分言制句,多得颂体。裴颁内侍[21],元规凤池[22],子章以来[23],章表之选。孙绰之碑,嗣伯喈之后[24],谢庄之诔[25],起安仁之尘[26],颜延《杨瓒》,自比《马督》[27],以多称贵,归庄为允。王褒《僮约》,束晳《发蒙》[28],滑稽之流,亦可奇玮。五言之制,独秀众品。习玩为理,事久则渎,在乎文章,弥患凡旧。若无新变,不能代雄。建安一体,《典论》短长互出;潘、陆齐名,机、岳之文永异。江左风味,盛道家之言,郭璞举其灵变,许询极其名理,仲文玄气,犹不尽除;谢混情新,得名未盛。颜、谢并起,乃各擅奇,休、鲍后出[29],咸亦标世。朱蓝共妍[30],不相祖述。

今之文章,作者虽众,总而为论,略有三体。一则启心闲绎[31],托辞华旷[32],虽存巧绮,终致迂回。宜登公宴,本非准的[33]。而疏慢阐缓,膏肓之病,典正可采,酷不入情。此体之源,出灵运而成也。次则缉事比类,非对不发,博物可嘉,职成拘制。或全借古语,用申今情,崎岖牵引,直为偶说。唯睹事例,顿失清采。此则傅咸五经[34],应璩指事[35],虽不全似,可以类从。次则发唱惊挺,操调险急,雕藻淫艳,倾炫心魂。亦犹五色之有红紫[36],八音之有郑、卫。斯鲍照之遗烈也[37]。

三体之外,请试妄谈。若夫委自天机,参之史传[38],应思悱来[39],勿先构聚。言尚易了,文憎过意,吐石含金,滋润婉切。杂以风谣,轻唇利吻,不雅不俗,独中胸怀。轮扁斫轮,言之未尽,文人谈士,罕或兼工。非唯识有不周,道实相妨,谈家所习,理胜其辞,就此求文,终然翳夺[40],故兼之者鲜矣。

赞曰:学亚生知[41],多识前仁。文成笔下。芬藻丽春。

——《南齐书》卷五十二,中华书局1972年版

【题解】

在《南齐书·文学传论》中,萧子显对古今文学发展的状况进行了叙述,表达了自己对文学的见解。萧子显主张"新变",他认为凡玩赏之事,若久而无变,便会使人失去新鲜感,发生厌倦,而文章尤其如此。因而作家若求为人欣赏而取代原先重要作者的地位,便必须求新求变。此外,他肯定作品的多样性,认为作品乃"情性之风标,神明之律吕",是作家性灵的外现,而作者的审美好尚不同,见识、悟性不同,因而"出言异句","下笔殊形"。加以作家都有意追求新变,因此便形成了"朱蓝共妍,不相祖述"

的丰富多彩的局面。不同时代的作品风貌各不相同,即便同一时代不同作者也是"短长互出",其文"永异"。

【注释】

1. 史臣:作者自称。
2. 情性之风标:感情性格的表现。
3. 蕴思含毫:谓积蓄文思于动笔之前。毫,毛笔。
4. 游心:创作中不受时空限制的思维活动。
5. 禀:禀受。生灵:指先天禀赋的才性。
6. 迁乎爱嗜:指作品随着评论者的喜爱而被作出不同的评价。
7. 机:指欣赏作品的能力。见:见解。殊门:特殊的门径。
8. 子桓:曹丕字。品藻:指鉴别作品的优劣高下。
9. 仲洽:挚虞字。
10. 辨:探讨。
11. 张眎:未详。
12. 各任怀抱,共为权衡:诸家论文根据自己的看法去衡量作品的优劣。
13. 感召无象:由于客观事物激发了主观情思而写出文章。外境与内心融合无间,无迹象可寻。
14. 雅什:《诗经》的《雅》、《颂》每组十篇,称为什。
15. 少卿:李陵字。
16. 争骛:争驰。
17. 桂林湘水:东汉张衡《四愁诗》有"我所思兮在桂林,欲往从之湘水深"句。
18. 平子:张衡字。
19. 登高不继:谓作赋无人能继其踪。语出《韩诗外传》:"孔子曰:君子登高必赋。"
20. 简文:东晋简文帝司马昱,元帝之子。
21. 裴颀:字逸民,曾官散骑常侍,迁侍中,拜尚书。
22. 元规凤池:谓庾亮上表辞中书监。元规,庾亮字,晋明帝以为中书监。凤池,即凤凰池,指中书省。
23. 子章:疑为孔璋,汉末文学家,"建安七子"之一。
24. 伯喈:后汉蔡邕字,以碑文著称。
25. 谢庄:字希夷,南朝宋文学家。
26. 安仁:潘岳字,以诔文著称。
27. 《马督》:指潘岳的《马汧督诔》。
28. 束晳《发蒙》:束晳字广微,西晋作家。著有《发蒙记》一卷,已佚。
29. 休、鲍:指汤惠休、鲍照。
30. 朱蓝共妍:谓各有千秋。

31. 绎:通"怿"。
32. 托辞华旷:言辞华美,语意放旷。
33. 准的:标准。
34. 傅咸:字长虞,傅玄之子。西晋诗人。
35. 应璩:字休琏,应场之弟,三国魏文学家。
36. 红紫:古代以黄色为正色,红紫非正色,所以用以比喻淫艳。
37. 遗烈:前人遗留的业绩。
38. 史传:泛指典籍。
39. 应思悱来:谓辞句随文思自然流出。
40. 翳:蒙蔽。
41. 生知:生而知之。《论语·季氏》:"生而知之者,上也。学而知之者,次也。"

【讲疏】

《南齐书·文学传论》是著名的文学评论著作,萧子显在文中提出的观点,一直为后人所重视。

文学作品是直觉的表现,灵感的产物,而不是苦心经营的结果。萧子显认为,文学创作的关键是"游心内运"的"神思"和灵感勃发的"天机"。凭借着艺术的想象力,可以"感召无象",进行虚构而"变化无穷";依靠灵感,能够"应思悱来",文思泉涌而"勿先构聚"。他对五言诗颇为重视,指出:"五言之制,独秀众品。"这一点,可与钟嵘《诗品序》"五言居文词之要,是众作之有滋味者"互为印证,反映出当时诗坛五言诗繁盛的状况。

萧子显从文学发展过程中各家并起、风格迭异、"朱蓝共妍,不相祖述"的史实中,认识到唯有创新,艺术才有生命力,才能造就新一代的文学,"在乎文章,弥患凡旧,若无新变,不能代雄",这与刘勰关于文学发展"通变"和"因革"的观点,可谓不谋而合。

萧子显标举的最高艺术境界是"气韵天成",即"禀以生灵"与"委自天机"的统一。所以他对谢灵运、颜延之、鲍照的诗风,也就是所谓的"元嘉体"进行了褒贬不一的评论。他肯定谢灵运体词采的"华旷"、"巧绮",不满于他的"疏慢阐缓"、"酷不入情"。对于颜延之一派喜用典故的作风,萧子显一方面肯定其"博物可嘉",另一方面又作了猛烈的抨击,指出这种堆砌典故的做法是"唯睹事例,顿失清采"。鲍照的诗歌多抒写妇女对爱情的追求,奔放热烈,词采华艳,表现出"操调险急,雕藻淫艳"的风格,遭到了萧子显的非难。

在语言风格上,萧子显主张"杂以风谣",从民间歌谣中吸取营养,做到"轻唇利吻,不雅不俗,独中胸怀",形成流畅圆转的语言风格。他还说道"文人"与"谈士"不同,少有兼擅者,不仅因为人的才识有偏,而且写作与清谈有相互冲突之处。清谈家所习在"理",而"理胜其辞",便会妨碍文章之工。

【关键词解读】

气韵

古代诗学、美学的重要概念。"气韵"一词最早用于评画,语出南齐谢赫《古画品录》:"画有六法,罕能尽该,而自古及今,各善一节。六法者何?一气韵生动是也;二骨法用笔是也;三应物象形是也;四随类赋彩是也;五经营位置是也;六传移模写是也。"他将"气韵生动"列为绘画"六法"之首。尔后"气韵"一词,屡见于历代画论中,如唐张彦远《历代名画记》卷一:"以气韵求其画,则形似在其间矣。"宋郭若虚《图画见闻志》卷一:"人品既已高矣,气韵不得不高;气韵既已高矣,生动不得不至。"清唐岱《绘事发微·气韵》:"画山水贵乎气韵。气韵者,非云烟雾霭也,是天地之真气。"从这些有代表性的阐述中,可知"气韵"指绘画形象生动传神,其源于画家品格灵府高拔超逸,具体的风格表现则多种多样,圆浑雄壮、顺快流畅等,无不以"气韵"贯通。

运用于诗论的"气韵",其内容也包括上述含义。梁萧子显《南齐书·文学传论》认为:"文章者,盖性情之风标,神明之律吕也。蕴思含毫,游心内运,放言落纸,气韵天成。"此处"文章"主要是指诗歌,"气韵"则是诗人"情性"、"神明"的自然流露。"气韵"非简单地等同于诗中之志,有情的诗歌未必有气韵。许学夷《诗源辩体》卷三十二:"唐人之诗,虽主乎情,而盛衰则在气韵。如中唐律诗、晚唐绝句,亦未尝无情,而终不得与初盛相较,正是其气韵衰飒耳。""气韵"不像诗中之情那样具体,而是指涵盖作品,贯充其间的风致神韵。方东树《昭昧詹言》卷一:"读古人诗,须观其气韵。气者,气味也;韵者,态度风致也。如对名花,其可爱处,必在形色之外。气韵分雅俗。"此处提出"气韵"有雅俗之分,因而诗人追求的"气韵"往往出自气味、风致、高雅、清淡的诗境。

【相关知识链接】

萧子显论文,本于"情性",标举"气韵",在总结文学的发展规律和自己审美经验的基础上,他提出了著名的"新变"说。《南齐书·文学传论》:"习玩为理,事久则渎,在乎文章,弥患凡旧。若无新变,不能代雄。"针对两汉以来作为经学附庸的复古文风,萧子显主张"新变"的文学发展观。他认为文学具有赏心悦目的娱乐性、观赏性,若久而无变,便会使人失去新鲜感,从而产生厌倦,诗歌作品尤其如此。因此,如果诗人要求自己的作品为人所赏识,并企求取代过去作家的重要地位,便必须重创造、求"新变"。这是对于六朝文学标新立异的时代美学思潮的理论概括,实际上是从读者审美心理和作品社会效果的角度,对文学发展变化的动因予以具体阐述。从模山范水的山水诗,到吟咏动植器物的咏物诗,还有着眼征战戎旅的边塞诗,发展到着意描绘女性美丽风流的宫体诗,众多题材的转换和开拓,还有风靡一时的永明声律,种种文学现象日新月异的变化,其中便包含着追新求变的因素,也与趋新好美的时代审美要求密切相关。萧子显所标举的具体文学事例,如晋宋以后潘岳、陆机、颜延之、谢灵运、汤惠休、鲍照等,"朱蓝共妍,不相祖述",各擅胜场,皆成名家,可见其"新变"理论对于文学的丰富多样和历史变化予以充分的肯定,有利于促进后代诗歌的发展。

【延伸阅读】

此篇自序经历和思想。作者自比楚之唐勒、宋玉,汉之严忌、邹阳,自视颇高。他认为自然景物的变化,使他"有来斯应,每不能已"。这种"物感说"是当时文人的共识。他曾受到梁武帝"可谓才子"的称赞。他主张"每有制作,特寡思功,须其自来,不以力构",又与《文心雕龙·养气》篇看法相似。这些观点,有助于我们了解当时的文学思想。

自　　序

余为邵陵王友,忝还京师,远思前比,即楚之唐、宋,梁之严、邹。追寻平生,颇好辞藻,虽在名无成,求心已足。若乃登高目极,临水送归,风动春朝,月明秋夜,早雁初莺,开花落叶,有来斯应,每不能已也。前世贾、傅、崔、马、邯郸、缪、路之徒,并以文章显,所以屡上歌颂,自比古人。天监十六年,始预九日朝宴,稠人广坐,独受旨云:"今云物甚美,卿得不斐然赋诗。"诗既成,又降帝旨曰:"可谓才子。"余退谓人曰:"一顾之恩,非望而至。遂方贾谊何如哉? 未易当也。"

每有制作,特寡思功,须其自来,不以力构。少来所为诗赋,则《鸿序》一作,体兼众制,文备多方,颇为好事所传,故虚声易远。

——《梁书》卷三十五《萧子显传》,中华书局1973年版

【思考题】

1. 试析萧子显在《南齐书·文学传论》中的文学见解。
2. 谈谈有关"情性"、"气韵"的看法。

萧　纲

【作者简介】

萧纲(503—551),字世缵,南兰陵(今江苏武进)人。梁简文帝,在位两年,为叛将侯景所杀。做太子时,和文士徐摛、庾肩吾等提倡写作淫靡轻艳的宫体诗,风靡一时。著名的论文篇章有《与湘东王书》、《昭明太子集序》、《临安公主集序》、《诫当阳公大心书》等,后人辑有《梁简文帝集》。其文学思想的基本倾向与其兄相仿,且更加注重形式的精美和性灵的抒写,《诫当阳公大心书》中提出的"立身先须谨慎,为文且须放荡",基本上可以代表萧纲的文学创作观念。

与湘东王书

吾辈亦无所游赏,止事披阅,性既好文,时复短咏[1]。虽是庸音[2],不能阁笔[3],有惭伎痒[4],更同故态。比见京师文体[5],懦钝殊常[6],竞学浮疏,争为阐缓[7]。玄冬修夜[8],思所不得,既殊比兴[9],正背《风》、《骚》[10]。若夫六典三礼[11],所施则有地,吉凶嘉宾[12],用之则有所。未闻吟咏情性,反拟《内则》之篇[13];操笔写志,更摹《酒诰》之作[14];迟迟春日[15],翻学《归藏》[16];湛湛江水[17],遂同《大传》。

吾既拙于为文,不敢轻有掎摭。但以当世之作,历方古之才人[18],远则扬、马、曹、王[19],近则潘、陆、颜、谢[20],而观其遣辞用心,了不相似。若以今文为是,则古文为非;若昔贤可称,则今体宜弃。俱为盍各[21],则未之敢许。又时有效谢康乐、裴鸿胪文者[22],亦颇有惑焉。何者?谢客吐言天拔,出于自然,时有不拘,是其糟粕;裴氏乃是良史之才,了无篇什之美。是为学谢则不届其精华,但得其冗长;师裴则蔑绝其所长,惟得其所短。谢故巧不可阶[23],裴亦质不宜慕。故胸驰臆断之侣,好名忘实之类,方分肉于仁兽[24],逞郤克于邯郸[25],入鲍忘臭[26],效尤致祸。决羽谢生[27],岂三千之可及;伏膺裴氏[28],惧两唐之不传[29]。故玉徽金铣[30],反为拙目所嗤;《巴人》《下里》,更合郢中之听。《阳春》高而不和,妙声绝而不寻,竟不精讨锱铢[31],核量文质,有异《巧心》,终愧妍手。是以握瑜怀玉之士,瞻郑邦而知退;章甫翠履之人,望闽乡而叹息[32]。诗既若此,笔又如之。徒以烟墨不言,受其驱染;纸札无情,任其摇襞。甚矣哉,文之横流,一至于此!

至如近世谢朓、沈约之诗,任昉、陆倕之笔,斯实文章之冠冕,述作之楷模。张士简之赋[33],周升逸之辩[34],亦成佳手,难可复遇。文章未坠,必有英绝,领袖之者,非弟而谁。每欲论之,无可与语,思吾子建,一共商榷。辩兹清浊,使如泾、渭;论兹月旦,类彼汝南[35]。朱丹既定,雌黄有别,使夫怀鼠知惭,滥竽自耻。譬斯袁绍,畏见子将[36];同彼盗牛,遥羞王烈[37]。相思不见,我劳如何。

——《梁书》卷四十九,中华书局1973年版

【题解】

萧纲这封书信作于入京为太子后。湘东王即其弟萧绎。兄弟二人都爱好文学,均具有颇高的诗文写作才能。在这封信中,萧纲严厉批评了他视为不良的写作风气,认为诗赋等审美性质浓厚的作品,既有其自身的作用,也就应有自身的特点,不应与经史著作相混淆,并且自比曹丕,而将萧绎比为曹植,充分反映了他意欲领袖文坛的心情。

【注释】

1. 短咏:短诗。
2. 庸音:自谦的说法,以自己所作诗歌为平庸。
3. 阁笔:辍笔停写。
4. 伎痒:谓怀伎以求表现,如痒唯忍。
5. 京师:梁代都城建康。
6. 懦钝:依儒经以写诗,显得束缚情性,质木无文。
7. 竞学浮疏,争为阐缓:指宋代以来山水田园诗一派,浮而不密,文句优游的风

格。

8. 玄冬：冬月其色尚玄，故称玄冬。
9. 既殊比兴：殊，有别。诗描摹山水过于细致，则诗之比兴手法较少被运用。
10. 正背《风》、《骚》：背，背离。风骚，代指较强烈的情感寄托。诗流连山水之际，往往缺少情思。
11. 六典三礼：六典，周之六典，即治典（天官冢宰）、教典（地官司徒）、礼典（春官宗伯）、政典（夏官司马）、刑典（秋官司寇）、事典（冬官司空）。三礼，《周礼》、《仪礼》和《礼记》。
12. 吉凶嘉宾：古人以祭祀之礼为吉礼，冠婚之礼为嘉礼，宾客之礼为宾礼，丧葬之礼为凶礼。
13. 《内则》：《礼记》有《内则》篇。
14. 《酒诰》：《尚书》有《酒诰》篇。
15. 迟迟春日：《诗·豳风·七月》："春日迟迟，采蘩祁祁。"
16. 《归藏》：《周礼·大卜》："掌三易之法，一曰《连山》，二曰《归藏》，三曰《周易》。"《归藏》相传为古时占卜之书。
17. 湛湛江水：《楚辞·招魂》："湛湛江水兮上有枫，目极千里兮伤春心。"
18. 历方：纵向比较。
19. 扬、马、曹、王：指扬雄、马融、曹植、王粲。
20. 潘、陆、颜、谢：指潘岳、陆机、颜延之、谢灵运。
21. 盍各：《论语·公冶长》："颜渊、季路侍。子曰：'盍各言尔志？'"盍，何不。
22. 谢康乐、裴鸿胪：谢康乐，即谢灵运，袭封康乐公。因"性奢豪"，都称他谢康乐。裴鸿胪，即裴子野。为梁朝名儒，大通元年，迁鸿胪卿，故称裴鸿胪。
23. 谢故巧不可阶：钟嵘《诗品》谓谢灵运"故尚巧似"。阶，进阶，指效仿。
24. 仁兽：指麒麟。
25. 郤克：春秋时晋国大夫。
26. 入鲍忘臭：《说苑·杂言》："如入鲍鱼之肆，久而不闻其臭。"
27. 决羽谢生：决羽，与"伏膺"对文，指效法谢灵运。
28. 伏膺：诚服。
29. 两唐：疑指唐尧、唐叔虞。
30. 玉徽金铣：喻优秀的作品。徽，琴面上指示音调高低的标识。铣，古乐器钟口的两角。
31. 精讨锱铢：精心研讨细微之处。锱铢，极言其小。
32. 章甫翠履之人，望闽乡而叹息：《庄子·逍遥游》："宋人资章甫而适诸越，越人断发文身，无所用之。"闽乡之人裸足，故翠履也无所用之。章甫，冠名。翠履，以翠鸟毛为饰的鞋。
33. 张士简：张率，字士简。历仕齐、梁二朝，善作诗赋，其《待诏赋》深得梁武帝赞赏。

34. 周升逸：周舍，字升逸，博学善辩。

35. "论兹月旦"二句：《后汉书》卷六十八《郭符许列传》："劭与靖俱有高名，好共核论乡党人物，每月辄更其品题，故汝南俗有'月旦评'焉。"

36. 譬斯袁绍，畏见子将：《后汉书》卷六十八《郭符许列传》："许劭字子将……同郡袁绍，公族豪侠，去濮阳令归，车徒甚盛，将入郡界，乃谢遣宾客，曰：'吾舆服岂可使许子将见。'遂以单车归家。"

37. 同彼盗牛，遥羞王烈：《后汉书》卷八十一《独行列传》："王烈字彦方，太原人也。少师事陈寔，以义行称。乡里有盗牛者，主得之，盗请罪曰：'刑戮是甘，乞不使王彦方知也。'烈闻而使人谢之，遗布一端。或问其故，烈曰：'盗惧吾闻其过，是有耻恶之心。既怀耻恶，必能改善，故以此激之。'后有老父遗剑于路，行道一人见而守之，至暮，老父还，寻得剑，怪而问其姓名，以事告烈。烈使推求，乃先盗牛者也。诸有争讼曲直，将质之于烈，或至涂而反，或望庐而还。其以德感人若此。"

【讲疏】

这是萧纲写给其弟湘东王的一封论文的信，主要讲了以下几个问题。

首先，萧纲批评了京师"竞学浮疏，争为阐缓"的不良文风，认为抒写情志和描绘自然风景的诗赋等作品，不应模仿儒家经书典雅雍容、质朴古奥的风格，而当时一些文人一味摹古，完全违背了"风骚"传统，缺少情感力量。萧纲强调"吟咏情性"是"文"的特质，反对用儒家经典来要求束缚抒情体物之"文"。信中一开始便坦然表明自己"性既好文，时复短咏"，进而指出这"短咏"一类的"文"，其用途在于"吟咏情性"、"操笔写志"。萧纲还带着嘲讽的口气指出，裴子野只是"良史之才，了无篇什之美"。显然，萧纲是将"吟咏情性"看作"文"的重要本质性特质之一。

其次，批评当时诗坛学谢灵运、裴子野的风气。认为他们于谢氏，不学他"吐言天拔，出于自然"的优点，却学他"冗长"之病、散漫之弊，与前面所说"懦钝"、"浮疏"、"阐缓"类似；于裴氏，不学他的"良史之才"，却得其"了无篇什之美"的短处，这是弃精华而取糟粕，学不得法。

再次，对于作"文"，萧纲除强调情感性之外，又崇尚丽靡，讲求文采。裴子野全面指责自"楚骚"以来之歌诗辞赋，斥其重"藻饰"、"繁华蕴藻"、"以博依为急务"，乃"雕虫之艺"；并以"蔡邕等之俳优，扬雄悔为童子"来嘲讽文学作品的创作。萧纲在此信中反过来抨击裴子野所提倡的"京师文体"，称其"懦钝"、"浮疏"、"阐缓"、"既殊比兴，正背《风》《骚》"，亦即迂阔拖沓、书气十足，既不生动，更无形象。甚至直称"裴氏乃是良史之才"、"裴亦质不宜慕"，反对作"文"仿古、质朴的主张。在《答张缵谢示集书》中，他说："纲少好文章，于今二十五载矣。窃尝论之：日月参辰，火龙黼斁,尚且著于玄象,章乎人事,而况文辞可止,咏歌可辍乎?不为壮夫,扬雄实小言破道;非谓君子,曹植亦小辩破言。论之科刑,罪在不赦。"萧纲对杨、曹的文学成就是钦佩的,但对扬雄后悔自己早年的"沉博艳丽",对曹植轻视自己作出努力并颇有成就的文学事业,萧纲极为不满,竟然斥以"罪在不赦"!由此亦可见出萧纲对文学的钟爱,对辞藻华美的重视。

从萧纲对当时文坛的批评,可见他对于抒情写景之作的审美要求,即要有充沛的情感力量,反对舒缓呆滞的风格;欣赏如谢灵运山水诗那样的"天拔"、"自然"之作;不满于依傍经史、引经据典的作风。

【关键词解读】

吟咏情性

古代诗学中有关创作主体性的一个重要概念。语出《毛诗序》:"国史明乎得失之迹,伤人伦之废,哀刑政之苛,吟咏情性,以风其上,达于事变而怀其旧俗者也。"把诗歌的言志和抒情性质统一起来,对"情"加以重视强调,进一步体现了诗歌的创作特点,同时,以儒家伦理限制审美情感的自由表现,所谓"吟咏情性",仍然不能摆脱"发乎情,止乎礼义"的伦理制约。《尚书·尧典》:"诗言志,歌永言,声依永,律和声。八音克谐,无相夺伦,神人以和。"这里的"志"与"情"在意义上相通,不过"志"主要是指对社会现象的认识和态度。

魏晋南北朝时期,审美意识进一步发展,文学艺术的独立性加强,抒写日常生活、表达个人情感的作品大量涌现,"吟咏情性"渐渐脱离儒家所强调的礼义规范和政教范围。诗论中"志"、"情"的分途,逐渐形成"言志"与"缘情"的对立。陆机在《文赋》中提出"诗缘情而绮靡",显示了诗人创作对"情"的自由挥洒。钟嵘《诗品序》:"若乃经国文符,应资博古,撰德驳奏,宜穷往烈。至乎吟咏情性,亦何贵于用事?"认为用于政治活动的文章应引用前言往事,抒情诗则应表现作者自然真切的审美感受。萧纲要求抒情写景之作要以情感为主导,反对当时"京师文体"的"懦钝"、"阐缓"、"浮疏"的风格,反对用儒家经典来束缚抒情体物之"文",强调"文"的用途,就在于"吟咏情性"、"操笔写志"。

南宋严羽《沧浪诗话·诗辨》:"诗者,吟咏情性也。"提出诗有"别材"、"别趣"之说,反对"以文字为诗,以才学为诗,以议论为诗"。明清之际王夫之《诗绎》:"陶冶性情,别有风旨,不可以典册、简牍、训诂之学与焉也。"清代袁枚《随园诗话》:"诗写性情,惟吾所适。"均强调诗歌的本质在于抒情性,在于表现主体的审美情趣。

【相关知识链接】

通过《与湘东王书》,萧纲对梁代文学的走向提出了自己看法。当时士人对文学认识逐渐明晰,但"宗经"一派仍具影响。若走"宗经"路线,文学就难以摆脱经学附庸地位。裴子野就代表了当时文坛持这种保守观点的一派,萧纲对此深不以为然,他要割断儒家经典对抒情文学的束缚。所谓"春日迟迟"、"湛湛江水",前者为《诗》,后者出于《楚辞》,萧纲看到了它们与《书》、《礼》及《易》的根本差别,他要还文学以文学,使之独立成科,自然对"师裴"嗤之以鼻。同时,他对"浮疏"、"阐缓"诗风也颇反感,业已寓含了对谢灵运"冗长"的微词,因此,他认为"学谢"也不可取。萧纲对文学似持"厚今薄古"态度,他标举近世谢朓、沈约辈为诗文楷模,这两人已开绮艳诗风,萧纲对此情有独钟。他反对文学"懦钝",认识到文学的抒情特质,捍卫了文学的独立地位;他反对"学谢",表现出对山水清音的厌倦;而其效法谢朓、沈约,遂有以他为中心的"宫体"文学之兴起。

【延伸阅读】

本篇集中反映了刘孝绰的文学思想。刘孝绰与昭明太子萧统关系密切,是萧统编选《文选》的主要助手。刘孝绰认为:"能使典而不野,远而不放,丽而不淫,约而不俭,独擅众美,斯文在斯。"萧统认为:"夫文典则累野,丽亦伤浮,能丽而不浮,典而不野,文质彬彬,有君子之致。"他们对文学的看法颇为相似,这对于我们理解《文选》的选录标准是很有帮助的。

昭明太子集序

窃以文之为义,太哉远矣。故孔称性道,尧曰钦明,武有来商之功,虞有格苗之德,故《易》曰:"观乎天文,以察时变;观乎人文,以化成天下。"是以合精吐景,六卫九光之度;方珠喻龙,南枢北陵之采,此之谓天文。文籍生,书契作,咏歌起,赋颂兴,成孝敬于人伦,移风俗于王政,道绵乎八极,理浃乎九垓,赞动神明,雍熙钟后,此之谓人文。若夫体天经而总文纬,揭日月而谐律吕者,其在兹乎!

昭明太子,悬明离之极照,履得一之休征,曰孝与仁,穷神尽圣,丰下表异,垂发应期。若夫嵩霍之峻,无以方其高,沧溟之深,不能比其大,二耀朓蚀,而凝明弗亏,四气犹爽,而履信或一。言出知乎微,行立彰乎远,湛然玄默,巍乎庄敬,居身以约,在满必冲,九德之保,无以喻其审谕,六行之传,岂可语其拾遗。叔誉知穷,师旷心服,行一物而三善,固无得称焉。

至如翠蕤晨兴,斑轮晓驾,胡香翼盖,葆吹从风。问安寝门之外,视膳东厢之侧。三朝有则,一日弗亏,恭承宸扆,陪赞颜色,化阙梓于商庭,既欣拜梦;望直城而结轨,有悦皇心,此一德也。

地德褰帷,天鸡掩色,构倾椒殿,沴结尧门,水浆不入,圭溢罕进,丧过乎哀,毁几乎灭。池绋既启,探擗摽之恸,陵园斯践,震中路之号。率由至要之道,以为生民之则,固已事彰朱草,理感图云,此二德也。

垂慈岂弟,笃此棠棣,善诱无倦,诲人弗穷,躬履礼教,俯示楷模,群藩庆止,流连于终谗,下国远征,殷勤于翰墨。降明两之尊,匹姜肱之同被,纡作贰之重,弘临菑而共馆,此三德也。

好贤爱善,甄德与能,曲阁命宾,双阙延士。剖美玉于荆山,求明珠于枯岸,赏无缪实,举不失才,岩穴知归,屠钓弃业,左右正人,巨僚端士。丹縠交景,长在鹤关之内,花绶成行,恒陪画堂之里,雍容河曲,并当今之领袖,侍从北场,信一时之俊杰。岂假问谢鲲于温峤,谋黄骑于张良,此四德也。

皇上垂拱岩廊,积成庶务,式总万几,副是监抚。山依摇彩,地立少阳,物无隐情,人服睿圣,此五德也。

罚慎其滥,书有作则,胜残去杀,孔著明文,任刑逞威,仅疵淳化,终食不违,理符道德,故假约法于关中,秦民胥悦,感严刑于阙下,汉后流名,是以远鉴前史,垂恩狱犴,仁同泣罪,幽比推构,玉科归理遣之恩,金条垂好生之德。黔首齐民,亭育含养,咸欣然不知所以然,此六德也。

梧丘之首,魂沉而靡托,射声之鬼,曝骨而无归。起掩骼之慈,被锡櫙之泽,若使骢马知归,感埋金于地下;书生虽殒,尚飞被于天上。恩均西伯,仁同姬祖,此七德也。

玄冥戒节，沍阴在岁，雪号千里，冰重三尺。炎炉吐色，丰貂在御，留上人之重，愍终窭之氓，发于篇藻，形乎造次，辍宴心欢，矜容动色。叹陋巷之无褐，嗟负薪之屡亡；发私藏之铜凫，散垣下之玉粒，施周泽洽，无幽不普，衔命之人，不告而足。受惠之家，餐恩之士，咸谓栎阳之金，自空而坠，南阳之粟，自野而生，此八德也。

《阳阿》、《渌水》，奇音妙曲，遏云繁手，仰秭来风，靡悦于胸襟，非关于怀抱，事等弃琴，理均放郑，岂同魏两，作歌于长笛，终噪汉贰，托赋于洞箫，此九德也。

怪宝奇珠，不留于器服；仙珠玉玦，无取于浮玩。土木无绨绤，宫殿靡磨砻，此十德也。

承华广阔，肃成且启，秋光洞入，春花洒树，名僧结侣，长裾总集，吐纳名理，从容持论。五称既辩，九言斯洽，如观巨海，如见游龙。令罗折谈，名儒称疾，无劳拥经入巷，岂假羊车诣门，此十一德也。

研精博学，手不释卷，含芳腴于襟抱，扬华绮于心极。韦编三绝，岂直爻象，起先五鼓，非直甲夜，而欹案无休，书幌密倦，此十二德也。

群玉名记，洛阳素简，西周东观之遗文，刑、名、墨、儒之旨要，莫不殚兹闻见，竭彼缃缥。总括奇异，征求遗逸，命谒者之使，置籯金之赏，惠子五车，方兹无以比，文终所收，形此不能匹，此十三德也。

借书治本，远纪齐攸，一见自书，闻之阚泽，事唯列国，义止通人。未有降贵纡尊，躬刊手掇，高明斯辩，己亥无违，有识□风，长正鱼鲁，此十四德也。

至于登高体物，展诗言志，金铣玉辉，霞章雾密。致深黄竹，文冠绿槐，控引解骚，包罗比兴，铭及盘盂，赞通图象。七高愈疾之旨，表有殊健之则，碑穷典正，每出则车马盈衢，议无失体，才成则列藩击缶，近逐情深，言随手变，丽而不淫，约而不俭，独擅众美，斯文在斯。

——《昭明太子文集》卷首，《四部丛刊》影印本

【思考题】

1. 结合萧纲对当时文坛的批评,谈谈对其文学观的认识。
2. 谈谈萧氏集团对于当时文学发展的影响。

萧　绎

【作者简介】

萧绎（508—555），字世诚，南兰陵（今江苏武进）人。初封湘东王，后即帝位，在位三年，为西魏军所虏，被杀，追尊为孝元皇帝。自幼好学能文，颇多宫体诗作。著述甚富，有《孝德传》三十卷、《忠臣传》三十卷、《注汉书》一百一十五卷、《周易讲疏》十卷、《内典博要》一百卷、《连山》三十卷、《老子讲疏》十卷、《金楼子》十卷、《古今同姓名录》一卷等二十余部。原有集，已佚。明人张溥辑有《梁元帝集》，收入《汉魏六朝百三家集》。

金楼子·立言（节选）

世人有忿者，题其门为凤字，彼不觉，大以为欣，而意在凡鸟也。有寄槟榔与家人者，题为合子，盖人一口也。人有骂奴而命名风者，凡虫也。如此皆为听察焉。

曾子曰："患身之不善，不患人之莫己知。"丹青在山，民知而求之，善珠在渊，民知而取之；至道在学，而人不知就之，惑夫！吾假延晷漏，常虑奄忽，幼好狂简，颇有勤成。诸生孰能传吾书者，使黄巾绿林不能攘夺，炎上润下，时为保持，则关西夫子，此名方丘，东里先生，梦中相报。

河上公《序》言，周道既衰，老子疾时王之不为政，故著《道德经》二篇，西入流沙。至魏晋之间，询诸大方，复失老子之旨，乃以无为为宗，背礼违教，伤风败俗，至今相传，犹未祛其惑。皇甫士安云："世人见其书云：'谷神不死，是谓元牝。'故好事者遂假托老子以谈神仙。"老子虽存道德，尚清虚，然博贯古今，垂文《述而》之篇，及《礼》传所载，孔子慕焉是也。而今人学者，乃欲弃礼学,绝仁义,云独任清虚,可以致治,其违老子亲行之言。

　　古之学者为己,今之学者为人[1]。学而优则仕,仕而优则学[2],古人之风也;修天爵以取人爵,获人爵而弃天爵[3],末俗之风也。古人之风,夫子所以昌言;末俗之风,孟子所以扼腕。然而古人之学者有二[4],今人之学者有四[5]。夫子门徒,转相师受,通圣人之经者,谓之儒。屈原、宋玉、枚乘、长卿之徒,止于辞赋[6],则谓之文。今之儒博穷子史,但能识其事,不能通其理者,谓之学。至如不便为诗如阎纂[7],善为章奏如伯松[8],若此之流,泛谓之笔。吟咏风谣,流连哀思者[9],谓之文。而学者率多不便属辞,守其章句[10],迟于通变[11],质于心用[12]。学者不能定礼乐之是非,辩经教之宗旨[13],徒能扬榷前言[14],抵掌多识[15],然而挹源知流[16],亦足可贵。笔退则非谓成篇,进则不云取义[17],神其巧惠,笔端而已[18]。至如文者,惟须绮縠纷披[19],宫徵靡曼[20],唇吻遒会[21],情灵摇荡[22]。而古之文笔[23],今之文笔[24],其源又异。至如象系风雅,名、墨、农、刑,虎炳豹郁[25],彬彬君子。卜谈四始[26],李言《七略》,源流已详,今亦置而弗辨。潘安仁清绮若是,而评者止称情切[27],故知为文之难也。曹子健、陆士衡,皆文士也。观其辞致侧密[28],事语坚明,意匠有序[29],遣言无失,虽不以儒者命家,此亦悉通其义也。遍观文士,略尽知之。至于谢玄晖,始见贫小,然而天才命世,过足以补尤。任彦升甲部阙如,才长笔翰,善缉流略,遂有龙门之名。斯亦一时之盛。夫今之俗,搢绅稚齿,闾巷小生,学以浮动为贵,用百家则多尚轻侧,涉经记则不通大旨,苟取成章,贵在悦目。龙首豕足,随时之义;牛头马髀,强相附会。事等张君之弧,徒观外泽;亦如南阳之里,难就穷检矣。

　　射鱼指天,事徒勤而靡获;适郢首燕,马虽良而不到。夫挹酌道德,宪章前言者,君子所以行也,是故言顾行,行顾言。原宪云:"无财谓之贫,学道不行谓之病。"末俗学徒,颇或异此,或假兹以为伎术,或狎之以为戏笑。若谓为伎术者,犁轩眩人,皆伎术也;若以为戏笑者,少府斗获,皆戏笑也。未闻强学自立,和乐慎礼,若此者也。口谈忠孝,色方在于过鸿;形服儒衣,心不则于德义。既弥乖于本行,实有长于浇风。一失其源,则其流已远。与其不陨获于贫贱,不充诎于富贵,不畏君王,不累长上,不闻有司者,何其相反之甚!

——《金楼子》卷四,知不足斋本

【注释】

1. 古之学者为己,今之学者为人:语出《论语·宪问》:"子曰:'古之学者为己,今之学者为人。'"邢昺注:"古人之学,则履而行之,是为己也。今人之学,空能为人言说之,己不能行,是为人也。范晔云:'为人者凭誉以显物,为己者因心以会道也。'"

2. 学而优则仕,仕而优则学:语出《论语·子张》:"子夏曰:'仕而优则学,学而优则仕。'"邢昺注:"言人之仕官行己职而优闲有余力,则以学先王之遗文也。若学而德业优长者则当仕进,以行君臣之义也。"

3. 修天爵以取人爵,获人爵而弃天爵:《孟子·告子上》:"有天爵者,有人爵者。仁义忠信,乐善不倦,此天爵也。公卿大夫,此人爵也。古之人修其天爵,而人爵从之。今之人修其天爵,以要人爵,既得人爵,而弃其天爵,则惑之甚者也。终亦必亡而已矣。"

4. 古人之学者有二:指"通圣人之经"的儒和长于辞赋的文。前者属于学术的范畴,后者属于文章的范畴。

5. 今人之学者有四:一、墨守五经章句的儒;二、博穷子史而不能通其理的学者;三、擅长"笔"的作者;四、擅长"文"的作者。前二者属于学术的范围,后二者则属于文章的范围。

6. 止于辞赋:所擅长者仅限于辞赋。

7. 便:习。阎纂:疑为阎缵。晋书卷四十七有《阎缵传》。

8. 伯松:张竦,字伯松。西汉末茂陵(今陕西兴平东南)人。张敞孙。博通文史,西汉末曾任丹阳太守、京兆史。

9. 流连哀思:《礼记·乐记》:"亡国之音,哀以思,其民困。"原意指悲哀愁思,这里引申作情思解。

10. 守其章句:指仅能墨守五经的章句。

11. 迟于通变:迟,迟钝。指不善于融会贯通经籍的大义。

12. 质于心用:质,质朴,引申为笨拙。指不善于独立思考。以上四句指今之学者的第一种,即仅能解释五经字句而不能贯通其理的儒生。

13. 经教:经,五经。教,儒教。

14. 扬榷:约略。这句谓能约略陈述前人之说。

15. 抵掌多识:抵掌谈论广博的见识。抵掌,击掌,拍手。

16. 然而挹源知流:子史还是从经籍推衍而来,所以说是"挹源知流。"

17. 笔退则非谓成篇:这两句谓章奏一类的笔,下比之于抒情之文,则它并不能成为有文学价值的作品;上比之于学者的经史撰述,则它并不能得到儒者的义理所在。

18. 神其巧惠,笔端而已:谓章奏一类的笔也可以显示作者的智慧,但注意到的是语言技巧。惠,通"慧"。

19. 绮縠纷披:谓辞藻华丽。绮縠,精美的丝织品,比喻辞藻。纷披,繁复貌,形容文采繁富。

20. 宫徵靡曼:指作品的音节靡靡动听。

21. 唇吻遒会:句谓语言铿锵有力。唇吻,指语言。遒,有力。

22. 情灵摇荡:谓感人至深。钟嵘《诗品序》:"摇荡性情,形诸舞咏。"

23. 古之文笔:古之文,即上文所称辞赋。古之笔,即上文所称圣人之经。

24. 今之文笔:今之文,指体裁上包括辞赋、风谣等一切抒情之作,艺术上必须具备辞藻音律等条件者。今之笔,指章奏等一切实用文章。

25. 虎炳豹郁:炳,文采彪炳。郁,文采盛美。

26. 卜谈四始:卜,指卜商,又名子夏,春秋时期卫国人。孔子的学生,擅长文学,一般认为《毛诗序》为卜商所作。四始,《毛诗序》:"是以一国之事,系一人之本,谓之风。言天下之事,形四方之风,谓之雅。雅者,正也,言王政之所由废兴也。政有大小,故有小雅焉,有大雅焉。颂者,美盛德之形容,以其成功,告于神明者也。是谓四始,《诗》之至也。"

27. 潘安仁清绮若是,而评者止称情切:清绮,指文章虽有辞采却清新疏朗。梁朝人过重辞采,所以对潘文的评价,只称许其抒情深切的一面。

28. 侧密:侧丽绵密。

29. 意匠:指构思。

【讲疏】

本篇选录自《金楼子·立言》下篇。主要论述文与笔,即文章的体制分类问题。

在萧绎看来,"文"的特征,首先在于其强烈的抒情性、巨大的感染力,只有"流连哀思"、"情灵摇荡"的抒情性作品才叫"文",而章奏之类的实用文体和缺乏情感特征的诗歌,只能称"笔"。为此,他把阎纂的诗归到"笔"里,并特别提到"吟咏风谣",这一观点显然是对儒家诗学传统的反叛。

其次,"文"应该"绮縠纷披",即辞藻华美。从扬雄、曹丕到陆机,都一致认为"丽"是文学作品的重要特征。萧统编《文选》时,也是鉴于史书中的赞、论、序、述具有"综缉辞藻"、"错比文华"的特点,因而将其选录。萧绎正是继承了六朝文坛上风行的"绮靡"之说,强调了"文"也应当具有"丽"的特征。当然,"文"除了具有浓厚的情感和华美的辞藻,同时还应该具有声韵和谐的音乐美,还须"宫徵靡曼,唇吻遒会",这也是六朝文坛的普遍倾向,反映了当时人对诗赋类文学性作品的一般认识。

另外,萧绎论述了古今文笔的差异。他通论"彖、系、风、雅、名、墨、农、刑",誉其为"彬彬君子";然后分析潘岳、曹植、陆机之风格及成就,他赞颂潘岳之文为"清绮",称曹植、陆机之文是"辞致侧密,事语坚明,意匠有序,遣言无失,虽不以儒者命家,此亦悉通其意也",可见,他对曹、陆、潘三人之文持基本肯定态度,"虽不以儒者命家,亦悉通其意"表明他的崇儒态度。对今之文笔,他批判较多,即使如谢朓、任昉这样的较有成就者,他也认为是"始见贫小",任昉"才长笔翰,善缉流略,遂有龙门之名,斯亦一时之盛也",持保留态度。而对今之文笔的末流,他更是痛加抨击:"夫今之俗,搢绅稚齿,闾巷小生,学以浮动为贵。用百家则多尚轻侧,涉经记则不通大旨,苟取成章,贵在悦目。"这与"至如文者,惟须绮縠纷披,宫徵靡曼,唇吻遒会,情灵摇荡"的观点一致,表现出对今之文风的轻视。由此可见,萧绎关于文笔的论断,有明显的崇古抑今倾向。萧绎虽有宫体作品传世,但与宫体文学的主流尚有一定距离,他认识到抒情性文学作品辞采、声情并茂的特点,但他没有大力地去鼓吹,而是赞同儒者的思想性和学术性,更看重"立一家之言"的著述事业。

【关键词解读】

文笔

"文笔"一词,汉代已有,语出《论衡·超奇》:"文笔不足类也。"此"文笔"泛指文章。中国文学发展到六朝,理论观念渐趋精密,于是产生"文笔之辨"。文笔之分,始见于《南史》卷三十四《颜延之传》:"竣得臣笔,测得臣文。"至于文与笔的不同之处,各家说法亦不一致。南朝宋范晔《狱中与诸甥侄书》云:"手笔差易,文不拘韵故也。"他是以有韵为"文",无韵为"笔"。颜延之则又将"笔"与"言"分开,认为:"笔之为体,言之文也。经典则言而非笔,传记则笔而非言。"(《文心雕龙·总术》)也即直言(口语)为"言",文饰为"笔",文饰而有韵者是"文"。刘勰反对颜延之的三分,但坚持无韵为笔,有韵为文,而且不加轩轾。萧绎则把文笔之分讲得更细,他在《金楼子·立言》中认为辞采、声律、抒情性、动情性四者兼备,方可为文。

唐代中期以后,文笔之说虽仍沿用,但由于各体诗歌全面繁荣,古文运动继而兴起,"文"指古文,于是"文笔之辨"逐步让位于诗文对举。直到清代中叶,古文写作,流弊日甚,骈体文章,一时复盛。于是阮元提出"文言说"、"文韵说",欲与桐城派古文争夺"文统"。在《文言说》、《文韵说》、《书昭明太子文选序后》、《与友人论古文书》、《四六丛话序》、《学海堂文笔测问》等论著中,阮元较为系统地从理论上重新恢复了"文笔之辨"的命题,以"奇偶相生,音韵相和"、"沉思翰藻"为"文",以"清言质说","单行"散体为"笔"。近人刘师培在《广阮氏文言说》、《文说》、《文章源始》等篇中,详考博征,推阐细密,以确证"三代之时,文与语别,六朝以降,文与笔分……单行之词,实与有别"。因阮、刘二人均为仪征(今属江苏)人,所以人们又称倡"文言——文韵"之说者为"仪征派"。总之,从南朝到清末,"文"与"笔"作为文体论范畴,综合概括了中国古代杂文学样式中两大类别的文体系统的基本特征。清代刘天惠、侯康、梁光钊等,还各有《文笔考》一篇,持论虽非尽当,但所录历代各家之说甚详。

【相关知识链接】

萧统、萧纲、萧绎是梁武帝萧衍的三个儿子,萧氏三兄弟,博学多才,长于文辞,但三人的文学思想各不相同。在文学史上,萧统的名声最大。萧统编纂《文选》三十卷,选录自先秦至梁代各种重要文体的代表作品,是我国现存最早的一部文学总集,对后世影响十分深远。萧纲做东宫太子时,同其属下文士徐摛、庾肩吾等人,顺应南朝文学注重浮艳的形势,竞相写作淫靡色情的艳诗即"宫体诗",风靡一时。萧纲还授令徐陵搜集汉魏以来专咏妇女的诗篇,成《玉台新咏》十卷,流传很广。萧绎是重要诗人和文学理论家,有诗一百二十余首,所作《金楼子》为文学理论史上之名著。

目前,学界关于对三人的比较研究,大致可归纳为三种:其一,三萧是一派,但有所区别。代表有郭绍虞先生,其《中国古典文学理论批评史》认为,三萧的文论都属于形式主义理论,尽管三人有所区别。其二,三萧分两派,萧统与萧绎接近而同萧纲对立。代表如罗根泽《中国文学批评史》认为,萧绎和萧统都是"兼重华实"的,因而与萧纲不同,萧纲乃提倡"郑邦"文学者。其三,三萧分两派,萧纲与萧绎接近而与萧统对立,代表如朱东润先生,其《中国文学批评史大纲》认为:"萧氏兄弟对于文学之评论,可分为二派。萧统之论,较为典正,持文质彬彬之说。萧纲、萧绎,则衍谢朓、沈约之余波,创为放荡纷披之说,与乃兄迥别矣。"这是学界对萧氏兄弟文论的大概评述,把萧氏兄弟分为几派、谁与谁的文论观点相近,是研究者对其文论看法的分歧所在。

【延伸阅读】

《内典碑铭集林》是萧绎汇编佛教碑铭的著作,其书已佚。《与刘孝绰书》是一封书信体文章。其中的一些观点,从文章的形式到内容都提出了要求。他认为:"世代亟改,论文之理非一;时事推移,属词之体或异。"认为"论文之理"随时代改变,"属词之体"随时代变化而变化。所论与《文心雕龙·时序》篇相同。

内典碑铭集林序

夫法性空寂,心行处断,感而遂通,随方引接。故鹊园善诱,马苑弘宣,白林将谢,青树已列。是宣金牒,方寄银身。自象教东流,化行南国。吴主至诚,历七霄而光曜;晋王画像,经五帝而弥新。次道孝伯,嘉宾玄度,斯数子者,亦一代名人。或修理止于伽蓝,或归心尽于谈论,铭颂所称,兴公而已。夫披文相质,博约温润,吾闻斯语,未见其人。班固硕学,尚云赞颂相似。陆机钩深,犹闻碑赋如一。唯伯喈作铭,林宗无愧,德祖能诵,元常善书。一时之盛,莫得系踵。况般若玄渊,真如妙密,触言成累,系境非真,金石何书,铭颂谁阐?然建塔纪功,招提立寺,或兴造有由,或誓愿所记。故镌之立石,传诸不朽。亦有息心应供,是曰桑门,或谓智囊,或称印手。高座擅名,预伊师之席;道林见重,陪飞龙之座。峨眉庐阜之贤,邺中宛邓之哲,昭哉史册,可得而详。故碑文之兴,斯焉尚矣。

夫世代亟改,论文之理非一;时事推移,属词之体或异。但繁则伤弱,率则恨省,存华则失体,从实则无味。或引事虽博,其意犹同;或新意虽奇,无所倚约。或首尾伦帖,事似牵课;或鲜复博涉,体制不工。能使艳而不华,质而不野;博而不繁,省而不率;文而有质,约而能润;事随意转,理逐言深,所谓菁华,无以间也。

予幼好雕虫,长而弥笃,游心释典,寓目词林,顷常搜聚,有怀著述。譬诸法海,无让波澜;亦等须弥,同归一色。故不择高卑,唯能是与。倘未详悉,随而足之。名为《内典碑铭集林》,合三十卷,庶将来君子,或裨观见焉。

——《广弘明集》卷二十,《四部丛刊》影印本

与刘孝绰书

　　君屏居多暇,差得肆意典坟,吟咏情性。比复稀数古人,不以委约而能不伎痒;且虞卿、史迁由斯而作,想摛属之兴,益当不少。洛地纸贵,京师名动,彼此一时,何其盛也。近在道务闲,微得点翰,虽无纪行之作,颇有怀旧之篇。至此已来,众诸屑役。小生之诋,恐取辱于庐江;遮道之奸,虑兴谋于从事。方且褰帷自厉,求瘼不休,笔墨之功,曾何暇豫。至于心乎爱矣,未尝有歇,思乐惠音,清风靡闻。譬夫梦想温玉,饥渴明珠,虽愧卞、随,犹为好事。新有所制,想能示之。勿等清虑,徒虚其请。无由赏悉,遣此代怀。数路计行,迟还芳札。

——《梁书》卷三十三《刘孝绰传》,中华书局1973年版

【思考题】

1. 谈谈你对"文笔之辨"的认识。
2. 谈谈古人对于为文与为人之间关系的看法。

徐　陵

【作者简介】

徐陵(507—583),字孝穆,东海郯(今山东郯城)人。徐摛之子,八岁能文,十二通老、庄义。博涉经史,纵横有辩才。梁时任散骑侍郎,入陈后历任尚书左仆射,中书监等职,《陈书·徐陵传》载:"位隆朝宰,献替谋猷。"徐陵为国家重臣,"一代文宗","国家有大手笔,皆陵草之。其文颇变旧体,缉裁巧密,多有新意"。当时以诗文著称的徐陵与庾信齐名,并称"徐庾"。其诗文轻靡绮艳,为当时"宫体诗"的主要作家之一。今存《徐孝穆集》六卷和《玉台新咏》十卷。

玉台新咏序

夫凌云概日[1],由余之所未窥;千门万户,张衡之所曾赋[2]。周王璧台之上[3],汉帝金屋之中[4],玉树以珊瑚作枝,珠帘以玳瑁为押[5]。其中有丽人焉。其人也,五陵豪族[6],充选掖庭[7];四姓良家,驰名永巷[8]。亦有颍川、新市,河间、观津[9],本号娇娥,曾名巧笑[10]。楚王宫里,无不推其细腰[11];卫国佳人,俱言讶其纤手[12]。阅诗敦礼,岂东邻之自媒[13];婉约风流,异西施之被教[14]。弟兄协律,生小学歌[15];少长河阳,由来能舞[16]。琵琶新曲,无待石崇[17];箜篌杂引,非关曹植[18]。传鼓瑟于杨家[19],得吹箫于秦女[20]。

至若宠闻长乐,陈后知而不平[21];画出天仙,阏氏览而遥妒[22]。至如东邻巧笑,来侍寝于更衣;西子微颦,得横陈于甲帐[23]。陪游馺娑,骋纤腰于结风[24];长乐鸳鸯[25],奏新声于度曲。

妆鸣蝉之薄鬓[26],照堕马之垂鬟[27]。反插金钿,横抽宝树[28]。南都石黛[29],最发双蛾;北地燕脂,偏开两靥[30]。

亦有岭上仙童,分丸魏帝[31];腰中宝凤,授历轩辕[32]。金星将婺女争华[33],麝月与嫦娥竞爽[34]。惊鸾冶袖,时飘韩掾之香[35];飞燕长裾,宜结陈王之佩[36]。虽非图画,入甘泉而不分[37];言异神仙,戏阳台而无别[38]。真可谓倾国倾城,无对无双者也。加以天时开朗[39],逸思雕华[40],妙解文章,尤工诗赋。琉璃砚匣[41],终日随身;翡翠笔床[42],无时离手。清文满箧,非惟芍药之花[43];新制连篇,宁止蒲萄之树[44]。九日登高,时有缘情之作[45];万年公主,非无累德之辞[46]。其佳丽也如彼,其才情也如此。

既而椒宫宛转[47],柘馆阴岑[48],绛鹤晨严[49],铜蠡昼静[50]。三星未夕,不事怀衾[51];五日犹赊[52],谁能理曲。优游少托,寂寞多闲。厌长乐之疏钟,劳中宫之缓箭[53]。纤腰无力,怯南阳之捣衣[54];生长深宫,笑扶风之织锦[55]。虽复投壶玉女,为观尽于百骁[56];争博齐姬,心赏穷于六箸[57]。无怡神于暇景,惟属意于新诗。庶得代彼皋苏[58],微蠲愁疾[59]。

但往世名篇,当今巧制,分诸麟阁,散在鸿都[60]。不籍篇章,无由披览。于是,燃脂暝写,弄笔晨书,撰录艳歌,凡为十卷。曾无忝于雅颂,亦靡滥于风人[61],泾渭之间[62],若斯而已。于是,丽以金箱,装之宝轴[63]。三台妙迹,龙伸蠖屈之书[64];五色花笺,河北、胶东之纸[65]。高楼红粉,仍定鱼鲁之文[66];辟恶生香[67],聊防羽陵之蠹[68]。灵飞太甲,高擅玉函[69];鸿烈仙方,长推丹枕[70]。至如青牛帐里[71],余曲既终;朱鸟窗前[72],新妆已竟,方当开兹缥帙,散此绛绳[73],永对玩于书帏,长循环于纤手。岂如邓学《春秋》,儒者之功难习[74];窦专黄老,金丹之术不成[75]。因胜西蜀豪家,托情穷于鲁殿[76];东储甲观,流咏止于洞箫[77]。孌彼诸姬[78],聊同弃日,猗与彤管[79],无或讥焉。

——吴兆宜:《玉台新咏笺注》,中华书局1985年版

【题解】

《玉台新咏》是徐陵奉萧纲之命编选的一部诗歌总集,所选诗歌起自

汉魏,终至南北朝时期。徐陵编《玉台新咏》并为之写序,从理论上和创作上将"宫体诗"确立为一种创作流派,表现了文学思想和审美趋向上的变化。据吴讷《文章辨体》引宋人吕祖谦的话说:"凡序文籍,当序作者之意。"但徐陵写此序却别开生面,虽然它不像一般序言那样写编选原则和凡例,但作者的文思却远远超过了一般诗集序言的水平。作者结合所选诗歌的内容,展开了自己的丰富想象,不仅描写了宫廷妇女的一般生活,而且也揭示出她们的精神状况与心理活动。

【注释】

1. 凌云:形容宫室巍峨高耸。又,台名,魏文帝建。槩:系挂。由余:春秋时戎人,曾受戎王派遣出使秦国,秦穆公让他观宫室、登三休台,事见《史记·秦本纪》。
2. "千门万户"二句:张衡《西京赋》有"闿庭诡异,门千户万"之句。
3. 周王:指周穆王,《穆天子传》载:周穆王曾为盛姬造重璧之台。
4. 汉帝:汉武帝,《汉武故事》载:汉武帝幼时,曾对长公主许诺说:"若得阿娇作妇,当作金屋贮之也。"这就是成语"金屋藏娇"的由来。
5. "玉树"二句:《汉武故事》载:"上起神屋于前庭,植玉树,以珊瑚为枝,碧玉为叶……又以白珠为帘,玳瑁柙之。"珊瑚:腔肠动物珊瑚虫分泌的一种石灰质骨骼,形状酷似树枝,常用做装饰。玳瑁:海中一种形似龟的动物,甲片可做装饰。
6. 五陵:汉代高、惠、景、武、昭五帝的陵墓,在长安附近,后成为汉代贵族的聚居地。
7. 掖庭:皇宫中的侧室,为宫嫔所居,此指后宫。
8. 四姓:指东汉时外戚樊氏、郭氏、阴氏、马氏。一说指北魏时范阳卢敏、清河崔宗伯、荥阳郑羲、太原王琼,这四姓为当时士人所推重,所以北魏孝文帝纳其女,以充后宫。永巷:宫中嫔妃住所,亦即后宫。
9. 颍川:郡名,秦置,治所在阳翟(今河南省禹县),此处指颍川鄢陵人晋明穆庾皇后,《晋书·后妃传》称她"美姿仪"。新市:东汉时属阳夏郡,郡治在今湖北省京山县东北。河间:地名,在河北省献县东南。观津:汉置县名,治所在今河北省武邑县东南。这四处汉时都曾出过充选后宫的美女。
10. 娇娥:泛指美女。巧笑:《诗经·卫风·硕人》有"巧笑倩兮,美目盼兮"之句。
11. 细腰:指身材苗条。《韩非子·二柄》:"楚灵王好细腰,而国中多饿人。"古有"楚王好细腰,宫中多饿死"语。
12. 卫国佳人:《诗经·魏风·葛屦》:"掺掺女手。""掺掺"犹"纤纤"。
13. 敦:勉力躬行。"东邻"句:宋玉《登徒子好色赋》:"东家之子,……嫣然一笑,惑阳城,迷下蔡。"
14. 西施:春秋时越国美女,去吴国前曾受教于越王勾践。事见《越绝书》。
15. 弟兄:《汉书·外戚传》载,孝武李夫人兄李延年,性知音,善歌舞,武帝爱之。

每为新声变曲,闻者莫不感动。平阳公主因而向武帝进言:延年有女弟。上乃召见之,见其妙丽善舞,由是得幸,以延年为协律郎。

16. 河阳:汉置县名,治所在今山西省阳城县西北。《汉书·五行志》载:汉成帝常与富平侯张放一起微服出游,至河阳主家作乐,见舞者赵飞燕而幸之。

17. "琵琶"二句:晋石崇《王明君辞序》:"昔公主嫁乌孙,令琵琶马上作乐,以慰其道路之思,其送明君,亦必尔也,其造新曲,多哀怨之声,故序之。"

18. 箜篌:古代拨弦乐器。引:乐曲的一种体裁。杂引:犹言杂曲。魏曹植作有乐府诗《箜篌引》。

19. 瑟:乐器名。杨家:《汉书·杨恽传》载恽《报孙会宗书》:"家本秦也,能为秦声;妇,赵女也,雅善鼓瑟。"

20. 吹箫:《列仙传》:"萧史也,秦穆公时人。善吹箫,能致孔雀、白鹤于庭,穆公有女字弄玉,好之,公遂以女妻焉。"

21. 长乐:汉宫名,为皇后所居。《汉书·外戚传》载,卫子夫原为平阳主歌女,后为武帝所宠,陈皇后听说卫子夫得宠后,几次想自杀。

22. 阏氏:匈奴单于王后。桓谭《新论·述策》载,陈平为了解高祖平城之围,对阏氏称汉有美女,其容貌天下无双,欲献于单于,单于见后必然非常宠爱,汉女受宠则阏氏日疏,不如趁其未到,让汉军脱去,去便不持女来。相传阏氏生性好妬,于是助汉解围。

23. 西子:《庄子·天运》:"故西施病心而矉其里。""矉"犹"颦",皱眉。横陈:司马相如《好色赋》有"花容自献,玉体横陈"句。甲帐:汉武帝有甲、乙二帐,俱以珠宝为饰。

24. 駊騀:汉建章宫有駊騀殿。《结风》:楚地曲名。司马相如《上林赋》有"邹郚缤纷,激楚结风"句。

25. 鸳鸯:汉宫殿名。据传汉成帝曾居鸳鸯殿便房。

26. "妆鸣蝉"句:《中华古今注》:"魏文帝宫人,绝所爱者有莫琼树、薛夜来、陈尚衣、段巧笑。……琼树始制为蝉鬓,望之缥缈如蝉翼。"

27. 堕马:古代女性的一种发式,为东汉梁冀妻孙寿所制。

28. 钿:一种形状如花的首饰。宝树:古代妇女的一种首饰。

29. 石黛:《留青日记》载:"广东始兴县溪中出石墨,妇女取以画眉,名画眉石。"

30. 燕脂:即现在所说的胭脂。崔豹《古今注》卷下载,纣王以红蓝花汁作化妆品,以燕国所生,故曰燕脂,涂之作桃花妆。偏:通"遍"。靥:酒窝。

31. 仙童:《颜修内传》载:"乔顺二子,师事仙人于栖霞谷,服飞龙药一丸,千年不饥。"魏文帝曹丕《折杨柳行》:"西山一何高,高高殊无极。上有两仙童,不饮亦不食。与我一丸药,光耀有五色。服药四五日,身轻生羽翼。"

32. 腰中宝凤:出典不详。《汉书·律历志》:"黄帝使泠纶,自大夏之西,昆仑之阴,取竹之解谷生,其窍厚均者,断两节间而吹之,以为黄钟之宫。制十二筒以听凤之鸣,其雄鸣为六,雌鸣亦六,比黄钟之宫,而皆可以生之,是为律本。"《左传·昭公十七年》:"凤鸟氏,历正(掌律历之官)也。"轩辕:黄帝。

33. 金星:古代女子涂于面上的黄色星状妆饰。梁简文帝《美女篇》:"约黄能效月,裁金巧作星。"婺女:星名,女宿,为二十八宿之一。

34. 麝月:古代妇女涂于面部的月状妆饰。嫦娥:羿妻,相传因窃羿的不死药奔月。此处指月。爽:明亮。

35. 韩掾:《世说新语·惑溺》载:晋人韩寿美姿容,贾充辟为掾。贾女见而悦之,并与之私通。充见女精心妆饰,又闻寿身上有奇香。而此香晋武帝只赐给他自己与陈骞两人,遂生疑,拷问女儿左右婢女得知实情后,以女妻之。掾:本义为佐助,古代属官的通称。

36. 飞燕:汉成帝皇后赵飞燕。陈王:陈思王曹植。植《洛神赋》:"愿诚素之先达兮,解玉佩以要之。"

37. 甘泉:甘泉宫。《汉书·外戚传》载:汉武帝夫人早卒,武帝遂命人画其像于甘泉宫。

38. 阳台:宋玉《高唐赋》:"妾在巫山之阳,高丘之阻,旦为朝云,暮为行雨,朝朝暮暮,阳台之下。"阳台,山名,在今湖北汉川南。

39. 时:一本作"情",亦作"精"。

40. 雕华:奇巧绚丽。

41. 琉璃:天然有光色的宝石。

42. 笔床:笔架。

43. 芍药:初夏开花,形如牡丹。梁武帝《宛转歌》有"欲题芍药诗不成"句。

44. 蒲萄:即葡萄。

45. 缘情之作:陆机《文赋》有"诗缘情而绮靡"之句。

46. "万年"二句:晋武帝女万年公主死后,帝痛悼不已,诏贵妃左芬为之作诔,于是有《万年公主诔》。累,该为"诔"。

47. 椒宫:即椒房,以椒和泥涂壁,暖而且香,古代皇后所居之殿。

48. 柘馆:汉成帝时班婕妤居所,在上林苑中。阴岑:阴暗沈寂。

49. 绛:朱色。鹤:鹤宫,太子居所。

50. 铜蠡:铜制蠡形衔门环底座。蠡:通"蠃",即螺。

51. 三星:指黄昏时出现的河鼓三星。衾:被子。

52. 五日:汉代官吏五日休假一天。赊:漫长。

53. 长乐:汉宫名。箭:古代宫中计时以孔壶为漏,浮箭为刻。

54. 南阳:地名,今河南省南阳市一带,魏晋南北朝时为南北交战多发地带。

55. 扶风:郡名,辖境相当于今陕西省麟游、干县一带。织锦:《晋书·列女传》载:前秦苻坚时,秦州刺史窦韬被徙流沙,与妻苏蕙别,其妻苏氏日夜思念,织锦为回文诗以寄赠。

56. 投壶:古代的一种游戏,设一特制的壶,参加者依次投矢其中,多者为胜。玉女:指仙女,《神异经》:"东王公与玉女投壶,枭而脱误不接者,天为之笑。"百骁:《西京杂记》:"郭舍人则激矢令还,一矢百余反,谓之为骁。"即以一矢投壶,中后即返,往返百余次。

57. 争博:《战国策·齐策》记载:齐国都城临淄富有殷实,其民无不"斗鸡、走狗、六博、蹋鞠"。博:通"簙",古代用六根竹片十二棋相博的一种游戏。箸:竹片。

58. 苏:紫苏,一种草本植物,可以入药。三国魏王朗《与魏太子书》:"萱草忘忧,皋苏释劳,无以加也。""皋"应改作"萱"。

59. 蠲:消除。

60. 麟阁:即汉麒麟阁,在未央宫左,内藏皇室图书。鸿都:东汉宫名,为皇家藏书之所。

61. 风人:诗人,因《诗经》中《国风》而得名。

62. 泾渭:泾水与渭水,在陕西省中部,一清一浊,此处指差别、区分。

63. 丽:排放。金箱:指书箱。宝轴:书轴。古代将书装成卷轴形。

64. 三台:《汉官仪》载,汉代称尚书为中台,谒者为外台,御史为宪台,合称三台。龙伸蠖屈:形容书法笔势屈折飞动。蠖:昆虫名,因行走时其体屈伸如尺量物,故称尺蠖。

65. 五色花笺:河北、山东一带产的精美纸张。

66. 鱼鲁:因形近而容易传抄错误的字。《抱朴子·遐览》:"谚曰:'书三写,鱼成鲁,虚成虎。'"

67. 辟恶:鱼蟗《典略》:"芸台香辟纸鱼蠹,故藏书台称芸台。"香:指芸香,一种有强烈香气并可以驱除蠹鱼的香草。

68. 羽陵之蠹:据《穆天子传》载,穆天子东游时,所带书籍在羽陵这地方被虫蛀。蠹:蠹鱼,一种蛀蚀书籍衣物的小虫。

69. "灵飞"二句:《汉武内传》:"帝受西王母《真形》、《六甲》、《灵飞》十二事,帝盛以黄金几,封以白玉函。"

70. 鸿烈:即淮南王刘安及门客所著《淮南鸿烈》,又称《淮南子》。

71. 青牛帐:不详。《列异传》载,老子乘青牛西游,关令尹喜望见有紫气浮关,后道家作法设帐,常画青牛紫气于其上。

72. 朱鸟窗:张华《博物志》:"七月七日夜漏七刻,王母乘紫云车而至于殿西,……王母索七桃,大如弹丸,以五枚与帝,母食二枚……时东方朔窃从殿南厢朱鸟牖中窥母。"

73. 缥帙:青白色帛制成的书函。绦绳:丝带。

74. 邓学《春秋》:东汉和帝邓皇后少通诗书经传,入宫后又从曹大家受经书。事见《汉书·皇后纪》。

75. "窦专"一句:汉文帝窦太后好黄帝、老子之言,景帝及诸窦都得读《老子》。事见《汉书·外戚传》。

76. 西蜀豪家:《三国志·蜀书·刘琰传》载,三国蜀车骑将军刘琰,车服饮食无不奢侈,侍婢数十人,皆能为声乐,又悉教诵读《鲁灵光殿赋》。鲁灵光殿:汉恭王刘余筑。

77. "东储"句：《汉书·王褒传》载，汉元帝为太子，很喜欢王褒的《洞箫赋》，令后宫贵人左右皆诵读之。东储：东宫太子。甲观：楼观名，太子宫有甲观。

78. 娈：美好的样子。

79. 猗与：叹美之词。彤管：此处指笔，语出《诗经·邶风·静女》："静女其娈，贻我彤管。"

【讲疏】

《玉台新咏》选录的作品不出闺情，都是以女子为歌咏对象，作者也自视为"撰录艳歌"。徐陵深受宫体文学风气的左右，序文的描写几乎完全着眼于宫中女子的生活与情思。描写对象的单一，表述内容的偏狭，很容易使文章流于单调呆板，但作者却极善于拓展，通过创造性的构思，尽可能做多侧面、多层次的描写，把本来比较单纯的题材，写得丰富多彩。

本篇用骈体写作，文中以骈偶摹景状物，清丽传神。如刻画女子的动人相貌："南都石黛，最发双蛾；北地燕脂，偏开两靥。"读来确有"黛痕欲滴，脂晕微烘"(《六朝文絜》许梿评语)之态。以"惊鸾冶袖"、"飞燕长裾"勾勒女子的曼妙风姿，给人婀娜多姿、飘逸飞动的感受。又如"椒宫宛转，柘馆阴岑，绛鹤晨严，铜蠡昼静"烘托女子的寂寞心理。"青牛帐里，余曲既终；朱鸟窗前，新妆已竟"写独处无聊。凡此种种，无不以整齐秀丽之笔曲尽女子之妙，意境宛然。有时将骈偶运用于铺排衬托的场合，往往繁简适度，既不给人以饾饤堆垛之感，又能造出浓郁的气氛。如开篇之写女子的居所，"凌云概日"言其宏伟，"万户千门"言其幽深，"碧台"、"金屋"、"玉树"、"珠帘"言其屋宇装饰的华美，浓墨重笔，一气呵成，宫阙的壮美之态跃然纸上，为闺阁佳丽的出场做了极好的铺垫。又如写女子写诗遣怀，于"寂寞多闲"之后，着意铺写无聊之状。从厌听钟漏，到怯"捣衣"、笑"织锦"，再到对棋戏也都欢尽赏穷，经过如许点染，方引到"无怡神于暇景，惟属意于新诗"，使人对以诗怡神有更为深刻突出的印象。

【关键词解读】

新变

在徐陵之前，文学的"新变"就已经出现。《梁书·文学传》载："齐永明中，文士王融、谢朓、沈约，文章始用四声，以为新变。至是转拘声韵，弥尚丽靡，复逾于往时。"永明体的产生，就是一种求"新变"的结果。梁简文帝时，又引领文人开创"宫体"诗的写作风潮，将追求"弥尚丽靡"的风气推向极端,可以说,"宫体诗"的写作也是一种"新变"。受时代环境影响,"新变"也是徐陵力倡的文学观念。在《玉台新咏序》中,徐陵反复强调"新诗"、"新制"、"新声"的要求,这代表了他的文学"新变"思想。具体来说,徐陵的"新变"表现在他对文学要求的"缘情"和"清文"两个方面。"缘情"指诗歌应是真实情性的自然流露,这与重道德的传统诗教观不同;至于"清文",从本篇序和《玉台新咏》选录的作品中可以看出来,主要是指文辞华美流畅,有韵律且富有情感。

【相关知识链接】

本篇序为徐陵用骈体写作,所谓"骈体",是指古代中国一种特有的文言文文体,其句多四六对仗,故又称四六文或四六、骈俪、骈体等。当时,骈文是一个新兴的文体,据清代王闿运《湘绮楼论文》载:"骈俪之文起于东汉,大抵书奏之用,舒缓其词,经传虽有偶对,未有通篇整齐者也。自刘宋以后,日加绵密;至齐梁纯为排比,庾徐又加以抑扬,声韵弥谐,意趣愈俗。唐人皆同律赋,宋体更入文心。自是遂有文赋二派,愈益俳矣。"依据其说法,骈体在其发展过程中,句子愈来愈整饬,对仗也愈来愈精妙。另外,在"骈体"文学发展的历史过程中,徐陵的作用不可低估。具体而言,可结合以下几个方面来理解徐陵在"骈文"发展过程中的贡献。

首先,在骈文开始阶段,对句三、五、七言不等,并时杂散句以疏畅文气。本篇则散句几乎绝迹,基本是用四字与六字句组成,又多为四六句间隔作对,实开四六体骈文之先河。这种句式结构具有更加整严精工之美,但也容易流于平板呆滞。本篇妙在经过精心的安排,于整齐划一中有自然流动之势。

其次,早期骈文并不追求用典,南朝刘宋以后,此风渐长,"大明、泰始中,文章殆同书钞"(钟嵘《诗品·总论》)。至徐陵、庾信,达到顶峰。本篇基本上是用典表现的,用典虽多,但并无生涩之感。清人孙梅在其《四六丛话》中评介此文时说:"美意泉流,佳言玉屑。其烂熳也,若蛟蜃之嘘云;其鲜新也,如兰苕之集翠。"许梿在《六朝文絜》里说:"是篇尤为声偶兼列之作,炼格炼词,倚绤绣错,几于赤城千里霞矣。"由此可见,徐陵用典技巧很高明,达到了言简意赅兼有含蓄蕴藉之美的效果。

再次,这篇序也表现了徐陵追求"新变"的文学审美理念,徐陵求"新变"的审美理念既受时代影响,也受其父徐摛的影响,据《南史》载,徐摛"属文好为新变,不拘旧体",但徐陵将"新变"的文学思想进一步发扬,如在这篇序中,他展现了强烈的"新变",反复强调"新诗"、"新制"、"新声",

如"无怡神于暇景,唯属意于新诗"、"新制连篇,宁止蒲萄之树"、"长乐鸳鸯,奏新声于度曲"等。

【延伸阅读】

南朝梁陈时期的徐陵编辑的《玉台新咏》,是继《诗经》、《楚辞》之后中国古代的第三部诗歌总集。收录作品上至西汉、下迄南朝梁代的诗歌总集。《玉台新咏》的编辑,不仅显示了徐陵的文学观,而且还突出反映当时的社会审美意识。关注《玉台新咏》所收录的作品,既可以探索徐陵的文学观,也可以了解齐梁时代的"宫体诗"的风格特征。

玉台新咏(节选)

梁武帝十四首

捣 衣

驾言易水北,送别河之阳。沈思惨行镳,结梦在空床。既瘠丹绿谬,始知纨素伤。中州木叶下,边城应早霜。阴虫日惨烈,庭草复云黄。金风但清夜,明月悬洞房。袅袅同宫女,助我理衣裳。参差夕杵引,哀怨秋砧扬。轻罗飞玉腕,弱翠低红妆。朱颜色已兴,眄睇目增光。捣以一匡石,文成双鸳鸯。制握断金刀,薰用如兰芳。佳期久不归,持此寄寒乡。妾身谁为容?思君苦人肠。

拟长安有狭邪十韵

洛阳有曲陌,陌曲不通驿。忽逢二少童,扶辔问君宅。君宅邯郸右,易忆复可知。大息组绅缊,中息佩陆离。小息尚青绮,总丱游南皮。三息俱入门,家臣拜门垂。三息俱升堂,旨酒盈千卮。三息俱入户,户内有光仪。大妇理金翠,中妇事么䶥。小妇独闲暇,调笙游曲池。丈人少徘徊,凤吹方参差。

拟明月照高楼

圆魄当虚闼,清光流思筵。筵思照孤影,凄怨还自怜。台镜早生尘,匣琴又无弦。悲慕屡伤节,离忧亟华年。君如东槫景,妾似西柳烟。相去既路迥,明晦亦殊悬。愿为铜铁辔,以感长乐前。

拟青青河边草

幂幂绣户丝,悠悠怀昔期。昔期久不归,乡国旷音徽。音徽空结迟,半寝觉如至。既寤了无形,与君隔平生。月以云掩光,叶似霜催老。当途竞自容,莫肯为妾道。

代苏属国妇

良人与我期,不谓过当时。秋风忽送节,白露凝前基。怆怆独凉枕,搔搔孤月帷。或听西北雁,似从寒海湄。果衔万里书,中有生离辞。惟言长别矣,不复道相思。胡羊久灑夺,汉节故支持。帛上看未终,脸下泪如丝。空怀之死誓,远劳同穴诗。

古意二首

飞鸟起离离,惊散忽差池。嗷嘈绕树上,翩翩集寒枝。既悲征役久,偏伤垄上儿。寄言闺中爱,此心讵能知?不见松上萝,叶落根不移。

当春有一草,绿花复重枝。云是忘忧物,生在北堂陲。飞飞双蛱蝶,低低两差池。差池低复起,此芳性不移。飞蝶双复只,此心人莫知。

芳 树

绿树始摇芳,芳生非一叶。一叶度春风,芳芳自相接。色杂乱参差,众花纷重叠。重叠不可思,思此谁能惬?

临 高 台

高台半行云,望望高不极。草树无参差,山河同一色。仿佛洛阳道,道远难别识。玉阶故情人,情来共相忆。

有 所 思

谁言生离久?适意与君别。衣上芳犹在,握里书未灭。腰中双绮带,梦为同心结。常恐所思露,瑶华未忍折。

紫兰始萌

种兰玉台下,气暖兰始萌。芬芳与时发,婉转迎节生。独使金翠娇,偏动红绮情。二游何足坏,一顾非倾城。羞将苓芝侣,岂畏鹈鸪鸣?

织妇

送别出南轩,离思沈幽室。调梭辍寒夜,鸣机罢秋日。良人在万里,谁与共成匹?愿得一回光,照此忧与疾。君情倘未忘,妾心长自毕。

七夕

白露月下圆,秋风枝上鲜。瑶台生碧雾,琼幕含紫烟。妙会非绮节,佳期乃良年。玉壶承夜急,兰膏依晓煎。昔时悲难越,今伤何易旋。怨咽双念断,凄草两情悬。

戏作

宓妃生洛浦,游女出汉阳。妖闲逾下蔡,神妙绝高唐。绵驹且变俗,王豹复移乡。况兹集灵异,岂得无方将。长袂必留客,清哇咸绕梁。燕赵羞容止,西妲惭芬芳。徒闻殊可弄,定自乏明珰。

——吴兆宜:《玉台新咏笺注》卷七,中华书局1985年版

【思考题】

1. 分析徐陵"新变"文学思想的产生背景。
2. 谈谈"宫体诗"的主要特点。

刘　昼

【作者简介】

刘昼(514—565),字孔昭,渤海阜城(今河北交河)人,北齐时期的思想家。少好学,从儒者李宝鼎学"三礼",又从马敬德学《服氏春秋》。河清(562—565)初,考策不第,乃属意学文,作《六合赋》,被魏收讥为"赋名六合,其愚已甚,及见其赋,又愚于名"。刘昼另有《高士不遇传》、《金箱璧言》。刘昼被认为是《刘子》一书的作者。

刘子新论·审名

言以绎理,理为言本;名以订实,实为名源。有理无言,则理不可明;有实无名,则实不可辨。理由言明,而言非理也;实由名辨,而名非实也。今信言以弃理,非得理者也;信名而略实,非得实者也。故明者课言以寻理,不遗理而著言;执名以责实,不弃实而存名,然则言理兼通而名实俱正。

世人传言,皆以小成大,以非为是。传弥广而理逾乖,名弥假而实逾反,则回犬似人,转白成黑矣。今指犬似人,转白成黑,则不类矣。转以类推,以此象彼,谓犬似玃[1],玃似狙[2],狙似人,则犬似人矣。谓白似缃[3],缃似黄,黄似朱,朱似紫,紫似绀[4],绀似黑,则白成黑矣。

黄轩四面,非有八目[5],夔之一足,非有独胫[6]。周之玉璞,其实死鼠[7],楚之凤凰,乃是山鸡[8]。愚谷智叟,而蒙顽称[9]。黄公美女,乃得丑名[10]。鲁人缝掖,实非儒行[11]。东郭吹竽而不知音[12]。四面一足,本非真实。玉璞凤凰,不是定名。鲁人东郭,空揽美称,愚谷黄公,横受恶名。由此观之,传闻丧真,翻转名实。美恶无定称,贤愚无正名。

俗之弊者,不察名实,虚信传说,即似定真。闻野丈人,谓之田父[13];河上姹女,谓之夫人[14];尧浆、禹粮,谓之饮食[15];龙胆、牛膝,谓之为肉[16];掘井得人,谓人自土而出[17];三豕渡河,云彘行水上[18]。凡斯之类,不可胜言。故狐狸二兽[19],因其名便,合而为一;蛩蛩巨虚[20],其实一兽,因其词烦,分而为二。斯虽成其名,而不知考其实;弗审其词,而不察其形。

是以古人必慎传名,近审其词,远取诸理,不使名害于实,实隐于名。故名无所容其伪,实无所蔽其真,此之谓正名也。

——傅亚庶:《刘子校释》卷三,中华书局1998年版

【题解】

《刘子》亦称《刘子新论》、《新论》,尚有《流子》、《德言》等别称。其作者争论不一,有梁刘勰、北齐刘昼、汉刘歆、梁刘孝标、唐袁孝政诸说。本书涉及哲学、政治、经济、军事、文化等各个领域,谈论治国修身之要,杂以九流之说,明阴阳,通道德,兼儒墨,合名法,包纵横,纳农植,触类取与,不拘一绪。篇中引物连类,事多见传记,保存的材料和反映的思想都很丰富,体现了这一时期涉取老庄,创造新经学的时代精神,对于研究魏晋南北朝时期的思想有重要参考价值。

【注释】

1. 玃:大猿,五百岁则自善能媚美女。
2. 狙:猕猴。
3. 缃:浅黄色。
4. 绀:青色。
5. 黄轩四面,非有八目:黄轩,轩辕黄帝。治国乃使诸侯至于四方,因为四面。时人传之,言黄轩有四个面,故言非有八目也。
6. 夔之一足,非有独胫:夔,传说中一条腿的怪兽。相传为尧、舜时的国家乐言。
7. 周之玉璞,其实死鼠:周之,是周国人。其周国贵玉璞,其人不识。玉璞傍道,市人有人诳其谓死鼠为玉璞,卖与周之,以五彩裹之,于宝匣藏之,天下人谓其实是玉璞。卞和闻之,故从其家借而观之,乃死鼠也。卞和笑之曰:"此是死鼠,非玉璞。"其人怀惭,并宝匣弃之也。
8. 楚之凤凰,乃是山鸡:楚人得山鸡,见五色花纹,谓是凤凰。以将献其君,行至

路半,见野田中极多,乃问之。人曰:此是山鸡。楚人怀惭而退,走归。

9. 愚谷智叟,而蒙顽称:昔有贤人隐在愚谷,自号愚公。时人闻之,谓之实是愚人,后知是贤智之人也。

10. 黄公美女,乃得丑名:黄公有美女,年三十不嫁,姿容端正。有人问其女,黄公谦曰:女丑不嫁出。人谓之实丑,后纳为妃,时人始知其美丽也。

11. 鲁人缝掖,实非儒行:缝,大也。大掖之衣,单衣大袂也。君子有道,艺者所衣也。哀公见孔子与士大夫异,又与庶人不同,疑之为儒服。然故问之。

12. 东郭吹竽,而不知音:竽自笙,有三十六管。齐宣王好闻吹之,门下吹竽者三千人。其时如解吹竽者得俸禄,东郭处士缪解在其中,虚执一竽于唇上,贪求俸禄。宣王死,成王立,乃遣一一阅之,东郭吹竽缪,遂走,终身不出也。

13. 闻野丈人,谓之田父:野丈人,是药名,世人从虚谓之是田父也。

14. 河上姹女,谓之夫人:姹女,是药名,今之饭带是也。世人不审其名,谓之是夫人。

15. 尧浆、禹粮,谓之饮食:此亦是药名。尧浆,是木树中水也。禹粮,是赤土中极赤之土也。昔禹治水饥乏粮,乃取此土食之,故言禹粮。世人不审其名,谓是今之饮食也。

16. 龙胆、牛膝,谓之为肉:皆是药草之名也。世人不审,谓是龙牛之肉也。

17. 掘井得人,谓人自土而出:袁孝政注:"宋国有人家掘井,乃云:'吾家掘井,利得一人。'时人不晓,谓言是人从土出,悉皆传之。国君闻,召而问之。宋人对曰:'臣家掘井得人者,住去水远,每日遣一人汲水,自掘已来,每日余一人之工,臣谓掘井似得一人,非是土下得人也。'"

18. 三豕渡河,云彘行水上:袁孝政注:"鲁人读《史记》不知字,错云:'三豕渡河。'有人问曰:'其义焉在?'鲁人曰:'彘行水上。'子夏闻之,往看,乃谓之曰:'晋君己亥日渡河。写《史记》者错己字成三,亥字作豕。'鲁人不信,遂往晋问之。晋君乃是己亥日渡河,始知其字实谬错也。"

19. 狐狸:狐是野狗,狸是野猫。

20. 蛩蛩巨虚:蛩蛩前足长,巨虚后足长。其兽出雁门山,见人,即巨虚负蛩而走也。

【讲疏】

本篇首先充分论述了言与理、名与实的关系,作者认为:"言以绎理,理为言本,名以订实,实为名源。有理无言,则理不可明;有实无名,则实不可辨。理由言明,而言非理也;实由名辨,而名非实也。"要明理,要反映、分辨"实"就要以"名"为之。作者指出"实"与"理"是"名"与"言"的本源,虽然"实"与"理"须通过"名"与"言"得以阐述,但是这并不说明"名"、"言"与"实"、"理"相对等,更不能说明"名"与"言"就是根本。

作者在文章中例举了许多名实不副的例子,如"回犬似人"、"转白成黑",原本并无关联的东西,经过耳闻口传,似乎变得有了因果关系,因此"名"在很多时候都是不可信的。除此之外,刘昼还举了许多典故,来说明传"名"非"实",譬如:"黄轩四面,非有八目;夔之一足,非有独胫。周之玉璞,其实死鼠;楚之凤凰,乃是山鸡。愚谷智叟,而蒙顽称;黄公美女,乃得丑名。鲁人缝掖,实非儒行;东郭吹竽,而不知音。"这其中有些是虚名,实质乃是糟粕;还有一些实质是好的,却横受了恶名。

在对如何正名的阐述中,作者一方面崇尚古人为物定名的方式,提出古人都是在深入了解物之"实"的基础上,反复斟酌物之"名",力求"言理兼通,而名实俱正",尽量杜绝名实不副的现象;另一方面名也要充分地表达出"实"的内容,不使"实"中所含之真受到遮蔽,即所谓"实无所蔽其真"。

作者还指出了人皆好名善言的特点,认为"名之不善,则害于实矣",这反映了古代人的普遍心理。譬如白天看到了蟢子,就认为会发生喜事;晚上梦见了雀鸟,就认为会获得爵位;名叫盗的泉水,孔子不会去喝;称作朝歌的屋子,颜渊不会去住。刘昼考虑到名称的社会心理效应,强调"名"对"实"的社会影响,因此一味地相信名实相副,实际上也是不可取的,因为名实关系本身是具有复杂性的。

总的来看,这一时期的"名实之辩"较之先秦,内涵已发生了变化。先秦时期主要是就概念与实务的关系进行辨析。魏晋时期,士人的名号和官职是否与其自身的道德和能力相对应,成为"名实之辩"的主要论题,这与当时的玄学思潮及品评人物的风气有关。同时"名实之辩"的内容突破了此前单纯的名实关系的辨析,加入了新内容,使得正名更加具有实际的意义。

【关键词解读】

名实

对于名实关系,中国哲学史和逻辑思想史上有着持续的研究和争论。春秋时期,"名实相怨",邓析首先作《刑名》一书以正之,并提出"按实定名"、"循名责实"的主张。孔子强调以名正实,以为"名不正则言不顺,言不顺则事不成"(《论语·子路》),主张按周礼规定的等级名分来纠正"礼乐不兴"、"刑罚不中"的现状。墨子提出"取实予名",强调知与不知之别"非以其名也,亦以其取也"(《墨子·贵义》)。后期墨家对名、实关系作了详细分析,认为"所以谓,名也;所谓,实也"(《墨子·经说下》)。指出有物才有名,无物便无名,"有文实也,而后谓之;无文实也,是无谓也"(《墨子·经说下》)。名的作用在于"拟实"、"举实",倘若名不符实,就会产生错误,"过名也,说在实"(《墨子·经下》)。名家尹文以"形"为实,主张"名以检形,形以定名"(《尹文子·大道上》),考察了"同名异实"、"因名以得实"、"因名以失实"等异常情况下的名实关系。公孙龙著《名实论》,系统地论述了名实关系,认为"夫名,实谓也",名之于实应该"物以物其所物而不过";实之于名应该"实以实其所实而不旷"。以"白马"与"马"之间的名、实比较,提出"白马非马"之论,"欲推是辩,以正名实而化天下"(《迹府》)。荀子在考察"新名"(又称"散名")的形成时,提出了"约定俗成"、"稽实定数",作为"制名之枢要"。韩非也很重视名实关系的研究,提出了"名实相持而成,形影相应而生"(《韩非子·功名》)的思想。建安时期的徐幹认为"名者,所以名实也。实立而名从之,非名立而实从之"(《中论·考伪》)。三国魏王弼提倡辩名核实,认为"名生于形","故有此名必有此形","不能定名,则不可与论实"(《老子指略》),但又认为"名必有所分","有分则有不兼",所以名不能完全地反映客观现实。西晋欧阳建认为名完全能反映实:"欲辩其实,则殊其名;欲宣其志,则立其称。名逐物而迁,言因理而变。"名实间的关系犹"声发响应,形存影附,不得相与为二"(《言尽意论》)。明清之际王夫之对"名实之辩"进行理论总结,认为"名非天造,必从其实"(《姜斋文集·知性论》),名是"通已往将来之在念中"(《尚书引义》)的理性认识。

【相关知识链接】

名实关系的探讨,自春秋以来,就是思想界的一个热点问题。对名实的关注缘起于"名实相怨"的社会现实,而其深层原因则在于礼乐文明本身,从产生之初就是由内容和形式两部分组成的,这是名实分离的潜在因素,春秋时期的"礼坏乐崩",将这种潜在因素引发出来,从而导致社会生活各个领域严重的名实不符现象。

经历了不断的演变发展,魏晋时期"名实之辩"开始进入到文学领域,围绕言语能否充分表达意义而展开争论,即"言意之辩"。"言"即语言、概念,"意"即思想。《周易》中已提出"书不尽言,言不尽意"。儒家传统的观点是"言为心声",语言是思想感情的表现。《尚书·尧典》:"诗言志,歌永言。"认为诗歌是表达情志的。而道家则认为"言不尽意",语言不能把思想感情全部表达出来。《庄子·天道》:"世之所贵道者,书也。书不过语,语有贵也;语之所贵者,意也。意有所随;意之所随者,不可以言传也。"认为世人之所注重言说的是书本上的东西,而书本上的东西不过是语言文字;语言文字之所以可贵,在于它所表达的是意,而意的根本在"道",它是不可以言传的。所以,言也就不可能把包含着"道"的"意"全部表现出来。魏晋时期王弼和欧阳建就这一问题展开了争论。王弼继承了庄子的这一思想,研究了言、象、意之间的关系,他在《周易略例·明象》中说:"言者所以明象,得象而忘言。象者所以存意,得意而忘象。""然则忘象者乃得意者也,忘言者乃得象者也。得意在忘象,得象在忘言。"他认为语言是表达物象的,物象是包涵义理的。但语言不等于物象,物象不等于义理。所以,要得到物象就应当抛弃语言,要得到义理就应当抛弃物象。欧阳建针对王弼的"言不尽意"论,著《言尽意论》给予批判:"形不待名,而方圆已著;色不俟称,而黑白已彰。然则名之于物,无施者也;言之于理,无为者也。"认为语言并不能改变事物本身。又说:"理得于心,非言不畅。物定于彼,非名不辩。言不畅志,则无以相接。"他认为人们对客观规律的认识,不用语言就无法表达出来,外物不予以命名,就无法区别它们。如果人们不用语言来表达对外物的认识,就无法交际。通过"言意之辩"这一探讨和争论,使人们对艺术形式和思想内容的对立统一,艺术美的蕴藉有了更深入的了解,促使人们更加自觉地去追求艺术的完美。陆机的《文赋》、刘勰的《文心雕龙》及萧子显的《南齐书·文学传论》都曾从"言不尽意"和"言尽意论"出发,强调语言艺术之难和对完美的语言艺术的不懈追求。

【延伸阅读】

《刘子新论·鄙名》篇主要谈论名、言的关系,以及名的实际效用问题。开篇言:"名者,命之形也;言者,命之名也。形有巧拙,名有好丑,言有善恶。"说明名言表述的意义,在社会上有不同的利害关系,命形命名,都有不同的联系。又例举若干寓言故事,来说明"巧拙"、"好丑"、"善恶"要谨慎用之,以免招致厄运。《审名》篇和《鄙名》篇是研究魏晋六朝正名思想的宝贵资料,值得品读。

刘子新论·鄙名

名者,命之形也;言者,命之名也。形有巧拙,故名有好丑。名有好丑,则言有善恶。名言之善,则悦于人心;名言之恶,则忮于人耳。是以古人制邑名子，必依善名。名之不善，则害于实矣。

昔毕万以盈大会福，晋仇以怨偶逢祸。然盈大者不必尽吉，怨偶者不必皆凶。而人怀爱憎之意者，以其名有善恶也。今野人昼见螽子者以为有喜乐之瑞，夜梦雀者以为有爵位之象。然见螽者未必有喜，梦雀者未必弹冠。而人悦之者，以其名利人也。水名盗泉，尼父不漱；邑名朝歌，颜渊不舍；里名胜母，曾子还轸；亭名柏人，汉后夜遁。何者？以其名害义也。以螽、雀之微，无益于人，名苟近善，而世俗爱之；邑、泉之大，生民所庇，名必伤义，圣贤恶之。由此而言，则善恶之义，在于名也。

昔有贫人，命其狗曰富，命其子曰乐。方祭，而狗入于室，叱之曰："富，出！"祝曰："不祥。"家果有祸，其子后死。哭之曰："乐！"而不似悲也。庄里有人，字其长子曰盗，次子曰殴。盗持衣出穑，其母呼之曰："盗！"吏因缚之。其母呼殴喻吏，遽而声不转，但言"殴！殴"！吏因殴之，盗几至于殪。立名不善，身受其弊。审名之宜，岂不信哉？

——傅亚庶《刘子校释》卷四，中华书局1998年版

【思考题】

1. 结合本文，谈谈你对"名实之辩"的理解。
2. "名实之辩"与"言意之辩"的区别和联系体现在哪些方面？

魏 收

【作者简介】

魏收(506—572),字伯起,小字佛助,巨鹿下曲阳(今河北晋县西)人,北齐大臣、史学家。初以父功,仕北魏太学博士。与温子昇、邢子才,人称"北地三才"。经北魏、东魏、北齐,官至尚书右仆射,谥曰文贞。魏收硕学大才,又爱好音乐,擅长胡舞;提携后辈,以名行为先,所撰《魏书》是现存叙述北魏历史的最原始和最完整的资料。另有集七十卷,已散佚,现存辑本《魏特进集》。《北齐书》、《北史》有传。

魏书·文苑传序

夫文之为用,其来日久。自昔圣达之作,贤哲之书,莫不统理成章,蕴气标致,其流广变,诸非一贯,文质推移,与时俱化。淳于出齐[1],有雕龙之目[2];灵均逐楚[3],著嘉祸之章[4]。汉之西京,马扬为首称[5];东都之下,班张为雄伯[6]。曹植信魏世之英,陆机则晋朝之秀,虽同时并列,分途争远。永嘉之后,天下分崩,夷狄交驰,文章殄灭。昭成、太祖之世[7],南收燕赵,网罗俊义。逮高祖驭天[8],锐情文学,盖以颉颃汉彻[9],掩踔曹丕,气韵高艳,才藻独构。衣冠仰止,咸慕新风。肃宗历位[10],文雅大盛,学者如牛毛,成者如麟角,孔子曰:"才难,不其然乎?"[11]

——《魏书》卷八十五《文苑传》,中华书局1974年版

【题解】

《魏书·魏收传》记载,魏收为人轻薄不逊,性情急躁。早年陪从王昕出使南朝梁时,作风不正,被人讥为"文高而行鄙",撰述国史又常常有意

粉饰。虽为人不佳，但文才尚高，作国史体现了他的才能，其中的《文苑传序》又包含了他的一些文学观念。譬如本序言"尚古崇典"的文学观，反映了他向南方文人学习的精神。本序言主要描述了孝文帝和孝明帝时期的文学盛况，对当时南北方文化交流与融合的现象，也有一定程度的反映。

【注释】

1. 淳于：即淳于髡，战国齐稷下人。博学好辩。事见《史记》之《滑稽列传》、《孟子荀卿列传》。
2. 有雕龙之目：《史记·孟子荀卿列传》："故齐人颂曰：'谈天衍，雕龙奭，炙毂过髡。'"衍即邹衍，奭即邹奭，皆为战国时人。
3. 灵均：屈原，战国楚人，顷襄王时，曾被放逐。事见《史记·屈原贾生列传》。
4. 嘉祸：疑作"嘉橘"。《楚辞·九章·橘颂》："后皇嘉树，橘徕服兮。"
5. 马：司马相如。扬：扬雄。
6. 班：班固。张：张衡。
7. 昭成：北魏昭成帝拓跋什翼犍。太祖：北魏太祖道武皇帝拓跋珪。
8. 高祖：北魏高祖孝文帝元宏。
9. 汉彻：汉武帝刘彻。
10. 肃宗：北魏肃宗孝明帝元诩。
11. "才难"二句：《论语·泰伯》："舜有臣五人而天下治。武王曰：予有乱臣十人。孔子曰：才难，不其然乎？唐、虞之际，于斯为盛。有妇人焉，九人而已。三分天下有其二，以服事殷。周之德，其可谓至德也已矣。"

【讲疏】

《魏书·文苑传序》虽然内容不多，但表明了魏收的文学观。"夫文之为用，其来日久。自昔圣达之作，贤哲之书，莫不统理成章，蕴气标致，其流广变，诸非一贯，文质推移，与时俱化"，就体现了他"文质推移，与时俱化"、"尊古崇理"的文学发展观，而"统理成章"明显与南朝的"以情纬文"的观点相悖。他通过分析自战国以来文学状况，阐释他文学与时俱进的发展观点。值得关注的是，他极力赞扬北魏时期的孝文帝和孝明帝，这要归结于二位皇帝开明的文学改革思想。孝文帝与孝明帝时期是北魏"文雅大盛"，文学最为繁荣的时期，而他对孝文帝元宏的评价最高，认为其与曹丕不相上下。《魏书·高祖纪》谓北魏至孝文帝方"焕乎其有文章"，孝文帝"才藻富赡，好为文章，诗赋铭颂，任兴而作"，"爱奇好士，情如饥渴"。孝文皇帝统治的时期是政治与文学均极昌盛的时期。另外，魏收论文，很重视"气韵"，认为圣贤的优秀作品中都具备了"蕴气标致"的特点。从本序言,也可以看出当时的北朝有着向南方学习和交流的倾向,这使北方文人的作品或多或少带有南方艳丽风格的特色,他所说孝文帝文章"气韵高艳",便是这种特色的体现。一方面"言多胸臆",含有浓厚的北方色彩;另一方面"律调颇殊"又有向齐梁"永明体"、"新风"学习的痕迹。孝文帝和孝明帝积极追求"新风"的做法成为了北魏文风的转折点,正如隋刘善经所说:"从此之后,才子比肩,声韵抑扬,文情婉丽……辞人间出,风流弘雅,泉涌云奔,动合宫商,韵谐金石者,盖以千数,海内莫之比也。"(《文镜秘府论·四声论》)

【关键词解读】

雅言

雅言是我国最早的古代通用语,在意义上相当于现在的普通话。《辞海·雅言》:"雅言,古时称'共同语',同'方言'对称。"较早的记载,见于《论语·述而》:"子所雅言,《诗》、《书》、执礼,皆雅言也。"谓孔子当时诵读诗书,执行典礼,都运用合乎规范的雅正语言。孔安国:"雅言,正言也。"雅言在诗歌艺术方面,不仅要求诗歌采取文雅、合乎规范的语言,而且要有端正的创作态度,作为一种诗歌审美标准,既针对语言,也包括思想风格。雅言作为一种诗歌艺术的审美概念,对后世产生了很大影响。宋代沈义父提出了作词的四条标准,"下字欲其雅","不雅则近乎缠令之体"是重要的一条(《乐府指迷》)。俗者雅之反,反对"俗"是从反面对"雅"的肯定。严羽《沧浪诗话·诗法》:"学诗先除五俗:一曰俗体,二曰俗意,三曰俗句,四曰俗字,五曰俗韵。"其中"俗句"、"俗字"、"俗韵"均属语言范畴,都是与雅言背道而驰的。在思想风格方面,后世批评家从雅正入手,提出了许多具体的标准,如刘勰《文心雕龙·体性》总结文学作品的"八体",其一曰"典雅":"典雅者,熔式经诰,方轨儒门者也。"同样也要求作品的风格以儒家经典为楷模,正是对雅言的发展。魏收论文,重视雅言、文雅之风,《文苑传序》包含了其"尚古崇典"的文学观。

【相关知识链接】

南北朝时期,南北文风明显不同。唐李延寿在《北史·文苑传序》:"江左宫商发越,贵于清绮;河朔词义贞刚,重乎气质。"指出南方文学声律运用成熟,故文风清绮;北方重意义的表达,且声律难以达到同时代南方的程度,故作文重视气质。他在《儒林传序》有言:"大抵南北所为章句,好尚互有不同……南人约简,得其英华;北学深芜,穷其枝叶。"南方对文学的性质探讨较多,对文学的审美功能比较重视,故而重辞藻华美;北方的文学落后于南方,且多仿效南方作品写作,多芜杂,文学水平低于南方。《世说新语》中也记载了南北方文学的不同风格,《文学》篇记载:"褚季野语孙安国云:'北人学问,渊综广博。'孙答曰:'南人学问,清通简要。'支道林闻之,曰:'圣贤故所忘言。自中人以还,北人看书,如显初视月,南人学问,如牖中窥日。'"说明南北方学风各有特色,北方显懂,质朴简单,南方学问精深渊博。

比较南北文学和其文学批评不同的原因,主要归结为三点:地域、政治社会和风俗都有不同的影响。首先是地域相隔。清代刘师培分析南北朝南北文学之不同时,有言:"大抵北方之地,土厚水深,民生其间,多尚实际。南方之地,水势浩洋,民生其际,多尚虚无。民崇实际,故所著之文,不外记事析理二端。民尚虚无,故所著之文,或为言志抒情之体。"(《南北文学不同论》)这正照应了"一方水土养一方人"的俗话,不同的地理环境,构成了同时代两地不同的文学发展氛围。其次是政治环境的影响。魏晋南北朝,偏安江南的南朝,政局稍稳,但同时的北方则战乱频仍,如李延寿《北史·文苑传序》:"既而中州板荡,戎狄交侵,僭伪相属,生灵涂炭,故文章黜焉……然皆迫于仓卒,牵于战阵,章奏符檄,则粲然可观;体物缘情,则寂寥于世。非其才有优劣,时运然也。"动荡的社会环境塑造了北方重朴实、实用为主的文学,而相对和平的南方政局则营造了一种追求轻靡、舒缓的文学风气。另外,政治中心的南迁,使得当时"过江名士多于鲫",故家大族的南迁,也将优秀的文学因子带去了南方,而留在北方故地的多为乡间平民,如颜之推《颜氏家训·音辞篇》:"冠冕君子,南方为优;闾里小人,北方为愈。"因政治导致的南北知识层次的差异,也影响着不同的文学发展境况。加之南北方习俗的不同,南人求新,受魏晋文学影响较大,提倡"新变";北方笃古,大有两汉之余风,承传两汉余风者大率质朴,受魏晋文风影响者大率轻浮。

【延伸阅读】

南北朝时期,因多种因素的影响导致当时南北文风的巨大差异。北方文人多崇古,多继承两汉文风;南方文人多求新变,多继承魏晋文学的风气。《古贤诗》作于北魏正始初,当时的常景官职卑微,因汉代司马相如、王褒、严君平、扬雄四位有高才而不受重用,乃托意而咏之,借之感叹自己政治仕途的怀才不遇。

赞四君诗四首

（北魏）常景

　　长卿有艳才，直致不群性。郁若春烟举，皎如秋月映。游梁虽好仁，仕汉常称病。清贞非我事，穷达委天命。

　　王子挺秀质，逸气干青云。明珠既绝俗，白鹄信惊群。才世苟不合，遇否途自分。空枉碧鸡命，徒献金马文。

　　严公体沉静，立志明霜雪。味道综微言，端著演妙说。才屈罗仲口，位结李强舌。素尚迈金贞，清标陵玉彻。

　　蜀江导清流，扬子挹余休。含光绝后彦，覃思邈前修。世轻久不赏，玄谈物无求。当途谢权宠，置酒独闲游。

　　　　——《魏书》卷八十二《常景传》，中华书局1974年版

【思考题】

1. 谈谈魏晋南北朝时期北方文人是如何学习南方"新风"的。
2. 比较南北朝时期南北不同的文章风格和审美追求。

颜 之 推

【作者简介】

颜之推(531—约590),字介,琅邪临沂(今山东临沂)人。历经梁、西魏、北齐、周、隋,历任散骑常侍、黄门侍郎、平原太守、御史上士,隋文帝开皇年间,被召为学士,不久以疾终。颜之推出身儒学世家,一生颠沛,数易其主,但博学多洽,著述甚丰,能诗赋,尤善为文,辞情典丽。其诗质朴而略见藻绘,亦不乏清拔之句。《颜氏家训》二十篇,以儒家传统伦理道德训诫子女,其中《文章篇》专论文学问题,历代学者评价很高。

颜氏家训·文章

夫文章者[1],原出《五经》[2]:诏命策檄,生于《书》者也;序述论议,生于《易》者也;歌咏赋颂,生于《诗》者也;祭祀哀诔,生于《礼》者也;书奏箴铭,生于《春秋》者也。朝廷宪章,军旅誓诰,敷显仁义,发明功德,牧民建国,施用多途。至于陶冶性灵,从容讽谏,入其滋味,亦乐事也。行有余力,则可习之[3]。

然而自古文人,多陷轻薄:屈原露才扬己,显暴君过[4];宋玉体貌容冶,见遇俳优[5];东方曼倩,滑稽不雅[6];司马长卿,窃赀无操[7];王褒过章《僮约》[8];扬雄德败《美新》[9];李陵降辱夷虏[10];刘歆反覆莽世[11];傅毅党附权门[12];班固盗窃父史[13];赵元叔抗竦过度[14];冯敬通浮华摈压[15];马季长佞媚获诮[16];蔡伯喈同恶受诛[17];吴质诋忤乡里[18];曹植悖慢犯法[19];杜笃乞假无厌[20];路粹隘狭已甚[21];陈琳实号粗疏;繁钦性无检格[22];刘桢屈强输作[23];王粲率躁见嫌[24];孔融、祢衡,诞傲致殒[25];杨修、丁廙,扇动取毙[26];阮籍无礼败俗[27];嵇康凌物凶终[28];傅玄忿斗免官[29];孙楚矜夸凌上[30];陆机犯顺履险[31];潘岳干没取危[32];颜延年负气摧黜[33];谢灵运空疏乱纪[34];王元长凶贼自诒[35];谢玄晖侮慢见及[36]。凡此诸人,皆其翘秀者[37],不能悉纪,大较如此。至于帝王,亦或未免。自昔天子而有才华者,唯汉武、魏太祖、文帝、明帝、宋孝武帝,皆负世议,非懿德之君也。自子游、子夏、荀况、孟轲、枚乘、贾谊、苏武、张衡、左思之俦,有盛名而免过患者,时复闻之,但其损败居多耳。

每尝思之,原其所积,文章之体,标举兴会,发引性灵,使人矜伐,故忽于持操,果于进取。今世文士,此患弥切,一事惬当,一句清巧,神厉九霄,志凌千载,自吟自赏,不觉更有傍人。加以砂砾所伤,惨于矛戟,讽刺之祸,速乎风尘,深宜防虑,以保元吉[38]。

学问有利钝,文章有巧拙。钝学累功,不妨精熟;拙文研思,终归蚩鄙。但成学士,自足为人。必乏天才,勿强操笔。吾见世人,至无才思,自谓清华,流布丑拙,亦以众矣,江南号为诒痴符。近在并州,有一士族,好为可笑诗赋,诋擎邢、魏诸公[39],众共嘲弄,虚相赞说,便击牛酾酒,招延声誉。其妻,明鉴妇人也,泣而谏之。此人叹曰:"才华不为妻子所容,何况行路!"至死不觉。自见之谓明,此诚难也。

学为文章,先谋亲友,得其评裁,知可施行,然后出手;慎勿师心自任,取笑旁人也。自古执笔为文者,何可胜言。然至于宏丽精华,不过数十篇耳。但使不失体裁,辞意可观,便称才士;要须动俗盖世,亦俟河之清乎[40]!

不屈二姓,夷、齐之节也;何事非君,伊、箕之义也。自春秋已来,家有奔亡,国有吞灭,君臣固无常分矣;然而君子之交绝无恶声,一旦屈膝而事人,岂以存亡而改虑?陈孔璋居袁裁书,则呼操为豺狼;在魏制檄,则目绍为蛇虺。在时君所命,不得自专,然亦文人之巨患也,当务从容消息之。

或问扬雄曰:"吾子少而好赋?"雄曰:"然。童子雕虫篆刻,壮夫不为也。"[41]余窃非之曰:虞舜歌《南风》之诗[42],周公作《鸱鸮》之咏⁴³，吉甫、史克《雅》、《颂》之美者⁴⁴，未闻皆在幼年累德也。孔子曰："不学《诗》，无以言⁴⁵。""自卫返鲁，乐正，雅、颂各得其所⁴⁶。"大明孝道，引《诗》证之⁴⁷。扬雄安敢忽之也？若论"诗人之赋丽以则，辞人之赋丽以淫"⁴⁸，但知变之而已，又未知雄自为壮夫何如也？著《剧秦美新》，妄投于阁⁴⁹，周章怖慴⁵⁰，不达天命，童子之为耳。桓谭以胜老子⁵¹，葛洪以方仲尼⁵²，使人叹息。此人直以晓算术，解阴阳，故著《太玄经》，数子为所惑耳；其遗言余行，孙卿、屈原之不及，安敢望大圣之清尘？且《太玄》今竟何用乎？不啻覆酱瓿而已⁵³。

　　齐世有席毗者⁵⁴，清干之士，官至行台尚书，嗤鄙文学，嘲刘逖云⁵⁵："君辈辞藻，譬若荣华，须臾之玩，非宏才也；岂比吾徒千丈松树，常有风霜，不可凋悴矣！"刘应之曰："既有寒木，又发春华，何如也？"席笑曰："可哉！"

　　凡为文章，犹人乘骐骥，虽有逸气，当以衔勒制之，勿使流乱轨躅⁵⁶，放意填坑岸也⁵⁷。

　　文章当以理致为心肾⁵⁸，气调为筋骨，事义为皮肤⁵⁹，华丽为冠冕。今世相承，趋末弃本，率多浮艳。辞与理竞，辞胜而理伏；事与才争，事繁而才损。放逸者流宕而忘归，穿凿者补缀而不足。时俗如此，安能独违？但务去泰去甚耳。必有盛才重誉，改革体裁者，实吾所希⁶⁰。

　　古人之文，宏材逸气，体度风格，去今实远；但缉缀疏朴，未为密致耳。今世音律谐靡，章句偶对，讳避精详，贤于往昔多矣。宜以古之制裁为本，今之辞调为末，并须两存，不可偏弃也。

　　吾家世文章，甚为典正，不从流俗，梁孝元在蕃邸时，撰《西府新文》，讫无一篇见录者，亦以不偶于世，无郑、卫之音故也。有诗赋铭诔书表启疏二十卷，吾兄弟始在草土，并未得编次，便遭火汤尽，竟不传于世。衔酷茹恨，彻于心髓！操行见于《梁史文士传》，及孝元《怀旧志》。

　　沈隐侯曰⁶¹："文章当从三易：易见事，一也；易识字，二也；易读诵，三也。"邢子才常曰："沈侯文章，用事不使人觉，若胸臆语也。"深以此服之。祖孝征亦尝谓吾曰⁶²："沈诗云：'崖倾护石髓[63]',此岂似用事邪?"邢子才、魏收俱有重名,时俗准的,以为师匠。邢赏服沈约而轻任昉[64],魏爱慕任昉而毁沈约,每于谈谦,辞色以之。邺下纷纭,各有朋党。祖孝征尝谓吾曰:"任、沈之是非,乃邢、魏之优劣也。"

《吴均集》有《破镜赋》。昔者,邑号朝歌,颜渊不舍;里名胜母,曾子敛襟:盖忌夫恶名之伤实也。破镜乃凶逆之兽,事见《汉书》,为文幸避此名也。比世往往见有和人诗者,题云敬同,《孝经》云:"资于事父以事君而敬同。"不可轻言也。梁世费旭诗云:"不知是耶非。"殷澐诗云:"飘飏云母舟。"简文曰:"旭既不识其父,澐又飘飏其母。"此虽悉古事,不可用也。世人或有文章引《诗》"伐鼓渊渊"者,《宋书》已有屡游之诮;如此流比,幸须避之。北面事亲,别舅摛《渭阳》之咏;堂上养老,送兄赋桓山之悲,皆大失也。举此一隅,触涂宜慎。

江南文制,欲人弹射,知有病累,随即改之,陈王得之于丁廙也[65]。山东风俗,不通击难[66]。吾初入邺,遂尝以此忤人,至今为悔;汝曹必无轻议也。

凡代人为文,皆作彼语,理宜然矣。至于哀伤凶祸之辞,不可辄代。蔡邕为胡金盈作《母灵表颂》曰:"悲母氏之不永,然委我而夙丧。"又为胡颢作其父铭曰:"葬我考议郎君。"《袁三公颂》曰:"猗欤我祖,出自有妫。"王粲为潘文则《思亲诗》云:"躬此劳悴,鞠予小人;庶我显妣,克保遐年。"而并载乎邕、粲之集,此例甚众。古人之所行,今世以为讳。陈思王《武帝诔》,遂深永蛰之思,潘岳《悼亡赋》,乃怆手泽之遗:是方父于虫,匹妇于考也。蔡邕《杨秉碑》云:"统大麓之重。"潘尼《赠卢景宣诗》云:"九五思飞龙。"孙楚《王骠骑诔》云:"奄乎登遐。"陆机《父诔》云:"亿兆宅心,敦叙百揆。"《姊诔》云:"倪天之和。"今为此言,则朝廷之罪人也。王粲《赠杨德祖诗》云:"我君饯之,其乐泄泄。"不可妄施人子,况储君乎?

挽歌辞者,或云古者《虞殡》之歌,或云出自田横之客,皆为生者悼往告哀之意。陆平原多为死人自叹之言,诗格既无此例,又乖制作本意。

凡诗人之作，刺箴美颂，各有源流，未尝混杂，善恶同篇也。陆机为《齐讴篇》，前叙山川物产风教之盛，后章忽鄙山川之情，殊失厥体。其为《吴趋行》，何不陈子光、夫差乎？《京洛行》，胡不述赧王、灵帝乎？

自古宏才博学，用事误者有矣；百家杂说，或有不同，书傥湮灭，后人不见，故未敢轻议之。今指知决纰缪者，略举一两端以为诫。《诗》云："有鷕雉鸣。"又曰："雉鸣求其牡。"毛《传》亦曰："鷕，雌雉声。"又云："雉之朝雊，尚求其雌。"郑玄注《月令》亦云："鸲，雄雉鸣。"潘岳赋曰："雉鷕鷕以朝雊。"是则混杂其雄雌矣。《诗》云："孔怀兄弟。"孔，甚也；怀，思也，言甚可思也。陆机《与长沙顾母书》，述从祖弟士璜死，乃言："痛心拔脑，有如孔怀。"心既痛矣，即为甚思，何故方言有如也？观其此意，当谓亲兄弟为孔怀。《诗》云："父母孔迩。"而呼二亲为孔迩，于义通乎？《异物志》云："拥剑状如蟹，但一螯偏大尔。"何逊诗云："跃鱼如拥剑。"是不分鱼蟹也。《汉书》："御史府中列柏树，常有野鸟数千，栖宿其上，晨去暮来，号朝夕鸟。"而文士往往误作乌鸢用之。《抱朴子》说项曼都诈称得仙，自云："仙人以流霞一杯与我饮之，辄不饥渴。"而简文诗云："霞流抱朴椀。"亦犹郭象以惠施之辨为庄周言也。《后汉书》："囚司徒崔烈以银铛锁。"银铛，大锁也；世间多误作金银字。武烈太子，亦是数千卷学士，尝作诗云："银锁三公脚，刀撞仆射头。"为俗所误。

文章地理，必须惬当。梁简文《雁门太守行》乃云[67]："鹅军攻日逐，燕骑荡康居，大宛归善马，小月送降书[68]。"萧子晖《陇头水》云[69]："天寒陇水急，散漫俱分泻，北注徂黄龙，东流会白马[70]。"此亦明珠之类[71]，美玉之瑕，宜慎之。

王籍《入若耶溪》诗云[72]："蝉噪林逾静，鸟鸣山更幽。"江南以为文外断绝[73]，物无异议。简文吟咏，不能忘之，孝元讽味[74]，以为不可复得，至《怀旧志》载于《籍传》[75]。范阳卢询祖[76]，邺下才俊，乃言："此不成语，何事于能？"魏收亦然其论。《诗》云："萧萧马鸣，悠悠旆旌[77]。"毛《传》曰："言不喧哗也。"吾每叹此解有情致，籍诗生于此耳。

兰陵萧悫[78]，梁室上黄侯之子，工于篇什。尝有《秋诗》云："芙蓉露下落，杨柳月中疏。"时人未之赏也。吾爱其萧散，宛然在目。颍川荀仲举[79]、琅邪诸葛汉，亦以为尔。而卢思道之徒[80]，雅所不惬。

何逊诗实为清巧[81]，多形似之言；扬都论者，恨其每病苦辛[82]，饶贫寒气，不及刘孝绰之雍容也[83]。虽然，刘甚忌之[84]，平生诵何诗，常云："蘧车响北阙[85]，憧憧不道车[86]。"又撰《诗苑》[87]，止取何两篇，时人讥其不广。刘孝绰当时既有重名，无所与让；唯服谢朓，常以谢诗置几案间，动静辄讽味。简文爱陶渊明文[88]，亦复如此。江南语曰："梁有三何，子朗最多。"三何者，逊及思澄、子朗也[89]。子朗信饶清巧。思澄游庐山，每有佳篇，亦为冠绝[90]。

——王利器：《颜氏家训集解》卷四，中华书局1996年版

【题解】

《颜氏家训》共七卷二十篇，内容涉及修身、治家、经世、涉务等多个方面。《文章》篇集中反映了颜之推的文学思想。他以儒学思想为根本，表现出强烈的"宗经"与"尚用"特色。在文人强调"节气"的基础上，进一步提出文学创作"必乏天才，勿强操笔"的前提、"凡为文章，犹乘骐骥"的方法和"典正不从流俗"的要求；他强调文学本质是以义理意致为重点，同时也不反对文学形式上的辞藻修饰，而是主张文质兼取、融合古今、取长补短的文学批评观。颜之推有关文学的意见虽比较零碎，但综合看来，他在文章的地位与功用、写作的才能与条件、文章的审美性质等方面都发表了比较中肯的意见。

【注释】

1. 文章：最初指由色彩、线条按一定规律错杂交织成的花纹、图案。魏晋之后，"文章"逐渐演变为主要指一切用文字写下的文辞、篇章，乃至综括一切文体范畴的总称。

2. 原出《五经》：《文心雕龙·宗经》："故论说辞序，则《易》统其首；诏策章奏，则《书》发其源；赋颂歌赞，则《诗》立其本；铭诔箴祝，则《礼》总其端；纪传盟檄，则《春秋》为根。"

3. 行有余力，则可习之：《论语·学而》："行有余力，则以学文。"

4. 屈原露才扬己,显暴君过:班固《离骚序》:"今若屈原,露才扬己。"

5. 宋玉体貌容冶,见遇俳优:宋玉《登徒子好色赋》:"大夫登徒子侍于楚王,短宋玉曰:'玉为人体貌闲丽,口多微辞,性又好色,王勿令出入后宫。'"

6. 东方曼倩,滑稽不雅:东方朔,字曼倩,汉武帝时人,善于诙谐,但武帝以为持论不根,颇俳优畜之。详见《汉书》卷六十五《东方朔传》。

7. 司马长卿,窃赀无操:司马相如,字长卿。对卓文君"以琴心挑之",最后使卓王孙不得已而分钱财予司马相如和卓文君。详见《史记》卷一百十七《司马相如传》。

8. 王褒过章《僮约》:王褒,字子渊,汉宣帝文学侍从,长于辞赋。他的《僮约》对所买奴仆订下繁苛的各种规定,但读之似乎是一篇游戏文字。文载《古文苑》。

9. 扬雄德败《美新》:新,是王莽篡汉后的国号,扬雄作《剧秦美新》,论秦之剧,称新之美,似也不足为扬雄人格污点。西汉末皇嗣屡绝,王莽代汉在当时是一种不可扭转的结局。扬雄《剧秦美新》意在惩戒莽新以亡秦为镜鉴,并非阿谀新朝。

10. 李陵降辱夷虏:李陵,汉名将李广之孙。在天汉二年,率兵远击匈奴,被围,殊死奋战,最后被迫降于匈奴。详见《史记》卷一百〇九《李将军列传》所附载。

11. 刘歆反覆莽世:刘歆,字子骏,刘向之子。王莽篡汉,刘歆为造舆论,立下汗马功劳,被封国师。后歆之三子被王莽所杀。刘歆怀恨谋反,事泄,被迫自杀。详见《汉书》卷三十六《刘歆传》及卷九十九《王莽传》。

12. 傅毅党附权门:傅毅曾依附大将军窦宪为司马,见《后汉书》卷八十《文苑传·傅毅传》。

13. 班固盗窃父史:班固作《汉书》乃继父班彪未竟之业。《文心雕龙·史传篇》:"及班固述汉,因循前业,观司马迁之辞,思实过半。其十志该富,赞序弘丽,儒雅彬彬,信有遗味。至于宗经矩圣之典,端绪丰赡之功,遗亲攘美之罪,征贿鬻笔之愆,公理辨之究矣。"

14. 赵元叔抗竦过度:赵壹,字符叔,东汉辞赋家。抗竦,指他倨傲不驯、愤世嫉俗。事迹见《后汉书》卷八十《文苑传·赵壹传》。

15. 冯敬通浮华摈压:冯衍,字敬通,著有《显志赋》等。他曾仕王莽新朝,故见黜于汉光武帝刘秀。明帝即位,又因很多人批评他"文过其实",遂废于家。详见《后汉书》卷二十八《冯衍传》。

16. 马季长佞媚获消:马融,字季长,东汉著名学者。《后汉书》卷六十《马融传》称他:"才高博洽,为世通儒……忤于邓氏,不敢复违忤势家,遂为梁冀草奏李固,又作大将军《西第颂》,以此颇为正直所羞。"

17. 蔡伯喈同恶受诛:蔡邕,字伯喈。汉末著名作家。曾蒙董卓爱赏,《后汉书》卷六十《蔡邕传》载"及卓被诛,邕在司徒王允坐,殊不意言之而叹,有动于色。允勃然叱之曰:'董卓国之大贼,几倾汉室。君为王臣所宜同忿,而怀其私遇,以忘大节!今天诛有罪,而反相伤痛,岂不共为逆哉?'即收付廷尉治罪。"

18. 吴质诋忤乡里:吴质,字季重,以文才为曹丕所善。《三国志·魏书》卷二十一《王粲传》裴松之引《魏略》注:"质字季重,始为单家,少游遨贵戚间,盖不与乡里相浮沉,故虽已出官,本国犹不与之士名。"注又引《质别传》:"质先以怙威肆行,谥曰丑侯。质子应上书论枉,至正元中,乃改谥威侯。"

19. 曹植悖慢犯法:《三国志·魏书》卷十九《陈思王植传》:"黄初二年,监国谒者灌均希指,奏'植醉酒悖慢,劫胁使者'。有司请治罪,帝以太后故,贬爵安乡侯。"

20. 杜笃乞假无厌:杜笃,字季雅,东汉初作家。《后汉书》卷八十《文苑列传》:"笃少博学,不修小节,不为乡人所礼。居美阳,与美阳令游,数从请托,不谐,颇相恨。令怒,收笃送京师。"后在狱中为吴汉作诔,辞最高,得免刑。

21. 路粹隘狭已甚:路粹,字文蔚。曾承曹操意旨数致孔融罪状,人们读了都对他产生畏惧。详见《三国志·魏书》卷二十一《王粲传》注引《典略》。

22. 陈琳实号粗疏;繁钦性无检格:陈琳,字孔璋,"建安七子"之一;繁钦,字休伯。检格,规矩,无检格,指放荡不羁。《三国志·魏书》卷二十一《王粲传》裴注引鱼豢曰:"(韦)仲将云:'休伯都无格检……孔璋实自粗疏。'"

23. 刘桢屈强输作:刘桢,字公幹,"建安七子"之一。屈强,同"倔强"。输作,送往作坊劳动,以体罚代死刑。《三国志·魏书》卷二十一《王粲传》裴注引《典略》:"其后太子(曹丕)尝请诸文学,酒酣坐欢,命夫人甄氏出拜。坐中众人咸伏,而桢独平视。太祖闻之,乃收桢,减死输作。"

24. 王粲率躁见嫌:王粲,字仲宣,"建安七子"之一。《三国志·魏书》卷二十一《王粲传》:"王粲字仲宣,山阳高平人也……以西京扰乱,皆不就。乃之荆州依刘表。表以粲貌寝而体弱通侻,不甚重也。表卒。粲劝表子琮,令归太祖。太祖辟为丞相掾,赐爵关内侯。……魏国既建,拜侍中。"裴注引韦仲将曰:"仲宣伤于肥戆。"《三国志·魏书》卷二十三《杜袭传》:"王粲性躁竞。"

25. 孔融、祢衡,诞傲致殒:孔融,字文举,汉末著名作家。他因反对曹操,多致乖忤,被曹操借故所杀。详见《后汉书》卷七十《孔融传》。祢衡,字正平,汉末名士。他也反对曹操,被曹操送予刘表,又送予江夏太守黄祖,终因倨傲侮慢被杀。详见《后汉书》卷八十《文苑传·祢衡传》。

26. 杨修、丁廙,扇动取毙:杨修,字德祖。丁廙,字敬礼。他们都是曹操的心腹,因参与曹丕、曹植争立太子的斗争而被杀。详见《三国志·魏书》卷十九《陈思王植传》。

27. 阮籍无礼败俗:参见《晋书》卷四十九《阮籍传》:"籍容貌瑰杰,志气宏放,傲然独得,任性不羁,而喜怒不形于色。"又:"籍嫂尝归宁,籍相见与别。或讥之,籍曰:'礼岂为我设邪!'"刘孝标注《世说》引《晋阳秋》所载,当时何曾于太祖座指责阮籍:"卿任性放荡,伤礼败俗。"

28. 嵇康凌物凶终:《晋书》卷四十九《嵇康传》:"登曰:'君性烈而才隽,其能免乎!'"善为青白眼,钟会去看他,嵇康不与为礼,最后被谗遇害。

29. 傅玄忿斗免官:傅玄,字休奕,晋武帝时作家。曾仕至侍中。因与散骑常侍皇甫陶不和,争言喧哗,为有司所奏,二人竟坐免官。见《晋书》卷四十七《傅玄传》。

30. 孙楚矜夸凌上:孙楚,字子荆。《晋书·孙楚传》:"楚后迁佐著作郎,复参石苞骠骑军事。楚既负其材气,颇悔易于苞,初至,长揖曰:'天子命我参卿军事。'因此而嫌隙遂构。……又与乡人郭奕忿争。"

31. 陆机犯顺履险:陆机在西晋"八王之乱"中,不能见机隐退,辗转诸王之间,遂不免一死。见《晋书》卷五十四《陆机传》。

32. 潘岳干没取危:干没,侥幸取利。《晋书·潘岳传》载潘岳趋附贾谧,其母数诮之曰:"尔当知足,而干没不已乎?"孙秀曾为潘岳小史,潘岳数挞辱之,及赵王伦辅政,孙秀为中书令,便诬陷潘岳等谋乱。潘岳全家遇害。

33. 颜延年负气摧黜:颜延之,字延年。《南史》卷三十四《颜延之传》:"延之疏诞,不能取容当世,见刘湛、殷景仁专当要任,意有不平。常言'天下事岂一人之智所能独了。'辞意激扬,每犯权要。又少尝为湛父柳后将军主簿,至是谓湛曰:'吾名器不升,当由作卿家吏耳。'湛恨焉,言于彭城王义康,出为永嘉太守。延之甚怨愤,乃作《五君咏》,以述竹林七贤,山涛、王戎以贵显被黜。"

34. 谢灵运空疏乱纪:谢灵运"性豪侈",衣服多改旧形制。入宋后,"常怀愤惋",出为永嘉太守,肆意遨游,不理公务。为有司所纠,他兴兵拒捕,被擒,徙广州弃市。见《宋书》卷六十七《谢灵运传》。

35. 王元长凶贼自诒:王融,字符长,齐竟陵王萧子良门下八友之一。他趁齐武帝病危昏迷时,欲矫诏立萧子良,未遂,下狱死。见《南齐书》卷四十七《王融传》。

36. 谢玄晖侮慢见及:谢朓,字玄晖。他素轻侮江祏。齐东昏失德,江祏欲废之,谢朓将其谋划泄露,江祏遂构害之。见《南史》卷十九《谢朓传》。

37. 翘秀:杰出者。

38. 元吉:《易·坤》:"黄裳元吉。"元,大。吉,福。

39. 诮挚邢、魏诸公:诮挚,吴方言,音调皮,戏谑嘲弄之意。邢魏:邢邵,字子才。魏收,字伯起。北齐著名作家。《北齐书》卷三十七《魏收传》:"初河间邢子才及季景与收并以文章显世,称大邢小魏。"

40. 亦俟河之清乎:《左传·襄公八年》:"《周诗》有之曰:'俟河之清,人寿几何?'"杜预注:"言人寿促而河清迟,喻晋之不可待。"

41. "或问扬雄曰"六句:见《法言·吾子》。

42. 虞舜歌《南风》之诗:相传舜作《南风歌》。《尸子》云"舜作五弦之琴以歌《南风》"。

43. 周公作《鸱鸮》之咏:《毛诗序》:"《鸱鸮》,周公救乱也。成王未知周公之志,公乃为诗以遗王,名之曰《鸱鸮》焉。"

44. 吉甫、史克《雅》、《颂》之美者:据《毛诗序》,《大雅》中《崧高》、《烝民》、《韩奕》、《江汉》,皆尹吉甫赞美宣王之诗。《鲁颂》中《駉》一篇,是史克作以歌颂僖公。

45. 不学诗,无以言:《论语·季氏》:"陈亢问于伯鱼曰:'子亦有异闻乎?'对曰:'未也。尝独立,鲤趋而过庭。'曰:'学诗乎?'对曰:'未也。''不学诗,无以言。'"

46. "自卫返鲁"三句:见《论语·子罕》:"子曰:吾自卫返鲁,然后乐正,雅、颂各得其所。"

47. 大明孝道,引《诗》证之:孔子为曾子陈孝道,撰述《孝经》,每章之末,俱引《诗》以明之。

48. 诗人之赋丽以则,辞人之赋丽以淫:见《法言·吾子》。

49. 妄投于阁:《汉书》卷八十七《扬雄传》:"王莽时,刘歆、甄丰皆为上公,莽既以符命自立,即位之后,欲绝其原以神前事,而丰子寻、歆子棻复献之。莽诛丰父子,投棻四裔,辞所连及,便收不请。时,雄校书天禄阁上,治狱使者来,欲收雄,雄恐不能自免,乃从阁上自投下,几死。"

50. 周章怖慴:惊恐的样子。

51. 桓谭以胜老子:参见《汉书》卷八十七《扬雄传》:"时,大司空王邑、纳言严尤闻雄死,谓桓谭曰:'子尝称扬雄书,岂能传于后世乎?'谭曰:'必传。顾君与谭不及见也。凡人贱近而贵远,亲见扬子云禄位容貌不能动人,故轻其书。昔老聃著虚无之言两篇,薄仁义,非礼学,然后世好之者尚以为过于《五经》,自汉文、景之君及司马迁皆有是言。今扬子之书文义至深,而论不诡于圣人,若使遭遇时君,更阅贤知,为所称善,则必度越诸子矣。'"

52. 葛洪以方仲尼:《抱朴子外篇·尚博》:"世俗率神贵古昔而黩贱同时,虽有追风之骏,犹谓之不及造父之所御也;虽有连城之珍,犹谓之不及楚人之所泣也;虽有疑断之剑,犹谓之不及欧冶之所铸也;虽有起死之药,犹谓之不及和、鹊之所合也;虽有超群之人,犹谓之不及竹帛之所载也;虽有益世之书,犹谓之不及前代之遗文也。是以仲尼不见重于当时,《太玄》见蚩薄于比肩也。"

53. 不音覆酱瓿而已:《汉书》卷八十七《扬雄传》载刘歆观《太玄》,对扬雄说:"空自苦!今学者有禄利,然尚不能明《易》,又如《玄》何?吾恐后人用覆酱瓿也。"

54. 席毗:王利器注引陈直曰:"《北史序传》叙李彧之子李礼成事云:'伐齐之役,从帝围晋阳,齐将席毗罗精兵拒帝,礼成力战退之。'当即此人。"

55. 刘逖:见《北齐书》卷四十五《刘逖传》:"逖远离乡家,倦于羁旅,发愤自励,专精读书。"又:"亦留心文藻,颇工诗咏。"

56. 轨躅:车轮碾过的辙迹。

57. 放意填坑岸也:放意,肆意。坑岸,深沟。

58. 理致:指作品的思想感情,所以说是心肾。

59. 事义:指作品所运用的典故,即下文所云"用事",这在写作中是表现在外形方面的,所以说是皮肤。

60. 希:希望。

61. 沈隐侯:即沈约,死后谥隐。

62. 祖孝征:祖珽,字孝征,北齐作家。见《北齐书》卷三十九《祖珽传》。

63. 崖倾护石髓:沈约诗句,全首已佚。《晋书·嵇康传》:"康又遇王烈,共入山,烈尝得石髓如饴。"

64. 任昉:字彦升,竟陵八友之一。见《梁书》卷十四《任昉传》、《南史》卷五十九《任昉传》。

65. 陈王得之于丁廙也：陈王，谓曹植。曹植《与杨德祖书》："仆常好人讥弹其文，有不善者，应时改定。昔丁敬礼尝作小文，使仆润饰。仆自以才不过若人，辞不为也。敬礼谓仆：'卿何所疑难，文之佳恶，吾自得之，后世谁相知定吾文者邪？'吾常叹此达言，以为美谈。"

66. 击难：批评。

67. 梁简文：即萧纲，字世缵，武帝第三子，即位为梁简文帝。后因侯景叛乱，被害。他自述为诗"伤于轻艳"，当时号曰宫体。详见《梁书》卷四《简文帝本纪》。

68. "鹢军攻日逐"四句：鹢军，春秋时宋军阵名。《左传·昭公二十一年》："（宋）公子城以晋师至……与华氏战于赭丘，郑翩愿为鹳，其御愿为鹅。"杜预注："鹳、鹅皆陈（阵）名。"日逐，汉时匈奴王。康居、大宛、小月，皆汉时西域诸国名。卢文弨曰："此殆言燕、宋之军，其与此诸国，皆不相及也。"按萧纲《雁门太守行》，全诗已佚。

69. 萧子晖：字景先，有传附见《梁书》卷三十五《萧子恪传》。丁福保辑其诗入《全梁诗》卷十。

70. "天寒陇水急"四句：《宋书》卷七十六《朱修之传》："后鲜卑冯弘称燕王，治黄龙城，托跋焘伐之，修之与同没人邢怀明并从。"《汉书》卷九十五《西南夷传》："自陇以东北，君长以十数，白马最大，皆氐类也。"卢文弨曰："案陇在西北，黄龙在北，白马在西南，地皆隔远，水焉得相及？"按萧子晖《陇头水》全诗已佚。

71. 明珠之类：类，同疵。《淮南子·泛论》："明月之珠，不能无类。"

72. 王籍：字文海，琅邪临沂人。见《梁书》卷五十《王籍传》。丁福保辑其诗入《全梁诗》卷十。

73. 文外断绝：《梁书》卷五十《王籍传》："（会稽）郡境有云门、天柱山，籍尝游之，或累月不反。至若邪溪赋诗，其略云：'蝉噪林逾静，鸟鸣山更幽。'当时以为文外独绝。"

74. 孝元：梁元帝萧绎。

75. 《怀旧志》：萧绎撰，一卷，已佚。

76. 卢询祖：卢观从孙，范阳涿人。有传附见《北史》卷三十《卢观传》。

77. 萧萧马鸣，悠悠旆旌：《诗·小雅·车攻》："萧萧马鸣，悠悠旆旌。徒御不惊，大庖不盈。"

78. 萧悫：字仁德，梁上黄侯萧晔之子。见《北齐书》卷四十五《文苑传》。

79. 荀仲举：字士高，见《北齐书》卷四十五《文苑传》。

80. 卢思道：字子行，见《北史》卷三十《卢玄传》。

81. 何逊：字仲言，东海剡人。丁福保辑其诗入《全梁诗》卷九。《梁书》卷四十九《何逊传》："初，逊文章，与刘孝绰并见重于世，世谓之何、刘。"

82. 扬都：指南朝首都，即建业。

83. 刘孝绰：本名冉，字孝绰，彭城人，有传见《梁书》卷三十三《刘孝绰传》。丁福保辑其诗入《全梁诗》卷十。

84. 刘甚忌之：《梁书》卷三十三《刘孝绰传》："孝绰少有盛名，而仗气负才，多所陵忽,有不合意,极言诋訾。"

85. 蓬车响北阙：何逊《早朝车中听望诗》："蓬车响北阙,郑履入南宫。"蓬车用蘧伯玉事,见《列女传·仁智篇》。

86. 懂懂：乖戾之意。

87. 《诗苑》：刘孝绰撰,已佚。

88. 简文爱陶渊明文：萧统著有《陶渊明集序》,对陶敬慕至深,《全梁文》卷二十一载简文《答定襄侯饷卧簟书》用渊明《与子俨等疏》中语,其弟萧纲看来也好陶潜诗文。

89. "江南语曰"五句：何思澄,字符静。何子朗,字世明。《梁书》卷五十《何思澄传》："初,思澄与宗人逊及子朗俱擅文名,时人语曰：'东海三何,子朗最多。'思澄闻之曰：'此言误耳,如其不然,故当归逊。'思澄意谓宜在己也。"

90. "思澄游庐山"三句：《梁书》卷五十《何思澄传》："(思澄)为《游庐山诗》,沈约见之,大相称赏,自以为弗逮,约郊居宅新构阁斋,因命工书人题此诗于壁。"

【讲疏】

本篇较集中地反映了颜之推的文学思想,主要有以下几个方面。

颜之推论文,颇受刘勰影响,认为文章源于"五经",他认为："夫文章者,原出《五经》：诏命策檄,生于《书》者也；序述论议,生于《易》者也；歌咏赋颂,生于《诗》者也；祭祀哀诔,生于《礼》者也；书奏箴铭,生于《春秋》者也。"标举"五经"为文章模式,提倡属文应向"五经"学习,这种观点既规定了作文应遵循的思想标准,也肯定了文章的地位和价值。

针对当时文章"趋末弃本,率多浮艳"的弊病,颜之推提出了改革要求,强调为文应"以理致为心肾,气调为筋骨,事义为皮肤,华丽为冠冕"。其中的"理致",与陆机《文赋》"理扶质以立干,文垂条而结繁"的"理",是类似的,均指文章内容。"文气"自曹丕《典论·论文》之后,已经成为六朝人论述文学创作时一个较为常用的范畴,"气调"在这里借指文章的风格。"事义"和"华丽"指的则是文章的修辞和语言采饰。虽然在这里表现了重视文章内容风格的态度,但也并没有忽视文章形式技巧的加工,所云"以古之制裁为本,今之辞调为末,并须两存,不可偏弃也",颜之推强调在具体的学习方法上古今并取,内外兼修。

颜之推探讨了古来作者的文德问题,其中的一些评价夹杂了道德评判与审美判断,而有些指责并不足以视为前辈作者道德上的缺陷,有失于苛。这种观念有害于作家真性情的充分展示,抹杀作家棱角,会使文学趋于平庸中和一途。但这作为《家训》出现,意在令子孙远害避祸,也是可以理解的。

颜氏还强调创作才能的重要性，认为文学创作不同于学术研究，他说："钝学累功，不妨精熟；拙文研思，终归蚩鄙。但成学士，自足为人。必乏天才，勿强操笔。"同时，他认为驰骋才气，要归于"不失体裁，辞意可观"，反对"师心自任"的随意任性，提倡严谨的创作态度。颜氏还主张"学位文章，先谋亲友，得其评裁，知可施行，然后出手"，赞成沈约的"三易谈"："易见事"、"易识字"、"易读诵"。这些观点对文学创作有着积极的指导意义。

【关键词解读】

典正

语出《颜氏家训·文章》："吾家世文章，甚为典正，不从流俗。"所谓典正，不同于审美取向颇同流俗的文学语言，既包括作品思想内容的规定性，也包括文学形式和艺术风格方面的要求。这就要求在思想内容上符合儒家的思想规范，不芜不秽，不偏不倚；在文学形式上遵循各个文体的写作规范，运用合乎礼仪规范的高度文学化的语言，不粉饰，不做作。在风格上以儒家经典为楷模，熔式经诰，征采古人雅正的经典。

颜氏能恪守典正之风，不从流俗，其行为和文风在当时确如中流砥柱，难能可贵。在颜氏当时的社会里，尤其是南朝，浮靡绮艳的文风广为盛行，文士写作或雕章琢句，争华竞采；或堆砌典故，掉书袋鱼；或斟酌声韵，掂掇词律。正如刘勰所描述："去圣久远，文体解散。辞人爱奇，言贵浮诡，饰羽尚画，文绣鞶帨，离本弥甚，将遂讹滥。"（《文心雕龙·序志》）总之，文风一如当时之世风，涂脂敷粉，华而不实。颜之推能在这种形势下提出"典正不从流俗"之说，确实具有超出时代的眼光和勇气，对后世产生了很大影响。

【相关知识连接】

《颜氏家训》原为训诫子女所作，而也论及文章，反映了南北朝时期文章写作受人重视的事实。《颜氏家训》成书于隋灭陈之后，但颜氏主要活动在南北朝时期，《文章》篇所论主要是南北朝时期的作家作品，反映了当时人们的文学观点；又因颜氏二十余岁后即生活在北方，故习惯上都将他作为北朝批评家加以叙述。北朝的经济和文化，相对于南方而言较为落后，其文学发展也是如此。大体说来，自北魏孝文帝迁都洛阳前后，文学创作方始较为兴盛。而著名文人一般活动于东魏、北齐时期。西魏、北周文学更不如东魏、北齐之盛。北朝文学发展较迟，著名作家的人数远远不如南朝之众，作品也以实用性文字为多，缘情体物之作不够发达，其风格也较为质朴。北方文学发展落后，北朝一般文人均羡慕南方文学并向之学习，其文学思想也受到南方影响。

颜之推主张经世致用，严厉批评文士不通事务之弊，但又给予文章以重要的地位；他另一方面强调文章"便于时用"的功利目的，另一方面重视文学"陶冶性灵"的审美作用，本人也表现出较强的文学审美能力。他认为作文必须有特殊的才能，为文与积学不同，但同时认为积学是为文的一项重要条件。他认为当时文体应当改革，但并不主张全然复古，古今文体各有长短，应该兼收并蓄。他重视文艺批评，同时又反对文人相轻。这些观点，都比较通达，实在也反映了当时人们某些共同的看法。颜之推的文论，在某些重要方面对于南北朝文学思想有着总结性的意义。

【延伸阅读】

序致即序言，作者于篇首叙述文章写作的目的和宗旨。颜之推说："吾今所以复为此者，非敢轨物范世也，业以整齐门内，提撕子孙。"颜之推教诲后代，在修身、养性、治学、做人等各个方面要严于律己，恪守儒家伦理道德规范，以期达到"立身扬名"。书中兼论字画音训，考正典故和品评文艺，不乏可取之处。文字为历代学者所推崇，有"古今家训，以此为祖"之称。《音辞》篇主要讲述了语言和音韵方面的有关内容。作者认识到各地方音、方言的差异是一种自然现象，并认为这种差异受到生活环境的影响，同时指出南北方语言存在的差异。颜之推要求自己的子女不要受方言的影响，从小养成正确发音的习惯，这样有助于避免出现错误。而且他告诫子女：对于知识的学习，要实事求是，没有考证的，不是自己亲身经历的，不要草率给出结论。

颜氏家训·序致

夫圣贤之书，教人诚孝，慎言检迹，立身扬名，亦已备矣。魏、晋已来，所著诸子，理重事复，递相模敩，犹屋下架屋，床上施床耳。吾今所以复为此者，非敢轨物范世也，业以整齐门内，提撕子孙。夫同言而信，信其所亲；同命而行，行其所服。禁童子之暴谑，则师友之诫，不如傅婢之指挥；止凡人之斗阋，则尧、舜之道,不如寡妻之诲谕。吾望此书为汝曹之所信,犹贤于傅婢寡妻耳。

吾家风教,素为整密。昔在龆龀,便蒙诱诲;每从两兄,晓夕温清,规行矩步,安辞定色,锵锵翼翼,若朝严君焉。赐以优言,问所好尚,励短引长,莫不恳笃。年始九岁,便丁荼蓼,家涂离散,百口索然。慈兄鞠养,苦辛备至;有仁无威,导示不切。虽读《礼传》,微爱属文,颇为凡人之所陶染,肆欲轻言,不修边幅。年十八九,少知砥砺,习若自然,卒难洗荡。二十已后,大过稀焉;每常心共口敌,性与情竞,夜觉晓非,今悔昨失,自怜无教,以至于斯。追思平昔之指,铭肌镂骨,非徒古书之诫,经目过耳也。故留此二十篇,以为汝曹后车耳。

——王利器:《颜氏家训集解》卷一,中华书局1996年版

颜氏家训·音辞

夫九州之人,言语不同,生民已来,固常然矣。自《春秋》标齐言之传,《离骚》目《楚词》之经,此盖其较明之初也。后有扬雄著《方言》,其言大备。然皆考名物之同异,不显声读之是非也。逮郑玄注《六经》,高诱解《吕览》、《淮南》,许慎造《说文》,刘熹制《释名》,始有譬况假借以证音字耳。而古语与今殊别,其间轻重清浊,犹未可晓;加以内言外言,急言徐言、读若之类,益使人疑。孙叔言创《尔雅音义》,是汉末人独知反语。至于魏世,此事大行。高贵乡公不解反语,以为怪异。自兹厥后,音韵锋出,各有土风,递相非笑,指马之谕,未知孰是。共以帝王都邑,参校方俗,考核古今,为之折衷。榷而量之,独金陵与洛下耳。南方水土和柔,其音清举而切诣,失在浮浅,其辞多鄙俗。北方山川深厚,其音沉浊而鈋钝,得其质直,其辞多古语。然冠冕君子,南方为优;闾里小人,北方为愈。易服而与之谈,南方士庶,数言可辩;隔垣而听其语,北方朝野,终日难分。而南染吴、越,北杂夷虏,皆有深弊,不可具论。其谬失轻微者,则南人以钱为涎,以石为射,以贱为羡,以是为舐;北人以庶为戍,以如为儒,以紫为姊,

以洽为狎。如此之例，两失甚多。至邺已来，唯见崔子约、崔瞻叔侄，李祖仁、李蔚兄弟，颇事言词，少为切正。李季节著《音韵决疑》，时有错失；阳休之造《切韵》，殊为疏野。吾家儿女，虽在孩稚，便渐督正之；一言讹替，以为己罪矣。云为品物，未考书记者，不敢辄名，汝曹所知也。

古今言语，时俗不同；著述之人，楚、夏各异。《苍颉训诂》，反稗为逋卖，反娃为於乖；《战国策》音刎为免，《穆天子传》音谏为间；《说文》音戛为棘，读皿为猛；《字林》音看为口甘反，音伸为辛；《韵集》以成、仍、宏、登合成两韵，为、奇、益、石分作四章；李登《声类》以系音羿，刘昌宗《周官音》读乘若承：此例甚广，必须考校。前世反语，又多不切，徐仙民《毛诗音》反骤为在遘，《左传音》切椽为徒缘，不可依信，亦为众矣。今之学士，语亦不正；古独何人，必应随其讹僻乎？《通俗文》曰："入室求曰搜。"反为兄侯。然则兄当音所荣反。今北俗通行此音，亦古语之不可用者。玙璠，鲁人宝玉，当音余烦，江南皆音藩屏之藩。岐山当音为奇，江南皆呼为神祇之祇。江陵陷没，此音被于关中，不知二者何所承案。以吾浅学，未之前闻也。

北人之音，多以举、莒为矩；唯李季节云："齐桓公与管仲于台上谋伐莒，东郭牙望见桓公口开而不闭，故知所言者莒也。然则莒、矩必不同呼。"此为知音矣。

夫物体自有精粗，精粗谓之好恶；人心有所去取，去取谓之好恶。此音见于葛洪、徐邈。而河北学士读《尚书》云好生恶杀。是为一论物体，一就人情，殊不通矣。

甫者，男子之美称，古书多假借为父字；北人遂无一人呼为甫者，亦所未喻。唯管仲、范增之号，须依字读耳。

案：诸字书，焉者鸟名，或云语词，皆音于愆反。自葛洪《要用字苑》分焉字音训：若训何训安，当音于愆反，"于焉逍遥"、"于焉嘉客"、"焉用佞"、"焉得仁"之类是也；若送句及助词，当音矣愆反，"故称龙焉"、"故称血焉"、"有民人焉"、"有社稷焉"、"托始焉尔"、"晋、郑焉依"之类是也。江南至今行此分别，昭然易晓；而河北混同一音，虽依古读，不可行于今也。

邪者,未定之词。《左传》曰:"不知天之弃鲁邪?抑鲁君有罪于鬼神邪?"《庄子》云:"天邪地邪?"《汉书》云:"是邪非邪?"之类是也。而北人即呼为也,亦为误矣。难者曰:"《系辞》云:'乾坤,《易》之门户邪?'此又为未定辞乎?"答曰:"何为不尔!上先标问,下方列德以折之耳。"

江南学士读《左传》,口相传述,自为凡例,军自败曰败,打破人军曰败。诸记传未见补败反,徐仙民读《左传》,唯一处有此音,又不言自败、败人之别,此为穿凿耳。

古人云:"膏粱难整。"以其为骄奢自足,不能克励也。吾见王侯外戚,语多不正,亦由内染贱保傅,外无良师友故耳。梁世有一侯,尝对元帝饮谑,自陈"痴钝",乃成"飔段",元帝答之云:"飔异凉风,段非干木。"谓"郢州"为"永州",元帝启报简文,简文云:"庚辰吴入,遂成司隶。"如此之类,举口皆然。元帝手教诸子侍读,以此为诫。

河北切攻字为古琮,与工、公、功三字不同,殊为僻也。比世有人名暹,自称为纤;名琨,自称为衮;名洸,自称为汪;名鹢,自称为獩。非唯音韵舛错,亦使其儿孙避讳纷纭矣。

——王利器:《颜氏家训集解》卷七,中华书局1996年版

【思考题】

1. 简述"典正"的内涵。
2. 结合本文,谈谈你对"文章地理,必须惬当"的理解。